PSEUDO-CÉSAR

GUERRE D'ESPAGNE

COLLECTION DES UNIVERSITÉS DE FRANCE
publiée sous le patronage de l'ASSOCIATION GUILLAUME BUDÉ

PSEUDO-CÉSAR

GUERRE D'ESPAGNE

TEXTE ÉTABLI ET TRADUIT
PAR
NICOLE DIOURON
Docteur à l'Université de Caen
Agrégée des Lettres, professeur au lycée Victor Hugo de Caen

Deuxième tirage

PARIS
LES BELLES LETTRES
2002

Conformément aux statuts de l'Association Guillaume Budé, ce volume a été soumis à l'approbation de la commission technique, qui a chargé M. Paul Jal d'en faire la révision et d'en surveiller la correction en collaboration avec Mlle Nicole Diouron.

95 boulevard Raspail, 75006 Paris
www.lesbelleslettres.com

Première édition 1999

ISBN : 2-251-01413-6
ISSN : 0184-7155

INTRODUCTION

I

LE CORPUS CÉSARIEN ET L'AUTEUR

L'antiquité nous a transmis sous le nom de César un ensemble de textes dont seuls les sept premiers livres de la *Guerre des Gaules* et la *Guerre civile* sont effectivement de César. Le livre VIII de la *Guerre des Gaules* est attribué à Hirtius[1], en qui certains voient l'auteur de la *Guerre d'Alexandrie*[2]. Enfin le recueil est complété par la

1. Aulus Hirtius accompagna César en Gaule, probablement à partir de 54 (A. Klotz, *Cäsarstudien*, Leipzig, 1910, p. 149 n. 3) ; il participa à la guerrre contre Pompée jusqu'à Pharsale, mais non à la guerre d'Alexandrie, ni à la campagne d'Afrique (*B.G.*, 8, *praef.*, 8). En 45 il fut gouverneur de la Transalpine (Broughton, *MRR*, 2, p. 309). Il fut préteur urbain en 46, propréteur de la Gaule Belgique en 44, et César soutint sa candidature au consulat pour 43. Le fait que les *Commentaires* ne mentionnent pas son nom et une certaine méconnaissance des termes militaires ont fait supposer qu'il était chargé du secrétariat de César et de la propagande. Son œuvre éditoriale fut interrompue par sa mort devant Modène (avril 43). Sur la thèse de L. Canfora, qui conteste l'attribution du livre VIII du *B.G.* à Hirtius, cf. *infra*, p. XII-XIII.

2. C'est l'opinion de Nipperdey, *Quaestiones Caesarianae* (figurant dans son édition des *Commentaires*, Leipzig, 1847), d'A. Klotz, *Cäsarstudien*, p. 180 sq., de K. Barwick, *Caesaris Commentarii und das Corpus Caesarianum*, p. 172 sq., Phil. Suppbd., 31, 2, 1938 et de L.G.H. Hall, « Hirtius and the *Bellum Alexandrinum* », *CQ*, 46, 1996, p. 411-415, contestant A. Patzer, « Aulus Hirtius als Redaktor des Corpus Caesarianum : eine grammatisch — historische Analyse der epistula ad Balbum », *WJA*, 19, 1993, p. 122-130.

Guerre d'Afrique et la *Guerre d'Espagne*, d'auteurs inconnus.

La lettre à Balbus

Si elle ne permet pas d'identifier l'auteur du *B.H.*, la lettre qui sert de préface au livre VIII du *B.G.* fournit du moins certaines indications sur la constitution du *corpus* : *coactus adsiduis tuis uocibus, Balbe,* (...) *difficillimam rem suscepi : Caesaris nostri commentarios rerum gestarum Galliae non cohaerentibus*[3] *superioribus atque insequentibus eius scriptis contexui nouissimumque imperfectum ab rebus gestis Alexandriae confeci usque ad exitum non quidem ciuilis dissensionis, cuius finem nullum uidemus, sed uitae Caesaris :* « Cédant à tes instances, Balbus, (...) je me suis engagé dans une entreprise très difficile. J'ai continué[4] les commentaires de la guerre des Gaules de notre cher César, car ceux-ci n'étaient pas reliés aux suivants ; de plus, j'ai terminé le dernier commentaire, laissé inachevé, depuis la guerre d'Alexandrie jusqu'à la fin non pas de la guerre civile, dont nous ne voyons pas le terme, mais de la vie de César. »

Quel est cet *imperfectus commentarius*[5] mentionné par la lettre ? Il ne peut s'agir de l'ensemble du *B.C.*, qui exi-

3. cohaerentibus *Chr. Schneider* : comparentibus *A* -rantibus *cett.* competentibus *Bernhardy* conspirantibus *Landgraf.* L.-A. Constans (*César, Guerre des Gaules,* Paris, *CUF*, 1926), propose *non comparentibus suppleui rebus atque insequentibus eius scriptis contexui,* et O. Seel (Leipzig, 1961) *non conparentibus <eis quae> superioribus atque insequentibus eius scriptis <intercedant> contexui.* Sur la version de L. Canfora, cf. *infra* p. XIII, n. 19.

4. Cette acception de *contexui* a été proposée par Hartel (*Commentationes Woelfflinianae*, Leipzig, 1891, p. 115 sq) et adoptée par Klotz et Barwick. On la trouve en effet chez Cicéron (*Leg.* 1, 9 ; *Cael.* 8, 18).

5. Il est probable qu'il faut sous-entendre, à la suite de *imperfectum,* non pas *scriptum*, mais *commentarium*, comme le relatif de liaison qui introduit la phrase suivante invite à le penser : *Quos* (= *commentarios*) *utinam qui legent* (...).

gerait l'emploi du pluriel, *commentarios*. Il est peu probable qu'il s'agisse du *B. Al.* : la thèse qui attribue une partie de cette œuvre à César paraît fragile face aux critiques qui en soulignent l'unité stylistique[6]. Il est également peu probable que l'*imperfectus commentarius* soit le livre III du *B.C.*[7] : que la publication du *B.C.* soit ou non posthume[8] on peut difficilement penser que César n'ait pas rédigé le récit de la bataille de Pharsale. L'hypothèse la plus vraisemblable reste donc celle de W. Hartel[9], développée par A. La Penna[10] : l'*imperfectus commentarius* se limiterait aux derniers chapitres du *B.C.* (100-112), qui font suite à la bataille de Pharsale et se concluent sur la phrase de raccord tenue pour une interpolation : *Haec initia belli Alexandrini fuere* ; ne pouvant en former un livre complet, Hirtius aurait placé ces chapitres à la fin du *B.C.*, qui paraît ainsi dépourvu de conclusion.

Reste le problème posé par le parfait *confeci* qui paraît injustifié : non seulement le projet de poursuivre la narration « *usque ad exitum* (...) *uitae Caesaris* » n'a jamais été réalisé, mais, s'il est possible de lui attribuer le

6. A. Klotz, *Cäsarstudien*, Leipzig, 1910, p. 180 sq. ; O. Seel, *Hirtius Untersuchungen über die Pseudocaesarischen Bella und den Balbusbrief*, Leipzig, 1935, n. 22 ; K. Barwick, *op. cit.*, p. 172 sq. ; J. Andrieu, *César, Guerre d'Alexandrie*, Paris, 1954, *CUF*, p. XXV - XXIX.

7. La question de la division en livres du *B.C.* est discutée : à la suite de Barwick, P. Fabre penche pour la division originelle en deux livres (*César, La guerre civile*, Paris, *CUF*, 1941, p. XVI - XVIII). Mais cette thèse a été contestée par J. Andrieu, « La division en livres et les mentions d'auteurs dans le Corpus Césarien », *REL*, 27, 1949, p. 138 sq.. Cf. A. La Penna, « Tendenze e arte del *Bellum ciuile* di Cesare », *Maia*, 5, 1952, p. 230, n. 1.

8. Sur la question de la date de publication du *B.C.*, cf. P. Fabre, *op. cit.*, p. XXII - XXV ; A. La Penna, art. cit., p. 209-212.

9. W. Hartel, *Commentationes Woelfflianae*, Leipzig, 1891, p. 115 sq.

10. A. La Penna, art. cit., p. 225-231. Cf. G. Pascucci, *Bellum Hispaniense*, 1965, p. 17 ; W. Hering, *Bellum Gallicum*, Leipzig, 1987, p. V.

B. Al., Hirtius ne peut être l'auteur ni du *B.Afr.*, ni du *B.H.* Plusieurs explications ont été avancées. Klotz a supposé qu'Hirtius écrivit bien le récit des campagnes de César jusqu'à la bataille de Munda, mais que ce texte fut perdu et remplacé par ceux qui sont parvenus jusqu'à nous[11]. Mais, tout en maintenant l'attribution à Hirtius du *B.Al.*, il a renoncé plus tard à cette hypothèse[12]. Luca Canali, quant à lui, pense que *confeci*, tout en ayant bien le sens d'" achever " peut conserver quelque chose du sens, assez fréquent de " réunir " : Hirtius revendiquerait l'honneur d'avoir continué l'œuvre de César, à la fois comme rédacteur et comme coordonnateur d'une œuvre collective[13]. Hypothèse plus ingénieuse que convaincante, et qui laisse de côté l'intention proclamée de poursuivre le récit jusqu'à la mort de César. Il semble donc préférable d'en revenir à l'explication proposée par E. Kalinka[14], qui renvoie à Thucydide 5, 26, 1 : γέγραφε δὲ καὶ ταῦτα ὁ αὐτὸς Θουκυδίδης (...) μέχρι οὗ τήν τε ἀρχὴν κατέπαυσαν τῶν Ἀθηναίων Λακεδαιμόνιοι ...

Thucydide emploie lui aussi le parfait, alors que son récit ne se poursuit pas jusqu'à la chute d'Athènes, comme le laisse entendre l'introduction. Dans la lettre-préface du *B.G.* VIII, les deux parfaits, *contexui* et *confeci*, peuvent anticiper l'achèvement d'une œuvre, que la mort de l'auteur devant Modène (21 avril 43)

11. A. Klotz, *Cäsarstudien*, Leipzig, 1910, p. 149 sq. ; idem, « Die Schlacht von Munda », 1909, p. 568. Cf. aussi F. Olivier, « A propos d'Aulus Hirtius et de sa lettre-préface », *Recueil de travaux publiés à l'occasion du 4e centenaire de l'Université de Lausanne*, 1937, p. 63-101.

12. A. Klotz, *Kommentar zum Bellum Hispaniense*, Leipzig, 1927, p. 2.

13. L. Canali, « Osservazioni sul corpus cesariano », *Maia*, 18, 1966, p. 115-116.

14. E. Kalinka, *Philol.*, 69, 1910, p. 484. Cf. A. Bouvet, Pseudo-César, *Guerre d'Afrique*², Paris, 1997, CUF, p. XXIII.

interrompit prématurément. On peut donc penser qu'Hirtius, chargé par Balbus de compléter les mémoires de César, préparait une réédition du *B.C.*, auquel il ajouta, peut-être après quelques retouches, les chapitres 100 à 112 trouvés dans les papiers de César, et se proposait de rédiger un supplément relatant les guerres d'Alexandrie, d'Afrique et d'Espagne. Certains, comme Nipperdey, Barwick ou A. Bouvet[15], pensent que les deux derniers récits ne sont que des ébauches, écrites à la demande d'Hirtius, pour lui servir de guide dans son travail et qu'ils furent publiés avec l'ensemble du *corpus* sans nom d'auteur, « soit qu'ils fussent déjà anonymes pour les éditeurs, soit que ceux-ci crussent de bonne foi trouver en eux, ébauchés seulement par Hirtius mais dignes d'être publiés, les commentaires annoncés dans la préface à Balbus »[16]. Mais, comme on le verra, du moins en ce qui concerne le *B.H.*, une certaine recherche stylistique ne conforte pas cette hypothèse et laisse plutôt supposer qu'on a affaire à une œuvre achevée. Il semble donc que la rédaction du *B.H.*, comme sans doute celle du *B.Afr.*, a été confiée par Balbus, après la mort d'Hirtius, à des officiers inconnus de nous.

Le témoignage de Suétone

Le passage que Suétone (*Caes.* 56, 1) consacre au *corpus* ne nous éclaire pas beaucoup plus : (*Caesar*) *reliquit et rerum gestarum commentarios Gallici ciuilisque belli Pompeiani : nam Alexandrini Africique et Hispaniensis incertus auctor est : alii Oppium putant, alii Hirtium, qui etiam Gallici belli nouissimum imperfectumque librum suppleuerit.* « (César) a laissé aussi des

15. K. Nipperdey, *Quaestiones Caesarianae*, Leipzig, 1847, p. 34 ; K. Barwick, *Problemen zu den Commentarii Caesars und seiner Fortsetzer, Forschungen und Fortschritte,* Berlin, 1939, p. 130-131 ; A. Bouvet, *op. cit.*, p. XXIII - XXIV.

16. A. Bouvet, *op. cit.*, p. XXIV.

commentaires sur la guerre des Gaules et sur la guerre civile contre Pompée ; en effet, quant aux guerres d'Alexandrie et d'Afrique, on n'est pas d'accord sur leur auteur : les uns pensent qu'il s'agit d'Oppius, les autres d'Hirtius, qui aurait même complété le dernier livre de la *Guerre des Gaules*, laissé inachevé. »

On peut constater que Suétone distingue clairement les textes authentiques des textes apocryphes et qu'un siècle et demi après la parution du *corpus,* l'auteur, ou les auteurs, du supplément étaient inconnus, ce qui ne plaide pas en faveur de l'attribution du *B.Al.* à Hirtius. Quant à Oppius, dont l'œuvre a été perdue[17], son absence de participation aux guerres d'Afrique et d'Espagne interdit de lui en attribuer les récits, manifestement écrits par des témoins oculaires.

On a souvent relevé l'inexactitude de la dernière phrase de ce passage : ce n'est évidemment pas le livre VII du *B.G.* qui est *imperfectus* et qu'Hirtius a complété. Or, Suétone avait apparemment sous les yeux la lettre-préface d'Hirtius, puisqu'il la cite textuellement un peu plus loin (*Caes.* 56, 3). L'erreur peut être imputable à une lecture hâtive, mais G. Pascucci suggère que Suétone a pu vouloir corriger un texte où il voyait de la prétention et limiter le rôle d'Hirtius à la rédaction – éventuelle – de la fin du *B.G. ;* en remaniant la phrase d'Hirtius Suétone ne se serait pas avisé que l'adjectif *imperfectus* ne pouvait s'appliquer au *Gallici belli nouissimus liber*[18].

L. Canfora a soutenu plus récemment une thèse audacieuse : la lettre à Balbus serait un faux tardif élaboré à partir du texte de Suétone et du *Brutus* (252 et 262) de

17. Oppius avait écrit une biographie de César très hagiographique, un opuscule destiné à démontrer que César n'était pas le père du fils de Cléopâtre et une biographie de Scipion (cf. H. Bardon, *La littérature latine inconnue*, 1, 1952, p. 271).

18. G. Pascucci, *Bellum Hispaniense,* Florence, 1965, p. 20-21.

Cicéron (cf. aussi, « Cesare continuato », *Belfagor,* 25, 1970, p. 426-427)[19]. Il ne voit dans le style du livre VIII du *B.G.* aucune raison pour en refuser la paternité à César (sur les similitudes avec le style de César, cf. aussi J. Andrieu, *César, La guerre d'Alexandrie,* Paris, 1954, p. IX ; M.F. Buffa, « Struttura e stile di *B.G.* VIII » *SRIC,* 7, 1986, p. 19-49), à l'exception des derniers chapitres introduits par une brève préface (8, 48, 10) du continuateur (p. 83 ; 95). Rien, du reste, ne permettrait d'identifier ce continuateur, favorable à Antoine, avec Hirtius (p. 89).

Les rubriques des manuscrits

Il est tout aussi vain d'attendre quelque lumière des rubriques des manuscrits. : S, dans l'incipit et l'explicit du *B. Al.*, donne le nom de César – omis dans les rubriques du *B. Afr.* et du *B.H.* –, de même que MURT, dans l'explicit du *B. Al.* (également dans l'incipit pour T) et du *B. Afr.*. L'unité du *corpus* explique aisément cette confusion entre l'auteur du *B.G.* et du *B.C.* et le héros de l'ensemble du récit. Dans *V*, qui omet l'incipit du *B. Al.*, les textes sont anonymes. Quant à N et L, ils

19. « La " lettera à Balbo " e la formazione della raccolta cesariana », *Annali della Scuola Normale Superiore di Pisa*, S. 3, 23 (1993), p. 79-103 ; voir p. 89-93 ; p. 103, L. Canfora fait remarquer que la lettre à Balbus (8 *Mihi ne illud quidem accidit, ut Alexandrino atque Africano bello interessem*) veut suggérer qu'Hirtius a pris part à la campagne d'Espagne, ce qui paraît peu probable puisqu'il était préteur en 46 et gouverneur de la Transalpine et de la Narbonnaise en 45 (cf. *supra,* p. VII, n. 1). Quant à la lettre d'Hirtius, expédiée de Narbonne le 18 avril 45, informant Cicéron (*Att.* 12, 37a) de la fuite de Sextus Pompée et de Cneius, elle ne prouve rien en ce sens, bien qu'on l'invoque souvent (comme G. Pascucci, *op. cit.*, p. 19, n. 1). Ajoutons que L. Canfora (p. 97-98) conserve le texte transmis, *non comparentibus superioribus atque insequentibus eius scriptis :* le rédacteur, ayant peut-être sous les yeux la liste des ouvrages de César énumérés par Suétone (*Caes.* 56), aurait voulu dire, non sans se trahir quelque peu : " nous ne disposons pas des écrits de César précédents et suivants [par rapport aux *Commentaires*]. "

attribuent le *B. Al.*, dans l'incipit, à Julius Celsus Constantinus, par une confusion probablement due à la similitude des gentilices de César et du réviseur du *B.G.* mentionné par les souscriptions des manuscrits α. Pourtant, sans crainte de la contradiction, dans l'explicit du *B. Al.*, N attribue la même œuvre à Suétone, confusion dont témoignent également deux manuscrits (A et M) du *B.G.*[20]. Quant au *B.H.*, les manuscrits présentent les *inscriptiones* suivantes :

S : *Incipit liber XIII^us^ de bello Hyspanico.*

N : *Suetoni Tranquilli de bello Caesaris Africano liber V^us^ explicit, incipit liber VI^us^ de bello eiusdem in Hispania.*

MUR : *G* (Gai U) *Caesaris bellum Africanum explicit feliciter* (om. M) *incipit bellum* (om. MR) *Hispaniense.*

T : *Explicit liber C. Caesaris belli Africae, incipit liber alter feliciter.*

V : *Explicit liber III Alexandrini belli, incipit IIII.*

Contre l'incipit de S, la concordance entre MUR et Suétone (*Caes.*, 56,1) ainsi que Velleius Paterculus (2, 55, 2) confirme que le titre du récit est bien *Bellum Hispaniense*[21]. L'œuvre est anonyme dans S et V, attribuée à Suétone par N, et à César par MURT. Quant à la souscription, elle a disparu avec la fin du texte du *B.H.*

20. Cette erreur est attestée pour la première fois dans un texte d'Orose (6, 7), avant d'être reprise par Sidoine Apollinaire (*Ep.*, 9, 14, 7). Cf. L.-A. Constans, *op. cit.*, p. XX.

21. N porte en haut de chaque page l'indication erronée *bellum Hispanicum.*

Les informations fournies par le *Bellum Hispaniense* La tradition directe et indirecte ne nous fournissant pas d'autres indications, le texte du *B.H.* lui-même peut-il permettre de cerner quelque peu la personnalité d'un narrateur à qui l'on n'a jamais cherché à donner un nom illustre[22] ? C. Kohl a voulu l'identifier avec un certain Arguetius arrivé d'Italie avec la cavalerie (10, 1) et blessé plus tard (23, 8)[23] : la partie diaristique du récit correspondrait à l'entrée en scène de ce personnage, tandis que la partie moins détaillée de la narration aurait été rédigée pendant sa convalescence. Mais Klotz (*Kommentar zum B.H.*, 1927, p. 4-5) lui a opposé des objections convaincantes : la guerre de siège suffit à expliquer la part du récit diaristique et les chapitres qui suivent la bataille de Munda laissent supposer une expérience directe du narrateur. En effet, celui-ci est assurément un témoin oculaire de la plus grande partie des opérations : l'emploi fréquent de *nostri*, la description détaillée de la topographie, le récit minutieux de certains faits par-

22. Au contraire, le *B. Afr.* a été attribué à Asinius Pollion par Landgraf, *Untersuchungen zu Caesar und seinen Fortsetzern insbesondere über Autorschaft und Komposition des Bellum Alexandrinum und Africanum*, Erlangen, 1888 ; à Salluste par H. Pötter, *op. cit.* et, plus récemment, par W. Schmid, *Frühschriften Sallusts im Horizont des Gesamtwerks,* Neustadt / Aisch, 1993, p. 137-188 (contesté par J. Hellegouarc'h, *REL,* 72, 1994, p. 290-291). J. Harmand (« Des Gaulois autour de César », *RSA,* 2, 1972, p. 158-165) l'attribue à Trogos le Voconce, le père de Trogue Pompée (Just. 43, 5, 11) et E. Koestermann (« L. Munatius Plancus und das *Bellum Africum* », *Historia*, 22, 1973, p. 48-63), ainsi qu'A. Pallavisini (« Il capitolo 22 del *Bellum Africum* e la propaganda augustea », *CISA,* 1974, p. 107-114), à Munatius Plancus. Cf. J.-C. Richard, Complément bibliographique à la réédition de la *Guerre d'Afrique* (Paris, CUF, 1993), p. LVII-LIX.

23. C. Kohl, *Bayr. Bl. f. d. Gymn-Schulw.*, 60, 1924, p. 38-42, n. 2. Pour C. Kohl l'Arguetius de 1, 10 et le Clodius Arquitius de 23, 8 sont un seul et même personnage.

fois insignifiants ne laissent pas de doute. La précision des détails et une certaine emphase laissent penser que le narrateur a participé au coup de main contre Ulia (3) et à l'attaque manquée contre Cordoue (5). Il rend compte au jour le jour de tous les épisodes du siège d'Ategua (10-20) et va jusqu'à relever la mort d'un jeune garçon qui surveillait le tir d'une baliste (13, 7). Son récit de la bataille de Munda (31) trahit sa méconnaissance de la stratégie d'ensemble, mais nous informe sur le secteur où il était engagé, probablement avec la Xe légion. Ensuite il accompagna César et participa au siège de Cordoue (33-34, 5) et d'Hispalis (35-36, 4)[24]. En revanche, il ne participa pas à l'attaque-surprise de Cordoue (4) ni aux dernières opérations conduites par Fabius Maximus – siège et prise de Munda (33, 1 ; 34, 6 ; 36, 4-5 ; 41, 1-3) ; siège d'Urso (41, 3-6) – et par C. Didius – poursuite et exécution de Cn. Pompée (37, 2-3 ; 38-39), attaque des Lusitaniens (40) –. Comme l'écrit M. Rambaud (*L'art de la déformation...*, 1953, p. 89-90), « on ne peut s'empêcher de penser que le document utilisé fut un journal militaire, où étaient consignées par tours de service, par journées et par veille, les actions de l'armée », et non pas des documents césariens, comme dans le reste du *corpus* (cf. aussi E. Norden, *Die Antike Kuntsprosa,* 1, 1958, 1898^{1}, p. 211). On peut, encore, déduire d'une comparaison entre les tours-vedettes de la Bétique et celles d'Afrique (8, 3) que l'auteur participa à la campagne d'Afrique de 46.

Peut-on être plus précis sur le rang qu'il occupait ? R. H. Storch propose de voir en lui un *praefectus equitum*, au motif que l'auteur porte à la cavalerie un intérêt étran-

24. Ainsi, le narrateur indique la distance de Cordoue à Carteia (32, 6), là où la situation exigerait qu'elle soit calculée depuis Munda. Quant à sa présence devant Hispalis, elle semble attestée par l'allusion à un conseil de guerre (36, 2).

ger au reste du *corpus*[25]. Le récit fait état, en effet, de nombreuses escarmouches de la cavalerie, même quand elles ont peu d'importance[26] ; un passage (15, 1) souligne les conditions particulières aux combats de cavalerie et insiste sur le mérite des cavaliers ; les pertes les plus minimes dans ses rangs sont relevées (13, 1 ; 15, 5 ; 21, 2). Néanmoins, il est impossible de tirer une certitude de ces indices. De son côté G. Pascucci, d'après le récit de la bataille de Munda, suppose que le rédacteur pouvait appartenir à la Xe légion – qui participa bien à la campagne d'Afrique[27] –, à laquelle il s'intéresse particulièrement[28].

Du moins est-il à peu près certain que l'auteur – sans être un simple soldat, comme le suggère F.E. Adcock (« Caesar's Dictatorship », *CAH*, Cambridge, 1955, p. 703), – était un officier d'un rang moyen et non pas un membre de l'état-major instruit des intentions stratégiques de César, comme le suppose A.J.L. Van Hooff (« The Caesar of the *B.H.* », 1974, p. 137-138), qui avance les noms de Fabius Maximus ou Pedius (sur ces personnages, cf. *Comm.,* 2. 9 ; 2. 10). Comme on le verra, c'est dans le même sens que va l'étude du style, qui révèle un médiocre écrivain, non dénué pourtant d'une certaine culture rhétorique.

25. R.H. Storch, « The Author of the *De Bello Hispaniensi* : a Cavalry Officer ? », *Acta Classica,* 20, 1977, p. 201-204. R.H. Storch admet que le *B. Afr.* accorde aussi une certaine importance à la cavalerie, mais l'explique par le considérable avantage des Pompéiens en ce domaine (p. 201 n. 3).

26. Cf. *B.H.* 6, 4 ; 11, 1 ; 13, 1 ; 14, 2-3 ; 20, 4 ; 27, 1.

27. G. Pascucci, *op. cit.*, p. 26 ; 326.

28. La thèse d'A. Klotz (*Kommentar zum B.H.*, 1927, p. 97 ; idem, « Die Schlacht von Munda », 1909, p. 562), qui veut que l'anonyme se soit trouvé à l'aile gauche, avec la Ve légion, paraît moins convaincante (cf. aussi A. Schulten, *FHA,* 5, 1940, p. 138).

II

LA GUERRE D'ESPAGNE

Les origines de la guerre

En 55, conformément aux accords de Lucques conclus entre les triumvirs, Pompée s'était vu attribuer par la *lex Trebonia* les deux Espagnes[1], auxquelles l'unissaient, particulièrement en Citérieure, des liens privilégiés de clientèle[2]. Aussi, quand la guerre civile éclata en 49, l'Espagne ne pouvait-elle manquer d'apparaître comme un enjeu stratégique et politique majeur. Lorsque Pompée s'embarqua pour la Grèce, César, loin de le suivre, décida d'abord de neutraliser les seules forces importantes — sept légions — dont son adversaire disposât encore à l'ouest[3]. En Citérieure, les opérations se terminèrent par la capitulation des légats de Pompée, L. Afranius et M. Petreius à Ilerda (2 août = 2 juillet 49) et la dispersion de leurs troupes[4]. Exploitant son succès avec audace, César partit avec une petite escorte pour l'Ultérieure, où Varron disposait encore de deux légions, après avoir enjoint aux notables de se réunir à Cordoue pour l'accueillir. Varron, abandonné par une de ses légions[5] et par certaines cités – Carmo, Gadès – où les sympathies césariennes ne manquaient pas, dut se rendre sans coup

1. L'Espagne est divisée en deux provinces : la Citérieure au nord-est de la péninsule (au nord-ouest la Galice et les Asturies étaient alors indépendantes) et, au sud-ouest, l'Ultérieure, que Pompée partagea entre ses deux légats, donnant la Bétique à Varron et la Lusitanie à Petreius. Cf. *Comm.*, 1. 4.

2. Sur la clientèle de Pompée en Espagne, cf. *infra* p. XXVII-XXX.

3. D'après Suétone (*Caes.* 34, 3), César déclara qu'il allait combattre une armée sans général et se tournerait ensuite contre un général sans armée.

4. Cf. *B. C.* 1, 37-55 et 59-87.

5. La légion Vernacula (cf. *infra* p. XXXIV-XXXVIII) avait quitté le camp de Varron pour se retirer à Hispalis (*B. C.* 2, 20, 4).

férir (fin septembre = fin août 49). César s'embarqua pour Tarragone, laissant le gouvernement de la province à Q. Cassius Longinus[6] avec quatre légions : les deux anciennes légions de Varron et deux autres recrutées récemment en Italie, la XXIe et la XXXe[7]. Or, Cassius pressura ses administrés pour payer ses dettes et financer les largesses destinées à l'armée et s'attira la haine des provinciaux[8]. Au printemps de 48, il reçut l'ordre écrit de

6. *B.C.* 2, 21, 4 ; *B.Al.* 48, 1, *pro praetore* ; Liv., *Per.* 111, 4, *praetoris* ; App., *Ciu.* 2, 43 ; Dio Cass. 41, 24, 2. Frère (J. Carcopino, *César*, 1968, p. 355), ou cousin (E. Gruen, *The Last Generation*, 1974, p. 182) du futur assassin de César, Q. Cassius Longinus n'était pas inconnu en Espagne Ultérieure : questeur sous les ordres de Pompée en 54, il y avait laissé un mauvais souvenir, suscitant même déjà une tentative d'assassinat (*B. Al.* 48, 1). Tribun, en janvier 49 = décembre 50, avec son collègue Antoine, il s'opposa au vote du Sénat qui ordonnait à César de se démettre de son commandement et rejoignit ce dernier en Espagne (*B.C.* 2, 19, 1 ; Cic., *Att.* 7, 18, 2). Ces services purent donc influencer la décision de César, d'autant plus que, comme le souligne Dion Cassius, il n'avait pas alors à ses côtés un autre collaborateur qui possédât sa connaissance de la province (Cf. M. Ferreiro, *César*, 1986, p. 227). Il ne semble pas nécessaire de supposer, comme le fait J. Harmand, qu'il ait pu jouer le rôle d'agent provocateur et que César aurait jugé utile « de confier la province à un homme dont la personnalité était capable de faire mûrir une crise, au cours de laquelle les ennemis irréductibles de la cause césarienne seraient contraints de jeter le masque. » (« César et l'Espagne durant le second *Bellum ciuile* », 1970, p. 196-197. Cf. aussi J. M. Roldán, « La guerra civil... », 1978, p. 168). Sur Q. Cassius Longinus, cf Münzer, *RE*, III, 2, col. 1740-1742, n° 70 ; Drumann-Groebe, 2, p. 129-133 ; Broughton, *MRR*, 2, p. 259, 261, 275-276.

7. *B.C.* 2, 21, 4 ; *B. Al.* 53,5. Cf. Stoffel, 2, p. 283-284. Comme J.M. Roldán, (« La guerra civil... », 1978, p. 166), on peut considérer l'envoi de ces renforts comme le signe de l'inquiétude de César et de sa méfiance à l'égard des unités de Varron. Sur la XXXe légion, cf. *infra*, p. XLII, n. 89.

8. Certes, la tendance à rejeter la responsabilité de la rébellion d'un peuple ou d'une cité sur un subordonné fait partie de la propagande césarienne (cf. M. Rambaud, *L'art de la déformation*, 1966, p. 272 et 359). Cependant, la plupart des chercheurs considèrent que la gestion de Cassius Longinus joua un rôle déterminant dans le soulèvement de l'Ultérieure (Stoffel, 2, p. 167 et 170 ; Munzer, *RE*, III, 2, col. 1741 ;

César de faire passer son armée en Afrique et de gagner par la Maurétanie les frontières de la Numidie pour empêcher Juba d'envoyer des secours aux Pompéiens (*B. Al.* 51, 1). C'est probablement à la suite de cet ordre que Cassius procéda au recrutement d'une cinquième légion et de trois mille cavaliers (*B. Al.* 50, 3)[9]. Les dépenses et les impôts occasionnés par ces préparatifs portèrent l'exaspération à son comble. Des citoyens romains d'Italica (Santiponce) tentèrent d'assassiner le préteur à Cordoue, mais ne réussirent qu'à le blesser[10] ; certains furent exécutés, d'autres se rachetèrent à prix d'argent[11]. A peine remis de ses blessures, conforté par la victoire de

T. R. Holmes, *The Roman Republic*, 3, 1923, p. 293 ; Gsell, 8, p. 26 ; M. Gelzer, *Caesar*, 1968, p. 218 ; J. Carcopino, *César*, 1968, p. 456-457), ou, du moins, la précipita (J. Harmand, « César et l'Espagne durant le second *Bellum ciuile* », 1970, p. 196 ; J. M. Roldán, « La crisis republicana en la Hispania Ulterior », 1978, p. 124 ; Id., « La guerra civil... », 1978, p. 156 ; A. Tovar et J.M. Blázquez, *Historia de la Hispania Romana*, Madrid, 1982, p. 104 et 106 ; A. Montenegro, « César en Hispania », 1982, p. 135-136 ; L.A. Curchin, *Roman Spain*, 1991, p. 49).

9. Le récit du *B.Al.*, qui mentionne le recrutement des troupes avant l'ordre de César, semble vouloir dissimuler la relation de cause à effet et occulter ainsi la responsabilité de ce dernier dans la rébellion de l'Ultérieure. Cf. Munzer, *RE*, III, col. 1741, *s.u. Cassius* et M. Ferreiro, *César*, 1986, p. 607, n. 43.

10. *B. Al.* 52, 2-4. Le fait est rappelé par César dans son discours d'Hispalis (*B. H.* 42,4).

11. *B.Al.* 55, 4-5. L'importance des sommes versées, en dépit de la volonté de l'auteur du *B.Al.* de limiter l'ampleur de la conspiration, révèle que les conjurés appartenaient à la classe la plus élevée de la société provinciale (cf. C. Gonzalez Román, « Guerra civil y conflictos sociales en la P. H. U. en el 48-44 a. C. », 1978, p. 135-137). E. Gabba pense même qu'il s'agissait de chevaliers Romains (« Le origini della Guerra Sociale », 1954, p. 301, n. 2 ; « Aspetti... », 1970, p. 144 = *Esercito e società*, 1973, p. 294, n. 253 et p. 498), ce que conteste C. Nicolet, (*L'ordre équestre*, 1966, p. 204-209). On retrouve dans le *B.H.* (19, 4) l'un des conjurés, Munatius Flaccus, devenu le chef de la garnison d'Ategua (cf. *Comm.* 19. 3) ; en revanche, le Scapula du *B.H.* 33, 3 n'est probablement pas l'Annius Scapula qui participa à ce complot (cf. *Comm.* 33. 3).

César à Pharsale, Cassius recommença ses exactions. L'agitation gagna les légions, particulièrement la légion Vernacula, composée de citoyens romains, et la IIe légion, qui, cantonnée depuis longtemps en Ultérieure, partageait les sentiments des provinciaux[12]. Toutes deux se mutinent et se donnent pour chef un certain T. Thorius d'Italica[13], et, se réclamant de l'autorité de Pompée — dont la mort n'était pas encore connue —, inscrivent son nom sur leurs boucliers (*B.Al.* 58, 3). Cependant, à Cordoue les membres de la communauté romaine se portèrent au-devant des rebelles, les assurant de leur haine pour Cassius, mais les priant de ne pas les contraindre à agir contre César. Rejoints par deux autres cohortes de la Ve légion stationnées à Cordoue, les mutins prirent pour chef le questeur M. Marcellus, personnage à l'attitude ambiguë, et effacèrent des boucliers le nom de Pompée[14]. Quant à Cassius, il installa son camp devant la place forte d'Ulia (Montemayor)[15], que Marcellus et ses troupes assiégèrent. Le renfort que Bogud apporta à Cassius, en décembre, ne modifia pas la situation (*B.Al.* 62). Mais

12. *B. Al.* 53,5. Sur la *legio Vernacula,* cf. *infra* p. XXXIV-XXXVIII. Bien que l'auteur du *B.Al.* le dissimule, la raison essentielle de la rébellion était l'ordre de César de faire passer les troupes en Afrique. Contrairement à la *legio Vernacula* et à la IIe légion, les XXIe et XXXe légions, composées de recrues, à qui il était indifférent de servir en Espagne ou en Afrique, ne se mutinèrent pas, non plus que, du moins à ce moment, la Ve légion, destinée à rester en Espagne (*B.Al.* 52, 1). Cf. M. Ferreiro, *César,* 1986, p. 608-610, n. 62

13. *B. Al.* 57,3. De plus, à Obulcula, la légion Vernacula contraignit quatre cohortes de la Ve légion à se joindre à elle. Cf. M. Ferreiro, *César,* 1986, p. 621, n. 225.

14. E. Gabba (« Aspetti... », 1970, p. 145 = *Esercito e società,* 1973, p. 499) pense que M. Marcellus fit effacer le nom de Pompée des boucliers des soldats (*B. Al.* 59, 1 ; Dio Cass. 42, 15, 5) parce qu'il avait appris la mort de ce dernier. Mais, comme le fait remarquer M. Ferreiro (*César,* 1986, p. 624, n. 258), ce n'est probablement pas là la raison de cette décision, puisque la nouvelle de l'assassinat de Pompée, survenu le 28 septembre = 16 août 48, ne put parvenir en Espagne avant la deuxième quinzaine de novembre = début octobre.

15. Sur Ulia, cf. *Comm.,* 3. 3.

Lépide, le proconsul de la Citérieure, que Cassius avait appelé à son secours, imposa une trêve et Cassius ne tarda à apprendre son remplacement par Trebonius (*B. Al.* 64, 2 ; cf. Cic. *Fam.* 15, 21, 2)[16].

Il s'embarqua à Malaca (Malaga) et fit naufrage avec son butin (février 47 = décembre 48 - janvier 47)[17]. Le calme semblait rétabli. « Toutefois, écrit J. Carcopino, Trebonius aurait eu tort de croire à la solidité de ce replâtrage. Les villes, qui détestaient en César le patron de leur exploiteur Q. Cassius, les troupes qui redoutaient de lui un châtiment de leur indiscipline, n'épiaient qu'une occasion favorable de trahir un parti qu'elles n'avaient jamais servi qu'à regret. »[18]. Les rebelles envoyèrent des émissaires à Scipion, en Afrique, réclamant une intervention[19]. Afranius et Petreius refusèrent, mais Cn. Pompée répondit à leur appel[20]. Le fils aîné du Grand Pompée, âgé alors d'une trentaine d'années[21], s'était signalé, en

16. Trebonius était le légat de César depuis 54. Il avait dirigé le siège de Marseille en 49. Cf. *Comm.*, 7. 10.

17. *B. Al.* 64, 2-3 ; Dio Cass. 42, 16, 2.

18. J. Carcopino, *César*, 1968, p. 457-458. Dans une lettre du 8 mars 47 (*Att.* 11, 12, 3), Cicéron considère l'Ultérieure comme perdue pour César, confirmant ses impressions de janvier (*Att.* 11, 10, 2). C'est ainsi qu'est comprise habituellement la phrase *praesertim cum adiungatur ad Africam etiam Hispania* (Cf. J. Beaujeu, éd. de la *Correspondance* de Cicéron, Tome VI, p. 153 [*CUF*] ; Schulten, *FHA*, 5, p. 93). – J. Beaujeu (*id.*, p. 187, note *a*) voit une " exagération " dans la déclaration de Cicéron.

19. Dio Cass. 42, 56, 4 ; 43, 29, 1-2.

20. D'après le *B. Afr.* (22), c'est Caton qui, non sans ironie, aurait persuadé Cn. Pompée de suivre l'exemple de son père et de passer en Espagne pour rassembler autour de lui les clients de son père. Cette version semble destinée à dissimuler que Cn. Pompée répondit à l'appel de ses partisans d'Espagne et donc à minimiser les sentiments philopompéiens des Espagnols. Cf. E. Gabba, « Aspetti... », 1970 p. 140 = *Esercito e società*, 1973, p. 489.

21. Drumann (Drumann-Groebe, 4, p. 560 et 562) place le mariage de Pompée et de Mucia en 81 et la naissance de Cneius entre 80 et 76. Cf. aussi F. Miltner, *RE,* XXI, 2, col. 2211, n° 32 ; J. Van Ooteghem, *Pompée le Grand,* 1954, p. 271-272, n. 3. C'est donc par erreur que

48, avant la bataille de Dyrrachium, en parvenant à capturer ou à incendier les navires de César dans le port d'Oricum et ceux d'Antoine à Lissos[22]. Après Pharsale (9 août = 28 juin 48), à Corcyre, il s'en prit violemment aux défaitistes : Plutarque rapporte qu' il aurait tué Cicéron si Caton ne s'était interposé[23]. Il accompagna Caton dans le Péloponnèse, où ils prirent Patras (Dio Cass. 42, 13, 3), puis en Afrique, où Caton lui remit, à Bérénicé (Benghazi), le commandement de la flotte. Il s'embarqua donc à Utique, probablement dans les derniers mois de 47, avant l'arrivée de César à Hadrumète[24]. D'après le *B. Afr.* (23, 1), il emmenait avec lui une troupe hétéroclite constituée de deux mille esclaves et d'hommes libres ; mais Dion Cassius (43, 30, 3) mentionne des cavaliers

Florus (1, 41, 9) soutient que les deux fils de Pompée *(Pompei iuuenes)* participèrent, en tant que *legati,* à la campagne contre les pirates (cf. M. Hadas, *Sextus Pompey,* New York, 1930, p. 19). Une monnaie de Sextus présente son buste (Sydenham 1346).

22. *B.C.* 3, 40. Cf. Vell. 2, 55, 2 et l'éloge de Sénèque (*Ad Polyb.* 15, 1).

23. Plut., *Cic.* 39, 2 ; *Cato min.* 55, 6 ; Dio Cass. 42, 10, 2. Sur la violence de Cneius, cf. une lettre de Cassius (Cic., *Fam.* 15, 19, 4 ; cf. *Comm.,* 1. 3) et une autre de Cicéron (*Fam.* 6, 4, 1).

24. Sur la date de l'expédition de Cneius, et donc de son départ d'Utique, les sources divergent. Appien, *Ciu.* 2, 87, le place après Pharsale (9 août = 28 juin 48), restant très imprécis ; l'épitome de Tite-Live (*Per.* 113, 3-4) — du moins à s'en tenir à l'ordre du récit — avant Zéla (2 août = 12 juin 47), ce qui est peu vraisemblable ; le *B. Afr.* 22, au début de 46, quand César s'était déjà installé à Ruspina, ce qui paraît également peu probable ; le *B.H.* 1, 1 après Thapsus (6 avril = 6 février 46), date manifestement erronée (cf. *Comm.*, 1. 2). C'est Dion Cassius, 42, 56, 4 qui semble fournir la datation la plus sûre en situant les faits dans les derniers mois de 47 : il paraît, en effet, logique que la décision d'envoyer Cneius en Espagne ait été prise en septembre 47, au moment où le retour de César en Italie laissait présager qu'il attaquerait bientôt ses adversaires en Afrique, et dans une saison propice à la navigation (les mois d'octobre et novembre du calendrier officiel correspondaient à l'été). Cf. M. Ferreiro, *César,* 1986, p. 638-639, n. 458 ; A. Bouvet, *op. cit.*, p. 99 ; G. Pascucci, *Bellum Hispaniense*, 1965, p. 119.

Allobroges, que Juba avait fait prisonniers dans la guerre contre Curion et le *B.H.* (7, 4) une *legio Afraniana*, qui avait servi sous le commandement d'Afranius[25]. Il commença par envahir le royaume de Bogud, et il fut repoussé devant Ascurum[26], puis cingla vers les Baléares. D'après Dion Cassius (43, 29, 2), il « attaqua les îles Baléares, dont il s'empara sans coup férir, à l'exception d'Ebuse (Ibiza), qu'il ne réduisit qu'avec peine ». Là, une maladie le retint au moins jusqu'à la bataille de Thapsus (6 avril = 6 février 46)[27]. Cependant, les légions mutinées d'Espagne, apprenant que Scipion avait péri et que le légat de César C. Didius[28] s'avançait contre elles

25. Cf. *infra* p. XXXIX.

26. Contrairement à ce que laisse entendre le *B. Afr.* 23, 1, Ascurum, identifié par Gsell (8, p. 45-46) avec Rusuccuru (Dellys) se trouvait probablement dans le royaume de l'autre roi Maure, Bocchus. Cf. J. Carcopino, *César,* 1968, p. 458, n. 2.

27. Une lettre de Cicéron (*Att.* 12, 2, 1) – désormais datée non pas du 4 ou 5 mai 46 (G. Pascucci, *Bellum Hispaniense,* 1965, p. 119, à la suite de Th. Schiche, *Zu Ciceros Briefe an Att.,* Berlin, 1883), mais du début avril (= début février 46), avant que ne parvienne à Rome la nouvelle de la bataille de Thapsus (6 avril), vers le 20 avril (D.R. Shackleton Bailey, *Cicero's Letters to Atticus,* 5, 1966, p. 298 ; J. Beaujeu, *Cicéron, Correspondance,* 6, 1993, p. 232), – fait état, entre autres rumeurs, de celles qui démentent ce séjour de Cneius Pompée aux Baléares : « Ici rien que des rumeurs : Murcus [L. Staius Murcus, légat de César] péri dans un naufrage, Asinius [Pollion] tombé vivant entre les mains de soldats, cinquante navires, emportés à Utique par ce vent contraire, Pompée disparu – il n'a jamais été présent aux Baléares, comme le prétend Paciaecus – Mais nul garant pour aucune de ces nouvelles ». Mais le rapport du partisan de César L. Vibius Paciaecus (*B.H.* 3, 4 ; cf. *Comm.,* 3. 5) semble bien exact (D.R. Shackleton Bailey, *op. cit.,* p. 299 ; J. Beaujeu, *op. cit.,* p. 280). Notons qu'A. Schulten (*FHA,* 5, 1940, p. 97) et G. Pascucci (*op. cit.,* p. 119 et 149) se trompent sur le sens de la phrase de Cicéron, en faisant de Paciaecus l'auteur de ces rumeurs. Par ailleurs, P. Hamblenne (« L'opinion romaine et les sentences " politiques " de Publilius Syrus », *ANRW,* I, 3, 1973, p. 636, n. 18) voit une allusion à l'équipée des Baléares dans un vers du *Fullo* de Laberius (frg. 47 O. Ribbeck, Leipzig, 1873[2]) : *utrum* (*uirum* codd) *tu hunc gruem Balearicum, an hominem putas esse ?* (cf. aussi frg. 13 et 15).

28. C'est en Sardaigne, où il avait abordé le 15 juin = 16 avril, avant

avec une flotte, sans attendre Cn. Pompée, mettent à leur tête deux chevaliers romains, Titus Quinctius Scapula[29] et Quintus Aponius, et chassent Trebonius (Dio Cass. 43, 29, 3). Pompée, rétabli, débarqua en Espagne probablement au commencement de septembre, au début du printemps réel[30]. Plusieurs cités, accablées par leurs gouverneurs et restées fidèles au souvenir de son père, l'accueillirent avec empressement. Mais il dut assiéger Carthagène, résidence prétorienne de la Citérieure. A cette nouvelle, Scapula et les siens le rejoignirent pour se ranger sous ses ordres avec enthousiasme (Dio Cass. 43, 30, 1-2). Dion Cassius ne précise pas que la ville fut prise, mais J. Carcopino estime que le silence du *B.H.* autorise cette conclusion[31]. Les mines d'argent de la région, parmi les plus fameuses de la Péninsule, assuraient la solde des troupes[32]. Certains des survivants de

de rentrer à Rome le 25 juillet = 25 mai (*B.Afr,* 98. Cf. Gsell, 8, p. 154 ; M. Gelzer, *Caesar*, 1969, p. 271 ; J. Carcopino, *César*, 1968, p. 465), que César, ayant appris les projets de Cn. Pompée, alors encore aux Baléares, avait décidé d'envoyer une escadre sous le commandement de C. Didius (Dio Cass. 43, 14, 2 ; 28, 1 et 29, 3). La nouvelle put en parvenir en Espagne vers la fin de juillet (Cf. M. Ferreiro, *César*, 1986, p. 275 et p. 652, n. 601) ; cf. *infra* p. XXVI, n. 36. Sur C. Didius, cf. *Comm,* 37. 4.

29. On le confond souvent avec l'Annius Scapula qui avait participé au complot contre Cassius, ce qui semble être une erreur. Cf. *supra,* p. XX et *Comm.* 33. 3.

30. Cf. M. Ferreiro, *César,* 1986, p. 276.

31. Cf. J. Carcopino, *César,* 1968, p. 459, n. 1 et aussi M. Ferreiro, *ibid.*, p. 276. Dion Cassius, 43, 30, 2, en indiquant que Cneius fut désigné στρατηγὸς αὐτοκράτωρ, laisse entendre qu'il fut bien vainqueur. On a retrouvé de nombreux *glandes* de frondes ainsi que des monnaies de bronze portant l'inscription *Cn(aei) Mag(ni) imp(eratoris)* (*C.I.L.* II, 6248, 1).

32. A l'arrivée de Cn. Pompée en Espagne correspondent les monnaies frappées par M. Poblicius et M. Minatius Sabinus. Cf. Babelon, 2, p. 344-348, *Pompeia* 9-15 ; M. Grant, *From Imperium to Auctoritas,* 1946, p. 22 ; E.A. Sydenham, *The Coinage of the Roman Republic,* Londres, 1952, p. 172-174 ; Th. V. Buttrey, « The denarii of Cn. Pompeius Jr. and M. Minatius Sabinus », *ANSMus N,* 9, 1960, p. 75-94 ; M. Campo, « Los denarios romano-republicanos acuñados en

Thapsus, son frère Sextus[33], Attius Varus[34], Labienus[35], vinrent le rejoindre avec la flotte. Cneius était maître de l'Ultérieure, à l'exception d'Ulia, toujours aux mains des fidèles de Cassius. « Il semblait plus puissant que ne l'avait été son père », écrit Dion Cassius (43, 30, 5). César, de son côté, en s'embarquant à Utique (13 juin = 14 avril 46) pensait probablement avoir écrasé ses adversaires. Il fit un détour par la Sardaigne, où il infligea de lourdes amendes à ceux qui avaient aidé les Pompéiens et, retenu par la tempête, ne rentra à Rome que le 25 juillet = 25 mai. C'est de Sardaigne qu'informé des menées de Pompée il s'était contenté de décider l'expédition de Didius[36]. Quant à lui, il consacra les sept mois qui suivirent – les quatre mois de l'année officielle d'août à novembre et les trois mois intercalaires de son nouveau

Hispania », *Acta Numismatica,* 3, 1973, p. 53-64, particulièrement p. 60 ; H. Zehnacker, *Moneta,* 1973, p. 617-618, 688 ; M.H. Crawford, *Roman Republican Coinage,* Cambridge, 1974, p. 93, 479-481 ; L. Amela Valverde, « La amonedación pompeyana en Hispania », *Faventia,* 12-13, 1990-1991, p. 184-188, 195-197.

33. Avant la guerre d'Espagne on sait peu de choses de Sextus Pompée : après Pharsale il suivit son père à Mytilène et en Egypte (Dio Cass. 42, 2, 4 ; 49, 2 ; Plut., *Pomp.* 74, 1 ; 78, 7 ; Lucain, 8, 205, 633 ; 9, 85, 122, 125). Cf. M. Hadas, *Sextus Pompey*, New York, 1930, et *Comm.,* 3. 1. Un denier de Sicile (Sydenham 1346) présente son portrait.

34. Au début de 49, P. Attius Varus avait été défait dans le Picenum par César (*B. C.* 1, 12-13). Envoyé en Afrique par Pompée, il usurpa la qualité de préteur (Cic., *Lig.* 3). Curion lui infligea une sévère défaite devant Utique (*B.C.* 2, 23-35 ; Dio Cass. 41, 42, 2) ; quand, plus tard, Juba eut vaincu le légat de César, il ne put empêcher le massacre des survivants (*B.C.* 2, 43-44 ; Appien, *Ciu.* 2, 46). Ayant cédé à Scipion le commandement en chef et à Caton le gouvernement d'Utique, il commanda la flotte à Utique. Cf. *Comm.* 27. 3.

35. Depuis son tribunat (63) jusqu'au début de la guerre civile, T. Labienus avait été le plus fidèle second de César. A partir de 59, il participa, en qualité de légat, à toute la campagne des Gaules. Les raisons de son passage au parti de Pompée, en 49, ont été diversement interprétées ; Dion Cassius (41, 4, 4) s'en tient à une explication sommaire, invoquant la crainte d'une disgrâce. Après Pharsale, il fut le vrai chef de l'armée d'Afrique. Cf. *Comm.,* 18. 13.

36. D'après Dion Cassius (43, 31, 2), Didius remporta une victoire sur Varus dans un combat naval au large de Carteia. Cf. *Comm.,* 27. 3.

calendrier – à la célébration de ses quatre triomphes[37] remportés sur la Gaule, l'Egypte, le Pont et l'Afrique et à l'accomplissement de ses réformes. Ce n'est qu'à la suite des appels répétés de ses légats Q. Pedius et Q. Fabius[38], et des cités qui lui restaient fidèles (*B.H.* 1, 5), que César décida d'expédier des renforts en Espagne, avant de se mettre lui-même en route, probablement avant les élections consulaires, au début de novembre 46[39]. César ne mit que vingt-sept jours pour arriver à Obulco (Porcuna), à la frontière entre les deux Espagnes, devançant les renforts[40]. Aussitôt les hostilités reprirent. Elles allaient durer quatre mois, les Espagnols s'impliquant dans le conflit le plus dur et le plus sanglant de toute la guerre civile (*bellum ingens ac terribile,* Vell. 2, 55, 2).

Les liens de clientèle de Pompée et de César en Espagne

Les liens de clientèle établis par César et surtout par Pompée en Espagne donnent à cette province une importance particulière dans la conquête du pouvoir suprême : elle n'est pas seulement un vivier de troupes auxiliaires, mais une province susceptible de jouer un

37. Cf. *Comm.*, 1. 5.

38. Cf. Dio Cass. 43, 31, 1. Certains historiens, comme J. Carcopino (*César*, 1968, p. 459) ou J.M. Roldán (« La guerra civil... », 1978, p. 169), pensent que César décida l'envoi de Q. Pedius et Q. Fabius lors de son passage en Sardaigne. Mais les sources n'en font pas état. Il est plus probable, comme le suppose F. Münzer (*RE*, XIX, col. 39, *s.u. Pedius*), suivi par M. Ferreiro (*César*, 1986, p. 285 et p. 665, n. 745), que Q. Pedius remplaça Lépide, comme gouverneur de la Citérieure, dès la fin de 47. Quant à Q. Fabius, César l'envoya probablement en Ultérieure avec une légion récemment recrutée en septembre 46, lorsque, de retour à Rome, il apprit l'expulsion de Trebonius. (Cf. M. Ferreiro, *op. cit.*, p. 285 et p. 665, n. 747).

39. Sur la date du départ de César, cf. *Comm.,* 2. 4. Sur le gouvernement de Rome, cf. *Comm.,* 2. 3.

40. Sur cette *celeritas,* cf. *infra* p. LIX-LX et *Comm.*, 2. 4. Au cours de ce voyage-éclair César aurait trouvé le temps de composer son poème *Iter* (Suét., *Caes.* 56, 5-6). Sur la date de l'arrivée des renforts, à la mi-janvier, cf. *Comm.,* 6. 2.

rôle politique majeur et de faire pencher la balance en faveur de l'un ou l'autre des généraux ; ils doivent s'attirer la bienveillance de ces notables romanisés qui appuient de leur influence l'un ou l'autre parti. Il s'agit d'une situation propre à l'Espagne et qu'on ne retrouve pas dans les autres provinces qui furent le théâtre des guerres civiles. Comme César le souligne, en expliquant pourquoi il décida d'intervenir en Espagne en 49, sans attendre d'avoir rassemblé une flotte pour poursuivre Pompée, en ce domaine, l'avantage revenait à son adversaire : « Pendant ce temps, l'ancienne armée pompéienne, ainsi que les Espagnes, dont l'une était liée à Pompée par les immenses services qu'il lui avait rendus, risquaient d'être confirmées dans leurs sentiments. »[41] Pompée bénéficiait, en effet, en Citérieure, d'une importante clientèle indigène en partie héritée de son père Pompeius Strabo, qui, le 18 novembre 90, avait accordé le droit de cité romaine à trente soldats d'un escadron de cavalerie espagnole, la *turma Salluitana*[42], ou acquise

41. *B.C.* 1, 29, 3 : L'Espagne « liée à Pompée » est l'Espagne Citérieure, où il avait mis fin à la guerre de Sertorius. Cf. aussi *B.C.*, 1, 61, 3 et 2, 18, 7.

42. La *turma Salluitana* avait servi sous les ordres de Pompeius Strabo devant Asculum pendant la guerre sociale. Le texte de l'inscription (*ILS* 8888), découverte en 1908, indique les origines ethniques de ces soldats, essentiellement des Vascons (Basques) et des Ilergètes de Tarraconnaise (cf. Gómez-Moreno, « Sobre los Iberos : el bronce de Ascoli », *Misceláneas, Historia, Arte, Arqueologia. Prima Serie : La Antigüedad*, Madrid, 1949, p. 233-256). G.H. Stevenson (« Cn. Pompeius Strabo and the Franchise Question », *J.R.S* , IX, 1919, p. 95-101) a souligné la singularité de la mesure prise par Pompeius Strabo, qui annonce un aspect de la politique impériale et qui n'a pu qu'influencer la conduite future de son fils ; elle explique que ces populations n'aient pas partagé l'enthousiasme des Celtibères pour Sertorius et soient demeurées fidèles à Rome, représentée par Pompée. Cf. N. Criniti, *L'epigrafe di Asculum di Gn. Pompeo Strabone,* Milan, 1970 ; J.M. Roldán, « El bronce de Ascoli en su contexto histórico », *Epigrafia hispanica de epoca romana-republicana,* Saragosse, 1986, p. 115-135.

pendant la guerre contre Sertorius[43]. Pompée fut certainement entouré, dans cette province, de la dévotion propre à la *fides iberica*, sans toutefois susciter ce « culte du chef étranger » qui conduisit les Espagnols à diviniser Scipion, Sertorius, et, dans une certaine mesure, Metellus[44]. En Ultérieure, où avait surtout opéré Metellus, les clients espagnols de Pompée étaient moins nombreux, bien qu'influents, comme les Balbi de Gadès[44a]. Dans cette province, et particulièrement en Bétique, son influence était liée, d'une part, à une clientèle militaire,

43. Cic., *Balb. 22, 51 ;* César, *B.C.* 1, 61, 3. Cf. L.R. Taylor, *Les partis politiques à Rome au temps de César,* 1977, 1949[1], p. 103-104 ; L. Harmand, *Le patronat sur les collectivités publiques des origines au bas-empire,* Paris, 1957, p. 126 ; M. Gelzer, *The Roman Nobility,* Oxford 1969, Berlin 1912[1], p. 96 ; P. Jal, *La guerre civile,* 1963, p. 110-113, p. 111 sur Cn. Pompée le Jeune. Cf. aussi N. Rouland (*Pouvoir politique et dépendance personnelle dans l'antiquité romaine,* Bruxelles, 1979, p. 349-400) qui, contre la thèse souvent reprise d'A. Von Premerstein (*Von Werden und Wesen des Prinzipats,* Munich, 1937), soutient que « les prétendues " clientèles militaires " sont en réalité civiles » (p. 371), le général ne faisant pas de ses soldats ses clients, mais se servant de son rôle de patron pour renforcer sa puissance militaire. Cf. idem, « Armées " personnelles " et relations clientélaires au dernier siècle de la République », *Labeo,* 21, 1, 1979, p. 16-38).

44. Pompée n'avait pas séjourné assez longtemps en Espagne pour permettre à ce culte de naître : bien qu'ayant reçu la province en partage, à Lucques, en 56, il ne s'y rendit pas et la gouverna par l'intermédiaire de ses légats (cf. R. Etienne, *Le culte impérial dans la péninsule ibérique,* 1958, p. 111). Sur la *fides iberica* et ce " culte du chef étranger " qui a préparé le culte de l'empereur,cf. R. Loscertales, « La *deuotio* ibérica », *AHDE,* I, 1924 ; R. Adrados, « La *fides* ibérica », *Emerita,* 14, 1946, p. 128-211 ; R. Etienne, *op. cit.*, p. 97-112 ; M.D. Dopico Cainzos, « La *deuotio* ibérica : una revisión crítica », *Homenaje a J.M. Blázquez,* Madrid, 1994, p. 181-193.Cf. aussi J.M. Roddaz (« Guerres civiles et romanisation dans la vallée de l'Ebre », *REA,* 88, 1986, p. 318-320), qui souligne (p. 325) que l'absence de Pompée a affaibli sa position et que la présence de *Berones* dans la garde de Cassius Longinus « montre que la propagande césarienne a obtenu des résultats dans l'ensemble de la vallée de l'Ebre ».

44a. Les Balbi devaient passer ensuite dans le camp de César (cf. *infra* p. XXXI, note 52).

celle des troupes italiques ou auxiliaires qui y avaient séjourné depuis longtemps sous son commandement ou celui de ses légats[45], et, d'autre part, à une importante concentration de *ciues Romani* et de notables romanisés, qui avaient souvent adopté les *tria nomina*. Les classes élevées rejoignirent, en effet, de préférence le parti de Pompée et jouèrent un rôle important dans la conjuration contre Cassius Longinus[46]. Significatif également le nombre de chevaliers tombés dans les rangs pompéiens à Munda[47]. Il faut souligner aussi la fidélité des Lusitaniens[48] à Pompée et à ses fils, expliquée en partie par la

45. Cf. J.M. Roldán, « La crisis republicana en la Hispania Ulterior », 1978, p. 124.

46. A. Balil (« Riqueza y societad... », 1965, p. 352, n. 89), au contraire, oppose l'armée pompéienne, constituée en partie d'esclaves aux riches partisans de César (cf. aussi J.M. Blázquez, « L'esclavage dans les exploitations agricoles de l'Hispanie romaine », *MCV*, 8, 1972, p. 635 = *Nuevos estudios sobre la Romanización*, Madrid, 1989, p. 285). Mais en réalité les chefs pompéiens appartenaient bien à l'oligarchie ; cf. J.M. Roldán, « El elemento indígena... », 1972, p. 108 ; C. Gonzalez Román, « Guerra civil y conflictos sociales en la P.H.U. », 1978, p. 138-140 ; J.B. Tsirkin, « The South of Spain in the Civil War of 46-45 », *AEA*, 54, 1981, p. 98-99. Les *negotiatores* italiens se rallièrent sans doute aussi à Pompée, comme probablement ce M. Planius Heres, fait prisonnier par César, pour qui plaide Cicéron dans une lettre à Dolabella de fin janvier ou début février 45 (*Fam.* 9, 13, 2 ; cf. J. Beaujeu, *Cicéron, Correspondance*, 7, 1980, p. 211), et certainement apparenté aux *Planii* qui exploitaient des mines d'argent en Espagne (cf. Münzer, *RE*, XX, 2, col. 2186 ; C. Nicolet, *L'ordre équestre*, 2, 1974, p. 983-984, nº 274 ; C. Domergue, « Les *Planii* et leur activité industrielle en Espagne sous la République », *MCV*, 1, 1965, p. 22-23 ; idem, « L'épigraphie des produits métalliques industriels : l'exemple des lingots de plomb romain d'origine espagnole » *Épigraphie hispanique*, Paris, 1983, p. 201 ; 205).

47. Cf. *Comm.*, 31. 9.

48. Les fils de Pompée avaient apparemment une base importante à Salacia – Alcácer do Sal (A. Tovar, *Lusitanien*, 1976, p. 214), non loin de Lisbonne, qui leur devrait le nom d'*Vrbs Imperatoria* (M. Grant, *From Imperium to Auctoritas*, 1946, p. 23 ; R. Combès, *Imperator*, 1966, p. 131-132), à moins qu'il ne s'agisse plutôt d'une fondation de César, comme d'autres le pensent (H. Galsterer, *Untersuchungen*, 1971, p. 69 ; E. Gabba, « Aspetti... », 1970, p. 151, 152, n. 57 =

répression exercée contre eux par César en 61. De son côté, César, quoi qu'il en dise[49], n'était pas un inconnu en Espagne. Pendant sa questure, en 68, il avait déjà noué des liens avec les indigènes et les colons (Vell. 2, 43, 4). Mais c'est surtout sa charge de propréteur, en 61, qui lui permit d'étendre son influence par une habile administration : annulation du tribut imposé à la province par Metellus[50], allégement des dettes des débiteurs malheureux, dont deux tiers seulement des revenus pouvaient être saisis[51]. La florissante cité de Gadès fut de sa part l'objet d'une faveur particulière, d'autant plus que c'était la patrie de Balbus, qu'il admit dans le cercle de ses familiers, avant d'en faire son *praefectus fabrum*[52]. Le

Esercito e societá, 1973, p. 512 ; B. Galsterer Kröll, « Zu den spanischen Städtelisten des Plinius », *AEA,* 48, 1975, p. 69.

49. *B.C.* 1, 61, 3 : *Caesaris autem erat in barbaris nomen obscurius.* César n'affecte cette humilité que « pour gonfler ses futurs succès et rendre plus éclatantes les sympathies que, par exemple, lui prodigua la province d'Ultérieure », écrit R. Etienne (*op. cit* p. 110). Sur ces " sympathies ", voir les propos prêtés à Varron par le *B.C.* 2, 17, 2 : *Quae uoluntas erga Caesarem totius prouinciae.*

50. *B.H.* 42, 2. Cf. *Comm.* 42. 6 et 7.

51. Plut., *Caes.* 12, 2-3 ; M. Gelzer (*Caesar,* 1968, p. 61-63) compare cette mesure avec celle prise par Lucullus en Asie (Plut., *Lucull.* 20, 3), qui ne garantissait aux créanciers, surtout des chevaliers, que le quart du revenu annuel du débiteur, et en conclut que César avait favorisé davantage les chevaliers d'Espagne. Toutefois, comme le fait remarquer E. Gabba (« Aspetti... », 1970, p. 144, n. 27 = *Esercito e società,* 1973, p. 497, n. 27), le cas de la province d'Asie était différent et la plus grande générosité de Lucullus à l'égard des débiteurs peut s'expliquer par le poids considérable de leurs dettes ; il est donc douteux que la décision de César ait contribué à lui attirer les faveurs des classes élevées.

52. Cic., *Balb.* 19, 43 ; 28, 63. Cf. J.F. Rodriguez Neila, *Los Balbos de Cádiz. Dos españoles en la Roma de César y Augusto,* Séville, 1973. En récompense de la participation à la guerre contre Sertorius, L. Cornelius Balbus, ainsi que sa famille, avait reçu de Pompée la *ciuitas*, en vertu de la *Lex Gellia Cornelia* (Cicéron, *Balb.* 8,19) (cf. *supra* p. XXIX). C'est quand les liens entre César et Pompée se défirent qu'elle lui fut contestée ; bibliographie abondante dans A. Caballos (*Los senadores ...,* p. 254, 255).

discours d'Hispalis rapporté dans le dernier chapitre du *B.H.* rappelle clairement le rôle de patron assumé par César : *patrocinio suscepto multis legationibus ab se in senatum inductis simul publicis priuatisque causis multorum inimicitiis susceptis defendisse* (42, 3). Ce fut aussi l'occasion pour César, qui avait pris soin de lever des troupes dans la province, d'organiser ses premières expéditions militaires, d'abord contre des tribus de montagnards lusitaniens qui se livraient au pillage des cités environnantes, puis contre des populations paisibles de pâtres et de cultivateurs[53]. Ces actions d'éclat lui valurent la faveur de ses soldats, qui lui décernèrent pour la première fois le titre d'*imperator*[54], et lui ouvrirent la voie du consulat, mais eurent aussi pour effet de renforcer les sentiments philopompéiens d'une partie de la population. La guerre civile en Espagne est donc bien plus que le conflit armé de deux partis romains en territoire colonial : il s'agit d'une conflagration générale, où les provinciaux s'impliquent activement et appuient l'un ou l'autre des chefs en fonction des rapports de gratitude ou d'hostilité établis dans les années antérieures[55]. Si Cn. Pompée avait hérité de son père le rôle de patron de la Citérieure, en Ultérieure les deux partis étaient présents, souvent au sein de la même cité[56]. Les populations civiles eurent

53. Dio Cass. 37, 52-53 ; App., *Ciu.* 2, 8 ; *Iber.* 102.

54. Plut., *Caes.* 12, 4.

55. Cependant, P. A. Brunt (*The Fall of the Roman Republic,* 1988, p. 393) relativise le poids de ces rapports de clientèle : ils n'empêchèrent pas Cn. Pompée d'être vaincu et César de se plaindre de l'ingratitude des provinciaux (*B.H.* 42, 1-5).

56. Le récit du *B.H.* fait apparaître l'existence des deux partis dans les cités d'Ultérieure. Au début de la guerre, seule Ulia (3, 1) est fidèle à César. Les autres cités sont tenues par les Pompéiens, mais abritent un parti césarien, renforcé par la prise d'Ategua et la victoire de Munda. Seule Urso semble ignorer ces divisions (26, 3-6 ; 28, 2 ; 41, 3). Cependant, même après avoir été défaits à Munda, les Pompéiens continuent à résister dans cette ville (32, 1 ; 34, 6 ; 36, 4 ; 41, 1-2), comme à Cordoue (33, 1-4 ; 34, 1-4), à Hispalis (35), à Carteia (37, 1-2). J. B. Tsirkin (« The South of Spain in the Civil War of 46-45 B.C. », *AEA*,

donc pendant cette guerre un poids non négligeable, mais, en dernière instance, ce sont les troupes, en grande partie recrutées dans la province même, qui devaient faire pencher la balance.

Les effectifs Si l'anonyme attribue à Cn. Pompée treize légions, quand il passe ses troupes en revue (7, 4) et quand il fait le récit de la bataille de Munda (30, 1 ; 31, 11), d'après une lettre de Cicéron de janvier 45 (*Fam.* 6, 18, 2), César lui-même ne lui en attribuerait que onze : « Au sujet des Espagnes, rien de nouveau. Il est certain cependant que Pompée a une armée nombreuse ; car César en personne a envoyé à ses fidèles copie d'une lettre de Paciaecus où il était écrit qu'elle comprenait onze légions. » J. Carcopino (*César,* 1968, p. 459, n. 2) s'en tient au chiffre fourni par Cicéron, mais celui de treize légions est le plus souvent retenu : comme le suggère T.R. Holmes (*The Roman Republic,* 3, 1923, p. 542-543), suivi par M. Gelzer (*Caesar,* 1968, p. 293) et P.A. Brunt (*Italian Manpower,* 1971, p. 474, n. 8 et 230, 691), ce total peut être la somme des onze légions mentionnées par Cicéron et de deux autres restées à Cordoue (*B.H.* 34, 2-3), auquel cas l'anonyme aurait majoré les effectifs des Pompéiens à Munda ; à moins que, comme le suppose M. Ferreiro (*César,* 1986, p. 285, 289, 666 n. 753, 682, n. 87), les deux chiffres ne correspondent à deux étapes de la formation de l'armée, l'information fournie par Paciaecus rapportée par Cicéron devant dater environ d'octobre 46. Dans ce cas, Pompée aurait bien aligné treize légions à Munda, auxquelles il faudrait ajouter les deux légions de Cordoue (cf. *Comm.,* 34. 1). Cf. aussi R. Thouvenot, *Essai sur la province romaine de Bétique,* 1940, p. 146, n. 2 ; J. Harmand,

54, 1981, p. 91-100) pense que les villes côtières comme Gadès, Sexi, en partie Carteia, et les régions minières, dépendant davantage des marchés d'Italie et d'Afrique, furent en majorité favorables à César.

« César et l'Espagne durant le second *Bellum ciuile*, 1970, p. 199 ; J.M. Roldán, « El elemento indígena... », 1972, p. 104 ; idem, « La romanización », 1978, p. 193. Quoi qu'il en soit du nombre exact des légions de Pompée, à en croire l'anonyme (*B.H.* 7, 4), il ne pouvait réellement compter que sur quatre d'entre elles : les deux légions varroniennes – la *legio Vernacula* et la *II* –, une légion nouvelle recrutée parmi les colons d'Ultérieure et une légion qui avait servi en Afrique sous les ordres d'Afranius. Le cas de la *legio Vernacula*, une des plus fidèles au parti pompéien, mérite qu'on s'y arrête. Elle est mentionnée pour la première fois par César (*B.C.* 2, 20, 4), parmi les deux légions qui quittèrent le camp de Varron : *altera ex duabus legionibus quae uernacula appellabatur*. Elle reparaît plusieurs fois dans les chapitres du *B. Al.* consacrés à la révolte contre Cassius Longinus (53, 4 et 5 ; 54, 3 ; 57, 1 et 3) et dans le *B.H.* (7, 4 ; 10, 3 ; 12, 1 et 2 ; 20, 2, 4 et 5). Or, sur la question essentielle de son recrutement les historiens sont partagés. Les uns, à la suite de Mommsen, considèrent que l'expression s'applique à des légions recrutées parmi les indigènes (« Eingeborenlegionen »), qui peuvent, à plus ou moins long terme, recevoir le droit de cité[57]. Les

57. Mommsen, « Die Conscriptionsordnung der röm. Kaiserzeit », *Hermes*, XIX, 1884, p. 13 = *Gesammelte Schriften* VI, 1907, p. 31. Cf. P. Fabre, *César, La guerre civile*, I, Paris, 1941, p. 85, n. 1 ; J. Andrieu, *César, Guerre d'Alexandrie*, Paris, 1954, p. 52, n. 2. R.E. Smith, *Service in the post-Marian Army*, Manchester, 1958, p. 55, envisage un recrutement parmi les fils de légionnaires et de femmes indigènes. T. Yoshimura range la *legio uernacula* parmi les *auxilia* et voit en elle un précédent à la fameuse *legio V Alaudae* enrôlée par César, en 52 ou 51, parmi les Transalpins (« Über der legio uernacula des Pompeius » *Annuario dell'Istituto Giapponese di cultura* 1, Rome, 1963-64, p. 101) ; J. Harmand, *L'armée et le soldat* ... 1967, p. 235-236 ; P.A. Brunt, *Italian Manpower*, 1971, p. 230-231, 472-475 ; A.T. Fear (« The Vernacular Legion of Hispania Ulterior », *Latomus*, 50, 4, 1991, p. 809-821), qui estime (p. 816) que, contrairement à l'épithète *Hispaniensis* ou *colonica*, « *Vernacula*, with its native, and moreover

autres, comme J.M. Roldán, pensent, avec raison, semble-t-il, qu'on a affaire ici à une légion unique constituée de citoyens romains d'Espagne[58] ; en effet, dans le passage du *B.C.* cité plus haut, l'emploi du verbe *appellare* semble bien indiquer qu'il s'agit du nom propre à une légion[59], comme dans le cas de la *legio Alaudae*, de la *legio Martia*[60] ou de la *legio Pontica* et non pas d'une épithète générique. Par ailleurs, un passage du *B. Al.* (53, 4-5), malgré une importante difficulté, apporte des informations essentielles : L. Laterensis, un des conjurés contre Cassius Longinus, croyant celui-ci assassiné, féli-

possibly servile, implications, would have been unacceptable to freeborn of pure Roman stock ».

58. J. M. Roldán, « El elemento indígena », 1972, p. 110-112 ; idem, *Hispania y el ejército romano,* Salamanque, 1974, p. 209-211 ; idem « Legio Vernacula, ¿Iusta Legio ? » *Zephyrus*, 25, 1974, p. 457-471. Cf. A. García y Bellido, « Los auxiliarios hispanos en los ejércitos romanos de ocupación (200-30 a. de J. C.) », *Emerita,* 31, 1963, p. 224-226 ; E. Gabba, « Aspetti... », 1970, p. 134-137 = *Esercito e società,* 1973, p. 475-481 ; P. Le Roux, (*L'armée romaine...,* 1982, p. 42-46), qui, toutefois, ne fait pas de *Vernacula* un surnom officiel (p. 45). Notons, cependant, que le fait que César ne présente pas cette légion de l'adversaire comme irrégulière ne peut être invoqué à l'appui de cette thèse, puisque le recrutement des Gaulois Transalpins dans la *Legio Alaudae* pouvait l'inciter à la discrétion (cf. A.T. Fear, *art. cit.*, p. 818).

59. J. M. Roldán, « Legio Vernacula ¿Iusta Legio ? », p. 460. Au contraire, dans le commentaire de son édition du *B.H.*, G. Pascucci, à la suite de Mommsen, (*Bellum Hispaniense,* 1965, p. 192 ; idem, « Interpretazione linguistica e stilistica del Cesare autentico », *ANRW,* I, 3, 1973, p. 495) voit dans l'emploi de ce verbe l'indication du caractère technique de l'épithète *uernacula*, mais, se ralliant à E. Gabba, il est revenu plus tard sur cette opinion (G. Pascucci, « Paralipomeni della esegesi e della critica al *Bellum Hispaniense* », *ANRW*., I, 3, 1973, p. 600, n. 8).

60. Il ressort de l'étude de J. M. Roldán (*loc. cit.,* p. 460-464) qu'une légion très probablement constituée de citoyens romains, comme la *legio Martia*, pouvait fort bien ne pas porter de numéro, tandis que des légions recrutées parmi les indigènes ou péregrins comme la *legio V Alaudae* ou la *XXII Deiotariana* portent un numéro et ne sont jamais désignées comme *uernaculae*.

cite les soldats de la *legio Vernacula* et de la *legio II*, « dont il connaissait la haine particulière pour Cassius » ; les soldats l'élisent comme préteur : *<L.> Laterensis, cum id non dubitaret, adcurrit laetus in castra [a] militibusque uernaculis et secundae legionis, quibus odio sciebat praecipue Cassium esse, gratulatur ; tollitur a multitudine in tribunal, praetor appellatur. Nemo enim aut in prouincia natus,* **ut** *uernaculae legionis milites, aut diurturnitate iam factus prouincialis, quo in numero erat secunda legio, non cum omni prouincia consenserat in odio Cassii : nam legionem XXX et XXII paucis mensibus in Italia scriptas Caesar attribuerat Longino ; quinta legio nuper ibi erat confecta.* (« L. Laterensis, qui n'en doutait pas, court joyeux au camp et félicite les soldats indigènes et ceux de la seconde légion, dont il connaissait la haine particulière pour Cassius. La foule le porte au tribunal et le salue préteur. Il n'y avait en effet, personne natif de la province, tels les soldats de la légion indigène, ni parmi ceux qui par un long séjour étaient devenus provinciaux – la seconde légion était de ce nombre – qui ne fût d'accord avec la province entière pour détester Cassius : car César avait accordé à Longinus la trentième et la vingt-deuxième légion levées peu de mois avant en Italie ; mais la cinquième avait été formée récemment sur place. ») *Vt uernaculae* est une correction de Nipperdey, généralement adoptée à la place de la leçon des manuscrits *aut*. La différence est capitale : si on retient, comme Mommsen et T. Yoshimura, la leçon de la tradition, on doit distinguer trois catégories parmi les soldats qui haïssent Cassius : les citoyens nés en Espagne, les soldats de la *legio uernacula* et les légionnaires italiques — comme ceux de la *legio II* — à qui leur long séjour a fait acquérir la mentalité des provinciaux ; en ce cas, la *legio uernacula*, distinguée des deux autres catégories ne peut être formée de citoyens. Mais la correction de Nipperdey a toutes les chances de restituer la leçon vraie : d'une part, la phrase oppose clairement, par l'emploi de *aut* ... *aut* deux catégories et non trois, le soldat *in prouincia natus* et le soldat *iam factus prouincialis*[61] ; d'autre part, la fin du texte cité (*nam ... confecta)* renvoie explicitement à trois des cinq légions de Cassius et il est permis d'en conclure que les lignes précédentes ne concernent que ses deux autres légions : la *legio Vernacula* constituée de soldats « *in prouincia nati* » et la *legio II* constituée d'Italiques « *iam prouinciales facti* » ; or, quoi qu'en dise A.T. Fear (*art. cit.*, p. 815), l'expression *in prouincia natus* peut difficilement être considérée comme synonyme d'indigène ou de pérégrin. Du reste, alors que d'autres légions finissent par se rallier à Cassius Longinus, la *legio Vernacula* persiste dans sa rébellion : si elle était constituée d'indigènes, il est difficile de comprendre pourquoi elle se serait sentie aussi solidaire des conjurés, probablement tous citoyens romains[62]. Ajoutons qu'un de ses tribuns est L. Titius[63], que César fit entrer au Sénat, et qu'avec la *legio II* elle se donne pour chef T. Thorius d'Italica, le plus ancien établissement romain de la péninsule. Tous ces éléments confortent l'hypothèse d'un recrutement de citoyens dans cette région depuis longtemps romanisée, où il n'était pas nécessaire de recourir à l'enrôlement d'indigènes[64]. Quant à la date de la forma-

61. Ajoutons que, si l'on adopte la leçon des manuscrits, la phrase, dont la structure est alors déséquilibrée, exigerait un verbe au pluriel (*consenserant)* dans la mesure où *milites* devient sujet. Cf. M. Roldán, *art. cit.*, p. 465-466.

62. *B. Al.* 54. D'après Dion Cassius (43, 29, 3), ce sont même les troupes qui entraînèrent toute la Bétique dans leur défection. De même, l'accueil chaleureux réservé par le *conuentus* d'Hispalis à la légion, qui venait de quitter le camp de Varron (*B.C.* 2, 20, 4-5), s'explique mal si elle n'était pas constituée de citoyens (sur ce point, l'argumentation d'A.T. Fear, art. cit., p. 817, est peu convaincante).

63. *B. Al.* 57, 1.

64. Il est vrai que, dès la fin du IIe siècle av. J. C., des indigènes avaient adopté des noms romains et qu'il n'était peut-être pas toujours facile de les distinguer des authentiques citoyens. Cf. E. Badian, *Foreign Clientelae*, 1958, p. 256 et 259.

tion de cette légion, il est possible de la fixer approximativement : un passage du *B. Al.* (61, 1) présente les légions de Marcellus – la *legio Vernacula* et la *legio II* – comme *ueteranae multisque proeliis expertae legiones* ; il s'agit donc de troupes aguerries dans les combats contre les Lusitaniens et les peuples insoumis[65], recrutées par Pompée lui-même dès 55 ou plus tard par ses légats, pour renforcer les légions d'origine italique déjà sous leur commandement[66]. Selon toute apparence ce sont encore ces deux légions, dont l'histoire est si liée, que nous retrouvons parmi les troupes les plus sûres de Cn. Pompée dénombrées par le *B.H.* (7, 4) ; selon toute apparence, car la leçon *uernacula et secunda* est une correction de Mommsen[67], à la place de la leçon des manuscrits *uernaculae* (l'omission de *et II* s'expliquant aisément). Les raisons invoquées précédemment ainsi que la mention, un peu plus loin (13, 3) d'une *legio II Pompeiana* plaident fortement en faveur de cette correction[68]. Quant

65. Cf. *B.C.* 1, 44, 1-3. Cf. A.T. Fear, art. cit., p. 812-813. Toutefois, P. Le Roux (*op. cit.*, p. 43-43) pense qu'« il n'est pas nécessaire de rapporter cette supériorité à des guerres contre les *Lusitani* et autres barbares » et que la *legio vernacula* est peut-être la septième légion levée par Pompée dans la Péninsule en 50 ou 49 (*B.C.* 1, 85, 6-7).

66. *B.C.* 1, 85, 6.

67. Mommsen, « Zum *B.H.* » *Hermes,* 28, 1893, p. 610 = *Ges. Schr.* VII p. 64. Cf. P.A. Brunt, *Italian Manpower,* 1971, p. 231, n. 4.

68. Cependant, E. Gabba (art. cit., p. 136 = *Esercito e società,* 1973, p. 480) n'exclut pas que l'adjectif *uernaculae* puisse s'appliquer aux deux légions. T. R. Holmes (*op. cit.* p. 542-543) pense que ce pluriel recouvre la *legio uernacula* de Varron et la cinquième légion enrôlée par Cassius Longinus dans la province (*B. Al.* 50, 3). L'explication est reprise par H. Botermann (*Die Soldaten und die röm. Politik in der Zeit von Caesars Tod bis zur Begründung des zweiten in Triumvirats*, Munich, 1968, p. 187-188), qui considère que la *legio II Pompeiana* est différente de celle qui fut commandée par Varron puis Cassius et qui serait restée fidèle à César. Il n'est plus question dans les textes de ces deux légions après Munda. J.M. Santero (« Colonia Iulia Gemella Acci », *Habis,* 3, 1972, p. 203-222) pense que les deux légions seraient identifiables avec la I et la II figurant sur les monnaies d'Acci (Guadix), habituellement considérées comme augustéennes. Cf.

à la légion *facta ex colonis*[69] *qui fuerunt in his regionibus* (*i.e.* l'Ultérieure), elle aussi constituée de citoyens, elle fut probablement levée par Cn. Pompée lui-même[70]. Son recrutement présentait d'autant moins de difficulté qu'environ dix mille vétérans des anciennes légions pompéiennes d'Ilerda avaient été licenciés en Espagne. Enfin, la *legio Afraniana ex Africa quam secum adduxerat*, comme le souligne E. Gabba[71], ne comptait probablement pas que des troupes qui avaient servi en Espagne sous le commandement d'Afranius et de Petreius, ainsi qu'on l'affirme souvent[72]. Un passage du *B.C.* laisse, en effet, penser qu'Afranius n'avait emmené en Afrique que des

C. González Román, « La Colonia Iulia Gemella Acci y la evolución de la Bastetania », *DArch,* 3s., anno 10, 1992, 1-2, p. 161-164. Pour un avis contraire, cf. P. Le Roux, *op. cit.*, p. 61, n. 219.

69. Les manuscrits *MURT* donnent la leçon *ex coloniis*, que l'on pourrait éventuellement admettre pour peu qu'on n'attribue pas à *coloniae* un sens strictement juridique. Cf. P.A. Brunt, *Italian Manpower,* 1971, p. 216, n. 4.

70. García y Bellido (*art. cit.*, p. 226) l'identifie avec la cinquième légion de Cassius (cf. A.T. Fear, *art. cit.*, p. 819). Mais, dans ce cas, elle devrait figurer également parmi celles *quae a Trebonio transfugerant,* comme le fait remarquer E. Gabba (art. cit., p. 140 = *Esercito e società,* 1973, p. 488). Cependant, même si l'anonyme ne la mentionne pas parmi les légions sur lesquelles Pompée pouvait compter, il est probable que la 5e légion, enrôlée par Cassius, peut-être identifiable avec les troupes dont parle Dion Cassius, (43, 30, 4 ; cf. *infra,* p. XL, n. 73), s'est ralliée à Pompée (cf. J. Harmand, « César et l'Espagne durant le second *Bellum ciuile* », 1970, p. 199 ; M. Ferreiro, *César,* 1986, p. 277, 655, n. 632). Par ailleurs, les partisans du recrutement indigène de la *Legio Vernacula,* tels A.T. Fear (art. cit., p. 817), invoquent souvent ce passage du *B.H.*, alléguant qu'il oppose la *legio Vernacula* à la légion régulière *facta ex colonis,* mais E. Gabba (art. cit., p. 135 = *Esercito e società,* 1973, p. 478-479) a déja répondu à cette objection que la *legio facta ex colonis* est mentionnée à part non parce que son recrutement est différent, mais parce que son enrôlement est plus récent.

71. E. Gabba, art. cit., p. 140, n. 17 = *Esercito e società,* p. 488, n. 17.

72. Gsell, 8, p. 29 et 45. T. R. Holmes, *op. cit.*, p. 297 et 469 ; J. Carcopino, *op. cit.*, p. 192.

cohortes auxiliaires[73]. Il est à noter que le récit du témoin qu'est l'auteur du *B.H.* contredit la version du *B. Afr.* (23, 1), qui montre Cn. Pompée quittant Utique avec une troupe légère de deux mille esclaves et hommes libres[74]. Les neuf autres légions de Cn. Pompée, d'après le *B.H.* (7, 4) *ex fugitiuis*[75] *auxiliaribusque*[76] *consistebant*. Cn. Pompée avait certainement enrôlé des *Hispani*, l'incorporation de pérégrins dans les légions n'étant pas rare[77]. Quant à la présence de transfuges de l'armée de César dans les rangs pompéiens, elle est indéniable, bien que l'anonyme tende à la minimiser, alors qu'il souligne les désertions qui intéressent l'armée de Pompée[78]. Ils étaient apparemment assez nombreux pour former les (deux ?) légions *quae ex perfugis conscriptae* (*erant*) dont dispose Sextus Pompée à Cordoue (*B.H.* 34,2)[79]. Enfin, l'enrôlement des esclaves, pour être un des motifs favoris de la propagande césarienne, n'en correspondait pas moins à la

73. *Ciliciensis legio coniuncta cum cohortibus Hispanis quas traductas ab Afranio docuimus in dextro cornu erant conlocatae* (*B.C.* 3, 88, 3). On ne peut pas non plus invoquer le passage de Dion Cassius (43, 30, 4) qui rapporte le ralliement à Cn. Pompée des troupes de Trebonius qui avaient servi autrefois sous Afranius, car il ne peut s'agir de contingents venus d'Afrique, comme ceux auxquels fait allusion le *B.H.*

74. Cf. *supra* p. XXIII-XXIV.

75. Le terme *fugitiui* semble désigner les déserteurs (*perfugae* ; *transfugae*) plutôt que des esclaves fugitifs. Cf. *B.H.* 34, 4.

76. Klotz a corrigé, avec raison, la leçon des manuscrits *auxiliares*, qui obligerait à admettre que les neuf légions étaient entièrement constituées de déserteurs, ce qui n'est pas vraisemblable. Mommsen (suivi par P.A. Brunt, *op. cit.*, p. 231, n. 6), propose *auxiliariisue*, mais *auxiliarii* n'est pas employé comme substantif avant Tacite (*Hist.* 1, 57, 2). Cf. G. Pascucci, *op. cit.*, p. 192.

77. Sur les problèmes juridiques posés par l'enrôlement de pérégrins dans les légions, cf. R.E. Smith, *op. cit.* p. 56-57.

78. Cf. *infra* p. LXVII.

79. Ces déserteurs n'étaient sans doute pas tous des citoyens, mais l'information donnée par le *B.H.* (22, 7) sur la très faible solde de dix-sept as accordée aux transfuges de l'*exercitus* césarien paraît plus particulièrement destinée à dissuader des légionnaires citoyens. Cf. E. Gabba, art. cit., p. 141 = *Esercito e società*, 1973, p. 490.

réalité[80] ; comme à Cordoue, Sextus Pompée recourra plus tard encore à ce type de recrutement[81]. A ces troupes légionnaires s'ajoutent bien sûr les *auxilia* : six mille cavaliers et fantassins légers et six mille auxiliaires d'infanterie à Munda[82] probablement déjà recrutés par Afranius et Petreius parmi les Lusitaniens[83], les Celtibères, les Cantabres, et par Varron en Ultérieure[84]. Au total on peut estimer les effectifs de Cn. Pompée entre cinquante et soixante mille hommes[85], composant une

80. 12, 1 ; 20, 5 ; 22, 7 ; 26, 2 ; 27, 2 ; 34, 2. Cf. App., *Ciu.* 2, 103 : « En outre une grande quantité d'esclaves était engagée aux côtés de Pompée » ; Dio Cass. 43, 39, 2 ; Vell. 2, 7, 3. Cf. M. Rambaud, *L'art de la déformation,* 1966, p. 339 ; H. Kühne, « Zur Teilnahme von Sklaven und Freigelassenen an den Bürgerkriegen der Freien im 1 Jahrhundert v.u.Z. in Rom », *StudClas,* 4, 1962, p. 204-205 ; P. Jal, « Le " soldat des guerres civiles " à Rome à la fin de la République et au début de l'empire », *Pallas,* 11, 1962, p. 9-10 ; J.M. Blázquez, « Causas de la romanización de Hispania », *Hispania,* 24, 1964, p. 488, n. 215 ; idem, « L'esclavage dans les exploitations agricoles de l'Hispanie romaine », *MCV,* 8, 1972, p. 635 = *Nuevos Estudios sobre la Romanización,* Madrid, 1989, p. 284 ; A. Balil, « Riqueza y societad... », *Hispania,* 25, 1965, p. 352 ; J. Mangas, *Esclavos y libertos en la España Romana,* Salamanque, 1971, p. 46 ; N. Rouland, *Les esclaves romains en temps de guerre,* 1977, p. 85-86 ; F. Marco Simon, « Esclavitud y servidumbre en la conquista de Hispania : 83-19 a. C. », *HAnt,* 9-10 1979-1980, p. 180-182. Sur les esclaves dans l'armée de César, cf. *infra* p. LXVII, n. 47.

81. Cf. Flor. 2, 18, 1.

82. *B. H.* 30, 1.

83. *B. H.* 18, 6 ; 35, 3 ; 36, 1 ; 38, 3 ; 40, 2-6. Cf. Val. Max. 9, 2 ; Oros., *Hist.* 6, 16, 9.

84. Cf. *B.C.* 1, 38, 3 ; 2, 18, 1. Sur la valeur des *auxilia* espagnols et particulièrement de la cavalerie, cf. J. M. Roldán Hervas, *Hispania y el ejército romano. Contribución al estudio social de la España Antigua,* Salamanque, 1973 ; idem « El elemento indígena... », 1972, p. 114-117.

85. Cf. Stoffel, 2, p. 172 ; M. Ferreiro, *César,* 1986, p. 296. A. García y Bellido (art. cit., p. 226) évalue les effectifs de Cn. Pompée à soixante-dix mille hommes et ceux de César à quarante ou quarante-cinq mille hommes. On estime généralement – malgré les objections de M. Rambaud (« Légion et armée romaine », *REL,* 45, 1967, p. 132-140 = *Autour de César,* 1987, p. 421-428) – que les effectifs de la légion des

armée sans doute plus désireuse de combattre qu'à Ilerda, mais moins homogène[86].

A cette armée César opposa des moyens considérables : huit[87] légions, beaucoup d'infanterie auxiliaire, huit mille cavaliers[88]. En ce qui concerne les légions déjà présentes en Espagne, il disposait des unités d'Ultérieure restées fidèles à ses enseignes, la XXIe et la XXXe (*B.Al.*, 53, 5 ; 57, 3)[89] ainsi que la légion emmenée d'Italie par Fabius Maximus (cf. *supra,* p. XXVII, n. 38), et des légions venues de Citérieure sous le commandement de Q. Pedius, probablement au nombre de trois – une quatrième restant dans cette province[90]. Parmi elles figuraient la IIIe (*B.H.* 30, 7)[91], la Ve Alaudae (*B.H.* 23, 3 ;

guerres civiles se situent entre 3500 et 4000 hommes (J. Harmand, *L'armée et le soldat à Rome,* 1967, p. 28-30 ; P.A. Brunt, *op. cit.,* p. 230, 447, 474, n. 8, 691 ; M. Ferreiro, *op. cit.,* p. 684, n. 107).

86. A. Engel et P. Paris (« Une forteresse ibérique à Osuna », *Nouv. Archives des Missions scient. et litt.*, XIII, 1906, p. 458-466) ont retrouvé à Osuna un ensemble d'armes hétéroclite, où voisinent piques, épieux, tridents, fourches, harpons. Comme l'écrit J. Harmand (*op. cit.* p. 79), « sans doute la nature en partie tumultueuse des forces levées par les fils de Pompée en Espagne, en 46, explique-t-elle, pour l'essentiel, cet arsenal d'apparence plus gladiatoriale que militaire ».

87. J. Carcopino (*op. cit.*, p. 460) dénombre neuf légions, car il considère que la 5e légion de Cassius est restée fidèle à César (pour un avis contraire, cf. *supra* p. XXXIX, n. 70).

88. *B.H.* 7, 5 ; 30, 1. On peut estimer les effectifs de César à environ 40 000 hommes (cf. *supra* p. XLI, n. 85).

89. Recrutée en 49 et placée sous les ordres de Cassius Longinus en 48, la XXXe légion combattit peut-être à Thapsus (*B. Afr.* 60, 1 XXX *codd.* XXV *Nipperdey* [le texte n'est pas sûr] ; cf. M.M.D. Parker, *The Roman Legions,* 1928, p. 67, n. 1 ; L. Keppie, *The Making of the Roman Army,* 1984, p. 110, 200). Après Munda, elle est à nouveau mentionnée en Ultérieure sous le commandement d'Asinius Pollion en 44-43 (Cic., *Fam.* 10, 31, 5 et 32, 4). Certains de ses vétérans furent probablement installés à Urso (cf. *Comm.,* 42. 1). Cf. Ritterling, *RE,* XII, col. 1821, n° LXXXV ; P. Le Roux, *L'armée romaine...,* 1982, p. 50-51.

90. Cf. M. Ferreiro, *César,* 1986, p. 289.

91. Le *B.H.* mentionne pour la première fois une *legio III* dans l'armée de César. Ritterling (*RE,* XII, col. 1518, n° XXXIV) l'identifie

30, 7)[92] et deux autres dont les numéros sont inconnus[93]. De plus, il fit venir d'Italie la VIe (*B.H.* 12, 5)[94] et la Xe

avec la *legio XV* que César céda à Pompée en 50 et qu'il aurait recupérée après Pharsale. Mais H.M.D. Parker (*The Roman Legions*, Cambridge, 1928, p. 68, 264-265) pense qu'elle fut plutôt recrutée par César à son retour d'Egypte, probablement avec les légions I et IV, complétant ainsi, avec la II existant déjà, le quota des quatre légions consulaires. Elle pouvait néanmoins comporter des vétérans de l'armée des Gaules, ce qui expliquerait son surnom ultérieur de *Gallica*. Cf. P.A. Brunt, *Italian Manpower*, 1971, p. 475 ; L. Keppie, *op. cit.*, p. 206.

92. Recrutée par César en 52 ou 51 (cf. J. Harmand, *L'armée et le soldat à Rome*, 1967, p. 33, n. 58, 235, 258) parmi des Gaulois transalpins, auxquels il accorda plus tard le droit de cité (Suét., *Caes.* 24, 2), elle se distingua à Thapsus contre les éléphants de Juba, qui devinrent son emblème (*B. Afr.* 81, 1 ; 84 ; App., *Ciu.* 2, 96). Après Munda, César l'envoya probablement avec cinq autres légions en Macédoine dans l'attente de sa campagne contre les Parthes (Cic., *Att.* 14, 5, 1 ; App., *Ciu.* 3, 24). Après la mort de César, elle passa à Antoine. La *ueterana legio V* (*B. Afr.* 1, 5) reçut peut-être son numéro en 49 (J. Harmand, *op. cit.*, p. 233, n. 19). Quant à son surnom, allusion probable aux plumes des casques celtiques (Plin. *Nat.*, 11, 121), il apparaît pour la première fois en 44, dans les *Philippiques* (1, 20 ; 5, 13 ; 13, 3 et 37). Cf. Ritterling, *RE*, XII, col. 1564-1571, n° XLVII ; R. Cagnat, *D-S.*, III, 2, p. 1081 ; H.M.D. Parker, *op. cit.*, p. 266 et *passim ;* L. Keppie, *op. cit.*, p. 206 et *passim ;* J. Harmand, « Des Gaulois autour de César », *RSA*, 2, 1972, p. 142-157, qui suggère qu'elle a pu être commandée ou recrutée par le chef arverne Epasnactos.

93. La *legio XXVIII*, qui combattit à Thapsus (*B. Afr.* 60, 1) et, avec la *legio XXX*, se trouvait en Espagne après la mort de César (Cic., *Fam.* 10, 32, 4), figurait peut-être dans l'armée césarienne de 45. Cf. T.R. Holmes, *op. cit.*, p. 542 ; H.M.D. Parker, *op. cit.*, p. 68, n. 4 ; L. Keppie, *op. cit.*, p. 200.

94. La *legio VI* participa à toutes les campagnes de César depuis les Gaules jusqu'à Zéla, où elle se distingua (*B. Al.* 76, 1), bien que réduite à moins de mille hommes (*B. Al.* 69, 1). Licenciée par César à la suite de cette victoire, en 47, et renvoyée en Italie (*B. Al.* 77, 2), elle fut donc reformée et complétée, puisqu'on la retrouve à Munda. Elle est généralement identifiée avec la *VI Ferrata* de l'armée augustéenne. Cf. Ritterling, *RE*, XII, col. 1587-1591, n° LIV ; H.M.D. Parker, *op. cit.*, p. 265 ; L. Keppie, *op. cit.*, p. 207. Ses vétérans furent installés par César dans la colonie d'Arles – en même temps que les légionnaires de la *legio X* renforçaient la colonie de Narbonne – probablement en 45,

(*B.H.* 30, 7 ; 31, 4 ; cf. *Comm.*, 6. 2)[95]. L'armée de César comportait donc des vétérans, mais aussi un grand nombre de recrues. Certains de ces nouveaux légionnaires avaient probablement été soumis à la méthode d'entraînement propre à l'armée césarienne[96], mais pas tous, si l'on en juge par certaines manifestations d'affolement à Munda[97]. Il est probable que ces légions étaient moins touchées par le recrutement de pérégrins et d'esclaves, César préférant limiter ses effectifs plutôt que de compromettre l'homogénéité des troupes et leur esprit de corps[98]. Quant aux auxiliaires – cavalerie et infanterie légère –, l'auteur du *B.H.* (7, 5) souligne leur supériorité en nombre et en qualité. On sait que César avait opéré une révolution en se constituant une armée auxiliaire stable, et non plus licenciée à la fin de chaque campagne[99]. On y trouvait des Gaulois, des Espagnols,

lors du voyage de retour vers l'Italie (J.C. Mann, *Legionary Recruitment and Veteran Settlement during the Principate,* Londres, 1983, p. 6 ; M. Ferreiro, *César,* 1986, p. 379), à moins qu'en 46 César n'ait détourné vers l'Espagne ces deux légions alors qu'elles se rendaient dans leurs colonies (L. Keppie, *op. cit.,* p. 112 ; idem, *Colonisation and Veteran Settlement in Italy,* Londres, 1983, p. 50).

95. La *legio X* fut sans doute recrutée en 59, voire plus tôt (cf. J. Harmand, *op. cit.,* p. 33, n. 54, qui conteste la thèse de M. Rambaud, (« L'ordre de bataille de l'armée des Gaules d'après les *Commentaires* de César », *REA,* 40, 1958, p. 101-102 = *Autour de César,* 1987, p. 199-201), d'après qui il s'agirait en 58 d'une légion de *tirones.* Elle participa à toutes les campagnes de César. C'est à cette légion *quam maxime confidebat* (*B.G.* 1, 42, 6) qu'il avait emprunté ses gardes du corps (*praesidium quam amicissimum, ibid.*) lors de l'entrevue avec Arioviste, ce qui lui valut le surnom d'*Equestris.* Elle est à l'origine de la *X Gemina.* Cf. Ritterling, *RE,* XII, col. 1678-1690, n° LXVI ; H.M.D. Parker, *op. cit.*, p. 268-269 ; L. Keppie, *op. cit.,* p. 84, 209. Sur son installation à Narbonne, cf. *supra* p. XLIII, n. 94.

96. Cf. J. Harmand, *op. cit.* p. 318-320 ; idem, « César et l'Espagne durant le second *Bellum Ciuile* », 1970, p. 200.

97. *B.H.* 31, 6.

98. Cf. J. Harmand, *op. cit.* p. 31-32. Néanmoins sur la présence possible d'esclaves dans l'armée césarienne, cf. *infra* p. LXVII, n. 47.

99. Cf. *B.C.* 1, 39, 2. J. Harmand, *op. cit.* p. 45 et 54 ; J. M, Roldán, « El elemento indígena... », 1972, p. 115.

comme les trois mille cavaliers recrutés en 48 par Cassius, ainsi que la cavalerie commandée par le roi de Maurétanie Bogud[100] ; le *B.H.* (10, 3) mentionne également un roi Indo dont nous ignorons l'ethnie. Si Cn. Pompée bénéficie en Espagne d'une assise politique plus solide et sans doute d'effectifs plus nombreux, les troupes césariennes sont incontestablement supérieures : comme le souligne J. Harmand, « elles ne sont plus un *exercitus* proconsulaire quasi-privé, au service d'un général insurgé contre le sénat, comme les Césariens de la Citérieure en 49. Elles appartiennent à la première armée impériale de l'histoire de Rome. »[101]

Les opérations

Opérations autour de Cordoue (B.H. 1-5)

Quand César arriva à Obulco (Porcuna)[102], ses lieutenants contrôlaient les places des environs, comme Tucci (Martos)[103] et Castulo[104], la ville principale du secteur minier de la Sierra

100. Cf. Dio Cass. 43, 38, 2. Le *B.H.* ne mentionne pas Bogud. Cf. *infra*, p. LVIII et *Comm.*, 31. 4.

101. J. Harmand, *op. cit*, p. 200.

102. Plus tard, Obulco, que la cité ait été promue par César ou Auguste, au rang de colonie ou de municipe, reçut le surnom de *Pontificense* (Plin., *Nat.* 3, 10). Cf. M. Ferreiro, *César*, 1986, p. 374.

103. Strabon (3, 2, 2) mentionne Tucci parmi les places où furent vaincus les fils de Pompée. A. Schulten (*FHA*, 6, 1954, p. 156) croit à une erreur déformant le nom d'Ucubis. Cependant J.M. Serrano (« Colonia Augusta Gemella Tucci », *Habis*, 12, 1981, p. 204) pense que la proximité de Tucci et d'Obulco et l'*immunitas* accordée plus tard à la colonie (Plin., *Nat.* 3, 12) laissent supposer sa participation à la guerre. Cf. M. Ferreiro, *César*, 1986, p. 293, 681, n. 69 ; A. Ruiz, M. Castro, C. Choclán, « Aurgi-Tucci : la formación de la ciudad romana en la campiña de Jaén », *DArch.*, 3s., Anno 10, 1992, 1-2, p. 218.

104. Les habitants de Castulo reçurent le nom de *Caesarii Iuuenales* — correction due à Mommsen (*CIL*, II, p. 440) de la leçon des manuscrits de Pline, *Nat.* 3,25, *Caesari uenales* —, probablement en hommage à C. Caesar, prince de la jeunesse. Cf. H. Zehnacker, *Pline l'Ancien, Histoire naturelle, livre III*, Paris, *CUF*, 1998, p. 142. Sur

Morena, et les Pompéiens avaient abandonné Carthagène[105] et l'exploitation de ses mines, non sans résistance, semble-t-il[106]. Mais en Ultérieure, seule Ulia[107] résistait encore. Cneius Pompée l'assiégeait depuis plusieurs mois. Les habitants réussirent à envoyer une délégation à César. Celui-ci fit partir aussitôt des renforts qui, à la faveur d'un orage, s'introduisirent dans la ville (*B.H.* 3).

Castulo, cf. J.M. Blázquez, M.P. García Gelabert Pérez, *Castulo, ciudad ibero-romana*, *AFB*, 17 n° 5, Madrid, 1994.

105. Les chercheurs situent le plus souvent la fondation coloniale de Carthagène (*Colonia Vrbs Iulia Carthago Noua*) entre 45 et 43/42 av. J.-C.. On ne sait si elle fut élevée à ce rang sans se voir imposer de nouveaux colons, privilège accordé aux cités fidèles à César, ou si l'oligarchie pompéienne dut céder ses possessions (S. Ramallo, M.M. Ros, J. Mas, M. Martin, J. Pérez, « Carthago Nova », *DArch,* 3 s., Anno 10, 1992, 1-2, p. 113). Cf. M. Ferreiro, *César,* 1986, p. 378 et 818 ; J. González Fernandez, « Urso ¿tribu Sergia o Galeria? », *Estudios sobre Urso,* 1989, p. 141.

106. La destruction du village minier de Diógenes et de la fonderie du Cerro del Plomo à El Centenillo au milieu du Ier siècle av. J.-C. semble être due aux luttes des deux partis, qui se disputèrent la possession des centres miniers (C. Domergue, « La mine antique de Diógenes (province de Ciudad Real) », *MCV,* 3, 1967, p. 14, n. 2 ; idem, « El Cerro del Plomo, Mina El Centenillo », *Noticiario Arqueológico Hispánico,* 16, 1971, p. 340-343 ; idem, *Les mines de la Péninsule ibérique dans l'antiquité romaine,* Coll. de l'EFR, 127, Paris, 1990, p. 188). On a aussi retrouvé dans cette région plusieurs trésors monétaires enfouis à la même époque (M.H. Crawford, *Roman Republican Coin Hoards,* Londres, 1969, n° 385, 386 ; A. M. de Guadán, *Numismática ibérica e ibero-romana,* Madrid, 1969, p. 96 ; C. Domergue, *Les mines..., loc.cit.*). Sur les émissions monétaires de César en Espagne les avis sont partagés : M.H. Crawford, (*Roman Republican Coinage,* 1, 1974, p. 93, 479, n° 468, 736), L. Villaronga (*Numismática antigua de Hispania,* Barcelone, 1979, p. 239), M. Ferreiro (*César,* 1986, p. 681, n. 71) les reconnaissent dans des deniers représentant un buste de Vénus et, au revers, un trophée avec des captifs, mais d'autres chercheurs les datent de la campagne des Gaules (Babelon, *Julia* 11-12 ; E.A. Sydenham, *The Coinage of the Roman Republic,* 1952, p. 168, n° 1014-1015 ; G. Ch. Picard, *Les trophées romains,* 1957, p. 192-193, n. 3 ; Ch. Perez, *La monnaie de Rome à la fin de la République. Un discours en images,* Paris, 1989, p. 20 et 79, fig. 26, 27).

107. Montemayor, à 30 km au sud de Cordoue. Nous renvoyons au *Comm., ad loc.* pour toutes les localisations.

César attendit sans doute que les légions d'Italie approchent pour se diriger vers Cordoue, base principale de ses adversaires, que Sextus Pompée tenait avec une garnison[108]. Le 8 janvier[109], il envoya en avant un détachement composé de cavaliers et de légionnaires d'élite. Trompés sur leur nombre, les habitants sortirent en foule et subirent de lourdes pertes, mais le détachement ne put entrer dans la ville. L'opération eut du moins pour effet d'alarmer Sextus, qui appela son frère à son secours ; Cneius abandonna le siège d'Ulia et marcha sur Cordoue avec toute son armée[110]. Pendant environ une semaine, les

108. D'après le *B.H.* (4, 1) il s'agissait d'obliger Cn. Pompée à lever le siège d'Ulia, mais il est difficile de croire que César n'avait pas le projet de prendre la ville, d'autant plus que des habitants de la cité avaient sollicité son intervention. Cf. Dio Cass. 43, 32, 3.

109. Nous adoptons la chronologie de Stoffel et M. Ferreiro, malgré ses incertitudes. Cf., à la fin de ce volume, le tableau, dont la plupart des dates sont approximatives. Pour les dates antérieures au calendrier julien, mis en place le 1er janvier 45, nous avons indiqué les concordances de Le Verrier. Les événements du *B.H.* étant postérieurs à l'entrée en vigueur de ce nouveau calendrier, nous avons laissé de côté la controverse qui oppose aux partisans du système de Le Verrier (Appendice au tome II de l'*Histoire de Jules César* par Napoléon III, p. 456-484 ; Stoffel, 2, p. 390-418), notamment J. Carcopino (*Histoire romaine*, II, 2, Paris, 1950[4], p. 990, n. 6 et p. 696 NB ; *César*, 1968, p. 226-227 NB et p. 546, n. 3), ceux du système de P. Groebe (Drumann-Groebe, *Geschichte Roms*, III, Berlin, 1906, p. 759-829), entre autres, T.R. Holmes, Gsell, L.-A. Constans, la *Cambridge Ancient History.* Pour l'année 46, les deux savants s'accordent pour admettre l'intercalation de 67 jours entre novembre et décembre (Suét., *Caes.* 40,2 ; Censorinus, *De die nat.* 20,8), mais,d'après Groebe, un premier mois intercalaire de 23 jours aurait été ajouté en février (avis partagé par J. Beaujeu, « Les dernières années du calendrier pré-julien », *Mélanges J. Heurgon*, EFR, 27,1, Rome-Paris, 1976, p. 13-32 ; idem, Cicéron *Correspondance, 7, CUF*, 1980, p. 305-306). Pour la période du 25 février 46 au 24 février 45, le calendrier de Groebe ne diffère que d'un jour de celui de Le Verrier.

110. *B.H.* 4. Le récit de Dion Cassius (43, 32, 4-6) est un peu différent : Cn. Pompée, après avoir laissé devant Ulia une partie de son armée, se rend à Cordoue et, l'ayant fortifiée, revient à Ulia. Puis, une attaque ayant échoué et César ayant fait entrer des renforts dans la ville, il se résout à abandonner Ulia et se porte vers Cordoue assiégée par César. La chronologie plaide en faveur de la version de l'anonyme.

deux armées se disputèrent la possession du pont de la ville[111]. Cependant, César avait été rejoint par ses troupes restées en arrière (cf. *Comm.*, 6. 3). Il essaya alors d'amener Cn. Pompée à livrer combat en terrain plat. Celui-ci s'y refusant, César décida d'abandonner Cordoue, trop longue à assiéger, et, sans modifier sa stratégie, changea d'objectif. Le 26 janvier, il se dirigea vers Ategua (Teba La Vieja), une importante place forte ennemie, située à 28 km au sud-est de Cordoue, dans une région particulièrement escarpée.

Siège d'Ategua (B.H. 6-19)

Dès que Pompée eut appris que César avait déjà commencé les travaux de siège, il leva le camp et s'établit à l'ouest d'Ategua, de façon à maintenir ses liaisons avec Cordoue. Il parvint à faire entrer dans la cité Munatius Flaccus pour commander la garnison[112]. Le lendemain il franchit le Salsum (rio Guadajoz) et établit son camp sur une hauteur entre Ategua et Ucubis (Espejo). De son côté, César avait installé un fortin sur une éminence connue sous le nom de *Castra Postumiana* (Harinillas) : Pompée décida d'attaquer cette position, mais fut mis en déroute[113]. Comme le siège se prolongeait, certains des habitants d'Ategua firent connaître à César leur intention de se rendre[114]. Mais les sentiments des soldats de la garnison étaient tout autres : beaucoup d'entre eux étaient des transfuges de l'armée de Trebonius et savaient qu'ils n'avaient aucune merci à attendre[115] ; ils savaient

111. *B.H.* 5. J. Carcopino (*op. cit.* p. 462) pense que « César ne s'intéressait guère à ce médiocre enjeu », non plus qu'à la prise de Cordoue mais cherchait seulement à gagner du temps, en attendant que ses troupes aient achevé leur concentration.

112. Sur cet épisode et son omission par l'anonyme, cf. *infra* p. LV et *Comm.*, 7. 1.

113. *B.H.* 9.

114. *B.H.* 13, 3-5 ; cf. aussi 18, 4. Les lacunes du texte ne permettent pas une reconstitution sûre des faits.

115. Cf. Dio Cass. 43, 36, 3.

que les hommes de César massacraient les prisonniers[116], coupaient les mains aux émissaires de Pompée[117]. Ils pouvaient redouter le sort des Pompéiens massacrés à Thapsus[118]. Aussi étaient-ils décidés à refuser la capitulation. C'est alors que Munatius Flaccus ordonna de mettre à mort les partisans de César (15 février) ; ils furent égorgés et précipités du haut des remparts[119]. Désespérant de secourir Ategua, Cn. Pompée chercha du moins à sauver la garnison, qui devait faire une sortie à la troisième veille et rejoindre le gros de l'armée rangé en ligne de bataille sur la rive droite du Salsum. Mais, une fois encore, les Pompéiens furent refoulés dans la ville[120]. Ce nouvel échec avait ébranlé la résolution de la garnison. Le lendemain deux délégués, Tib. Tullius et un Lusitanien nommé Caton, se rendirent auprès de César, et, après un ultime sursaut de résistance, le 18 février, Munatius Flaccus offrit sa reddition[121] ; une délégation des habitants fit de même. Le 19 février, après un siège de plus d'un mois, César fit son entrée dans Ategua. L'armée le salua du titre d'*imperator*.

Opérations autour d'Ucubis (B.H. 20-26)

Quand il apprit la reddition d'Ategua, Cn. Pompée se dirigea vers Ucubis (Espejo), au sud d'Ategua ; il s'agissait pour lui de conserver le contrôle de la région située à l'ouest du Salsum, où il avait de nombreux centres de ravitaillement. Il se prépara à continuer une guerre de positions et construisit des fortins sur les collines envi-

116. *B.H.* 10, 3 ; 12, 2.

117. *B.H.* 12, 3.

118. *B. Afr.* 85, 5-9.

119. *B.H.* 15, 6. Les victimes se comptaient peut-être parmi les habitants qui avaient pactisé avec les soldats qui s'étaient introduits dans la ville (cf. 13, 4-5).

120. *B.H.* 16.

121. Dans le *B.H.* (19, 4) le message de Flaccus reste sans réponse.

ronnantes. César rapprocha aussitôt son camp, en restant sur l'autre rive du Salsum, de façon à protéger Ategua contre toute tentative de reconquête. Dans le camp de Pompée le nombre des désertions augmentait. Craignant les défections si Ucubis venait à être assiégée, il rassembla les habitants et les invita à dénoncer les partisans de César. Le surlendemain il fit décapiter soixante-quatorze hommes qui passaient pour tels[122]. Le 5 mars, César fit mouvement à nouveau, traversa le Salsum et déplaça son camp au sud de Soricaria (Plaza de Armas ?) ; il pouvait ainsi gêner les communications de Pompée avec la mer et surtout, toujours désireux d'en arriver à la bataille, il menaçait un fortin installé à Aspavia (Cortijo de Calderón ?), à 7,5 km d'Ucubis. Pompée se porta aussitôt vers Soricaria, mais, résolu à ne pas combattre en plaine, il ordonna à ses troupes d'occuper une colline. César décida de l'en empêcher ; au terme d'un combat acharné, l'armée de Pompée fut rejetée dans la plaine et perdit environ cinq cents hommes[123]. Dans le camp de Pompée l'inquiétude grandit. Des déserteurs continuaient à rejoindre les rangs de César, parmi lesquels des chevaliers d'Hasta (Mesas de Hasta)[124]. D'autre part, Pompée s'alarmait du découragement des villes qui l'avaient accueilli en libérateur trois mois auparavant. Il adressa à Urso (Osuna) une lettre destinée à rassurer la cité[125].

Munda - 17 mars 45 (B.H. 27-32) Vers le 10 mars, Pompée quitta le secteur d'Ucubis, non sans avoir donné l'ordre de brûler la ville et se dirigea vers Spalis (Monturque ?), où il prit position. César le suivit et marcha sur Ventipo

D'après Dion Cassius (43, 34, 5), César n'accepta pas les conditions de Flaccus, qui refusait de rendre les armes.

122. *B.H.* 20, 2 et 21, 3.
123. *B.H.* 24.
124. *B.H.* 26, 2.
125. *B.H.* 26, 3-6.

(Atalaya de Casariche ?), qu'il prit. Pompée répliqua en brûlant Carruca (Cortijo de los Cosmes ?), sous prétexte que la ville lui avait fermé ses portes, et se porta sur Munda (Cerro de la Camorra ?)[126]. Quoi qu'il en soit de sa localisation exacte, la ville se dressait sur une hauteur dominant une dépression environnée de collines : le 16 mars, César établit son camp dans la partie orientale de la plaine, à quelques milles de la place. Le 17 mars, dès avant l'aube, Cn. Pompée déploya son armée sur la partie supérieure de la pente qui descendait de l'*oppidum*, couverte en avant par un torrent et une zone marécageuse ; c'était là une position qui constituait pour l'assaillant un *locus iniquus* à ne pas affronter. Il est vraisemblable que Pompée n'envisageait pas de devoir livrer bataille et avait pour objectif de démontrer que son adversaire n'osait pas engager le combat. César s'apprêtait à reprendre sa marche, quand des éclaireurs l'informèrent de la manœuvre de l'ennemi. Il forma aussitôt ses lignes et avança dans la plaine, jusqu'au torrent qu'il traversa sans que Pompée eût rien tenté. César ordonna une halte, pour reformer ses rangs. Enhardi, Pompée, pour la première fois, passa à l'offensive : il fit avancer ses troupes, tout en gardant l'avantage de la position dominante. Il alignait ses treize légions, couvertes sur les ailes par la cavalerie et par six mille hommes d'infanterie légère. Ses troupes auxiliaires se montaient également à six mille hommes. César avait quatre-vingts cohortes. La Xe légion était à l'aile droite, comme de coutume, la IIIe et la Ve à l'aile gauche. Les huit mille cavaliers et les troupes auxiliaires flanquaient l'aile gauche de l'infanterie : le contingent de cavaliers numides du roi de Maurétanie Bogud figurait parmi eux. Contre toutes les normes militaires du temps, confiant dans la supériorité de ses troupes, César donna le signal

126. La localisation de Munda est très controversée. Cf. *Comm.*, 27. 15.

du combat ; il fut exceptionnellement long et acharné. L'avantage de leur position et l'importance de leurs effectifs permirent aux hommes de Pompée de résister tout le jour. Mais il semble qu'une manœuvre[127] sema le désordre dans ces troupes insuffisamment entraînées et provoqua une déroute, qui livra les fuyards au massacre[128]. Trois mille chevaliers périrent ; Labienus et Attius Varus furent reconnus parmi les morts[129]. Les rescapés se réfugièrent dans la ville. Quelques uns rejoignirent Cordoue[130]. César fit encercler Munda ; pour pallier le manque de bois, et aussi pour effrayer l'ennemi, on entassa les cadavres et leurs armes et on en forma un rempart surmonté de têtes coupées alignées et tournées vers la place[131]. Pour parachever sa victoire César devait, au plus vite, soumettre les principales cités de la Bétique. Le lendemain, 18 mars, il partit pour Cordoue, après avoir chargé Fabius Maximus de poursuivre le siège de Munda, où les partisans de la reddition finirent par l'emporter[132]. La ville capitula sans doute vers le 15 avril.

127. Le *B.H.* (31, 4) mentionne une manœuvre destinée à secourir l'aile gauche menacée par la Xe légion. Dion Cassius (43, 38, 2) attribue explicitement le désordre à une manœuvre de Labienus ; cf. *infra*, p. LVIII-LIX.

128. J. Harmand (« César et l'Espagne durant le second *Bellum ciuile* », 1970, p. 201) rappelle qu'à Ilerda aussi, le 26 juin 49, les Césariens durent affronter un adversaire posté sur la pente devant les murailles de la ville et qu'ils ne purent que se retirer en bon ordre, sous la protection de la cavalerie : « si les Césariens de 45 ont valu ceux d'Ilerda, avec une discipline encore supérieure, les Pompéiens de Cneius le jeune, plus combatifs que les hommes de son père, ont pâti d'une inorganisation foncière qui ne leur permit pas d'utiliser jusqu'au bout le bénéfice topographique du lieu. »

129. Sur les pertes, cf. *Comm.*, 31. 10. L'annonce de la victoire parvint à Rome le 20 avril, la veille des Parilia ; cf. *Comm*, 31. 7.

130. *B.H.* 32, 4 ; 33, 1-2.

131. *B.H.* 32, 1-3. Sur les autres sources, cf. *Comm.*, 32. 1.

132. *B.H.* 41, 1-2.

Ultimes opérations (B.H. 32-42)

Le jour même de la bataille, Sextus, informé de la défaite, avait abandonné Cordoue avec une petite escorte[133]. Scapula, un des principaux chefs de la rébellion, se donna la mort[134]. La garnison, composée d'esclaves affranchis et de déserteurs, qui n'avaient rien à perdre, mit le feu à la ville. Enfin les troupes de César s'en emparèrent et tuèrent vingt-deux mille personnes[135]. Puis César marcha de Cordoue à Hispalis, qu'il ne tarda pas à prendre, malgré la résistance d'un certain Philon[136]. Il se dirigea alors vers Gadès, où mouillait sa flotte. En chemin il reçut la soumission d'Hasta et d'autres villes[137]. Cependant, Fabius, après avoir reçu la reddition de Munda, assiégeait Urso (Osuna), qui ne dut pas résister très longtemps[138]. Quant à Cn. Pompée, après la bataille de Munda, où il avait probablement été blessé, il avait pris la direction de Carteia, où stationnait sa flotte. Les habitants l'accueillirent et il se plaça sous leur protection, renonçant à toute action. Bientôt sa présence fit éclater les dissensions. Pompée dut quitter la ville et prit la mer avec vingt navires. Dès qu'il en fut averti, Didius, chef de l'escadre de César à Gadès, lança à sa poursuite à la fois des navires et des troupes de cavalerie et d'infanterie. Contraint par le manque d'eau à débarquer, rejoint par Didius, Cneius se réfugia à l'intérieur du pays avec ses derniers fidèles, principalement des Lusitaniens. Les troupes de Didius le rattrapèrent. Après une dernière tentative de résistance dans un bastion, il dut s'enfuir et se cacha dans une caverne, où il fut enfin trouvé et tué. Le

133. *B.H.* 32, 4-5. Sextus gagna le nord de l'Espagne. Cf. *Comm.*, 32. 5.

134. *B.H.* 33, 3-4.

135. *B.H.* 34, 1-5.

136. *B.H.* 35 et 36, 2-4. Cf. Dio Cass. 43, 39, 3.

137. *B.H.* 36, 4 ; 37, 1.

138. *B.H.* 41, 3-6. Sur les débris d'armes trouvées à Osuna, cf. *supra* p. XLII, n. 86. Le *B.H.* ne mentionne pas la prise d'Urso.

12 avril, sa tête fut exposée à Hispalis[139]. Les Lusitaniens manifestèrent encore une fois leur fidélité au parti pompéien : ils se regroupèrent et tendirent une embuscade à Didius ; ce dernier périt avec nombre de ses hommes et ses navires furent brûlés[140]. De retour à Hispalis, César convoqua l'assemblée des notables, à qui il reprocha leur ingratitude[141]. Aux villes qui avaient embrassé le parti de Pompée il imposa des contributions[142]. C'est aussi à ce moment que, pour répondre à la propagande de ses adversaires, qui profitaient de l'inquiétude de l'opinion devant son absence prolongée[143], il écrivit son *Anticaton,* qui parvint à Rome avant son arrivée[144]. Enfin, il nomma gouverneur de l'Espagne Ultérieure C. Carrinas, avec le titre de propréteur[145] et, avec Octave, qui l'avait rejoint[146], partit dans la première quinzaine de juillet[147] pour Rome, où il célébra, en octobre, son cinquième triomphe[148].

139. *B.H.* 38 et 39, 1-2.

140. *B.H.* 40.

141. *B.H.* 42. C'est là que s'interrompt le récit du *B.H.*

142. Dio Cass. 43, 39, 5. Pour la plupart des savants ce texte renvoie non seulement à des récompenses individuelles, mais à la fondation de colonies ou *municipia*, qui leur paraît confirmée par des *cognomina* glorifiant la *gens Iulia* (J. González, « El ius Latii y la lex Irnitana », *Athenaeum*, 75, 1987, p. 323-333 ; aussi *Comm., ad loc.*). A la suite de J.B. Tsirkin, A.T. Fear (*Rome and Baetica*, 1996, p. 79-83 ; 116-30) conteste cette interprétation et relativise l'importance de la colonisation césarienne.

143. Cf. P. Hamblenne, « L'opinion romaine en 46-43 et les sentences " politiques " de Publilius Syrus », *ANRW*, I, 3, 1973, p. 647-651 ; 663.

144. Cf. une lettre de Cicéron à Atticus du 23 août 45 (*Att.* 13, 50, 1). Cf. J. Beaujeu, *Cicéron, Correspondance,* 8, 1983, p. 204 ; 326-328.

145. App., *Ciu.* 4, 83.

146. Nicolas de Damas, *De uita Aug.* 10-11 ; Suét., *Aug.* 8, 3 ; Vell. 2, 59, 3. Cf. M. Ferreiro, *César,* 1986, p. 375.

147. Plusieurs lettres de Cicéron nous apprennent que son arrivée fut attendue d'abord pour la fin de juillet (*Att.* 13 ; 21a, 3), puis pour les *Ludi Romani* du 4 septembre (*ib.* 45, 1 ; 46, 2 ; 50, 3).

148. Sur ce cinquième triomphe, cf. Liv., *Per.* 116, 1 ; Vell. 2, 56, 2 ; Plin., *Nat.* 14, 97 ; Suét., *Caes.* 37, 1-2 ; 38, 4 ; Plut., *Caes.* 56, 7-8 ; Flor. 2, 13, 89 ; Dio Cass. 43, 42, 1. Cf. S. Weinstock, *Divus Julius,* 1971, p. 197-198.

III

ASPECT HISTORIQUE

Les faits relatés par le *B.H.* sont mentionnés par d'autres sources : au Ier siècle, Valère Maxime 7, 6, 5 ; 9, 2, 4 et Velleius Paterculus 2, 55, 2-4 ; Puis, débordant sur le deuxième siècle, Frontin, *Strat.* 2, 8, 13 ; 3, 14, 1, Suétone, *Caes.* 35, 36, 55, 56 ; *Aug.* 94, 16, Plutarque, *Caes.* 56 (repris par Polyen, 8, 23, 16 et Zonaras, 10, 10), Florus 2, 13, 73-87, Appien, *Ciu.* 2, 103-105. Au troisième siècle, le récit assez développé de Dion Cassius 43, 28-41 ; au quatrième, Eutrope 6, 24 et, probablement, les *Periochae* des livres 113 et 115 de Tite-Live — bien que P. Jal, dans son édition (*CUF*, Paris, 1984, p. XXV), n'exclue pas une rédaction datant du IIe siècle — au cinquième Orose, *Hist.* 6, 16, 7.

Ces autres sources sont en général peu prolixes, excepté sur la bataille de Munda, et seul Dion Cassius nous a laissé un récit assez circonstancié de ces événements. Hormis des divergences de détail, sa relation, qui remonte probablement en partie à Tite-Live, ne contredit pas celle de l'anonyme, mais souligne davantage les difficultés rencontrées par César et les relatifs succès de son adversaire. Ainsi, quand le *B.H.* présente le siège d'Ategua comme une manœuvre destinée à attirer Cn. Pompée loin de Cordoue et à l'obliger à livrer combat[1], Dion Cassius affirme que César, empêché par la maladie, fut contraint de faire une campagne d'hiver et choisit d'investir Ategua parce que la ville renfermait du blé en abondance[2]. D'autre part, si l'anonyme relate en détail le stratagème qui permit à des troupes de César de s'introduire dans Ulia[3], il se garde de rapporter la ruse similaire qui permit à Munatius Flac-

1. *B.H.* 6, 1.
2. Dio Cass. 43, 32, 6-7 et 33, 2.
3. *B.H.* 3, 5-8.

cus d'entrer dans Ategua en se faisant passer pour un officier de César[4]. Mais c'est surtout son récit de la bataille de Munda qui diffère de celui des historiens anciens. L'anonyme, attribuant une valeur supérieure aux Césariens, bien que — il le souligne — les deux armées aient fait preuve d'un même acharnement, reconnaît une seule fois que les légions de César sont sur le point de désespérer de la victoire[5] ; c'est l'unique concession du fidèle de César à la supériorité provisoire des armées de Pompée, que les autres sources, à l'exception de Dion Cassius, développent amplement, souvent avec beaucoup d'intensité dramatique. A la suite de Velleius Paterculus (2, 55, 3-4), Plutarque (*Caes.* 56, 2-4) raconte que César, voyant ses hommes faiblir, se jeta dans la mêlée, leur faisant honte de leur lâcheté, et ajoute qu'il confia plus tard avoir pour la première fois combattu pour sa vie après avoir tant de fois combattu pour la victoire[6]. D'après Florus (2, 13, 83), la situation était si désespérée[7] que César, cherchant en vain

4. Dio Cass. 43, 34, 1-2. Cf. Frontin, *Strat.* 3, 14, 1 (les manuscrits ont peut-être altéré *Munatius* en *Maurus ;* cf. *Comm.,* 7. 1).

5. *B.H.* 31, 3.

6. Cf. App., *Ciu.* 2, 104. Il est possible, comme le pense F.A. Sirianni (« Caesar's peace overtures to Pompey », *AC,* 62, 1993, p. 235-236) que le mot soit authentique.

7. Florus (2, 13, 80) fait précéder ce mouvement de panique d'un moment de silence et d'hésitation dont P. Jal relève l'invraisemblance (*La guerre civile à Rome, étude littéraire et morale*, Paris, 1963, p. 299) : « L'historien n'hésite même pas à affirmer, contre toute vérité, mais pour rendre la chose plus spectaculaire, qu'un tel phénomène ne s'était jamais produit auparavant ». Il est significatif que l'anonyme, témoin et acteur, ne mentionne pas un tel événement, qui apparaît comme « un motif littéraire destiné à dénoncer le caractère paradoxal et monstrueux d'une guerre que les troupes elles-mêmes se refusaient parfois à poursuivre » (Jal, *op. cit.,* p. 298). De même, dans le récit de la bataille de Pharsale, là où César (*B. C.* 3, 90, 3) souligne l'ardeur des soldats, suivi par Plutarque (*Pomp.* 68,5-69; 71), Appien (*Ciu.* 2, 77) et Dion Cassius (41, 58) montrent les troupes immobiles et abattues et les chefs hésitants. Cf. aussi, à propos de Pharsale, le récit de Lucain (7, 464-469).

à enrayer la panique de ses troupes, songea au suicide[8]. Appien (*Ciu.* 2, 104) accentue encore le caractère épique de l'épisode en montrant César s'avançant seul au-devant de l'ennemi sous une volée de flèches. Quant à Dion Cassius (43, 36-38), sa relation est un peu différente : si César – ainsi que Cn. Pompée – se jette dans la mêlée, ce n'est pas pour redresser une situation désespérée, mais pour mettre un terme à l'angoisse de l'attente, rien ne semblant pouvoir décider la victoire (*ibid.* 37, 4-5). Il reste que tous ces récits, qui ont probablement pour source Asinius Pollion par l'intermédiaire de Tite-Live[9] — et peut-être de Timagène[10] pour Plutarque et Appien[11] — s'accordent contre le *B.H.* pour montrer César s'exposant personnellement dans la bataille. Il est possible, comme le

8. *Cf.* Suét., *Caes.* 36, 2 ; Eutr. 6, 24 ; Oros., *Hist.* 6, 16, 7.

9. Cf. Liv., *Per.* 115, 5 : *summam uictoriam cum magno discrimine ad Mundam urbem consecutus est.*

10. Sur Timagène, cf. M. Sordi, « Timagene di Alessandria : uno storico ellenocentrico e filobarbaro », *ANRW,* II, 30, 1, 1982, p. 775-797.

11. Asinius Pollion avait entrepris une *Histoire des guerres civiles* restée inachevée et qui ne nous est pas parvenue : cf. H. Bardon, *La littérature latine inconnue*, II, Paris, 1956, p. 94-95. Il participa à la guerre d'Espagne et fut témoin de la bataille de Munda (cf. Broughton, *MRR,* 2, p. 310 ; J. André, *La vie d'Asinius Pollion,* Paris, 1949, p. 16 et 60). Cf. A. Klotz, *Kommentar zum B.H.,* Leipzig, 1927, p. 11-13 ; A. Schulten, *FHA,* 5, 1940, p. 124, 141, 151, 154, 157 ; N.I. Barbu, *Les sources et l'originalité d'Appien dans le deuxième livre des Guerres Civiles,* Paris, 1933, p. 85-86 et p. 99 (Appien n'aurait pas consulté Tite-Live) ; A. Garzetti, *Plutarchi Vita Caesaris,* Florence, 1954, p. XXVI ; E. Gabba, *Appiano, Storia delle Guerre Civile,* Florence, 1956, p. 245-247 ; idem, *Appiani Bellorum Ciuilium liber primus,* Florence, 1958, p. XXIII-XXIV ; R. Flacelière et E. Chambry, *Plutarque, Vies, tome IX, Alexandre-César,* Paris, *CUF*, 1975, p. 137-139 ; G. Zecchini, « Asinio Pollione : dall'attivita politica alla riflessione storiografica », *ANRW,* II, 30, 2, 1983, p. 1286-1292 ; M. Ferreiro, *César,* 1986, p. 672 ; D. Magnino, « Le *Guerre Ciuili* di Appiano », *ANRW,* II, 34, 1, 1993, p. 538 ; Ph. Torrens *in* Appien, *Les Guerres civiles à Rome, livre II,* traduction de J.-I. Combes-Dounous, Paris, 1994, p. X.

pense J. Harmand[12], que cette version s'enracine « dans un légendaire militaire qui, d'après Polyen (8, 9, 2), a aussi concerné le Sulla d'Orchomène ». Toutefois, les conditions particulièrement difficiles de la bataille, ainsi qu'un précédent célèbre pendant la campagne des Gaules[13], peuvent lui donner quelque vraisemblance. Dans ce cas, il faudrait penser que l'anonyme a préféré renoncer à grandir la figure de son chef plutôt que de reconnaître la grave défaillance des vétérans.

Quant à la victoire finale, le récit du *B.H.* l'explique assez mal : la dernière phase de la bataille est relatée en termes généraux, faisant appel à une rhétorique convenue qui cherche à combler le vide du contenu. Là encore, il faut se reporter à d'autres sources. D'après Florus, au moment où tout paraissait perdu, cinq cohortes ennemies, que Labienus envoyait au secours du camp menacé, traversèrent le champ de bataille ; César, feignant de croire à un repli, se jeta sur elles, ranimant le courage de ses troupes et abattant celui de l'ennemi. Si Florus attribue tout le mérite de la victoire à César, Dion fait jouer un rôle majeur au roi de Maurétanie Bogud[14] : c'est lui qui, posté hors des lignes avec sa cavalerie, aurait pris la décision d'attaquer le camp ennemi, provoquant la manœuvre de Labienus interprétée comme une fuite par les troupes de Pompée, qui s'abandonnèrent à la panique. Cette version des faits, peut-être dérivée d'Asinius Pollion, a pu être inspirée par le désir de dénigrer Labienus, mais il

12. J. Harmand, « César et l'Espagne durant le second *Bellum civile* », 1970, p. 201.

13. *B.G.* 2, 25, 2. Il est vrai que César semble avoir cessé de prendre part personnellement au combat depuis 57. Pour J. Harmand, c'est à Gergovie, où César commande la réserve tactique, qu'on voit un général « à qui, enfin, il est permis de se réserver dans l'action la place qui lui convient, sans pour cela exposer sa réputation de *uirtus* au moindre doute de la part du soldat. » (J. Harmand, *L'Armée et le soldat,* 1967, p. 455 ; L. Loreto, « Pensare la guerra in Cesare », 1993, p. 304-306).

14. Dio Cass. 43, 38, 2.

n'est pas exclu qu'elle corresponde à la vérité historique ; le silence de l'anonyme pourrait alors s'expliquer par la volonté d'attribuer la victoire plutôt à la vaillance des troupes qu'à une part de hasard[15]. Quoi qu'il en soit, le rédacteur du *B.H.* semble bien avoir manqué à l'objectivité en dissimulant que César avait frôlé le désastre à Munda.

On retrouve ici le parti-pris d'apologie qui colore souvent la présentation des faits dans le *B.H.*, comme dans l'ensemble du *corpus*. Ainsi l'entrée en scène de César s'accompagne du motif bien connu de la *celeritas*[16] : après un voyage-éclair[17], l'*aduentus Caesaris*[18] surprend ses troupes autant que l'ennemi ; c'est la rapidité de sa décision d'envoyer des secours à Ulia qui permet le succès de l'entreprise (3, 3). Plus loin, c'est encore l'arrivée de César qui met l'ennemi en fuite lors de l'attaque des *Castra Postumiana* (9, 2-3)[19]. Mais, dans le *B.H.*, la *celeritas* définit surtout la stratégie de César, gouvernée par le désir de terminer la guerre au plus vite[20], alors que Cn.

15. Le *B.H.* ne fait jouer aucun rôle à Munda ni à Labienus ni à Bogud, mais mentionne une manœuvre de Pompée destinée à secourir son aile gauche, menacée par la Xe légion (31, 4-5). Cf. *Comm., ad loc.*

16. Sur la *celeritas* de César, cf. M. Rambaud, *L'art de la déformation historique,* 1953, p. 251-254 ; R. Combès, *Imperator,* 1966, p. 288-299 (p. 291 sur l'association *celeriter/feliciter*) ; H. Fugier, « Un thème de la propagande césarienne dans le *De Bello Ciuili :* César, maître du temps », *Bulletin de la Faculté des lettres de Strasbourg,* 47, 1968, p. 131 ; L. Loreto, « Pensare la guerra in Cesare », 1993, p. 295-296.

17. *B.H.* 2, 1 : *cum celeri festinatione.* Cf. *Comm.,* 2. 4.

18. Cf. M. Rambaud, *op. cit.,* p. 254-256 ; W.W. Badstone, « A Narrative Gestalt and the Force of Caesar's Style », *Mnemosyne,* 44, 1991, p. 126-136. Toutefois, en 34, 2, *in Caesaris aduentum* n'est qu'une indication chronologique, et, en 6, 3 le rédacteur a la maladresse d'employer l'expression *aduentus Pompei.*

19. Si le rôle de Pompée est affaibli par l'emploi du pluriel (*cum appropinquassent),* le singulier est réservé à l'intervention de César (*cum ad eos appropinquasset).*

20. *B.H.* 5, 7 : *primo quoque tempore de bello decernere.*

Pompée cherche obstinément à faire durer les hostilités[21]. Toutefois, l'anonyme est loin d'exploiter ce thème avec autant d'insistance que César et ses autres continuateurs. Certes, le siège d'Ategua, qui occupe le tiers du récit, était peu propice au développement du motif de la *celeritas*, mais il ne reparaît pas non plus par la suite, à propos de César[22].

Le rédacteur du *B.H.* semble avoir été davantage inspiré par le désir de dénier toute qualité morale à Cn. Pompée et à ses partisans. Ainsi le thème de la *crudelitas* des Pompéiens est présent dans tout le récit[23] : l'arrivée de leur chef signifie meurtre et pillage (1, 2) et prélude à de nombreux actes de cruauté : exécution collective des partisans de César ordonnée par Munatius Flaccus à Ategua (15, 6) et par Pompée en personne à Ucubis (21, 3), massacre des serviteurs d'une matrone qui a rejoint les lignes de César (19, 3) et des ambassadeurs de Bursavo (22, 6) ; incendies d'Ucubis et de Carruca (27, 4-5). C'est évidemment l'exécution d'Ategua qui suscite la plus violente indignation du rédacteur devant ce crime *nefandum crudelissimumque* digne des barbares. Mais, là où Valère Maxime (9, 2, 4) s'abandonne au pathos, ce que l'auteur du *B.H.* stigmatise avant tout, c'est la *perfidia*, l'*impietas* de ceux qui n'hésitent pas à transgresser les règles les plus sacrées en se souillant du meurtre de leurs hôtes. Les nombreux rappels de cet épisode soulignent son utilisation idéologique, du reste parfois maladroite : lorsque l'anonyme rapporte que ce crime va jusqu'à provoquer l'indignation d'un membre de la garni-

21. *B.H.* 8, 1 : *longius ducere bellum*. Appien (*Ciu.* 2, 103) montre, au contraire, un Cn. Pompée impatient de combattre, malgré les conseils des hommes plus âgés qui l'accompagnent – vraisemblablement Labienus et Varus – instruits par les leçons de Pharsale et de la campagne d'Afrique.

22. On retrouve seulement une fois l'expression *celeri festinatione* à propos des poursuivants de Cn. Pompée (38, 6).

23. Cf. J.H. Collins, « Caesar as Political Propagandist », *ANRW*, I, 1, 1972, p. 949-950.

son, un certain Junius (16, 4) et, dès qu'ils l'apprennent, celle de Labienus et de Cn. Pompée (18, 9), il ne paraît pas s'aviser qu'il accorde une certaine humanité à l'adversaire[24]. Un peu plus loin (22, 1), c'est encore l'argument invoqué par les émissaires de Bursavo pour détacher leurs concitoyens du parti pompéien. La *perfidia* et l'*impietas* marquaient d'ailleurs déjà la conduite de Pompée faisant mettre à mort ses propres clients pour s'emparer de leur fortune (1,4) et la tentative d'assassinat perpétrée contre Cassius Longinus (42, 4)[25].

A cette *crudelitas* l'anonyme oppose, bien sûr, la *clementia Caesaris*, avec toutefois une discrétion qu'il partage avec tous les auteurs du *corpus* : ce thème, appelé à une grande fortune[26] est manié avec circonspection par César et ses continuateurs, car il signifie aussi la toute-puissance du tyran[27]. Dans le *B.H.*, la *clementia Caesaris*

24. Cf. M. Rambaud, *L'art de la déformation*, 1953, p. 362.

25. On peut rattacher aussi au thème de la *perfidia* le comportement de Sextus Pompée, qui abandonne les Cordouans à leur sort après avoir prétendu qu'il allait rencontrer César (32, 5), et celui de l'instigateur du massacre de Bursavo, qui use du même prétexte (22, 5-6).

26. On éleva même un temple à César et à la Clémence (cf. Dio Cass. 44, 6, 4 ; App., *Ciu.* 2, 106).

27. Cf. M. Rambaud, *op. cit.*, p. 283-293 ; idem, « César et l'épicurisme d'après les *Commentaires* », 1969, p. 427 = *Autour de César*, 1987, p. 123-124 ; idem, « A propos de l'*humanitas* de César », 1972 = *Autour de César*, p. 82-83, qui fait procéder la *clementia* de l'*utilitas* épicurienne ; idem, « Le *Pro Marcello* et l'insinuation politique », 1984 = *Autour de César*, p. 145-149 ; P. Jal., *La guerre civile*, 1963, p. 464-468 ; idem, « La guerre civile à Rome (de Sylla à Vespasien), facteur de vie morale ? », *BAGB*, 21, 1962, p. 414-417 ; L. Canali, *Personalità e stile di Cesare*, Rome, 1963, p. 10-16, pour qui la *clementia* n'est pas seulement un thème de propagande ; G. Pascucci, *Bellum Hispaniense*, 1965, p. 33-35 ; R. Combès, *Imperator*, Paris, 1966, p. 369-375 (p. 372 sur la rareté de l'emploi du terme *clementia* et de ses synonymes par César) ; S. Weinstock, *Divus Julius*, Oxford, 1971, p. 233-243 ; J.H. Collins, « Caesar as Political Propagandist », *ANRW*, I, 1, 1972, p. 959-960 ; J. Hellegouarc'h, *Le vocabulaire latin des relations et des partis politiques*, 1972, p. 261-262 ; G. Voi, « *Clementia* e *lenitas* nella terminologia e nella propaganda cesariana »,

est invoquée par Tib. Tullius, qui vient demander la grâce de la garnison d'Ategua (17, 3) ; or, la réponse de César rapportée ici laisse transparaître ce que la *clementia* suppose d'humiliation pour des citoyens romains : *qualem gentibus me praestiti, similem in ciuium deditione praestabo*. Le thème reparaît implicitement, un peu plus loin, dans la réponse, encore une fois lapidaire, que l'anonyme prête à César devant les émissaires d'Ategua, qui offrent de capituler, s'il leur accorde la vie : *se Caesarem esse fidemque praestaturum* (19, 6) ; ici, le seul nom de César est synonyme de *clementia* et de *fides*. Il est vrai que l'anonyme ne dissimule pas les cruautés commises par les Césariens, qui sont rapportées avec indifférence, comme le légitime exercice du droit de la guerre : exécutions de déserteurs de l'armée de Trebonius (12, 1-2), de prisonniers (16, 3), d'éclaireurs, parmi lesquels trois esclaves sont crucifiés (20, 5), d'un esclave brûlé vif pour avoir tué son maître (20, 3), d'un soldat battu à mort pour avoir tué son frère dans le camp de César (27, 6) ; messagers de Sextus Pompée renvoyés avec les mains coupées (12, 3). Le rédacteur du *B.H.* ne prend pas la peine de justifier ces actes, comme le fait le continuateur du *B.G.* à propos du châtiment infligé aux combattants d'Uxellodunum (*B.G.* 8, 44, 1), mais se garde d'invoquer jamais l'ordre ou la permission du chef, présentant ces cruautés ordinaires comme des représailles légitimes et spontanées ; il suggère même, dans un cas (12, 2), que la colère des troupes a empêché César d'exercer son droit de grâce. De même, l'utilisation des cadavres ennemis dans la construction du retranchement improvisé de Munda (32, 2) est relatée avec impassibilité, là où Florus (2, 13, 85) se récriera : *foedum etiam in barbaros*.

CISA, 1, 1972, p. 121-25 ; M. Lossau, « Suetons Clementia Caesaris », *Hermes*, 103, 1975, p ; 496-502 ; S. Rochlitz, *Das Bild Caesars in Ciceros Orationes Caesarianae : Untersuchungen zur clementia und sapientia Caesar*, Francfort, 1993 ; P. M. Martin, *L'idée de royauté à Rome*, 2, 1994, p. 158.

Exemple de cruauté et de perfidie, Cn. Pompée est aussi un modèle de présomption. A plusieurs reprises l'anonyme esquisse le portrait ironique d'un Pompée se berçant d'illusions vaniteuses que les faits se chargent de démentir par un brusque revirement de situation. Ainsi, s'il se risque à attaquer les *Castra Postumiana,* c'est qu'il est *fretus opinione* (9, 1)[28], comme lorsqu'il installe un fortin sur la rive du Salsum occupée par César : *falsaque illa opinione gloriatus est* (14, 1) ; ses troupes, qui ont délogé un détachement césarien de sa position, sont gagnées par la même présomption : *et maiore Pompeiani exultabant gloria* (14,3). C'est toujours la κενὴ δόξα qui caractérise le Cn. Pompée de Munda, qui se persuade que César n'osera pas envoyer au combat ses troupes de recrues : *ita hac opinione fretus* (28, 3). Peu après, ses hommes, enhardis par la halte ordonnée par César[29], partagent la même illusion : *ita se efferentes* (30, 5)[30]. Quant au défi lancé par un certain Antistius Turpion *fidens uiribus,* il révèle non la *uirtus* mais la *ferocitas* (25, 3)[31].

28. La mauvaise foi partisane est d'autant plus évidente que l'analyse de la situation prêtée à Cn. Pompée paraît des plus sensées. Au contraire, quand, à Munda, César croit, à tort, que Pompée va accepter le combat en rase campagne, l'auteur commente : *hoc erat in omnium conspectu* (29, 3). Sur la vanité attribuée aux Pompéiens dans le *B.C.*, cf. J.H. Collins, « Caesar as Political Propagandist », *ANRW,* I, 1, 1972, p. 952-955 ; H. Fugier, « Un thème de la propagande césarienne dans le *De Bello Ciuili :* César, maître du temps », *Bull. de la Fac. des lettres de Strasbourg,* 47, 1968, p. 129 ; M. Rambaud, « César et l'épicurisme d'après les *Commentaires* », 1969, p. 432 = *Autour de César,* 1987, p. 126.

29. Le rédacteur prend soin de souligner que ce que l'ennemi interprète comme une lâcheté est, en fait, une manœuvre prudente et avisée : *ne quid temere culpa secus admitteretur* (30, 3).

30. Une expression voisine a une connotation toute différente quand l'auteur évoque la mort héroïque de deux centurions de César : *gloria se efferentes* (23, 8). Cf. aussi M. Drexler, « Parerga Caesariana », *Hermes,* 70, 1935, p. 220.

31. Une lacune nous a privés de l'issue du duel, mais on peut supposer qu'il ne tourna pas à l'avantage du Pompéien.

En effet, l'auteur du *B.H.* ne reconnaît pas la *uirtus* à ses adversaires, si ce n'est, épisodiquement, à Munda, lorsqu'il s'agit de grandir le mérite du vainqueur dans cette bataille décisive : *cum parem uirtutem ad bellandum contulissent* (31, 3). Comme on l'a vu, il se garde, par ailleurs, d'accorder rien à Pompée[32]. La plupart des rencontres se terminent par la piteuse déroute de l'ennemi, taillé en pièces par la cavalerie[33], et la stratégie de Pompée, qui, non sans habileté, cherche à profiter de la topographie de cette région montagneuse[34] pour faire durer la guerre et épuiser son adversaire, est toujours présentée comme l'attitude d'un lâche qui refuse de livrer bataille en rase campagne[35]. Le ton est parfois même celui de la dérision : *aduersarii loco iniquo patrocinari non desinunt* (29, 8)[36]. L'anonyme n'accorde même pas à l'ennemi quelque grandeur dans la mort : la mort de Labienus et de Varus à Munda ne donne lieu qu'à un froid compte rendu (32, 9) ; le suicide de Scapula est présenté comme celui d'un sybarite et non celui d'un sol-

32. Cf. *supra* p. LV-LIX.

33. Le lexique de la fuite est plus particulièrement réservé aux Pompéiens (9, 3 *fuga perterriti ;* 31, 8 *fusi fugatique* ; 36, 4 *in oppidum confugerant*) – bien qu'on rencontre *effugere* à propos des Césariens en 6, 4 – et l'euphémisme *cedere* (14, 4 ; 23, 3) aux Césariens (en 24, 4 pour les Pompéiens, mais il est suivi de la remarque méprisante, *quibus mons, non uirtus saluti fuit*). Cf. G. Pascucci, *Bellum Hispaniense,* p. 204-205.

34. Le manque de cohérence de l'*excursus* topographique du chapitre 8 est significatif à cet égard : le rédacteur a la maladresse de présenter le caractère montagneux de l'endroit comme une justification involontaire de la stratégie de Pompée, avant d'en tirer argument pour expliquer que le fortin césarien des *Castra Postumiana* est imprenable. Cf. G. Pascucci, « Interpretazione di due excursus dell'*Hispaniense* », *Maia*, 1963, p. 328-335 ; idem, *op. cit.*, p. 41 et 194.

35. 5, 7 ; 6, 1 ; 24, 2 ; 25, 3. L'accusation de lâcheté est explicite en 7, 3 : *neque suis ausus est subsidio uenire* ; en 14, 4 : *auersati sunt proelium facere* ; en 18, 6 : *unum respondisse ut potius ad dimicandum descenderet quam signum fugae ostenderet* ; en 29, 7-8, avant la bataille de Munda.

36. Cf. *Comm.,* 29. 7.

dat (33, 3-4)[37] ; quant à la mise à mort de Cn. Pompée, réfugié dans une caverne, elle fait songer à celle d'un animal traqué (38-39). En revanche, la *uirtus* est l'apanage des troupes de César[38]. Ainsi deux centurions tombent héroïquement après avoir rétabli une situation compromise (23, 3-5 et 8) et Didius meurt *magna cum uirtute*, victime d'une embuscade tendue par les Lusitaniens (40, 6) ; et quand César ordonne une halte à Munda, le rédacteur ne manque pas de souligner que les troupes impatientes de combattre se résignent mal à obéir (30, 4)[39]. Certes, il reconnaît des échecs ou des revers, mais non sans user de la " justification préalable "[40], ou parfois de la justification *a posteriori* : l'ennemi ne doit ses succès qu'aux conditions météorologiques (6, 3-4), à l'effet de surprise (13, 1 ; 23, 2), à la supériorité numérique (14, 2 ; 23, 5). Le procédé n'est pas toujours manié avec habileté : c'est seulement *a posteriori* qu'un *excursus* sur les conditions des combats équestres (15) nous informe de la présence de fantassins légers parmi les troupes de Pompée, d'ailleurs supérieures en nombre, excusant ainsi le revers subi par les cavaliers de César, qui retrouvent vite toute leur bravoure *ex simili uirtute* (14, 6) ; plus loin, des cavaliers, qui, emportés par leur ardeur, se sont trouvés enfermés dans les retranchements de l'ennemi, sont excusés avec une insistance maladroite (23, 7-8) ; parfois le rédacteur, à court d'argument, ne peut que souligner le caractère exceptionnel de la défaillance : *itaque praeter consuetudinem cum a nostris animaduersum esset cedere* (23, 3) ; ailleurs, une citation d'Ennius permet le recours

37. Cf. *Comm.*, 33. 4 ; 33. 7.

38. Si l'expression *opinione fretus* caractérise Pompée, les hommes de César peuvent compter sur leur bravoure : *uirtute freti* (16, 3).

39. L'épisode fait valoir à la fois « le *studium,* l'*alacritas* des troupes, [qui] ont une signification apologétique et plébiscitaire » (M. Rambaud, *op. cit.*, p. 275), et la discipline finalement imposée (R. Combès, *op. cit.*, p. 275-276).

40. Cf. M. Rambaud, *L'art de la déformation*, p. 151-173.

à l'euphémisme : *hic tum, ut ait Ennius, nostri cessere parumper* (23, 3).

Devant un adversaire aussi dénué de toute qualité morale, César devient le défenseur du bon droit dans une guerre provoquée par la *superbia* et la *crudelitas* de Cn. Pompée. Du reste, César n'intervient qu'à la demande des députés de Cordoue (2, 1) et d'Ulia (3, 2), qui l'appellent à leur secours[41]. Dans Ategua assiégée les partisans de César se manifestent par l'envoi de *glandes* porteurs de message (13, 3) ou d'émissaires (19, 5)[42].

Devant la désaffection croissante à l'égard de leur cause, les chefs pompéiens et leurs partisans les plus acharnés doivent recourir à la terreur et à la force[43]. Néanmoins, en dépit des intentions de l'auteur, le récit laisse parfois affleurer la réalité d'une province philo-pompéienne ; à Bursavo *erat bene magna manus intra Pompeianarum partium* (35, 2), et surtout le discours de César à Hispalis (42) est révélateur : le reproche d'ingratitude dément sa popularité et les provinciaux sont tenus collectivement pour responsables de la tentative d'assassinat perpétrée contre Cassius Longinus, qui ne passe plus pour l'œuvre de quelques isolés (42, 6)[44]. De même que le rédacteur attribue aux populations des dispositions

41. Cependant le rédacteur trahit la véritable intention de César, celle de mettre fin à la guerre civile : *ad bellum conficiendum in Hispaniam cum uenisset* (2, 1).

42. Le *B.C.* insiste lui aussi sur la popularité de César en Espagne. Cf. M. Rambaud, *op. cit.*, p. 281 ; S. Mariner, « Hispania como tema político en la obra de Julio César », *Cuadernos de la Fundación Pastor*, 15, 1969, p. 71-108.

43. Outre les exécutions collectives d'Ategua (15, 6) et d'Ucubis (21, 3), on relève les coups de force par lesquels deux fidèles de Pompée maintiennent dans son parti les cités de Bursavo (22, 4-6) et d'Hispalis (35, 2-4).

44. Le discours qui veut que la population soit favorable à César semble ici entrer en contradiction avec un autre discours, celui qui présente cette guerre comme une guerre étrangère, donnant droit au triomphe. Cf. A.J.L. van Hooff, « The Caesar of the *B.H.* », *Mnemosyne*, 27, 1974, p. 133.

favorables à César, il insiste sur la désaffection des soldats à l'égard des chefs pompéiens : l'un d'eux proteste contre le massacre d'Ategua (16, 4), un autre, au prix de sa vie, contre la décision d'abandonner la ville (18, 6). Et surtout on ne compte plus les désertions, de plus en plus nombreuses après la capitulation d'Ategua[45] ; sans doute n'y a-t-il pas là mensonge, mais plutôt insistance complaisante. En revanche, les désertions dans le camp de César sont mentionnées beaucoup plus rarement[46]. Comme on l'a vu, le *B.H.* ne manque pas de dénoncer la présence dans les rangs de Pompée d'esclaves[47] et de troupes irrégulières, des *latrones* (1, 4) retenus par des *largitiones*[48] ; ainsi Sextus Pompée fuyant Cordoue doit

45. 11, 1 et 3 ; 18, 2, 3 et 6 ; 21, 1 et 3 ; 22, 7 ; 26, 2 ; 27, 2. Cf. M. Rambaud, *op. cit.*, p. 277.

46. En 12, 2, des déserteurs de l'armée de Trebonius ; en 18, 4, un esclave, qui a tué son maître ; en 13, 2, un fils de sénateur, dont la désertion est expliquée par des raisons familiales ; cf. aussi 20, 1 et 22, 7.

47. Cf. *supra*, p. XL-XLI. Dans le camp de César, le *B.H.* mentionne seulement l'esclave qui tue son maître (18, 4) et est brûlé vif (20, 3), donc un valet, un *calo* (cf. J. Harmand, *L'armée et le soldat,* 1967, p. 157-158). Certains tirent argument du fait qu'à Brindes, en janvier 48, César interdit à ses soldats d'emmener des esclaves avec eux (*B.C.*, 3, 6, 1) pour soutenir qu'il n'en incorpora jamais dans ses troupes (cf. H. Kühne, « Zur Teilnahme von Sklaven und Freigelassenen an den Bürgerkriegen der Freien im 1 Jahrhundert v.u.Z in Rom », *StudClas,* 4, 1962, p. 203 ; E. M. Staerman, « Sklaven und Freigelassenen im sozialen Kampf gegen Ende der Republik », *VDI,* 79, 1962, p. 255 ; J. Schmidt, *Vie et mort des esclaves dans la Rome antique,* Paris, 1973, p. 150). Cependant, N. Rouland (*Les esclaves romains en temps de guerre,* Bruxelles, 1977, p. 29-30 et 83) ne voit là qu'une mesure répondant à des « impératifs logistiques (...) sans qu'il soit question de faire référence à une éthique quelconque. » Du reste, d'après Macrobe (*Sat.* 1, 11, 32), qui mentionne aussi Octave (cf. Plut., *Brut.* 45, 2-3 ; Dio Cass. 48, 49, 1 ; 49, 1, 5), César utilisa des esclaves dans son armée, même s'il y recourut à une moindre échelle (cf. N. Rouland, *op. cit.,* p. 83-84 ; F. Marco Simon, « Esclavitud y servidumbre en la conquista de Hispania, 83-19 a. C. », *HAnt,* 9-10, 1979-1980, p. 181 ; J.B. Tsirkin, « The South of Spain in the Civil War of 46-45 B.C. », *AEA,* 54, 1981, p. 99).

48. Dans le *corpus* césarien le terme de *largitiones* est employé uniquement à propos des chefs pompéiens, à l'exception d'un passage

s'assurer de la fidélité de son escorte en lui distribuant tout son argent (32, 5)[49]. Au contraire, dans le camp de César, il n'est question que de récompenses pour les hommes qui se sont distingués (26, 1) et ses troupes restent indifférentes à l'argenterie dont se sont munis les assiégés d'Ategua lors de sorties, dans l'espoir que leurs adversaires se jettent sur le butin (16, 2 ; cf. *Comm.*, 16. 2). Le rédacteur trahit pourtant les motivations fort intéressées des soldats lorsqu'il souligne que, dans le camp de Pompée, un déserteur ne reçoit que sept deniers par mois (22, 7)[50]. Ce dénigrement constant de l'armée pompéienne tend à dissimuler qu'elle est constituée, en partie, de citoyens romains. A l'image de l'adversaire politique se substitue celle de l'*hostis*[51], voire celle du barbare[52], à propos du massacre d'Ategua (15, 6). Au contraire, César incarne la légitimité du peuple romain. A cet égard le plaidoyer de Tib. Tullius et la réponse de César sont particulièrement intéressants (17) : d'une part, en dépit du discours de la propagande, les propos de Tullius, qui se reconnaît, avec regret, *Cn. Pompei miles,* trahissent à la fois la réalité de la guerre civile, confrontation de deux factions rivales qui se disputent le pouvoir, et l'introduction des rapports de clientèle dans ces armées liées à leurs chefs et non plus à l'état romain[53] ; d'autre part, bien

du *B. Al.* (49, 1), qui l'évoque, avec réprobation, à propos de Cassius Longinus. Cf. *Comm.*, 1. 9.

49. C'est peut-être en ce sens qu'il faut interpréter le fait que des chevaliers d'Hasta déserteurs arrivent au camp de César *argento prope tecti* (26, 2).

50. M. Rambaud (*op. cit.*, p. 246-247) souligne la maladresse des continuateurs qui « ont révélé plus naïvement la cupidité des Césariens », alors que César s'est montré discret ; cf. aussi R. Combès, *op. cit.*, p. 248.

51. Dans le *B.H.* le terme *aduersarii* reste le plus fréquent, mais le mot *hostis,* qui apparaît dans le premier chapitre (1, 4) et dans le discours de Tullius (17, 2), est chargé de toute la connotation réprobatrice qui s'attache à l'*hostis publicus*. Cf. *Comm.* 1. 12.

52. Il faut noter que les Lusitaniens, alliés privilégiés des Pompéiens, sont souvent désignés par le terme *barbari* (probablement en 8, 3 ; 35, 3). Cf. aussi 15, 6 *sicuti apud barbaros* ; 42, 4 *more barbarorum.*

53. Tullius s'estime dégagé de ses devoirs envers Cn. Pompée dans la mesure où ce dernier s'est avéré incapable de remplir ses obligations

qu'il en appelle à sa condition de *ciuis Romanus,* il admet que le choix du parti de Pompée a fait de lui et de ses compagnons des *ciues Romani indigentes praesidii,* réduits au rang d'*hostes (publici)* (17, 2). C'est pourquoi César peut légitimement les traiter comme des étrangers (17, 3). La condition de *Cn. Pompei miles* est incompatible avec celle de *ciuis Romanus*, puisque la *respublica* s'identifie avec César ; à plusieurs reprises, en effet, la cause de César et celle du peuple romain ne font qu'un, d'autant plus qu'il est revêtu de l'*imperium*, alors que Cn. Pompée n'est qu'un *priuatus* (42, 6), qui l'a usurpé. La fidélité d'Ulia à César est reconnue comme un service rendu au peuple romain (3, 3) et, inversement, la guerre menée contre César est faite à tout le peuple romain (42, 6)[54].

Le parti-pris d'apologie est donc indéniable et plus évident peut-être que chez les autres continuateurs de César. Néanmoins, il ne semble pas avoir gravement altéré la vérité : le rédacteur du *B.H.* est le témoin direct de la plupart des faits qu'il rapporte, sans doute après les avoir notés au jour le jour. La minutie avec laquelle sont narrées les moindres escarmouches, si elle ne favorise pas la hauteur de vue, est du moins un gage d'authencité.

en renonçant à lui porter secours (17, 2) ; un peu plus loin, le message de reddition de Munatius Flaccus lui fait écho (19, 4). Cf. H. Drexler « Parerga Caesariana », *Hermes,* 70, 1935 p. 225-226, dont les conclusions sont toutefois contestées par P.A. Brunt, renvoyant au *B.H.* 1 et 42, 6 : «H. Dexler has argued that the simple soldier who wrote the *Bellum Hispaniense* saw the campaign of 45 B.C. as one that was fought between armies that owed allegiance to rival patrons ; but even this author notes that as in the past Caesar was striving to save Spain from devastation and oppression » («The Army and the Land in the Roman Revolution » *JRS*, 52, 1962, p. 76 = *The Fall of the Roman Republic*, p. 258). Cf. aussi G. Pascucci, « Paralipomeni ... », 1973, p. 615.

54. Cf. L.R. Taylor, *Les partis politiques à Rome au temps de César,* 1977, 1949[1], p. 287 : « il s'arrange pour lier sa *dignitas* à la cause du peuple dont il est devenu le champion » ; M. Rambaud, *L'art de la déformation,* 1953, p. 272-274 ; idem, « César à travers les *Commentaires*», *Latomus*, 92, 1968 (= *Autour de César*, 1987, p. 92) ; L. Radista, « Julius Caesar and his Writings », *ANRW,* I, 3, 1973, p. 451-455 sur l'association *se* et *res publica.*

IV

LA LANGUE ET LE STYLE

La langue s'écarte non seulement de celle de César mais, souvent, de l'usage classique.

La morphologie On relève les neutres *carra* (6, 2) et *cornum* (30, 7), le datif *nullo* (25, 1)[1], l'ablatif des comparatifs en *-ī*[2], et surtout la formation analytique du superlatif, qui, évitée rigoureusement par César et ses continuateurs, apparaît comme une des caractéristiques linguistiques les plus frappantes du *B.H.* : *bene magnus, bene multi, bene longe*[3]. Le passage de la valeur qualitative de l'adverbe à une valeur purement quantitative semble indiquer l'origine populaire de cette forme[4]. Parfois le superlatif est formé à l'aide de *uehementer*, préféré à *ualde*[5]. En ce qui concerne les verbes, on note également la formation périphrastique du parfait, du type *habuit posita* (7, 3)[6], avec atténuation, voire disparition de l'aspect dura-

1. La forme *nullo* est néanmoins acceptée par César (*B.G.* 6, 13, 1 ; *B.C.* 2, 7, 1).

2. *superiori* (23, 2) ; *aequiori* (25, 2).

3. *bene magnus* (1, 2 ; 4, 2 ; 12, 4 ; 13, 4 ; 15, 6 ; 16, 2 ; 22, 6 ; 35, 2 et 3 ; 40, 2 ; 41, 1), *bene multi* (12, 6 ; 34, 6 ; 36, 4), *bene longe* (25, 2). Cf. G. Pascucci, « Stile e lingua dell'*Hispaniense* », 1950, p. 208, n. 61 ; Väänänen, p. 118-119.

4. Cf. Klotz, *Kommentar zum B.H.*, p. 38. E. Norden, *Die Antike Kunstprosa*, Stuttgart 1958, 1898[1], p. 211, voit, au contraire, dans cette forme un effet rhétorique. L. Canali concilie les deux thèses : l'auteur rechercherait délibérément l'expressivité de la langue populaire (« Osservazioni sul *corpus* cesariano », *Maia*, 18, 1966, p. 125-126).

5. *uehementer periculosum* (30, 2) ; *uehementer saucius* (38, 2).

6. Cf. 8, 6 ; 19, 3 ; 22, 7 ; 28, 3. Cf. Leumann-Hofmann-Szantyr (= L.-H.-S.), p. 319 ; D. Jacob, « A propos de la périphrase *habeo* + participe parfait passif », *Latin vulgaire tardif*, 4, *Actes du 4e colloque international sur le latin vulgaire et tardif. Caen, 2-5 Sept. 1994*, éd. par L. Callebat, Hildesheim, Zürich, New York, 1995, p. 367-381.

tif, ainsi que l'emploi du plus-que-parfait à la place de l'imparfait[7], et souvent du plus-que-parfait du subjonctif à la place de l'imparfait de l'indicatif (cf. *infra* p. LXXVIII). La prédilection pour la forme longue, caractéristique de la langue populaire, se retrouve aussi dans l'emploi très fréquent de *coepi,* qui peut conserver sa valeur incohative, mais se réduit parfois à un simple auxiliaire (3, 2 ; 12, 6 ; 14, 3 ; 39, 2)[8]. En 20, 3 *fuit captum* remplace *est captum*, par une anticipation de l'usage préroman.

La syntaxe La syntaxe s'éloigne également de l'usage classique : emploi de l'ablatif, au lieu du génitif, avec l'adjectif *plenus* (5, 1 ; cf. L.-H.-S., p. 77), de l'ablatif au lieu de l'accusatif de durée[9], du gérondif à l'ablatif à la place du participe[10], de *clam* pré-

7. A l'indicatif, avec *esse* ou *habere,* comme on en trouve des exemples déjà chez César (*B.G.* 2, 6, 4 ; 3, 16, 2 ; 4, 4, 3), en 13, 7 ; 14, 2 ; 16, 2 ; 40, 6. Au subjonctif en 29, 5 ; 38, 3. Cf. Kühner-Stegmann, I, p. 140 ; L.-H.-S., p. 321 ; G. Pascucci, *op. cit.,* p. 221 ; Väänänen, p. 131.

8. Sur la valeur d'auxiliaire de *coepi* dans la langue populaire, cf. Löfstedt, *Philologischer Kommentar zur Peregrinatio Aetheriae*, Upsala, 1911, p. 209 ; idem, *Syntactica,* II, 1933, p. 450 ; G. Devoto, *Storia della lingua di Roma,* Bologne, 1940, p.257 ; L.-H.-S., p. 319. Par ailleurs, l'anonyme utilise *coepi* avec son sens inchoatif. Cf. G. Pascucci, *op. cit.*, p. 124, qui, souligne que l'emploi de *coepi* dans le *B.H.* est à peine moins fréquent que dans l'ensemble des *Commentaires* authentiques.

9. 3, 1 *aliquot mensibus* ; 5, 7 *diebus compluribus* ; 16, 2 *nocte tota.* Toutefois cet usage, inconnu de la langue archaïque, dont l'origine populaire est attestée par sa fréquence dans les inscriptions funéraires, n'est pas étranger à César (cf. *B.C.* 1, 7, 7 ; 46, 1 ; 47, 3). Cf. G. Pascucci, *op. cit.,* p. 174-176 ; idem, « Interpretazione linguistica e stilistica del Cesare autentico », *ANRW,* I, 3, 1973, p. 491 ; Löfstedt, *Komm. Per. Aeth.,* p. 54 ; idem, *Synt.* II, p. 82 ; L.-H.-S., p. 148

10. 12, 4 *iactando* ; 36, 3 *erumpendo* ; 40, 6 *nando*. Bien que cet usage soit attesté chez Cicéron, Salluste, Vitruve, J. Marouzeau. (*MSL* 16, 1911, p. 133 sq.) considère ce phénomène comme un vulgarisme, compte tenu de son influence sur les langues romanes. Cf. Löfstedt, *Komm. Per. Aeth,* p. 159 ; L.-H.-S., p. 379-380 ; Väänänen, p. 140-141.

positionnel suivi de l'accusatif (3, 2 ; 16, 1 ; 35, 2 ; cf. L.-H.-S., p. 282).

Quant à la syntaxe des toponymes, elle est très libre. Elle se conforme assez souvent aux règles classiques[11], mais l'emploi de la préposition *ad* n'est pas toujours justifié (6, 2 ; 40, 7 ; 42, 1), non plus que son omission devant les noms de villes encore occupées par l'ennemi (35, 1 ; 36, 4 ; 41, 3) ; de même, la présence de *ab* est incorrecte en 12, 3 ; 37, 3 ; 41, 6. En 25, 2, dans la phrase, *planitie in aequiori loco constiterunt, planitie* peut être interprété comme un ablatif-locatif inhabituel (A. Ernout et F. Thomas, *Syntaxe latine,* Paris, 1964, p. 99, « hyperurbanisme, ou concision du langage militaire, influence de *iniquiore* [*sic*] *loco ?* »). En 34, 1, on rencontre l'unique emploi dans la langue latine de *contra ad* (G. Pascucci, *op. cit.*, p. 349-350).

On trouve aussi dans le *B.H.* le plus ancien exemple sûr d'une complétive introduite par *quod* à la suite d'un verbe déclaratif : *renuntiauerunt quod Pompeium in potestate haberent* (36, 1), dont on ne trouve pas d'autre emploi avant Pétrone (71, 9)[12] ; ainsi que, en 16, 3, « le premier exemple de *licet* au sens évolué de " quoique " » (Ernout et Thomas, p. 353), employé avec un subjonctif plus-que-parfait *(esset gestum),* alors qu'en latin classique sa valeur verbale persistante (« il est possible ») lui réservait le subjonctif présent ou parfait[13]. On note aussi, en 13, 5, l'emploi de *acsi* sans corrélatif[14], en 13, 6, celui

11. On rencontre le locatif (32, 4), l'ablatif-locatif (36, 1 ; 39, 3), l'ablatif de provenance (42, 1), l'accusatif sans préposition (32, 4 ; 39, 3) ; l'emploi de la préposition est légitime lorsqu'il s'agit des environs de la ville : *ad* (4, 1 et 4), *in* (27, 5), *ab* (6, 1).

12. Cf. L.-H.-S., p. 576 ; A. Ernout et F. Thomas, *Syntaxe latine*, Paris, 1964, p. 299 ; Väänänen, p. 162, qui cite aussi, cependant, Plaute, *Asin.* 52 ; P. Cuzzolin, « Sulle prime attestazioni del tipo *dicere quod* », *AGI*, 76, 1991, p. 26-78.

13. L.-H.-S., p. 605 ; G. Pascucci, *op. cit.*, p. 237.

14. L.-H.-S., p. 675 ; Ernout et Thomas, p. 390 ; G. Pascucci, *op. cit.*, p. 218.

de *propter quod,* là ou César utilise *proptera quod*[15], et, en 6, 1, *quoniam* employé dans un sens à la fois causal et comparatif[16]. On rencontre également un *quod* causal suivi de l'infinitif dans le discours indirect (22, 7)[17], *cum* employé avec l'indicatif dans le sens de *ubi* ou *postquam* (3, 6 ; 4, 2)[18] et, au contraire, *dum* suivi du subjonctif (23, 2)[19]. En 41, 6, le relatif *quod,* dont l'antécédent est *Munda,* plutôt que suggéré par *oppidum* (L.-H.-S., p. 441), annonce peut-être la tendance du latin tardif à user du pronom neutre pour renvoyer aux termes topographiques (G. Pascucci, *op. cit.,* p. 384). De fréquents changements de sujets ou leur omission[20] rappellent la liberté de la langue parlée, de même que le redoublement de la conjonction[21] ou son rejet dans la subordonnée[22]. On relève enfin un assez grand nombre d'anacoluthes (1, 1 ; 4, 2 ; 12, 6 ; 27, 2) et de contaminations syntaxiques du type *respondit ut sileat uerbum facere* (3, 7)[23], qui trahissent la maladresse de l'auteur. Certains faits syn-

15. L.-H.-S., p. 574-575 ; G. Pascucci, *op. cit.,* p. 220.

16. Löfstedt, *Vermischte Studien zur lateinischen Sprachkunde und Syntax,* Lund, 1933, p. 19 ; L.-H.-S., p. 628 ; G. Pascucci, *op. cit.,* p. 178.

17. L.-H.-S., p. 578 ; Ernout et Thomas, p. 427 ; G. Pascucci, *op. cit.,* p. 271.

18. L.-H.-S., p. 621 ; Ernout et Thomas, p. 367.

19. L.-H.-S., p. 613-614 ; G. Pascucci, *op. cit.* p. 274.

20. 2, 1 ; 14, 4 ; 18, 1 ; 31, 5 ; 34, 3. G. Devoto, *Storia della lingua di Roma*, Bologne, 1944, p. 95, voit là un trait archaïque fréquent dans la langue juridique. G. Pascucci, *op. cit.*, p. 49-50.

21. 8, 6 *cum... ut* (cf. L.-H.-S. p. 620 ; G. Pascucci, *op. cit.,* p. 198) ; 12, 6 *tamen... tamen* ; 20, 1 *quod... cum* ; 29, 3 *id quod... cum.* Cf. *B. Afr.* 4, 3 ; 40, 5 ; 50, 3.

22. *Traiectio* de *cum* (2, 1 ; 3, 2 ; 3, 7 ; 4, 2 etc...), de *ut* (7, 3 ; 38, 4), de *quod* (14, 3) et surtout de *dum* (14, 2 ; 23, 6 ; 25, 8 ; 27, 1 ; 36, 3 ; 40, 5 ;).

23. Cf. Löfstedt, *Synt.,* II, p. 154 ; L.-H.-S., p. 348 ; P. B. Corbett, « On Two Items of Colloquial Usage in the *B.H.* », *Eranos*, 1962, p. 174-179 ; G. Pascucci, *op. cit.,* p. 154-156 ; idem, « Stile... », 1950, p. 193. On relève d'autres exemples de contaminations syntaxiques en 15, 4 ; 16, 4 ; 19, 4 ; 22, 4, 7 ; 25, 5 ; 28, 4 ; 39, 1.

taxiques semblent témoigner de la persistance de traits archaïques dans la langue populaire[24] : l'absence de préposition devant les noms de région (22, 7 ; 35, 3), l'emploi du génitif (1, 1 ; 2, 1) et de l'accusatif (16, 3) avec *potiri*[25], l'infinitif futur invariable (13, 3)[26], l'emploi du participe présent accompagné de *esse* (29, 2 *currens erat*)[27], de *simul* à la place de *simul atque* (4, 2)[28] et de *propter* pour *prope* (5, 5).

Le lexique Le lexique présente l'évolution sémantique de *ciuitas* dans le sens d'*oppidum*[29], de *totus* employé pour *omnis* (16, 2 ; cf. L.-H.-S., p. 203)[30], comme on le trouve parfois chez César, et de *homo* employé à la place de *is* (18, 1)[31]. Les périphrases formées à l'aide de *facere* sont nombreuses : certaines, comme *iugulationem facere* (16, 4 ; 22, 6), sont propres à l'*usus scribendi* de l'anonyme et témoignent de l'influence de la langue parlée sur son écriture[32], d'autres sont admises par César et font partie de la langue militaire, telles *concursum facere* (22, 4 ; 23, 5 ; 25, 2 ; 31, 1)[33].

24. Cf. G. Pascucci, *op. cit.*, p. 49.

25. Ailleurs, conformément à l'usage classique, *potiri* est construit avec l'ablatif (13, 4 ; 19, 6 ; 34, 6 ; 40, 6). Seul le *B. Afr.* présente la même variété. Cf. L.-H.-S., p. 83, 122.

26. Cf Kühner-Stegmann, I, p. 59 ; Löfstedt, *Synt.*, II, p. 11 ; L.-H.-S., p. 343 ; G. Pascucci, *op. cit.*, p. 217. *Comm.*, 13. 4.

27. Kühner-Stegmann, I, p. 159 ; Löfstedt, *Komm. Per. Aeth.*, p. 245 ; L.-H.-S., p. 388 ; G. Pascucci, *op. cit.*, p. 313-314.

28. L.-H.-S., p. 638 ; G. Pascucci, *op. cit*, p. 161.

29. 1, 1 ; 8, 5 ; 26, 4. On en trouve un exemple chez César (*B.G.*, 3, 20, 2). Cf. Löfstedt, *Komm. Per. Aeth.*, p. 174.

30. Cf. Löfstedt, *Verm. Stud.*, p. 209 ; idem, *Late Latin*, p. 22 ; G. Pascucci, *op. cit.*, p. 234.

31. Cf. L.-H.-S., p. 198 ; Väänänen, p. 129.

32. 1, 4 *largitio fieret* ; 3, 7 *uerbum facere* ; 3, 8 (et aussi 14, 4 ; 25, 8 ; 31, 1) *clamore facto* ; 5, 4 *fit contentio* ; 9, 2 *iactus facere* ; 16, 4 *facinus et scelus fecisse* ; 19, 1 *uitium fecit*. Cf. L.-H.-S., p. 755.

33. *caedem facere* (15, 3 ; 16, 2 ; 23, 6 ; 37, 2 ; 41, 1) ; *deditionem f.* (20, 1 ; 27, 5 ; 36, 4) ; *eruptionem f.* (3, 8 ; 12, 5 et 6 ; 13, 6 ;

D'autres traits de la langue populaire se manifestent à travers la fréquence des pléonasmes, tels *cum celeri festinatione* (2, 1)[34], et des formes longues : *nequaquam* (4, 2 ; 15, 1 ; cf. J. B. Hofmann, *Lateinische Umgangsprache*, Heidelberg, 1951, p. 81), *circumcirca* (L.-H.-S., p. 227), *clanculum* (32, 8), *conualis* (7, 1 ; 25, 2 ; 28, 2 ; 39, 2) préféré à *uallis*, double coordination (42, 4 *et ciuiumque*)[35] ; emploi de verbes composés à la place du verbe simple sans nuance sémantique particulière[36], de formes fréquentatives dont la banalisation est d'autant plus apparente qu'elles sont parfois accompagnées de *coepi*[37], de périphrases formées avec *tempus*, qui se substituent à l'adverbe[38]. On relève aussi l'emploi de *intro* (41, 5) comme adverbe (cf. G. Pascucci, *op. cit.*, p. 383), de *excellens* (8, 4 ; 28, 4) à la place de *excelsus* (id. *ibid.*, p. 197) et de *se deiicere* (19, 3) à la place de *se demittere* (cf. *Comm.*, 19. 2). Notons encore que dans les formes verbales composées l'antéposition de la copule prédomine (3, 8 *sunt recepti*), et pas seulement en fin de κῶλον, ce qui apparaît également comme une influence de la langue vulgaire[39].

16, 1 ; 34, 6 ; 36, 2 et 4) ; *ignes f.* (6, 1 ; cf. *Comm.*, 6 ; 4) ; *opus f.* (13, 4) ; *impetum f.* (14, 2) ; *proelium f.* (4, 2 ; 15, 3 ; 18, 3 ; 31, 5) ; *transitionem f.* (26, 2) ; *potestatem f.* (24, 2 ; 26, 3 ; 30, 6). Cf. G. Pascucci, *op. cit.*, p. 157-158.

34. Cf. aussi 1, 4 *maiores augebantur copiae* (peut-être un hellénisme) ; 4, 1 *ante praemisit* ; 29, 2 *planities aequabatur ;* 29, 8 *propius appropinquassent ;* 35, 4 *rursus* (...) *denuo* ; 40, 7 *rursus* (...) *recurrit*.

35. Cf. *B. Afr.* 33, 1. Cf. L.-H.-S., p. 523.

36. 1, 5 *depostulabant* ; 17, 3 *deposcimus* ; 27, 4 *deusto* ; 34, 3 *depugnarent*.

37. 3, 5 *adflictaretur* ; 22, 4 *intentare coeperunt* ; 25, 4 *agitare coepit* ; 39, 2 *se occultare coepit*. En revanche, *iactare* (12, 4), *sustentare* et *exceptare* (17, 2) sont justifiés par le contexte.

38. *nocturno tempore* (2, 1 ; 22, 6) ; *nullo t.* (36, 1 ; 42, 5) ; *omni t.* (3, 3) *matutino t.* (6, 4) ; *nouissimo t.* (33, 4) ; *insequenti t.*

39. G. Pascucci, *op. cit.*, p. 48, en relève soixante-dix-neuf exemples, contre soixante-sept formes classiques. Le rapport est de trois à un en faveur de la normalité chez César, mais de un à trois en

Certains archaïsmes relèvent aussi de la langue populaire : *hoc* adverbial employé à la place de *huc*[40] et rigoureusement évité par César et Cicéron, ou *hoc* pronominal dans le sens de *ideo* (1, 5 ; 41, 5). On rencontre aussi la forme active de verbes habituellement déponents[41], l'emploi impersonnel de *potest* avec l'infinitif actif (3, 5)[42], le verbe simple à la place du composé[43].

Nombreuses aussi sont les expressions empruntées au *sermo castrensis*, évitées par César, à moins qu'il ne les accompagne d'une explication. Là où César assortit *uexillum proponendum* de la glose *quod erat insigne cum ad arma concurri oporteret* (*B.G.* 2, 20, 1), le rédacteur du *B.H.* se contente de *uexillum proposuit* (28, 2) ou de *signum* (...) *tollitur* (40, 5). Il emploie absolument *corona* (13, 7) dans le sens de " cordon de troupes ", là où César (*B.G.* 7, 72, 2) et Cicéron (*Phil.* 2, 112) le font suivre de *militum*. A propos de cabanes couvertes de paille, il emploie l'épithète *stramenticiae* (16, 2), quand César écrit (*B.G.* 5, 43, 1) : *in casas, quae* (...) *stramentis erant tectae* (cf. G. Pascucci, *op. cit.*, p. 235). Au lieu du génitif de qualité *leuis armaturae pedites,* on trouve l'ablatif *leui armatura* dans le sens d'« infanterie légère » (14, 2 ; 21, 1 ; 30, 1)[44]. Certains termes sont rigoureusement bannis par César, du moins dans l'acception que leur donne le *B.H.* : *brachium* (5, 3 ; 6, 3 ; 13, 1 ; 23, 1 ; 24, 1 ; 40, 1) désignant une tranchée qui relie deux posi-

faveur de l'antéposition de la copule dans le livre VIII du *B.G.* Cf. J. Marouzeau, *La phrase à verbe être en latin*, 1910, p. 310 ; J. Andrieu, *César, Guerre d'Alexandrie*, 1954, p. XXXI.

40. Cf. 5, 2 ; 8, 1 ; 29, 4 ; 38, 2 ; 41, 4. Cf. Servius, *ad Aen.* 8, 423 : *hoc pro huc posuit secundum antiquum morem*. Cf. G. Pascucci, *op. cit.*, p. 168-169.

41. 5, 5 *coagulabant* ; 33, 2 *conuinciare* ; 42, 6 *depopulauit*. Inversement en 35, 4 *recipitur* pour *se recipit*. Cf. Väänänen, p. 128

42. Cf. Löfstedt, *Komm. Per. Aeth.*, p. 44 ; G. Pascucci, *op. cit.*, p. 152.

43. 20, 2 *est prensus* ; 20, 5 *prensi* ; 37, 2 *sequi* ; *aggerebant* (5, 6) et *fixa* (31, 3) semblent plutôt être des emprunts à la langue poétique témoignant d'une recherche stylistique (cf. G. Pascucci, *op. cit.*, p. 173 et 331).

44. Cf. *Comm,* 7. 11.

tions, alors que César, en ce cas, use simplement de *munitio* ; *decumani* (30, 7 ; 31, 4) formé avec un suffixe vulgaire (cf. Löfstedt, *Komm. Per. Aeth.*, p. 67) désigne les soldats de la Xe légion, et *lanistae* (6, 2), hapax en ce sens, désignant probablement les esclaves enrôlés par Cn. Pompée ; *tabellarii* (2, 1 ; 12, 3 ; 16, 1 ; 18, 7) est employé pour *nuntii* ; *uigiles* (3, 7 ; 35, 4) pour *uigiliae* ou *custodiae* ; *aquilae* (7, 4) pour *legiones* ; *excubitus* (6, 3) pour *statio*[45] ; on trouve *loricati* (4, 1 ; 13, 5 ; 20, 2 et 4) dans le sens de « soldats de l'infanterie lourde », *proximus* (3, 5) et *compar* (23, 4) dans le sens de « camarade de combat », *locum definire* (30, 3) vraisemblablement dans celui d'« arrêter l'avance des troupes ». Même *praesidium*, outre ses sens usuels, prend l'acception de « lieu de refuge » (32, 1), de « base terrestre » (6, 1 ; 26, 4 ; 41, 1) et de « base navale » (32, 6). Les termes grecs ne sont pas non plus évités : *balista* (13, 7) non seulement dans le sens, admis par César, de « machine de guerre », mais dans celui de boulet ; *harpago* (16, 2) est accepté par César (*B.G.* 7, 81, 1 ; *B.C.* 1, 57, 2), mais remplacé dans un passage du *B.G.* (3, 13, 8) par son équivalent latin *copula*. D'autres hellénismes appartiennent au lexique de la navigation : en 40, 6 *scapha* (déjà fréquent dans le *B.C.* : 1, 28, 4 ; 2, 43, 1 ; 3, 24, 1 ; 28, 2 ; 40, 1 ; 62, 2 ; 100, 2 ; 101, 6), *salum*, *pelagus* ; enfin, dans le récit du suicide de Scapula (33, 3), les termes *nardus* et *pyra* accentuent la coloration orientale de l'épisode.

Le style Comme la langue, le style reflète l'inexpérience de l'auteur mais aussi l'effort rhétorique.

Le récit, dont le mode d'organisation est purement chronologique, énumère des faits dans des phrases, le plus souvent brèves, juxtaposées ou reliées par une coordination minimale : *ita*, *itaque*, parfois seulement *-que*.

45. Toutefois, *excubitus* peut présenter ici une nuance particulière et s'appliquer à l'infanterie. Cf. *Comm.*, 6. 10.

Les phrases sont très souvent introduites par des expressions temporelles : *insequenti die, insequenti nocte, praeterito tempore, eo tempore, idem temporis, id temporis*[46].

Le vocabulaire est pauvre : non seulement les répétitions sont nombreuses, mais un même mot est souvent repris, à peu de distance, dans un sens différent ; ainsi *contentio* en 5, 4 a le sens de « rivalité », puis, en 5,5, celui d'« acharnement » ; *tumuli* (5, 6) a le sens propre d'« élévation de terrain », puis le sens figuré de « monceau de cadavres » ; *balista* (13, 7) signifie « boulet » ou « tir », puis « machine de jet » ; *discedere* (29, 7) « renoncer », puis « s'éloigner » ; *signum* « corps de troupes » (40, 2) et « signal de combat » (40, 5) ; *insidiae* « embuscade » (40, 3) et « troupes postées en embuscade » (40, 5) ; *suscipere* (42, 2) « assumer », puis « encourir ». Quant à la syntaxe, comme nous l'avons vu plus haut, elle trahit souvent la maladresse du rédacteur.

Pourtant, la recherche stylistique n'est pas absente du *B.H.* L'influence de la langue vulgaire n'exclut pas un certain souci de la correction. Ainsi on peut interpréter comme une réaction à l'abus de l'indicatif dans la langue parlée l'emploi fréquent du subjonctif dans des propositions relatives du discours direct, sans nuance particulière[47]. Le recours au datif directionnel à la place de l'accusatif précédé de *ad*[48], va dans le même sens, ainsi que la substitution de l'ablatif de qualité au génitif –

46. Après la bataille de Munda, l'auteur, qui relate des faits dont il n'est plus le témoin, recourt à des liaisons temporelles marquant la durée, le plus souvent introduites par *dum* (34, 6 ; 36, 1 ; 37, 1 ; 42, 1).

47. Cf. 1, 1 ; 2, 1 ; 13, 6 ; 16, 4 ; 22, 4 ; 27, 6 ; 32, 7 et 8 ; 35, 2 et 3 ; 37, 1 ; 38, 1. Cf. L.-H.- S., p. 560 ; G. Pascucci, *op. cit.*, p. 142.

48. Cf. 16, 3 ; 24, 3 ; 29, 3 ; 38, 6 ; 40, 1. Cf. Löfstedt, *Synt.*, I, p. 189 ; L.-H.-S., p. 100 ; G. Pascucci, *op. cit.*, p. 284. Toutefois, l'auteur s'écarte de l'usage de César en adoptant la construction prépositionnelle avec *appropinquare* (2, 3 ; 3, 8 ; 9, 3 ; l'accusatif seul en 5, 5.). Cf. G. Pascucci, *op. cit.*, p. 142 ; idem, « Interpretazione linguistica e stilistica del Cesare autentico », *ANRW,* I, 3, 1973, p. 491-492.

pourtant employé par César – dans l'expression *pedites leui armatura* (15, 2 ; 20, 4). On relève encore le génitif en *-e* (6, 3 *re*) recommandé par César dans son *De Analogia*, ainsi que le datif en *-u* (31, 6 *gemitu*) et en *-e* (24, 2 *planitie*)[49].

D'autre part, comme chez les autres continuateurs, on retrouve un certain nombre de *iuncturae* empruntées à César et parfois combinées avec maladresse : ainsi *neque* (...) *aequo loco sui potestatem faciebat* (24, 2) rappelle à la fois *sui potestatem fecisset* (*B.G.* 1, 40, 8) *et facit aequo loco pugnandi potestatem* (*B.C.* 1, 41, 2)[50]. Ou bien, parfois, le sens de l'expression est altéré : *qua oratione deterritos* (16, 5) rappelle la tournure *oratione multitudinem deterrere ne...* (*B.G.* 1, 17, 2), mais le verbe ne signifie plus qu'« effrayer » et *oratione* est impropre pour désigner une violente protestation. De même, la phrase prêtée à Cn. Pompée, *ciuitates nostrarum partium conseruabo* (26, 5) fait écho à celle de César, *se* (...) *ciuitatem conseruaturum* (*B.G.* 2, 32, 1) mais ici *conseruare* a le sens d'« empêcher de prendre ». Hommage au modèle encore que les nombreuses formules de renvoi, du type *ut supra demonstrauimus*, qui apparaissent parfois comme de purs procédés rhétoriques (4, 2 ; 5, 2)[51].

49. Cf. Gell. 4, 16, 8 ; 9, 14, 21 et 25.

50. Cf. aussi *uehementer confirmabant mentes oppidanorum* (28, 3) à rapprocher de *Gallorum animos* (...) *confirmauit* (*B.G.* 1, 33, 1) et de *uehementius hominum mentes perturbant* (*B.C.* 7, 84, 5) ; *fuga sibi praesidium capiunt* (38, 6) à rapprocher de *in fuga sibi praesidium ponerent* (*B.G.* 2, 11, 5) et de *ad capiendum fugam* (*B.G.* 7, 26, 3) ; *finem bellandi duorum dirimere pugna* (25, 5) à rapprocher de *finem bellandi facturos* (*B.G.* 7, 66, 4) et de *proelium dirimitur* (*B.C.* 1, 40, 7). Cf. G. Pascucci, *op. cit.*, p. 55-56.

51. On relève neuf occurrences de *demonstrauimus* (20, 3 ; 25, 7 ; 31, 4 ; 39, 1 ; 40, 1 avec *super*ius au lieu de *supra*, 28, 4 et 34, 6), deux de *scripsimus* (4, 2 ; 5, 2), et la tournure *quae oppida sunt scripta*, qui n'a d'équivalent que chez Vitruve (2, 8, 13 ; 4, 2, 1). Cf. G. Pascucci, *op. cit.*, p. 162-164 ; idem, « Paralipomeni.... », *ANRW*, I, 3, p. 621-623.

Parfois l'auteur accorde un soin particulier au style. C'est le cas dans les deux discours rapportés au style direct, celui de Tib. Tullius (17) et une partie du discours de César à Hispalis (42, 4-7). Même les clausules ne sont pas oubliées, bien que l'auteur n'évite pas la clausule héroïque[52]. La plaidoirie de Tullius, après une exclamation pathétique (*utinam quidem dii immortales...*) fait grand usage de l'antithèse[53] et du parallélisme[54], pour souligner, non sans efficacité, la situation désespérée des Pompéiens. La réponse de César (17, 3), bien sûr lapidaire, présente une antithèse (*gentibus* ~ *ciuium*), une expression qu'on peut considérer comme un oxymore (*in deditione ciuium*) et une variation (*qualem* (...) *similem*)[55]. Quant au discours de César devant les notables d'Hispalis, il a l'éloquence d'un réquisitoire : anaphore accusatrice de *uos*, antithèses opposant le vice à la vertu[56],

52. On rencontre le crétique suivi d'une trochée ou d'un spondée : *calamitate praestarem* (17, 1) ; *semper odistis* (42, 5) ; ou la combinaison inverse : *in tua uictoria* (17, 1) ; *institutis cognitis* (42, 4) ; le dichorée : *factus essem* (17, 1) ; *barbarorum* (42, 4) ; le dispondée : *immortales fecissent* (17, 1) ; *exstabatis* (42, 7). On trouve aussi la clausule héroïque : *fortunam reciderunt* (17, 2) ; *prouincia(m) haberi* (42, 5) ; *depopulauit* (42, 6). Cf. G. Pascucci, *op. cit.*, p. 57.

53. *tuus* (...) *miles* ~ *Cn. Pompeii (miles)* ; *in tua uictoria* ~ *in illius calamitate* ; *in illius prospera acie primam fortunam* ~ *in aduersa secundam.* L'expression *funestae laudes* est un oxymore sans autre exemple dans la langue latine.

54. Les parallélismes sont soulignés par des homéotéleutes : *legionum tot impetus sustentantes et telorumque missus exceptantes, relicti et deserti* (...) *superati* ; par un chiasme : *deserti a Pompeio, tua uirtute superati* ; enfin par un ἀντικλῖμαξ : *gladiorum ictus telorumque missus.*

55. Toutefois, A.J.L.Van Hoof (art. cit., p. 128) voit là une maladresse. Sur le style du discours de Tullius, cf. aussi G. Pascucci, « Stile... », 1950, p. 195-197 ; idem, « Paralipomeni... », 1973, p. 614.

56. Là encore, l'antithèse est soulignée par l'homéotéleute et le chiasme : *iure gentium et ciuiumque Romanorum institutis* ~ *more barbarorum ; beneficia pro maleficiis* ~ *maleficia pro beneficiis ; in otio concordiam* ~ *in bello uirtutem.*

gradation depuis la tentative d'assassinat de Cassius (42, 4) jusqu'à la dévastation de la province (42, 6), image hyperbolique des légions faisant crouler le ciel (42, 7) ; ne manque même pas l'hendiadyn (*fasces imperium ; agros prouinciamque*). Il est impossible de prétendre que le texte reflète fidèlement les propos de César, mais l'auteur ne se montre pas là absolument sans qualité[57].

Mais cette recherche d'art n'est pas non plus absente du récit, particulièrement lorsqu'il s'agit de donner un relief épique à un épisode dramatique. On voit alors apparaître citations d'Ennius (23, 3 ; 31, 7) et rappel mythologique (25, 4), qui témoignent de la relative culture de l'auteur[58]. Le lexique emprunte à la poésie[59] et les figures ne sont pas absentes : formules allitérantes[60],

57. Sur le style de ce discours, si étranger à la retenue des *Commentaires*, les avis divergent. H. Pötter, *Untersuchungen zum B. Al. und B. Afr.*, Leipzig, 1932, p. 60, y reconnaît un latin irréprochable ; O. Seel, *Hirtius, Untersuchungen über die pseudocaesareischen Bella*, Leipzig, 1935, p. 64, au contraire, y voit un manque total de " caesarianitas " ; G. Pascucci, *op. cit.*, p. 386, juge que le narrateur a prêté à César une arrogance que les *Commentaires* réservent aux chefs barbares. Il est vrai que les fragments de discours réunis par H. Malcovati (*Oratorum Romanorum fragmenta liberae rei publicae,* 1955², p. 383-397) révèlent, comme le souligne M. Rambaud (« César et la rhétorique. A propos de Cicéron (*Brutus* 261-262) », 1979 = *Autour de César,* 1987, p. 501), « la prédilection de l'orateur pour les antithèses, les dichotomies de la pensée, les oppositions binaires ». A.J.L. Van Hoof, « The Caesar of the *B.H.* », *Mnemosyne,* 27, 1974, p. 134, pense que le texte reproduit assez fidèlement le discours de César et que son amertume peut expliquer ce ton véhément.

58. Cf. E. Norden, *Die Antike Kunstprosa,* Stuttgart, 1958, 1898¹, p. 211-212 ; L. Castiglioni, « Decisa forficibus », *RIL,* 84, 1951, p. 29-34 ; cf. aussi *Comm., ad loc.*

59. Le verbe simple pour le composé : 5, 6 *aggerare* ; 31, 4 *fixa* ; termes rares : 24, 6 *est litata ;* 25, 7 *praefulgens opus caelatum* ; 29, 2 *uoraginoso ;* 39, 2 *exesum* ; la métonymie *insequenti luce* (10, 1 et 19, 5).

60. 3, 5 *uehementique uento* (...) < *uisus* > *uis* ; 13, 6 *relato responso* ; 15, 1 *ad dimicandum dimisso equo ;* 23, 5 *concidentis comparis* ; 29, 8 *pede presso propius*. En revanche en 8, 3 *late longeque* et

chiasmes (5, 6 ; 6, 2 ; 17, 2 ; 32, 6), polyptotes (1, 3 ; 5, 6 ; 20, 1), antithèses[61], litotes[62], euphémisme (1, 4 *eo de medio sublato*) ou, au contraire, hyperboles[63]. On relève également quelques emplois de l'infinitif de narration, dont le plus remarquable souligne la tension dramatique avant la bataille de Munda : *nostri laetari, nonnulli etiam timere* (29, 5)[64]. Enfin, il faut souligner, comme l'a fait L. Canali, que le nombre de termes étrangers au reste du *corpus* révèle l'originalité de l'auteur[65], dont ils trahissent

en 31, 8 *fusi fugatique* sont des expressions toutes faites (cf. G. Pascucci, « Stile... », 1950, p. 192, n. 5).

61. 18, 6 ; 41, 3. L'antithèse peut aller jusqu'à la recherche du paradoxe (3, 6 ; 8, 2, 36, 1) ou être un procédé gratuit (15, 3).

62. 3, 4 *non parum scientem* ; 8, 2 *non nimis copiosam aquationem* ; 13, 6 *fere magna pars* ; 24, 4 *non parum magna in caede* ; 40, 3 *huic etsi non aberat diligentia.*

63. 5, 6 ; 25, 5 *ut prope uideretur finem bellandi duorum dirimere pugna* ; 26, 2 *argento prope tecti* ; 38, 1 *diem et noctem.*

64. Cf. aussi 1, 2 *uastare* ; 33, 4 *cenare* ; 41, 1 *decernere*. Cf. P. Perrochat, *L'Infinitif de narration en Latin*, Paris, 1932, p. 72-73.

65. L. Canali, « Osservazioni sul *corpus* cesariano », *Maia*, 18, 1966, p. 127-128 et p. 135, a relevé dans le livre VIII du *B.G.* 48 termes étrangers au reste du *corpus* césarien, dans les 78 chapitres du *B. Al.* 128, dans les 98 chapitres du *B. Afr.* 182, dans les 42 chapitres du *B.H.* 90, soit un pourcentage par chapitre qui va de 0,86 pour le livre VIII du *B.G.* à 1,64 pour le *B. Al.*, 1,80 pour le *B. Afr.* et 2,10 pour le *B.H.* Nous donnons ici la liste de ces termes pour le *B.H.* : *Adiumentum* 41, 4. *Auersio*, 22, 3 (cf. *Comm.*, 22. 4). *Aduesperascit*, 24, 5. *Alternis*, 5, 6. *Amplio*, 42, 2. *Apprehendo*, 18, 1. *Ara*, 16, 4. *Auersor*, 14, 4. *Auidus*, 25, 6. *Bellator*, 25, 5. *Belle*, 32, 7. *Caelo*, 25, 7. *Ceruices*, 20, 5. *Circumcirca*, 41, 4. *Circumsedeo*, 26, 4. *Circumsido*, 36, 4. *Clamo*, 16, 4. *Clanculum*, 32, 8. *Coagulo*, 5, 5. *Cena*, 33, 3. *Collatus*, 31, 2. *Compar*, 23, 4 ; *Concordia*, 42, 5. *Concubinus*, 33, 4. *Conuicior*, 33, 1. *Corbis*, 5, 1. *Crassus*, 6, 3. *Crepitus*, 31, 6. *Cumulo*, 31, 3. *Decursus*, 29, 2. *Denuo*, 35, 4. *Depostulo*, 1, 5. *Discingo*, 22, 7. *Discordo*, 34,1. *Etenim*, 28, 3. *Exaggero*, 5, 6. *Excio*, 4, 4. *Excubitus*, 6, 3. *Excurro*, 21, 2. *Exedo*, 39, 2. *Exsulto*, 14, 3. *Fecunditas*, 8, 2. *Ferocitas*, 25, 5. *Focus*, 16, 4. *Funestus*, 17, 2. *Gemitus*, 31, 6. *Immemor*, 42, 3. *Infundo*, 33, 4. *Inops*, 8, 2. *Insterno*, 33, 3. *Intento*, 22, 4. *Interitio*, 24, 6. *Intermisceo*, 31, 6. *Lapido*, 22, 4. *Lecticarius*, 32, 8. *Lito*, 24, 6. *Lucrum*, 36, 1. *Luctuosus*, 17, 2. *Matutinus*, 6, 3. *Miliarium*, 32, 7. *Mucro*, 32, 2, *Nardus*, 33, 4. *Nebula*, 6, 3 ; *No*, 40, 6. *Obs-*

la tendance au réalisme, parfois brutal. La fréquence des emplois du verbe *iugulare* et de *iugulatio* va dans le même sens (cf. *Comm.* 15. 6). Le style du *B.H.* a été sévèrement jugé. Madvig[66] et Norden[67] n'ont que dédain pour cette prose laborieuse. T.R. Holmes y voit « the worst book of Latin literature »[68] et A.G. Way « perhaps the most illiterate and exasperating book of the classical literature »[69]. Sans doute le rédacteur du *B.H.* est-il le moins lettré des continuateurs de César. Mais ce n'est pas à dire que son écriture reproduit une langue parlée, que, du reste, nous ignorons. L'auteur s'est efforcé de respecter les règles de la rhétorique, dont il n'avait qu'une connaissance scolaire. C'est sa maladresse même qui fait le prix d'une écriture éloignée de la *dignitas* compassée des autres continuateurs. Sans lui attribuer une valeur artistique qu'il n'a pas, ce style heurté, ce mélange d'emphase et de sécheresse, parfois même de brutalité, n'est pas dépourvu d'énergie[70].

curatio, 6, 4. *Obscuro,* 3, 5. *Ordino,* 32, 2. *Patrocinium,* 42, 2. *Patrocinor,* 29, 8. *Peculiaris,* 42, 1. *Pelagus,* 40, 6. *Perperam,* 12, 3. *Praefulgo,* 25, 7. *Praepedio,* 31, 6. *Quaestura,* 42, 1. *Resina,* 33, 4. *Sacrosanctus,* 42, 4. *Serenitas,* 29, 4. *Sileo,* 3, 7. *Stramenticius,* 16, 2. *Tegula,* 8, 3. *Tessera,* 36, 5. *Torquis,* 26, 1. *Transitio* 26, 2. *Vehiculum,* 39, 1. *Veneo,* 22, 7. *Vociferor,* 25, 2. *Voraginosus,* 29, 2. On peut ajouter, en 16, 2, *culcita* (cf. *Comm.*, 16. 1).

66. Madvig, *Aduersaria critica*, II, Copenhague, 1873, p. 281.

67. E. Norden, *op. cit.*, p. 211, n. 1.

68. T.R. Holmes, *The Roman Republic,* 3, 1923, p. 298.

69. A.G. Way, *Caesar, Alexandrian, African and Spanish Wars,* Londres, 1955, p. 305.

70. Cf. aussi le jugement de F. E. Adcock (*Caesar as Man of Letters,* Cambridge, 1956, p. 107) : « badly as he writes, he does, consciously or not, succeed in reflecting the ebb and flow (*B.H.* 29) of emotion in an army as it joins battle. This kind of effect is not wholly banished by his ill-timed attemps at fine writing or misplaced literary allusions, or quite lost in the indigested fragments of his book. »

V

LES MANUSCRITS[1]

Le texte du *B.H.* repose sur les mêmes manuscrits que ceux du *B.C.* et des deux *Bella* apocryphes, à l'exception du *Lovaniensis* (*L*)[2] ; soit sept manuscrits dont voici la liste :

S *codex Laurentianus Ashburnhamensis 33,* Xe - XIe s.

Ce manuscrit, qui appartint à la bibliothèque de Saint-Pierre de Beauvais (cf. L. Delisle, *Notice sur les manuscrits du fonds Libri conservés à la Laurentienne,* Paris, 1886, p. 25) fut acheté en 1847 par Lord Ashburnham, avant de revenir au gouvernement italien en 1884. Il est décrit par Paoli, *Indici e cataloghi,* 8, Rome, 1887, p. 7 et par E. Rostagno, « Il libro *de Bello Africo* nel *cod. Laur. Ashb.33* », *SIFC,* 2, 1894, p. 321-329. Fac-similé dans E. Chatelain, *Paléographie des classiques latins,* Paris, 1884-1900, pl. 50 a. 2 (f. 74) et W. Hering, *Die Recensio der Caesarhandschriften,* Berlin, 1963, pl. V-VII (ff. 8, 89v, 108v). Le *B.H.* occupe les ff. 153-161v.

N *codex Neapolitanus IV, c. 11,* XIe s.

N était habituellement daté du XIIe / XIIIe siècle (cf. P. Fabre, *César, La guerre civile,* t. 1, Paris, 1941, p. XLV). Mais, d'après les recherches paléographiques de B. Bischoff et G. Batelli, il aurait, en réalité, été écrit au XIe s., en France (V. Brown, *The Textual Transmission of Caesar's Civil War,* Mnemosyne, Supp. 23, Leyde, 1972, p. 15, 17, 84)[3]. Le manuscrit fut légué par Giano Parrasio à Antonio Seripando, comme on le lit sur le dernier folio. Il fut décrit par C. Janelli, *Catalogus Bibliothecae Latinae ueteris et classicae quae in Regio Napolitano*

1. Sur les *codd. recc.,* cf. *infra* p. CIV-CV.
2. *L* s'interrompt au paragraphe 33, 1 du *B. Afr.*
3. Cette nouvelle datation permet à V. Brown (*op. cit.,* p. 17-18) d'envisager l'hypothèse que *L* soit une copie de *N*.

Musaeo Borbonico adseruatur, Naples, 1827, p. 81-83, et utilisé pour la première fois par D. Bassi pour son édition du *B.G.* (Turin, 1921). Le *B.H.* occupe les ff. 150-158.

M *codex Mediceus Laurentianus, plut.* 68, 8, XI-XIIe s. (= ***W*** *apud* Klotz).

L'écriture la plus ancienne semble révéler une origine italienne ; une partie (ff. 117-124^v et 133-156^v) a été recopiée au XIIe s.[4], dont les 5 premiers folios (154^v - 156^v) du *B.H.* (1-22, 5 *petiit ab*). La suite de la transcription est l'œuvre d'un scribe humaniste (ff. 157-163^v). Tout le manuscrit présente de nombreuses corrections d'une *manus recens*. Dans sa description, Bandini (*Catalogus codicum Latinorum Bibl. Med. Laur.*, 2, Florence, 1775, col. 840) transcrit la *nota possessoris* à demi effacée du f. 1^v : " Nicolai Acciaioli de Flor. " ; il apparaît, en fait, qu'il faut lire le nom du grand humaniste florentin Niccolò Niccoli, par ailleurs possesseur de *m,* copie de *M (Med. Laur., plut. lat.* 68, 6, XII/XIIIe s.*)* ; cependant les corrections ne paraissent pas être de sa main. Cf. V. Brown, *op. cit.,* p. 33-35, 83. Cf. aussi P.A. Stadter, *The Public Library of Renaissance Florence,* Padoue, 1971, p. 220.

U *codex Vaticanus Latinus* 3324 *(Ursinianus),* XI-XIIe s.

Provenant de l'abbaye de Saint-Martin de Massay (diocèse de Bourges), ce manuscrit appartint, entre autres, à Giovanni Tonsi, évêque de Fano, à Antonio Costanzi, au cardinal Achille Estaço et à Fulvio Orsini. Le *B.H.* occupe les ff. 106^v - 111^v ; les derniers chapitres du *B.H.* (à partir de 36, 1, *Quod ante Caesaris portas*), correspondant au f. 111, ont été recopiés par une *manus recens* – à qui on doit aussi les annotations des ff. 1, 13, 16^v et 22 – que Campana (*Rinascimento,* 1, 1950, p. 251-253) a identifiée avec celle de Costanzi. Fac-similé du

4. V. Brown (*op. cit.* p. 34-35) remarque que si, comme certains l'ont soutenu, (cf *infra* p. C-CI) ce manuscrit se rattachait à une tradition différente, c'est alors qu'on devrait en trouver la trace.

f. 27 dans Hering, *op. cit.*, pl. 10. Cf. V. Brown, *op. cit.*, p. 86.

R *codex Florentinus Riccardianus* 541, XI-XIIe s.

Le *B.H.* occupe les ff. 178^v^-187^v^.Ce manuscrit probablement d'origine française, s'interrompt en 36, 1 (*geruntur*), pour reprendre en 40, 6 (*quae res eorum*) ; la lacune a été comblée d'après une tradition plus récente. Cf. V. Brown, *op. cit.*, p. 84.

T *codex Parisinus Latinus* 5764 *(Thuaneus),* XIe s.

Ce manuscrit, probablement écrit en France, appartint à de Thou et à Colbert. Il est décrit brièvement dans le *Catalogus codicum manuscriptorum Bibliothecae Regiae,* III, 4, Paris, 1744, p. 154-155. Fac-similés dans E. Chatelain, *op. cit.,* pl. 48 (f. 103^v^) et dans Hering, *op. cit.*, pl. 8 (f. 11^v^). Le *B.H.* occupe les ff. 152-159.

V *codex Vindobonensis* 95, XIIe s.

Reproduisant sans doute une erreur de A. Goeldlin, reprise par A. Holder (C. *Iulii Caesaris belli ciuilis libri III,* Leipzig, 1898, p. V, VII), les éditeurs tiennent Saint Euchaire, archevêque de Trèves, pour un des propriétaires de ce manuscrit, ce qui est impossible puisqu'il vécut au IIIe s. La confusion, signalée par V. Brown (*op. cit.,* p. 87), provient du fait que le manuscrit dut être écrit au monastère Saint Mathieu et Saint Euchaire de Trèves. Il est décrit par S. Endlicher, *Catalogus codicum philol. Lat. bibl. Palat. Vindobonensis,* Vienne, 1836, p. 32, et par Hermann, *Beschreibendes Verzeichnis der illuminierten Handschriften in Oesterreich,* VIII, 2, Leipzig, 1926, p. 368-369. Fac-similés dans E. Chatelain, *op. cit.*, pl. 50, 2 (f. 92^v^) et Hering, *op. cit.*, pl. 9. Le *B.H.* occupe les ff. 173-182^v^, mais le texte s'interrompt en 42, 4 (*et saepius retulisset V et saepius attulistis* recc.).

La tradition de σ a longtemps été négligée par les éditeurs de la totalité ou d'une partie du *corpus* césarien : seuls *URTV* furent utilisés par K. Nipperdey, Leipzig (1847) et F. Dübner, Paris, (1867). *M* fut collationné en 1890 par Ramorino dans l'appendice de son édition.

Quant à *S*, il commença a être étudié lorsque la majeure partie de la bibliothèque d'Ashburnham fut acquise, en 1884, par l'Etat italien, et d'abord par Th. Stangl (*Philol.*, 1886, p. 291 sq.). Les manuscrits *SMURTV* servent donc de base aux éditions du *B. Afr.* par Wölfflin et Miodonski (Leipzig, 1894), du *B.G.* par H. Meusel[5] (1894) et de l'ensemble du *corpus* par B. Kübler (Leipzig, 1894-1897). Pour son édition du *B.C.* (Leipzig, 1898), H. Holder ajouta *L* – oublié depuis Oudendorp (1737) –, suivi par Du Pontet (Oxford, 1901) pour les *Bella* apocryphes. *N* fut utilisé pour la première fois en 1921 par Bassi pour son édition du *B.G.* (Turin, *Corpus Parauianum,* n° 28), puis par les éditeurs français, L.-A. Constans pour le *B.G.* (Paris, 1926), P. Fabre, A. Bouvet et J. Andrieu pour le *B.C.* (1936) le *B. Afr.* (1949) et le *B. Al.* (1954). A. Klotz, qui l'avait écarté de sa première édition des *Commentaires* (Leipzig, 1926-1927), l'admit dans sa réédition du *B.C.* (Leipzig, 1950). A. G. Way, en revanche, l'exclut (Londres, 1955). En ce qui concerne le *B.H.*, G. Pascucci a été le premier à faire figurer *N* dans l'apparat de son édition (Florence, 1965), tout en reconnaissant qu'il apporte peu à l'établissement du texte (p. 63).

L'archétype On sait que les manuscrits de César se répartissent en deux grandes classes, α et β, et que les meilleurs représentants de la classe α ne contiennent que le *B.G.*[6]. On sait aussi que cette scission des deux rameaux de la tradition est attri-

5. Dans la réédition du *B.G.* (Berlin, 1913) et du *B.C.* (Berlin, 1906), H. Meusel a affiné le stemma de Nipperdey en distinguant les classes π et ρ et a rejeté comme *descripti* des manuscrits encore utilisés par les éditeurs (*Jahresberichte des philol. Vereins zu Berlin, Zeitschrift für das Gymnasialwesen,* 1885, p. 176-182).

6. Cf. L.-A. Constans, *César, Guerre des Gaules,* 1, Paris, 1967, 1926[1], p. XXII ; P. Fabre, *César, La guerre civile,* 1, Paris, 1941, 1936[1], p. XLIII-XLIV ; A. Bouvet, *César, La guerre d'Afrique*, Paris, 1993, 1949[1], p. XLIII.

buée à la révision opérée par Iulius Celsus Constantinus, personnage inconnu, qui vécut probablement dans la deuxième moitié du ve siècle[7], et sur le seul livre II du *B.G.* par Flavius Licerius Firminus Lupicinius, identifié avec un neveu de l'êvêque de Pavie, Ennodius († 521)[8]. Cependant, trois manuscrits de la classe α (*SLN*) contiennent l'ensemble des *Commentaires,* ce qui peut s'expliquer de deux façons : ils « peuvent se rattacher pour la suite des *Commentaires,* non à l'édition séparée du *Bellum Gallicum,* mais à l'archétype sur lequel a travaillé Iulius Celsus Constantinus. Ils peuvent aussi se rattacher à la tradition β et présenter, pour la *Guerre Civile* et les *Tria bella* qui suivent, un texte introduit après coup à la suite de l'édition α » (A. Bouvet, *op. cit.*, p. XLIV-XLV). La première hypothèse a été défendue par O. Seel[9] et W. Hering, qui considère la classe β comme la continuation normale de la tradition, alors que la copie α témoignerait de l'interêt particulier porté au *B.G.* dans l'abbaye de

7. Tous les manuscrits de la classe α présentent, en effet, à la fin du *B.G.* la suscription : *Iulius Celsus Constantinus legi tantum.* La mention *relegi tantum* sur deux manuscrits de la classe β (*TV*) semble être une addition postérieure.

8. Cf. Nipperdey, *C. Iulii Caesaris Commentarii cum Supplementis A. Hirtii et aliorum,* Leipzig, 1847, p. 37-48 ; B. Kübler, *C. Iulii Caesaris Commentarii,* Leipzig, 1894-1897, p. VII-VIII ; L.-A. Constans, *op. cit.,* p. XX-XXVI ; A. Klotz, *C. Iulii Caesaris Commentarii Belli Gallici,* Leipzig, 1927, p. VI ; W. Hering, *Die Recensio der Caesarhandschriften,* Berlin, 1963, p. 88-89 ; 99-102 ; G. Pascucci, *[C. Iulii Caesaris] Bellum Hispaniense,* Florence, 1965, p. 64 ; V. Brown, *op. cit.*, p. 5-6. Toutefois, les citations du *B.G.* dans les chapitres 7 à 12 du VIe livre des *Histoires* d'Orose montrent que la formation de deux traditions différentes se dessinait déjà dans le premier quart du ve siècle (cf. L.-A. Constans, *op. cit.*, p. XXII). Cf. aussi M. Rambaud, *c.r.* Hering, *op. cit., Gnomon,* 38, 1966, p. 253, qui se demande si le travail des réviseurs n'a pas « consisté à comparer une édition d'ensemble avec une édition partielle qui passait pour plus proche de l'original. »

9. O. Seel, *C. Iulii Caesaris, Bellum Gallicum,* Leipzig, 1961, p. XXIV et XXXIX.

Fleury[10]. Mais la seconde paraît plus vraisemblable, d'abord parce que l'archétype, très probablement écrit en minuscules, ne saurait être antérieur au VIIIe siècle[11], ensuite, parce que des rapports unissent *SNL* avec une famille (*TV*) de la classe β[12].

L'unité d'origine de la tradition du *corpus* césarien est, en effet, généralement admise. L'étude des sept manuscrits du *B.H.* confirme l'existence d'un archétype manifestement déjà altéré, comme l'atteste un grand nombre de fautes communes. Dans tous les manuscrits la fin du texte a disparu : il s'interrompt, en 42, 7, sur les mots *quarum laudibus et uirtute* dans *SNRT*, et même plus haut dans les autres manuscrits[13]. Une vingtaine de lacunes communes sont également imputables à l'archétype[14], ainsi que des répétitions erronées[15], des transpositions[16], des gloses introduites dans le texte[17], et plusieurs *loci desperati*[18]. On relève aussi nombre d'erreurs com-

10. W. Hering, *op. cit.*, p. 101. Cf. G. Pascucci, *op. cit.*, p. 64-65.

11. W. Hering (*op. cit.*, p. 94) recule au VIe s la rédaction de l'archétype de l'ensemble du *corpus*, en invoquant, entre autres, la présence d'une abréviation rare pour *nostri, nostro, nostra, nostrum*, n^i, n^o, n^a, n^m, mais V. Brown (*op. cit.*, p. 39) conteste cet argument, objectant qu'on trouve cette abréviation dans des manuscrits du VIIIe / IXe siècle. Cf. aussi P. Fabre, *op. cit.*, p. XLII-XLIV ; A. Bouvet, *loc. cit.*

12. Cf. *infra*, p. XCIX-C.

13. *M* s'interrompt en 22, 5 (*petiit ab*), *U* en 36, 1(*haberent*), *V* en 42, 4 (*retulisset*) ; *R* présente une longue lacune depuis 36, 1 (après *geruntur*) jusqu'à 40, 6 (*quae res eorum*).

14. Dans l'édition de Klotz figurent des lacunes (1,1 ; 2,1 ; 6,1 et 3 ; 14,3 ; 24, 2 ; 34, 1) que, comme G. Pascucci, nous n'avons pas retenues.

15. 3, 8 ; 38, 4 ; dans ces deux passages la répétition est probablement due au saut d'une ligne, révélant que le manuscrit sur lequel fut copié l'archétype devait comporter une seule colonne et des lignes de 35 à 40 lettres (cf. G. Pascucci, *op. cit.*, p. 157 et 367). La répétition peut aussi se limiter à un mot : *prope* (3, 8) ; *equites* (26, 2).

16. 5, 1-2 ; 9, 2-3 ; 37, 3.

17. 29, 6 *aduersariis* ; 30, 7 *auxilia equitatus* ; 32, 3 *Galli*.

18. *hortato* 1, 4 ; 14, 1 ; 18, 8 ; 28, 4 ; 32, 2 ; plusieurs lignes en 25, 7.

munes : erreurs sur les noms propres[19], fausses séparations des mots[20], fausses lectures des abréviations[21], et des minuscules[22]. Il est certain aussi que l'archétype portait la graphie ∞, pour *mille* (31, 10), lue *co* par *S* et maladroitement corrigée en *cú* par *N*. D'autres fautes communes semblent remonter à un modèle plus ancien en capitales et s'expliquer par la translittération : en raison de la confusion des majuscules *F, P, T, pacto* a été lu à la place de *facto* (9, 3), *interiori* à la place d'*inferiori* (23, 5) ; en 35, 3, *H* a été pris pour *N* et *hominem* pour *nomine*.

Les copies En ce qui concerne les copies de l'archétype, les éditeurs successifs, poursuivant les travaux de Nipperdey et de Meusel, ont adopté, pour le *B.C.* et la suite des *Commentaires,* le stemma qui trouve sa forme la plus achevée, en 1936, dans l'édition

19. 3, 1 uliam *Ciacconius* : ullam *SNMURTV et semper praeter* 6, 1 auia ; 6, 3 ateguam *Aldus* : antiquas *SN* antequam *MURTV* ; 18, 1 catonem *Mommsen* : c. antonius *SNMURT* caesar antonius *V* ; 23, 3 ut ait ennius *recc.* : adtennius *SNURT* attencius *V* ; 32, 6 carteiam *recc.* : parte altera *SNRTV* p. carteiam a. *U* ; 42, 4 cassium *Manutius* : captum *SNRT*.

20. 17, 2 uix tuarum *Fleischer* : uictoriam qui *SNMURTV* ; 23, 5 ad uiri *Fleischer* : aquari *SNURTV* ; 26, 3 mittebat ursaonem *recc.* : mittebat saonem *SNR* mittebatur saonem *UT* misit s. *V* ; 37, 3 profecti sine aqua *recc.* : profectis (-ti *N*) in ea qua *SNTV* ; 39, 2 exesumque *recc.* : ex se sumaque *STV* atque exesum *N* ; 42, 3 et immemores *edd.* : etiam memores *SNRTV* ; 42, 4 attulistis *recc.* -lisset his *SN* -lissetis *RT* retulisset *V* ; magistratibus sacrosanctis *Manutius* : magna transero sanctis *SV* m. transfero s. *N* m. transaero s. *T* m. transore s. *R*.

21. 34, 3 nostri *recc.* : non *SNURTV* ; 38, 4 nostri depellunturque *recc.* : nos depellunt qui *STV* nos depellunt *N*. A la suite de R.G. Bœhm (« Zu einigen Ungereimtheiten in Editionen des *Bellum Hispaniense* 4 », *Faventia,* 10, 1988, p. 48 = *Vigiliae Hibericae,* 1, Fribourg, 1988, p. 738), on peut ajouter en 4, 4 cum = cum omnibus.

22. 5, 6 alternis *recc.* : alterius *SMURTV* alteri *N* ; 8, 2 nimis *Davis* : minus *SNMURTV* ; 20, 3 dominum *Klotz* : -nam *SNMURTV* ; 25, 8 dederunt *recc.* : -rant *SNURTV* ; 32, 8 carteiam *recc.* : cert. *SNURT* certeigam *V* ; 38, 4 possent *recc.* : -sunt *SNTV*.

du *B.C.* de P. Fabre (*op. cit.*, p. LIV), qui inclut pour la première fois *N* :

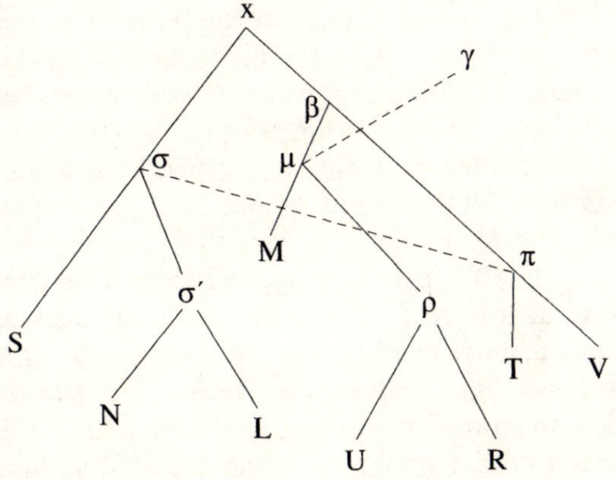

Mais, en 1963, W. Hering modifia de façon importante ce schéma, rejetant comme *descripti LN* dérivés de *S*[23], *R* dérivé de *U,* et *V* de *T* et concluant à l'existence d'un modèle commun pour *ST*. Les relations entre les manuscrits prennent alors cette forme[24] :

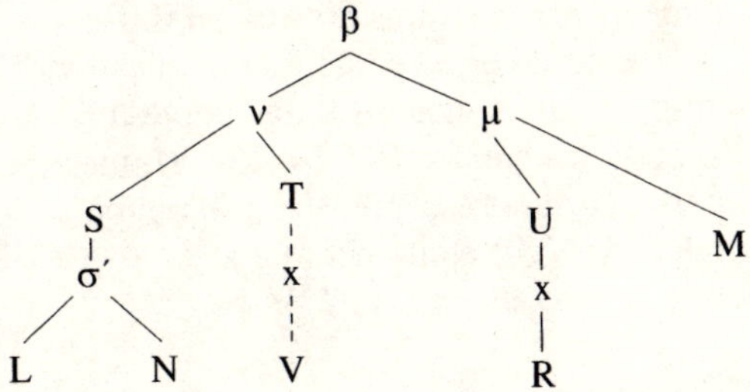

23. Kübler l'avait déjà envisagé (*op. cit.,* 2, p. XI). Pour un avis contraire, cf. P. Fabre, *op. cit.*, p. XLIX et J. Andrieu, *op. cit.,* p. LXXI-LXXII.

24. G. Cambier, *c.r.* Hering, *AC*, 33, 1964, p. 200, d'après W. Hering, *op. cit.*, p. 50, 55, 74.

Ces conclusions audacieuses ont suscité des réserves. Ainsi, tout en reconnaissant la rigueur de la démonstration, M. Rambaud (*loc. cit.,* p. 249-250) se montre critique : « La conclusion de l'auteur est simplificatrice puisqu'en somme la tradition de César, dans toute l'Europe occidentale, n'aurait eu qu'un seul support matériel pendant peut-être plusieurs siècles. La démonstration paraîtrait moins didactique et plus convaincante, si elle s'appuyait davantage sur des faits d'ordre historique, tels que les communications entre les régions dont sont originaires les manuscrits. (...) N'est-il pas dommage de balayer les objections qui pourraient venir de divergences entre les manuscrits en considérant, après établissement du stemma, que l'absence de faute dans un manuscrit plus récent, provient d'un travail de correction ? (...) On craindra toujours en dépit du nouveau stemma proposé qu'une leçon d'un manuscrit classé comme *codex descriptus* ne soit pas pour une fois *descripta* et remonte à une branche perdue à laquelle elle aurait été empruntée et dont elle serait la trace méconnue. » Quelques années plus tard, dans une thèse soutenue en 1969 et publiée en 1973, Virginia Brown, relisant les manuscrits du *B.C.* – alors que W. Hering n'avait utilisé, pour cette œuvre et les autres *Bella,* que les *apparatus critici* des éditeurs non exempts d'erreurs (V. Brown, *op. cit.,* p. 9 et 14) – reprend encore une fois la question. D'accord avec Hering, elle reconnaît en *R* une copie de *U* (p. 25-26) et dans *L* et *N* des copies de *S* (p. 15-18), mais pense que ces derniers ont dû être copiés dans le même scriptorium, où le modèle de *S* (θ) était encore conservé et où le scribe de *N* aurait pu le consulter (p. 23).

θ
|
S
|
N
|
L

En revanche, contrairement à Hering, elle redonne à *V* son statut de manuscrit indépendant (p. 27-28). Quant aux relations entre les deux familles, l'examen des omissions et erreurs communes la conduit à conclure qu'il n'y a pas de raison solide de lier *TV* à *S*, comme Hering, non plus qu'à *MU*, selon la position traditionnelle des éditeurs (p. 30-31). Par conséquent, elle propose de remplacer l'habituel stemma bipartite par un nouveau stemma tripartite, *S*, *MU*, et *TV* constituant trois groupes distincts descendant d'un même archétype (p. 32-33)[25] :

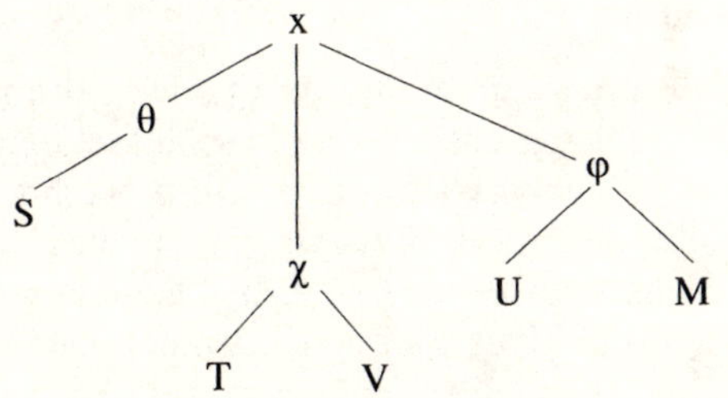

Cet archétype en minuscules, probablement carolines, serait le produit d'un scriptorium français (p. 38-39).

Quel éclairage l'examen de la tradition du *B.H.*, très rarement prise en compte par W. Hering, peut-il apporter à cette question complexe ? En fait, il paraît bien confirmer l'opposition de deux classes. Plusieurs lacunes propres (20, 4 ; 24, 6 ; 26, 2 ; 40, 1) et omissions[26] définissent σ, et, indirectement β, qui ne présente pas de lacunes propres et seulement quelques omissions (5, 2 ; 22, 3 et 6). D'autre part, β semble avoir corrigé certaines leçons fautives de l'archétype en minuscules : *postu-*

25. Ces conclusions sont critiquées par W. Hering (*Gnomon*, 45, 1973, p. 763-766) et approuvées par M. Winterbottom (*in* L.D. Reynolds, *Texts and Transmission. A Survey of the Latin Classics*, Oxford, 1983, p. 36, n. 7).

26. 1, 4 ; 7, 4 ; 9, 3 ; 17, 2 ; 23, 8 ; 24, 1 ; 27, 1 ; 29, 5 et 8 ; 30, 1 ; 35, 2 et 4 ; 36, 4 ; 37, 2 ; 38, 5 ; 40, 1.

miana contre *postumana* de σ (8, 6), *meruisse* contre *inuenisse* (16, 4), *oppidani* contre *oppidam* (19, 2) – que *N* remplace par *ad hoc* – *tribues* contre *tribuis* (19, 4), *inde esset* contre *de esset* (22, 6), *restituerunt* contre *restitueant* (23, 3), *galli tragulis* (*-guis V*) contre *galli ciragulis S* et *gallici ragulis N* (32, 3). Au contraire, σ ne présente que deux leçons qui paraissent être des corrections exactes : *obiecit* contre *abiecit* de β (18, 7) et *eum minus* contre *cum minus* (*nimius V*, 32, 7). Mais les deux rameaux s'opposent surtout par une centaine de leçons divergentes[27].

Le rameau σ

Le manuscrit *N* témoigne de l'activité d'un réviseur. Des traits verticaux entre les mots semblent correspondre à une sorte d'analyse logique destinée à rendre le texte plus intelligible[28]. La révision est caractérisée par la volonté de normaliser le texte. Les tentatives pour amender les leçons fautives sont généralement malheureuses[29],

27. En relevant les erreurs communes de *MUTV* dans le texte du *B.C.*, V. Brown (*op. cit.*, p. 30) juge qu'elles sont peu signifiantes et qu'il n'y a donc pas de raison d'assigner un modèle commun à ces manuscrits. Mais le même examen pratiqué sur le *B.H.* ne conduit pas aux mêmes conclusions. Il est, en effet, difficile de considérer comme sans valeur certaines erreurs communes de β : 1, 4 aliis : aliquis σ ; ex eo : ex eius σ ; 3,5 idem : id σ ; 5,5 acpropinquantes : ut propinquantes *S* et p. *N* ; 5,6 exaggerabant : aggerabant σ ; 6,3 munitionibus antequam oppugnaret : munitiones antiquas oppugnare et σ munitionibus Ateguam oppugnare *Aldus* ; 18, 3 non timuit : innotuit σ ; 28,3 totos : totum *S* totum se *N* tuto *Lipsius* ; 30,1 militibus : milibus σ.

28. Cf. J. Andrieu, *op. cit.*, p. LXXI.

29. 5, 5 appropinquantes *recc.* : ut prop- *S* et prop- *N* acprop- *MURTV* ; 6, 1 ateguam *MURTV* : adteguiam *S* ad teguam *N* ; 23, 3 eorum *URTV* : orum *S* horum *N* ; 28, 2 fautores *URTV* : fauto *S* fausto *N* ; 31, 5 coepit ita uti *URTV* cepita uti *S* coepit at hi *N* ; 31, 6 ita cum clamor *URTV* : in ca cum clamor *S* in caelum clamor *N* ; 32, 8 clanculum *N²URTV* : calnc- *S* calc- *N¹* ; 42, 2 publicis *RTV* pupplicis *S* suppliciis *N*. Deux " corrections " sont particulièrement aberrantes : 35, 2 is tota lusitania *URTV* : istata lusitania *S* istatalus itanla *N* ; 42, 3 in populum romanum *RTV* in populum r.p. *S* in populum respondit ad haec *N*.

mais parfois elles sont réussies[30]. L'orthographe et la morphologie, elles aussi, sont corrigées dans un sens plus conforme à l'usage classique[31]. Le réviseur va même jusqu'à remplacer un terme par un autre plus choisi : *id quod in hoc accidit certamine* à la place de *id quod accidit in hoc proelio* (15, 1), *proeliari* à la place de *pugnari* (15, 6), *totidem* à la place de *alterum tantum* (30, 1). La syntaxe souvent irrégulière est, elle aussi, normalisée[32]. C'est ainsi que s'expliquent une lacune (23, 5) et plusieurs omissions propres à *N*, dans certains passages corrompus[33]. Inversement, en 17, 3, une lacune est comblée de façon si maladroite que la réponse lapidaire de César, rapportée au style direct, devient la conclusion du discours de Tullius[34]. Normalisation encore que la suppression du subjonctif dans les relatives (27, 6 ; 35, 3 ; 36, 3) ou l'introduction d'un verbe déclaratif commandant une proposition du discours indirect (3, 3 *sciens*). Parfois la

30. On relève plusieurs concordances de bonnes leçons entre *N* et β : 1, 4 ui ceperat (uice parat *S*) ; 7, 4 firmamenti (-ta *ST*) ; 15, 6 memoriam (-ae *S*) ; 18, 7 erat factu (-tum *S*) ; 22, 7 eumque (eum qui *ST*) ; 31, 4 demonstrauimus (demonstrati sumus *S*) ; 36, 1 lucri facere (lucrificare *S*) ; 41, 2 opere sed etiam (operes etiam *S*). Certaines peuvent procéder non pas seulement d'heureuses conjectures mais d'une vérification sur un manuscrit β ou, dans l'hypothèse de V. Brown (cf. *supra*, p. XCII), sur le modèle θ.

31. 1,3 contra claudebant *NMV* : contracludebant *SURT* ; 13,3 capiendum *NTV* : -piundum *SUR* capi *M* ; de même 31,5 ueniendi *NV* : -niundi *SURT* ; 23,2 decurrerunt *NV* : -cucurrerunt *SURT* ; 23,8 in quibus N^2V : in quis SN^1URT.

32. 1,2 uastare coepit *N* : uastare *SMURTV* ; 14,1 eo praeterito tempore *N* : eius praeteriti temporis *MURTV* e. p. tempompeius *S* ; 16, 3 praedaque armisque *N* : praeda a. *R* praedam armaque *SMUTV* ; 29,2 currebat erant autem *N* : currens erant *SURT* c. erat *V* ; huc accedebat *N* : hoc accidebat *SURTV*.

33. Cf. 9, 3 ; 23, 5 ; 41, 1. En 25, 4 l'abréviation *q. pompeius* de *S* n'a pas été comprise ; en 31,4 dextrum [ut] demonstrauimus decumanos cornu tenuisse.

34. *Vt qualem gentibus te praestitisti, similem in ciuium deditione praestes,* au lieu de *ut* (*et MUR*) *qualem gentibus me praestiti* (*praestitisti V*) *similem in ciuium deditione praestabo.*

réfection est provoquée par un contresens : en 39, 3 *cum Caesar Gadibus fuisset, Hispalim...* devient *cum Caesar gradiebatur ab Hispali*, le toponyme n'ayant pas été compris, de même qu'en 40, 7 et 42, 1, où *gadibus* devient *gradibus*. En 32,2, le rédacteur élude la difficulté du texte en recourant à une simple énumération. En 41, 4, une phrase corrompue est remaniée pour en restituer le sens approximatif : *ut aquam praeter quam in ipso oppido habebant non inuenirent* ; *nam circumcirca...* au lieu de *ut aquam praeterquam in ipso oppido unam* (*nam STV*) *circumcirca nusquam reperiretur.*

Cependant, certaines conjectures de *N* sont assez judicieuses : en 6,3 *cum plura* (*complura SMURTV.*), en 18, 6 *transfugae nuntiarunt quam Pompeius contionem habuisset*, à la place de *transfugae nuntiaruntque Pompeium contionem habuisse*, annonce la correction de Helm, *transfugae nuntiarunt Pompeium contionem habuisse*. Toutefois, *N* ne présente que 15 " meilleures leçons ". Ainsi, dans quelques cas, *N* seul a restitué la leçon vraie, qu'il s'agisse de corrections orthographiques[35] ou de corrections grammaticales[36]. En 2, 1, *N* corrige, avec raison, *cum ceteris festinationem* en *cum celeri festinatione*, expression qu'on retrouve en 36, 6, mais, comme l'indique G. Pascucci (*op. cit.*, p. 70), la photographie du manuscrit révèle une correction *inter scribendum,* qui semble exclure l'hypothèse d'une vérification sur un autre manuscrit.

35. 6, 2 lanistas *N* : lanystas *S* lonystos *M* loni- U^1TV lan- U^2R ; 27, 6 mundensen, S^2 *N* : mud- S^1 und- *URTV* ; 40, 2 ad didium *N* : adidium *S* ad dium *TV* ; 40, 6 nonnullique *N* nonnulque *S* nonnulli *TV*.

36. 3, 8 castra *N* : -tris *SMURTV* ; *ibid.* accidisset N^2 : -disse SN^1 *MURTV* ; 18, 3 licere *N* : -ret *SMURTV* ; 32, 2 scuta *N* -tum *SURV* -tu *T* ; 36, 2 incenderent et moenia *N* : incenderunt et m. *ST* m. incenderent et *V* ; 41, 5 solitae *N* : -ti *S* soluti *RTV* ; 42, 2 petisse *N* : -tisset *SRTV*. En 15, 2, *N* remédie à la fausse séparation de mots de *S* (armatura electi *N* : -turae lecti *S* -tura lecti *MURTV*).

Dans deux cas il est possible que *N* ait transmis la leçon authentique : en 29, 4, la *lectio difficilior* que représente *accedebat* a pu être corrigée en *accidebat* par les autres manuscrits, et, en 32, 8, la transcription de la minuscule peut expliquer le passage de *delatus* à *dilatus*. Il est à noter que la plupart des bonnes leçons de *N* sont partagées par les *codd. recc.* et l'édition princeps, soit qu'ils aient particulièrement utilisé ce manuscrit, soit que *N* ait anticipé leurs corrections. Mais ces bonnes leçons ne sont très probablement que des conjectures, du moins pour la plupart, et, comme le soutiennent W. Hering et V. Brown, *N* a certainement été recopié sur *S*[37], seul représentant de σ pour le *B.H.* Quoi qu'il en soit, si *N* apparaît comme un manuscrit dépourvu d'autorité, il nous semble cependant imprudent de le rejeter totalement, dans la mesure où on ne peut exclure l'hypothèse de V. Brown concernant le modèle θ et où *N* peut confirmer le texte du manuscrit *S*, dont certaines pages sont endommagées[38].

37. En ce qui concerne le *B.H.*, la dépendance de *N* par rapport à *S* se révèle particulèrement à travers la présence de trois lacunes communes, par saut du même au même (20,4-21,1 ; 26,2) ou en raison de l'homéotéleute (24,6 *ablata/litata*), et à travers une erreur significative : en 42, 3, seul *S* présentant une mauvaise compréhension de l'abréviation *r.p.*, dans *in populum r.p. hoc bello et praeterito tempore cognosse* a pu produire le curieux texte de *N* : *in populum respondit ad haec hoc bello fas nosse*.

38. G. Pascucci (*op. cit.* p. 70-71, n. 5), bien que reconnaissant en *N* un manuscrit, sinon *descriptus*, du moins contaminé, peut-être corrigé d'après un manuscrit β (p. 67-68), le retient néanmoins dans son apparat, modifiant légèrement le stemma habituel (p. 77) :

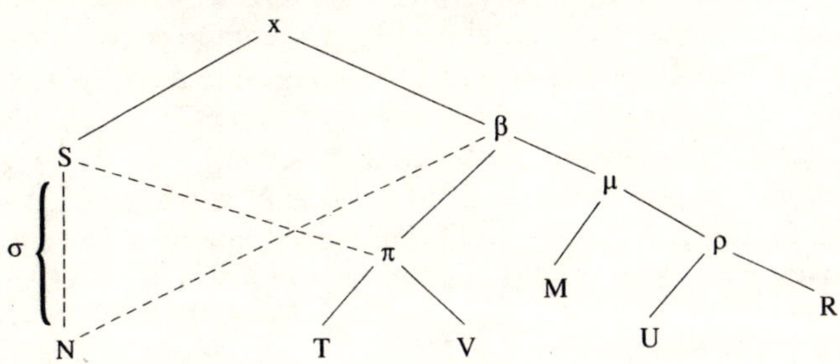

Le rameau β

A l'intérieur de la classe β les éditeurs de César ont distingué deux familles : *TV* dérivant du prototype π et *MUR* dérivant de μ ; dans cette dernière famille les rapports étroits entre *U* et *R* ont conduit à les rattacher à μ, par l'intermédiaire d'un manuscrit ρ. Mais les manuscrits de μ n'ont pas transmis la totalité du *B.H.* : *M* s'interrompt en 22, 5, si bien que, pour près de la moitié du texte μ n'est représenté que par ρ, et encore incomplétement, puisque le témoignage de *R* manque de 36, 1 à 40, 6.

T et *V* présentent un bon nombre de leçons propres qui témoignent de leur relative autonomie, *T* se montrant plus fidèle à π. *T* restitue par deux fois la bonne leçon : en 21, 2 *e quibus capti* contre *de equitibus capti* de *SN*, *ex e. c.* de *M*, *equitibus capti* de *UR* ; en 29, 8 *patrocinari loco iniquo non desinunt*, alors que le verbe est altéré en *deserunt* par *URV* et toute l'expression par *SN* : *a patrocinali loco non deseruant* (*discesserant N*). Dans *V* on compte beaucoup de négligences, de conjectures et de gloses (comme *rege* ajouté après *Pharnace* en 1, 1). La solution des abréviations y est souvent inexacte : le prénom de Cn. Pompée est orthographié *Gneius* (1, 4 etc...) ou bien, en 18, 1, la leçon de toute la tradition *C. Antonius*, fausse lecture de *Catonem,* devient *Caesar Antonius*. Néanmoins, *V* présente quelques bonnes leçons : en 5, 2 *tripertito*, restitué d'après 5, 1, contre *bipertito* (*SNMURT*) ; en 29, 2 *currens erat*, qui corrige *currens erant* de *STUR* (*currebat erant autem N*) ; en 29, 5 l'abréviation *cas* est bien résolue en *casus*, alors qu'elle n'est pas comprise par *SURT* (*cas*, *cras U*[2]) et donne lieu à une conjecture de *N*, *castris* ; en 36, 2 *timuit ne* contre *ait* (*SNT*) ; en 37, 2 probablement *pedites* contre *pedibus* (cett. codd.) ; en 41, 1 *et diurnis* contre *iurnis* de *SR*, *iurtiis* de *N*, *lurnis* de *T*. Il se peut, comme le suggère G. Pascucci[39], qu'on doive attribuer à une autre tradition la leçon *gemitu*, en 31, 6, contre

39. G. Pascucci, *op. cit.*, p. 72.

gemitus des autres manuscrits, tant il paraît improbable que le copiste de *V* ait pu restituer cette forme rare du datif. C'est là un indice qui plaiderait en faveur de l'indépendance de *V* soutenue par V. Brown contre W. Hering.

Mais ce qui soulève le plus de questions à propos de *TV*, c'est le problème de la concordance de ces manuscrits avec σ contre μ. Après avoir étudié la tradition du *B.C.*, V. Brown (*op. cit.*, p. 30-31) conclut que les erreurs communes et lacunes de *STV* ne sont pas plus signifiantes que celles de *SMU*. Mais, là encore, l'examen du *B.H.* ne confirme pas cette interprétation. Nous n'avons pas relevé de fautes communes aux seuls manuscrits *SNMUR*. En revanche, le *B.H.* réalise l'accord de *SNTV* à une vingtaine de reprises, souvent sur un texte fautif, mais aussi sur huit bonnes leçons[40]. Ce fait a donné lieu à diverses interprétations. P. Fabre[41] pense que π, ou du moins *T*, a subi une révision sur un manuscrit σ, les leçons communes de μ se rattachant à la tradition. Ce à quoi J. Andrieu[42] objecte que « des leçons mauvaises ne peuvent guère résulter d'un emprunt d'un manuscrit à l'autre » et que « des lacunes ne peuvent absolument pas se propager de cette façon. » Or, il est vrai que, dans le texte du *B.H.*, certaines leçons partiellement communes à *SNTV* ou tentatives de correction sont si manifestement erronées qu'elles peuvent difficilement être imputées à l'action d'un réviseur[43]. Il est donc permis de penser, à la

40. 1, 4 aliqua *SNTV* : alia quae *M* alia qua *UR* ; 2, 2 fuisset *SNTV* : fecisset *MU* esset *R* ; *ibid.* praesidio esset *SNTV* : misissent praesidio *MUR* ; 8, 5 id *SNTV* : *om. MUR* ; 17, 3 ut qualem *SNTV* : et qualem ait *M* et qualem *UR* ; 22, 7 XVII *SNTV* sedecim *UR* ; 29, 7 contenderent condicione *SNTV* : condicione c. *UR* ; 32, 7 habere *SNTV* : -retur *UR*.

41. P. Fabre, *op. cit.*, p. LII-LIV.

42. J. Andrieu, *op. cit.*, p. LXXV.

43. 5,3 dem *T* : denique *SN om. V* idem *MUR* ; 7,3 adteguam *SN* : atteg- *TV* ateguam *MUR* ; 24,3 quorum *SNTV* : quae res *UR* ; 28, 4 ·d· quod *ST* : ut *N* quod *V* id quod *UR* ; 31, 4 legi aduersariorum *SNTV* : legio a. *UR* ; 31, 10 ad e *S* : ad hoc *N* praeter *V om. T* ad D *UR* ; 33,3 apud ex proelio cordubam *ST* : apud cordubam ex proelio *NV* caput (capud *U*)

suite de F. Dübner et d'A. Bouvet[44], que l'accord de *SNTV* a chance de représenter la leçon de l'archétype ; auquel cas, quand une leçon de *MUR* paraît être celle de l'archétype, il faut admettre, comme J. Andrieu, que la faute a été commise deux fois en σ et en π[45]. Cette hypothèse paraît trop coûteuse à G. Pascucci, qui préfère retenir la contamination de π par σ[46]. Cependant, les leçons propres à *MUR* (ou *UR*) susceptibles de représenter celles de l'archétype ne sont pas nombreuses au point d'invalider l'hypothèse de J. Andrieu[47]. Quant à la parenté de *MUR*, elle s'affirme particulièrement contre l'accord de *SNTV* : sur une trentaine de leçons communes à *MUR* (et à *UR* de 22, 5 à 36, 1), une vingtaine s'oppose aux leçons elles-mêmes concordantes de *SNTV*, dont 9 bonnes leçons[48]. Le nombre important des leçons vraies de μ a conduit Klotz, et à sa suite P. Fabre et A. Bouvet[49], à les attribuer moins aux conjectures d'un

ex proclio cordubam *R*. En revanche, d'autres leçons erronées apparaissent comme des " fautes à faire " : 8, 4 idem *SNT* : id est *V* item *MUR* ; 9, 3 caesari *SNU¹RTV* : -ris *MU²* ; 32, 7 mitteret *SNTV* : -rent *UR*.

44. F. Dübner, *C. Iulii Caesaris Commentarii*, Paris, 1867, p. XXVI ; A. Bouvet, *op. cit.*, p. XLIX.

45. Cf. J. Andrieu, *op. cit.*, p. LXXVI et LXXIX.

46. G. Pascucci, *op. cit.*, p. 73.

47. Dans le cas du *B.H.*, aucune leçon propre à *MUR* ne, paraît provenir de l'archétype.

48. 4, 2 se dederunt *MUR* : sederunt *SNTV* ; 4, 4 cn. pompeius *MUR* : facit ut *SNTV* ; 5, 1 transire *MUR* : ire *SNTV* ; 8, 4 item *MUR* : idem *SNT* id est *V* ; 17, 2 et *MU¹R om. U²* : ut *SNTV* ; 23,4 is *UR* : eis *SNTV* ; 24, 3 quae res *UR* : quorum *SNTV* ; 31, 4 legio *UR* : legi *SNTV* ; 32, 7 mitterent *UR* : -ret *SNTV* ; 33, 3 caput ex proelio cordubam *UR* : apud ex proelio cordubam *ST* apud cordubam ex proelio *NV*. Quelques leçons de *MUR* (ou *UR*) s'imposent face à des leçons moins unitaires de *SNTV* : 7, 3 ateguam *MUR* : adteguam *SN* atteguam *TV* ; 9, 1 salso *MUR* : salsone *SNT* falso *V* ; 9, 3 caesaris *MU²* : -ri *SNU¹RTV* ; 28, 4 id quod *UR* : ·d· quod *ST* ut *N* quod *V* ; 30, 3 temere *URT²* : timore *SN* timere *T¹V* ; 31, 10 ad D *UR* : ad e *S* ad hoc *N* praeter *V om. T*.

49. A. Klotz, *C. Iulii Commentarii* III, Leipzig, 1927, p. IX et XI ; P. Fabre, *op. cit.*, p. LII ; A. Bouvet, *op. cit.*, p. XLIX.

réviseur qu'à la contamination de μ par un manuscrit (y) de tradition différente. Mais W. Hering fait remarquer que le recours de μ à une autre tradition aurait dû se traduire, au moins une fois, par la disparition d'une des lacunes[50]. Par ailleurs, la plupart des leçons vraies de μ peuvent s'expliquer par une correction. En 4, 2, *se dederunt* remédie à l'haplographie commise dans l'archétype, *sederunt* ; en 5, 1 *transire* a moins de chance de dériver de l'archétype qu'*ire*, plus inattendu ; en 9, 1 *salso* semble restitué, contre *salsone* transmis par *SNT* (*falso V*), peut-être sous la suggestion de *flumine*. Autres corrections vraisemblables, en 30, 3 *temere* contre *timere* conservé par T^1V et modifié en *timore* par *SN*, et en 33, 3 *seditionis caput* (*capud U*) contre *seditionis apud*. On peut expliquer de même les leçons à la fois fausses et inauthentiques de *MUR* par des corrections maladroites ou des erreurs matérielles : en 2, 2 *fuisset* de la tradition devient *fecisset* dans *MU*, peut-être sous la suggestion de *facit*, tandis que *R* remplace le plus-que-parfait par un *esset* plus normal. Toujours en 2, 2 la leçon vraisemblablement authentique, attestée par *TV*, *equitatum* (...) *praesidio esset*, sous laquelle *SN* parvient à retrouver la leçon vraie en modifiant le substantif (*equitatus*), donne lieu à une modification erronée de *MUR*, *equitatum* (...) *praesidio misisset*. En 5, 3 *idem*, est corrigé par Fleischer en *item*, plus conforme à l'*usus scribendi* de l'auteur, au lieu de *dem* de *T*, qui semble la leçon authentique, que *S* a tenté de corriger en *denique*. En 17, 3 *et qualem ait* de *M* (*et qualem* U^1R *et* om. U^2), à la place de la leçon vraie et authentique *ut qualem* de *SNTV*, est une évidente tentative de normalisation. En 22, 7 *sedecim* de *URTV*, à la place de *XVII*, et, en 29, 7 l'inversion *condicione contenderent* (*URTV*) relèvent de l'erreur matérielle. Deux cas sont plus complexes : en 24, 3 *UR* oppose la bonne leçon *quae res secundum* à *quorum secundum* de

50. W. Hering, *op. cit.*, p. 59.

SNTV, où Klotz croit reconnaître l'apport d'une autre tradition[51] ; mais on peut penser, comme G. Pascucci[52] qu'il s'agit là d'une solution erronée de l'abréviation *qr'*. Reste le cas épineux de 4, 4, qui produit un exemple caractéristique de *dissensus codicum* : rien de commun, en effet, entre *Cn. Pompeius* de *MUR* et *facit ut* de *SNTV*, qui représente la *lectio difficilior*, si bien que Klotz ne la rejette qu'à regret, soupçonnant en *Cn. Pompeius* une glose[53] ; R.G. Bœhm tente de la conserver au prix d'une lourde intervention sur le texte, et en donnant pour sujet à *facit* Sextus Pompée : *itaque facit ut* (...) *ad Cordubam* < *alter* > *iter facere coeperit* (*coepit* codd.)[54]. Il semble préférable de retenir l'hypothèse de G. Pascucci : *facit ut* a pu figurer dans la marge ou dans un interligne de l'archétype comme glose de *itaque* (« et il fait comme il en avait reçu l'ordre »), puis être introduit dans le texte et en chasser la bonne leçon ; μ aurait retrouvé cette bonne leçon sur un manuscrit d'une autre tradition[55]. Il reste que, dans la plupart des cas, il ne paraît pas nécessaire de faire intervenir une tradition différente. Aucun manuscrit de μ pris séparément ne fournit de leçon digne d'interêt. *R*, sauf lorsqu'il reste le seul témoin de μ (de 40, 6 à 42, 7), se révèle dépendant de *U*. L'hypothèse que *R* ait pu être copié sur *U* a été émise par Ramorino et Kübler[56], qui y

51. A. Klotz, *op. cit.*, p. XII.

52. G. Pascucci, *op. cit.*, p. 75.

53. A. Klotz, *op. cit.*, p. XIII.

54. R. G. Bœhm, « Zu einigen Ungereimtheiten in Editionen des *B.H.* 4 » *Faventia*, 10, 1988, p. 50-51. Bœhm suppose que *alter*, désignant Cn. Pompée, a disparu par haplographie entre *Cordub* (et non pas *Cordubã*) et avant *iter*. Quant aux abréviations citées à l'appui de cette thèse (*upat* = *uituperat* ; *pit* = *perit*), elles ne semblent pas concerner les désinences des verbes, ce qui aurait provoqué des équivoques gênantes ; il est donc douteux que *coepit* puisse se lire *coeperit*. Il a renoncé plus tard à cette solution (*Vigiliae Hibericae*, 1, Fribourg, 1988, p. 740).

55. G. Pascucci, *op. cit.*, p. 75.

56. F. Ramorino, *« Il Cesare Riccardiano 541 », RIFC*, 18, 1890, p. 250-285. ; Kübler, *op. cit.*, p. VII.

ont plus tard renoncé, le premier à la suite d'un échange de lettres avec H. Meusel[57]. Elle a été reprise par W. Hering et confortée par G. Pascucci[58] d'après l'examen de 2, 1 : seuls *U* et *R* déplacent *tertio designatus dictator* après *diebus coniectis*. Si le saut du même au même peut s'être produit deux fois il est plus difficile d'attribuer au hasard le déplacement identique de l'expression. Par ailleurs *R* s'interrompt en 36, 1, comme *U*, quelques mots avant ce dernier, avant de reprendre en 40, 6. Il semble donc que *R* a été, en partie du moins, recopié sur *U*. On peut par conséquent proposer le stemma suivant :

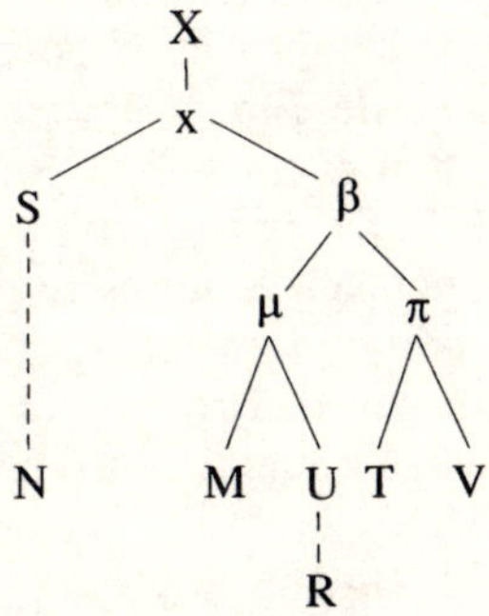

Cette édition prend en compte les sept manuscrits *SNMURTV*. Certes, *N* et *R* sont probablement *descripti*, mais, en l'absence de certitudes, que seule pourrait peut-être apporter l'application de l'informatique à la *recensio*[59], il nous a paru imprudent de les rejeter. Les apparats des éditions d'A. Klotz et de G. Pascucci ont été vérifiés sur les photographies des manuscrits, ce qui explique

57. F. Ramorino, « De Caesarianibus codicibus Riccardiano 541 et Vaticano 3324 (Ursiniano) Epistolae Henrici Meusel et Felicis Ramorini », *RIFC*, 19 ; 1891, p. 127-133. Kübler, ed. du *B.C.*, Teubner, 1903 p. VII. Cf. P. Fabre, *op. cit.* p. LII. ; J. Andrieu, *op. cit.*, p. LXXIV.

58. W. Hering, *op. cit.*, p. 56 ; G. Pascucci *op. cit.*, p. 76.

59. Cf. M. Rambaud, *loc. cit.*, p. 254.

quelques divergences. Quant au choix des leçons, l'examen du texte n'ayant pas conduit à l'adoption d'un stemma tripartite, il ne peut être déterminé par la préférence systématique accordée à une classe de manuscrits[60].

Les Codices recentiores

V. Brown, sans prétendre à un recensement exhaustif, a dénombré, pour le *B.C.* et la suite du *corpus* césarien, cent soixante-deux *codices recentiores,* dont seule une fraction a été utilisée par les éditeurs[61]. Les plus souvent cités sont les suivants :

Leidensis B.P.L. 38D (s. XIII) :

Utilisé par Oudendorp et Nipperdey, il fut reconnu comme une copie de *T* par Meusel. Cf. V. Brown, *op. cit.*, p. 5, n. 1 ; 8, n. 1 ; 44-45.

Dresdensis 122, Dc 167 (s. XIV) :

Endommagé pendant la dernière guerre, ce manuscrit, probablement dérivé de *M* et *N,* comme le suivant, n'a pu être consulté par *V.* Brown ; cf. *op. cit.*, p. 10 (« a branch of the vulgate identical to that found in the *editio princeps* ») ; 64.

Dresdensis 83, Dc 168 (s. XV) :

Ce manuscrit est dérivé de *M* et *N* Cf. V. Brown, *op. cit.*, p. 10 (« probably contaminated ») ; 54.

Noruicensis :

Ce manuscrit est probablement l'*Eliensis* d'Oudendorp, que V. Brown (*op. cit.*, p. 5, n. 1 ; 63) propose d'identifier avec le manuscrit de la Cambridge University Library Nn. 3. 5 (s. XV), qui passe pour avoir appartenu à John Moore, archevêque d'Ely.

Petauianus :

Ce manuscrit qui appartint, entre autres, à père Petau, peut être le *Reginensis lat.* 904 (s. XIV) ou l'*Ottobonianus*

60. En revanche, on peut admettre que les leçons communes de *SNTV* ont des chances de représenter celles de l'archétype. (cf. *supra*, p. C).

61. Pour l'édition d'Oudendorp, V. Brown (*op. cit.* p. 5, n. 1) en relève une vingtaine.

lat. 1736 (s. XV), tous deux conservés à la Bibliothèque du Vatican. Cf. V. Brown, *op. cit.*, p. 63.

Scaligeranus :

Nipperdey (p. 43) mentionne ce manuscrit, qui appartint à Joseph Scaliger, comme disparu. Meusel y reconnut une copie de *T*. Cf. V. Brown, *op. cit.*, p. 7, n. 2 ; 8, n. 1.

Les recherches de V. Brown n'ont fait que confirmer que seuls *SNMURTV* représentent la tradition (*op. cit.*, p. 10). Quant aux *recentiores,* « apart from occasional conjectures, they have no contribution to make to the contruction of a text since they are either hybrids formed by the union of two older surviving manuscripts or copies of manuscripts whose text is complete. (...) and future editors may dispense, in good conscience, with all but a very few of them[62] » (p. 42-43 ; cf. aussi p. 65). Malgré ce bilan négatif, nous avons consulté les photographies du *Leidensis* 38D, sans autre profit qu'une simple vérification.

En matière de conjectures, signalons les travaux de R.G. Bœhm, publiés dans divers articles (voir *Bibliographie*) et dans *Vigiliae Hibericae,* 1, Fribourg, 1988[63]. Si ingénieuses soient-elles nous n'en avons retenu qu'une seule (4, 4), car elles nous ont paru conduire à des interventions trop lourdes et trop fréquentes sur le texte.

Quant au *Commentaire,* il doit beaucoup au *Kommentar zum Bellum Hispaniense* d'A. Klotz (Leipzig, 1927), à l'édition de G. Pascucci (*[C. Iulii Caesaris] Bellum Hispaniense Introduzione, testo critico e commento a cura di Giovanni Pascucci,* Florence, 1965), et à la thèse, inédite, de M. Ferreiro López (*César en España,* Université de Séville, 1986.).

62. *N, m Mediceus Laurentianus* Plut. lat. 68. 6 et *Vallicellianus* B. 45, qui comblent certaines lacunes des autres manuscrits dans le *B. C.*

63. Nous n'avons pas fait figurer dans la *Bibliographie* les articles de R.G. Boehm signalés dans l'avant-dernière parution de l'*Année Philologique* (66, 1993, p. 90).

Enfin, qu'il nous soit permis de remercier les membres du jury devant qui nous avons soutenu la thèse qui est à l'origine de cette édition, M. L. Callebat, professeur à l'Université de Caen, qui a guidé la préparation de ce travail, Mme C Codoñer, professeur à l'Université de Salamanque, M. Ph. Fleury, professeur à l'Université de Caen, et son président, M. P. Jal, à qui nous devons nombre de rectifications et d'améliorations[64].

64. Nous remercions également M. A. Diouron, qui a réalisé les cartes 2, 3 et 4.

LISTE DES AUTEURS DE CONJECTURES

I. ÉDITIONS

ALDUS (A. MANUCE), Venise, 1564.

CIACCONIUS P., scholies recueillies dans les éditions de G. Jungermann (Francfort, 1645) et de Davis (cf. ci-dessous).

CLARKE S. , Londres, 1712.

DAVIS J., Cambridge, 1706.

DINTER B., Leipzig, 1875, 1888 [2].

GLANDORP, J., Leipzig, 1574.

HEINSIUS N., scholies recueillies dans l'édition d'Oudendorp (cf. ci-dessous).

HOFFMANN E., Vienne, 1857, 1888 [2].

KLOTZ A., Leipzig, 1927 *.

KRANER F., Leipzig, 1861.

KÜBLER B., Leipzig, 1897.

LIPSIUS I., Anvers, 1593.

MANUTIUS (P. MANUCE), Venise, 1559.

NIPPERDEY C., Leipzig, 1847.

OUDENDORP F., Leyde, 1737.

PONTET du R., Oxford, 1901.

PASCUCCI G., Florence, 1965.

RHELLICANUS J., scholies recueillies dans l'édition de G. Jungermann, (Francfort, 1645).

* L'édition d'A. Klotz est reprise par A. Schulten (*FHA*, 5, 1940, p. 102-124), avec une traduction en espagnol de D. E. Valenti Fiol, p. 281-300.

Scaliger J., Anvers, 1586.
Schneider C. E. Ch., Bratislava, 1837.
Stephanus (R. Estienne), Paris, 1544.
Vascosanus M., Paris, 1543.
Way A. G., Londres, 1955.

II. OUVRAGES ET ARTICLES

concernant le texte

Boehm R. G., « Zu einigen Ungereimtheiten in Editionen des *Bellum Hispaniense* 4 », *Faventia,* 10, 1988, 47-52.

Fleischer C. H., « *Obseruationes criticae de Bello Hispaniensi* », Progr. Meissen, 1876.

Fleischer C. H., « Zu Caesar und seinen Fortsetzern », *Jahrbücher für classische Philologie,* 118, 1878, p. 273-282.

Fleischer C. H., « Zu Caesar und seinen Fortsetzern », *Jahrbücher für classische Philologie,* 119, 1879, p. 849 sq.

Fleischer C. H., « *Quaestionum de bello Hispaniensi criticarum pars altera* », Progr. Meissen, 1885.

Fleischer C. H., « *Kritische und Exegetische Bemerkungen zum B.H.* », Progr. Meissen, 1895.

Forchhammer J. N. G., *Quaestiones criticae de uera commentariorum de Bello ciuili emendandi ratione,* Copenhague, 1852.

Helm R., *Phil. Wochenschrift,* 1928.

Klotz A., *Kommentar zum Bellum Hispaniense,* Leipzig, 1927.

Koch H., « Zu Hirtius und zum *Bellum Hispaniense* », *RhM,* 17, 1862, 625-627.

Madvig J. N., *Aduersaria critica,* II, Copenhague, 1873, 289-291.

Mommsen Th., « Zum *Bellum Hispaniense* », *in* « Zur Geschichte der Caesarischen Zeit », *Hermes,* 28, 1893,

607-614 = *Gesammelte Schriften*, 7, Berlin, 1907, 61-69. (Th. Mommsen, « Zum *B.H.* »).

MÜLLER H. J., « Symbolae ad emendandos scriptores Latinos », II, *Festschrift zu der 2. Säcularfeier des Friedrichs-Werderschen Gymnasium*, Berlin, 1881, p. 22.

ÉDITIONS ET RÉÉDITIONS RÉCENTES DU *BELLVM HISPANIENSE*

R. DU PONTET, *C. Iuli Caesaris Commentariorum. Pars posterior qua continentur libri III de Bello Civili cum libris incertorum auctorum De Bello Alexandrino Africo Hispaniensi.* Recensuit breuique adnotatione critica instruxit Renatus du Pontet. Oxford, Clarendon, 1978, 1900[1].

A. KLOTZ, *C. Julius Caesar Commentarii. Vol. III. Edidit Alfredus Klotz. Commentarii Belli Alexandrini - Belli Africi - Belli Hispaniensis. Accedunt C. Iuli Caesaris et A. Hirti fragmenta.* Stuttgart, Teubner, 1993, 1927[1].

A. G. WAY, *Caesar Alexandrian African and Spanish wars,* with an English Translation by A. G. Way, The Loeb Classical Library, Londres, W. Heinemann, Cambridge (Massachussetts), Harvard University Press, 1964, 1955[1] (A. G. WAY).

G. PASCUCCI, *[C. Iulii Caesaris] Bellum Hispaniense.* Introduzione, testo critico e commento a cura di Giovanni Pascucci. Florence, Le Monnier, 1965. (G. Pascucci, *Bellum Hispaniense*).

J. ICART, *[G. Juli Cèsar] Guerra d'Africa, Guerra d'Hispania,* text revisat i traduccio di Joaquim Icart amb la collaboracio de Miquel Dolç, Fundació Bernat Metge, Escriptors Llatins, Barcelone, 1988.

J. CASTRO SÁNCHEZ, *Anónimo, La guerra de Hispania,* Ediciones Clássicas, Madrid, 1992. (J. Castro Sánchez, *La guerra de Hispania*).

CONSPECTVS SIGLORVM

S	= codex Laurentianus Ashburnhamensis R. 33	saec. X-XI
N	= codex Neapolitanus IV c. 11	saec. XI *
M	= codex Mediceus Laurentianus plut. 68, 8	saec. XI-XII
U	= codex Vaticanus (Vrsinianus) lat. 3324	saec. XI-XII
R	= codex Riccardianus 541	saec. XI-XII
T	= codex Parisinus (Thuaneus) 5764	saec. XI
V	= codex Vindobonensis 95	saec. XII

recc. = codices recentiores
edd. = editores

* Sur cette datation, voir l'*Introduction*, p. LXXXIV.

BELLVM HISPANIENSE

GUERRE D'ESPAGNE

Cn. Pompée pille l'Ultérieure

1. 1. Après la défaite de Pharnace et la reconquête de l'Afrique[1], les rescapés de ces combats[2] avaient pris la fuite avec Cn. Pompée le Jeune[3]. Ce dernier réussit à s'emparer de l'Espagne Ultérieure[4], et, pendant que César était retenu en Italie pour y donner des jeux[5], il en appela à la protection de chaque cité afin de rassembler plus aisément des troupes contre lui[6]. **2.** Quand, usant tantôt de la prière, tantôt de la violence, il eut rassemblé des forces considérables, il pilla la province. **3.** En ces circonstances, certaines cités lui envoyaient spontanément des renforts, tandis que d'autres lui fermaient leurs portes. **4.** Quand il lui arrivait de prendre certaines de ces places, même si un notable de la cité avait rendu les plus grands services à Cn. Pom-

BELLVM HISPANIENSE

1. 1. Pharnace superato, Africa recepta, qui ex his proeliis cum adulescente Cn. Pompeio profugissent, cum et ulterioris Hispaniae potitus esset, dum Caesar muneribus dandis in Italia detinetur, quo facilius praesidia contra compararet, Pompeius in fidem uniuscuiusque ciuitatis confugere coepit. **2.** Ita partim precibus partim ui bene magna comparata manu prouinciam uastare. **3.** Quibus in rebus nonnullae ciuitates sua sponte auxilia mittebant, item nonnullae portas contra claudebant. **4.** Ex quibus si qua oppida ui ceperat, cum aliquis ex ea ciuitate optime de Cn. Pompeio meritus ciuis esset, propter pecu-

INCIPIT LIBER XIII^{us} DE BELLO HYSPANICO *S* SVETONII TRANQVILLI DE BELLO CAESARIS AFRICANO LIBER V^{us} EXPLICIT, INCIPIT LIBER VI^{us} DE BELLO EIVSDEM IN HISPANIA *N* G [GAI *U*] CAESARIS BELLVM AFRICANVM EXPLICIT FELICITER [F. *om. M*] INCIPIT BELLVM [B. *om. MR*] HISPANIENSE *MUR* EXPLICIT LIBER C. CAESARIS BELLI AFRICAE, INCIPIT LIBER ALTER FELICITER *T* EXPLICIT LIBER III ALEXANDRINI BELLI, INCIPIT IIII *V*.

1. 1 Pharnace *SNMURT* : Ph. rege *V* || adulescente *SNMUR* : -tes *T* -tules *V* || ciuitatis *om. V* || **2** bene *MURTV* : pe- *SN* || *post* uastare *add.* coepit *N* || **3** nonnullae ciuitates *SMURTV* : c.n. *N* || claudebant *NMV* : clud-, *SURT* || **4** ui ceperat *NMURTV* : uice parat *S* || aliquis *SN* : aliis *MURTV* || ex ea *om. V*.

pée[7], sa fortune faisait invoquer contre lui quelque prétexte pour s'en débarrasser[8] et faire largesse[9] de son argent à des bandits[10]. Ainsi,<... > les avantages de la paix[11], l'ennemi[12] voyait grossir ses troupes. **5.** Aussi les cités hostiles à Pompée envoyaient-elles en Italie de nombreux courriers réclamant des secours.

Arrivée de César en Espagne

2. 1. C. César[1], dictateur pour la troisième fois, dictateur désigné pour la quatrième[2], après avoir réglé nombre d'affaires[3] avant son départ, se rendit avec une incroyable rapidité[4] en Espagne, afin de mettre un terme à la guerre. Des émissaires envoyés par les Cordouans qui avaient abandonné le parti de Pompée vinrent à sa rencontre ; ils lui firent savoir que la place de Cordoue[5] pouvait être prise de nuit, puisque son installation dans la province avait surpris ses adversaires[6], tout comme les courriers[7] que Cn. Pompée avait postés partout pour l'informer de l'arrivée de César, et ajoutaient beaucoup de propositions crédibles[8]. **2.** Ces raisons décidèrent César ; il informe de son arrivée ses légats Q. Pedius[9] et Q. Fabius Maximus[10], à qui il avait auparavant confié le commandement de l'armée, ordonnant que la cavalerie recrutée dans la province lui serve d'escorte[11]. **3.** Mais il les rejoignit plus tôt qu'ils ne l'avaient eux-mêmes prévu et il n'eut pas la cavalerie pour escorte, comme il en avait donné l'ordre.

niae magnitudinem aliqua ei inferebatur causa, ut eo de medio sublato ex eius pecunia latronum largitio fieret. Ita pacis commoda hoste † hortato † maiores augebantur copiae. **5.** Hoc crebris nuntiis in Italiam missis ciuitates contrariae Pompeio auxilia sibi depostulabant.

2. 1. C. Caesar dictator tertio, designatus dictator quarto multis iter ante *r*ebus con*f*ectis cum celeri festinatione < ad > bellum conficiendum in Hispaniam cum uenisset legatique Cordubenses, qui a Cn. Pompeio discessissent, Caesari obuiam uenissent, a quibus nuntiabatur nocturno tempore oppidum Cordubam capi posse, quod necopinantibus aduersariis eius prouinciae potitus esset simulque [quod] tabellariis, qui a Cn. Pompeio dispositi omnibus locis essent, qui certiorem Cn. Pompeium de Caesaris aduentu facerent, multa praeterea ueri similia proponebant. **2.** Quibus rebus adductus quos legatos ante exercitui praefecerat Q. Pedium et Q. Fabium Maximum de suo aduentu facit certiores, utque sibi equitatus, qui ex prouincia fuisset, praesidio esset. **3.** Ad quos celerius quam ipsi opinati sunt appropinquauit neque, ut ipse uoluit, equitatum sibi praesidio habuit.

aliqua *SNTV* : alia qua *UR* alia quae *M* ‖ de *om. SN* ‖ sublato *SN* : -ta *MURTV* ‖ eius *SN* : eo *MURTV* ‖ pacis *MURT²V* : pauc- *SNT¹* ‖ hortato *SNMURTV* : furato *coni.* Madvig (*uid. adnot.*).

2. 1 tertio designatus dictator *ante* cum *transp. UR* ‖ rebus confectis *Oudendorp* : diebus coniectis *SNMURTV* ‖ celeri festinatione *N* : ceteris festinationem *SMURTV* ‖ ad *add. Aldus* ‖ hispaniam *MURTV* : -nia *SN* ‖ legatique *SMURTV* : legati *N* ‖ discessissent *SMURTV* : -cesserant *N* ‖ obuiam *SNMRTV* : ob ueniam *U* ‖ uenissent *SMURTV* : ueniunt *N* ‖ oppidum cordubam *om. M* ‖ necopinantibus *SNMURT* : nec oppidanis *V* ‖ quod *secl. Pascucci* ‖ **2** et *om. V* ‖ utque *SNUR* : ut quem *MTV* ‖ equitatus *SN* : -tum *MURTV* ‖ qui *om. M* ‖ fuisset *SNTV* : fecisset *MU* esset *R* ‖ esset *SNTV* : misissent *MUR* (*qui hoc uerb. ante* praesidio *transp.*).

César envoie des secours à Ulia

3. 1. Au même moment, Sextus Pompée[1], le frère de Cneius, tenait Cordoue, qui était considérée comme la capitale de cette province, avec une garnison[2]. De son côté Cn. Pompée le Jeune assiégeait la ville d'Ulia[3] et était retenu là depuis quelques mois. **2.** Dès que l'arrivée de César fut connue, des émissaires quittèrent la ville à l'insu des avant-postes de Cn. Pompée ; ils se rendirent auprès de César et lui demandèrent de leur envoyer du secours dès que possible. **3.** César < qui se souvenait > que cette cité s'était toujours très bien conduite envers le peuple romain[4], donne tout de suite l'ordre que six cohortes[5] et autant de cavaliers partent à la seconde veille. **4.** Il en confia le commandement à L. Vibius Paciaecus[6], un homme bien connu dans la province et qui ne manquait pas d'expérience. **5.** Or, au moment même où il atteignait les avant-postes de Cn. Pompée[7], une tempête se leva et il fut en butte à un vent violent ; cette tempête gênait tellement < la visibilité > des soldats[8] qu'on pouvait à peine reconnaître son voisin. **6.** Mais cet inconvénient leur offrait un très grand avantage. Quand ils sont donc arrivés là, Paciaecus leur ordonne de monter en selle à deux[9] et ils se dirigent droit vers la ville, à travers les avant-postes ennemis. **7.** Quand ils se trouvèrent au milieu de leurs avant-postes, l'un des nôtres répondit (à la sentinelle) qu'il ne fallait pas dire un mot[10] : " ils étaient justement en train d'essayer d'approcher du rempart pour prendre la ville. " Les sentinelles, d'une part, gênées par la tempête, ne pouvaient montrer toute la vigilance requise et, d'autre part, cette réponse les en dissuadait. **8.** Quand ils furent près de la porte, ils

3. 1. Erat idem temporis Sex. Pompeius frater qui cum praesidio Cordubam tenebat, quod eius prouinciae caput esse existimabatur ; ipse autem Cn. Pompeius adulescens Vl*i*am oppidum oppugnabat et fere iam aliquot mensibus ibi detinebatur. **2.** Quo ex oppido cognito Caesaris aduentu legati clam praesidia Cn. Pompei Caesarem cum adissent, petere coeperunt uti sibi primo quoque tempore subsidium mitteret. **3.** Caesar eam ciuitatem omni tempore optime de populo Romano < memoria cum teneret > meritam esse, celeriter sex cohortes secunda uigilia iubet proficisci, pari equites numero. **4.** Quibus praefecit hominem eius prouinciae notum et non parum scientem, L. Vi*b*ium Paciaecum. **5.** Qui cum ad Cn. Pompei praesidia uenisset, incidit id temporis ut tempestate aduersa uehementique uento adflictaretur ; *mi*litu*m*que < uisus > uis tempestatis ita obscurabat ut uix proximum agnoscere posset. **6.** Cuius incommodum summam utilitatem ipsis praebebat. Ita cum ad eum < locum > uenerunt, iubet binos equites conscendere, et recta per aduersariorum praesidia ad oppidum contendunt. **7.** Mediisque eorum praesidiis cum essent, unus ex nostris respondit ut sileat uerbum facere : nam id temporis conari ad murum accedere, ut oppidum capiant ; et partim tempestate impediti uigiles non poterant diligentiam praestare, partim illo responso deterrebantur. **8.** Cum ad portam appropinquas-

3. 1 temporis *om. V* ‖ pompeius *MURTV* : -peio *SN* ‖ uliam *Ciacconius* : ullam *SNMURTV et semper praeter* 6,1 ‖ oppugnabat *SNMURT* : expug- *V* ‖ **2** uti *MUTV* : ut *SNR* ‖ **3** *post* caesar *interp. Schneider* ‖ optime *post* romano *transp. U* ‖ memoria cum teneret *coni Klotz* (*post* meritam esse) ‖ *post* meritam esse *add.* sciens *N* ‖ sex *SNMURT* : sextus pompeius *V* ‖ **4** uibium paciaecum *Forchhammer* : uiuum paciaeum *SN* uiuium paciaecum *MURTV* ‖ **5** id *SN* : idem *MURTV* ‖ militumque uisus uis *Pascucci* : litusque uis *SN*[1] aditusque uis *N*[2] quem uis *MURTV* uiasque uis *coni. Klotz*, (*uid. adnot.*) ‖ **6** locum *add. recc.* ‖ **7** sileat *SNMUR*[1]*TV* : sibi liceat *R* [2] ‖ conari *SMURTV* : -nati *N* ‖ responso *SNM* : -sum *URT* -su *V*.

firent le signal convenu et les habitants de la ville les firent entrer. Une partie des fantassins, affectée aux postes de défense, y resta. Quant aux cavaliers, poussant leur cri de guerre, ils firent irruption dans le camp ennemi[11]. **9.** Au cours de cette action, qui avait surpris l'ennemi, une bonne partie des hommes qui se trouvaient dans le camp se crurent près d'être faits prisonniers.

César met le siège devant Cordoue

4. 1. Après avoir dépêché ces renforts à Ulia, pour amener Pompée à lever le siège[1], César se dirigea vers Cordoue[2]. En cours de route il envoya en avant des hommes valeureux, des soldats de l'infanterie lourde, accompagnés de la cavalerie. **2.** Dès que la ville s'offrit à leur vue[3], ils montèrent à cheval, ce dont les Cordouans ne pouvaient nullement se rendre compte. A leur approche une force considérable sortit de la ville pour tailler en pièces les cavaliers ; mais les soldats de l'infanterie lourde, que nous avons mentionnés plus haut, mirent pied à terre et livrèrent un grand combat : de la force innombrable seuls quelques hommes purent se réfugier dans la ville. **3.** Aussi la crainte poussa-t-elle Sextus Pompée à écrire à son frère, lui demandant de venir en hâte à son secours pour empêcher César de prendre Cordoue avant son arrivée. **4.** Alors, Cn. Pompée[4], qui était sur le point de prendre Ulia[5], appelé par la lettre de son frère, se mit en route avec toutes ses troupes[6].

5. 1. Quand César arriva au Bétis[1], le fleuve étant trop profond[2] pour le traverser, il y fit jeter des gabions rem-

sent, signo dato ab oppidanis sunt recepti ; et pedites [equites clamore facto] dispositi partim ibi remanserunt, equites clamore facto eruptionem in aduersariorum castra fecerunt. **9.** Sic in illo facto, cum inscientibus accidisset, existimant [prope] magna pars hominum, qui in his castris fuissent, se prope captos esse.

4. 1. Hoc misso ad Vl*i*am praesidio Caesar, ut Pompeium ab ea oppugnatione deduceret, ad Cordubam contendit exque itinere loricatos uiros fortis cum equitatu ante praemisit. **2.** Qui simul in conspectum oppidi se dederunt, cum equis recipiuntur, hoc a Cordubensibus nequaquam poterat animaduerti. Appropinquantibus ex oppido bene magna multitudo ad equitatum concidendum cum exissent, loricati, ut supra scripsimus, ex equis descenderunt et magnum proelium fecerunt, sic uti ex infinita hominum multitudine pauci in oppidum se reciperent. **3.** Hoc timore adductus Sex. Pompeius litteras fratri misit ut celeriter sibi subsidio ueniret, ne prius Caesar Cordubam caperet quam ipse illo uenisset. **4.** Itaque Cn. Pompeius Vlia propre capta litteris fratris excitus cum < omnibus > copiis ad Cordubam iter facere coepit.

5. 1. Caesar, cum ad flumen Baetim uenisset neque propter altitudinem fluminis transire posset, lapidibus

8 et *om. N* || equites — facto *secl. Nipperdey* || dispositi *N* : -tis *SMURTV* || castra *N* : -tris *SMURTV* || **9** accidisset N^2 : -disse SN^1 *MURTV* || existimant *SURTV* : -mabant *NM* || prope *secl.* Kraner || fuissent *R* :-set *SNMUTV*.

4. 1 ea *om. R* || exque *MURTV* : ex quo *SN* || **2** se dederunt *MUR* : sederunt *SNTV* || bene *MURTV* : pene *SN* || sic uti *MURTV* : sic ut *SN* || **4** cn. pompeius *MUR* : facit ut *SNTV* (*uid. adnot.*) || omnibus *add. Bœhm* (*uid. adnot.*).

5. 1 transire *MUR* : ire *SNTV* || posset *SNMURT* : -tuisset *V* || plenos corbes S^2N : p. corboes S^1 corbes p. *MURTV*.

plis de pierres[3], sur lesquels il fit placer des poutres ; ainsi il construisit un pont[4] et y fit passer ses troupes, après les avoir divisées en trois corps[5], pour établir son camp. **2.** Il occupait le terrain en face de la ville, à l'opposé du pont, l'armée étant divisée en trois corps, comme nous l'avons mentionné plus haut. Quand Pompée y fut arrivé[6] avec ses troupes, opérant de la même façon, il installa son camp en face[7]. **3.** Pour le couper de la ville et de son ravitaillement, César fit construire une ligne de fortification[8] jusqu'au pont[9] ; Pompée opéra de même. **4.** Ce fut alors une lutte de vitesse entre les deux généraux : c'était à qui occuperait le premier le pont. Cette lutte[10] donnait lieu à des escarmouches quotidiennes, dont tantôt les uns tantôt les autres sortaient vainqueurs. **5.** Puis elle prit une tournure plus sérieuse : ils engagèrent un combat au corps à corps, chacun s'efforçant avec acharnement de tenir sa position ; ils formaient une mêlée près du pont et, quand, en approchant des rives du fleuve, ils se trouvaient serrés dans un espace étroit, ils y étaient précipités. **6.** Alors, des deux côtés, non seulement on entassait mort sur mort, mais les tombes étaient aussi hautes que des tertres[11]. **7.** Ainsi, pendant plusieurs jours, César chercha par tous les moyens possibles à amener l'adversaire en terrain plat et à livrer le combat décisif le plus vite possible.

César met le siège devant Ategua

6. 1. Quand il s'aperçut que ses adversaires y tenaient fort peu, de la même façon qu'il leur avait fait quitter le siège d'Ulia[1], pour les attirer en terrain plat[2], il fit passer le fleuve à ses troupes et, de nuit[3], fit allumer de grands feux[4]. Il se

plenos corbes demisit ; [ita] insuper < * ponit trabes. Ita > ponte facto copias ad castra tripertito transduxit. **2.** Tenebat aduersum oppidum e regione ponti*s* [trabes], ut supra scripsimus, tripertito. Hoc cum Pompeius cum suis copiis uenisset, ex aduerso pari ratione castra ponit. **3.** Caesar, ut eum ab oppido commeatuque excluderet, brachium ad pontem ducere coepit ; pari *it*em condicione Pompeius. **4.** Hic inter duces duos fit contentio uter prius pontem occuparet ; ex qua contentione cotidiana minuta proelia fiebant, ut modo hi nonnumquam illi superiores discederent. **5.** Quae res cum ad maiorem contentionem uenisset, ab utrisque comminus pugna ini*ta,* dum cupidius locum student tenere, propter pontem coagulabant, fluminis ripas a*p*propinquantes coangustati praecipitabantur. **6.** Hic alter*n*is non solum morti mortem aggerabant, sed tumulos tumulis exaequabant. **7.** Ita diebus compluribus cupiebat Caesar, si qua condicione posset, aduersarios in aequum locum deducere et primo quoque tempore de bello decernere.

6. 1. Id cum animaduerteret aduersarios minime uelle, quos, quoniam ab *Vl*ia retraxerat, ut in aequum deduceret, copiis flumine traductis noctu iubet ignes fieri magnos ;

1 demisit *V* : di- *SNMURT* || ponit trabes *post* regione (2) *habent SNMURTV*, *huc transp. Fleischer* : posuit *coni. Klotz* || ita *transp. Fleischer* || **2** pontis *Fleischer* : ponit *SNMURTV* || trabes cf. § 1 || tripertito *V* : bi- *SNMURT* || hoc *MURT* : huc *SNV* || cum suis *SN* : suis *MURTV* || **3** item *Fleischer* : idem *MUR* dem *T* denique *SN om. V* || **4** hic *MURTV* : hic facit *S* id f. *N* || **5** inita *recc.* : iniqua *SNMURTV* || appropinquantes *edd.* : acpro- *MURTV* ut propinquantes *S* et pro- *N* || **6** alternis *recc.* : -rius *SMURTV* alteri alteris *N* || aggerabant *SN* : exag- *MURTV* || **7** decernere *SNMU*[2] *RTV* : -certare *U*[1].

6. 1 *post* uelle *lacunam susp. Klotz* (*uid. adnot.*) || quos *om. V* || ab ulia *Ciacconius* : auia *SNMURTV* || ut *om. SN.*

dirige ainsi vers Ategua, leur forteresse la mieux défendue[5]. **2.** Pompée en fut informé par des déserteurs ; dès qu'il en eut la possibilité il fit revenir, à travers défilés et montagnes, bon nombre de chariots et ses nombreux mercenaires[6] et se replia près de Cordoue[7]. **3.** César entreprit les travaux de siège devant Ategua et l'entoura de lignes de fortification[8]. Dès qu'un courrier en eut informé Pompée, il se mit en route le jour même. En prévision de son arrivée, César, pour sa défense, avait occupé plusieurs fortins[9], pour que des troupes placées en avant-poste, dans les uns des cavaliers, dans les autres des fantassins, puissent y monter la garde[10] et assurer la protection de ses lignes[11]. Mais il se trouva qu'au matin, à l'arrivée de Pompée[12], il y avait un brouillard très épais[13]. **4.** Ainsi, à la faveur de l'obscurité, avec plusieurs cohortes et escadrons, l'ennemi cerne les cavaliers de César et les taille en pièces : c'est à peine si quelques hommes échappèrent au massacre.

7. 1. La nuit suivante, Pompée brûla son camp[1], traversa le Salsum[2] et, passant par des vallons, établit son camp sur une hauteur entre Ategua et Ucubis[3]. **2.** César, parmi les travaux de fortification et les autres préparatifs nécessaires au siège de la ville, fit commencer la construction de la terrasse[4] et des baraques d'approche. **3.** Cette région

ita firmissimum eius praesidium Ate*g*uam proficiscitur. **2.** Id cum Pompeius ex perfugis rescisset, qua die facultatem < est nactus, per montes > et angustias carra complura multosque lanistas retraxit et ad Cordubam se recepit. **3.** Caesar munitionibus Ate*g*uam oppugnare et brachia circumducere coepit. Cui*us* *r*e Pompeio cum nuntius esset allatus, eo die proficiscitur. Cuius in aduentum praesidii causa Caesar < cum > complura castella occupasset, partim ub*i* equitatus partim ubi pedestres copiae in statione, in excubitu castris praesidio esse possent, hic in aduentu Pompei incidit ut matutino tempore nebula esset crassissima. **4.** Ita illa obscuratione cum aliquot cohortibus et equitum turmis circumcludunt Caesaris equites et concidunt, sic ut uix in ea caede pauci effugerent.

7. 1. Insequenti nocte castra sua incendit Pompeius et trans flumen Salsum per conualles castra inter duo oppida Ateguam et Vcubi*m* in monte constituit. **2.** Caesar in munitionibus ceterisque quae ad oppidum < oppugnandum > opus fuerunt aggerem uineasque agere instituit.

1 firmissimum...praesidium *SNMURT* : -mo... -dio *V* ‖ ateguam *MURTV* : ad teguiam *S* ad teguam *N* ‖ **2** est nactus, per montes *add. Pascucci* ‖ multosque lanistas *N* : m. -nystas *S* m. lonystos *M* (*ubi supra lineam legitur* seruos) m. loni- U^{1} *TV* m. lani- U^{2} *R* mulosque onustos *coni. Nipperdey* ‖ **3** munitionibus *MURTV* : -tiones *SN* ‖ ateguam *Aldus* : antequam *MURTV* antiquas *SN* ‖ oppugnare et *SN* : oppugnaret *MURTV* ‖ cuius re *Klotz* (rei *Stephanus*) : cui de *SNURV* cui cum de *MT* ‖ cum *ante* nuntius *om. T* ‖ cum complura *Pascucci* : complura *SMURTV* cum plura *N* ‖ ubi *recc.* : sub *SNMURTV* ‖ equitatus *STV* : -tatu *NMUR* ‖ pedestres *SN* : -tris *MURTV* ‖ copiae *N* : -pias *SMURTV* ‖ hic *SMURTV* : hoc *N* ‖ pompei *MURTV* : caesaris *SN* ‖ *post* incidit *add.* pompei *S* pompeio *N* ‖ **4** et equitum *SNURTV* : equitumque *N*.

7. 1 ateguam *SNMURT* : a tegua *V* ‖ et ucubim *recc.* : et ucumbi *SN* etuc ubi *M* et ucubi *URTV* ‖ **2** ceterisque quae *SMURTV* : ceteris quaeque *N* ‖ oppugnandum *add. Kraner* ‖ agere *SNMRTV* : aggere *U*.

est accidentée et élevée pour des opérations militaires[5] ; elle est coupée dans la plaine par le Salsum, qui, toutefois, coule tout près d'Ategua. C'est à environ deux mille pas[6] de ce côté de la ville[7], sur les hauteurs, que Pompée avait installé son camp, en vue des deux villes, et pourtant il n'osa pas venir au secours de ses partisans. **4.** Il disposait des aigles et des enseignes[8] de treize légions[9], mais parmi celles sur lesquelles il pensait pouvoir compter il n'y avait que les deux – la légion Vernacula et la seconde – qui avaient déserté l'armée de Trebonius[10], une autre constituée de colons établis dans cette région et une quatrième, celle d'Afranius que Pompée avait ramenée d'Afrique avec lui. **5.** Les autres étaient formées de fugitifs et d'auxiliaires. Quant à l'infanterie légère[11] et à la cavalerie, les nôtres étaient largement supérieurs en valeur et en nombre.

Topographie de la Bétique. César occupe Castra Postumiana

8. 1. Pompée avait aussi une autre raison[1] de faire durer les hostilités : cette région accidentée est très propice à la fortification d'un camp. **2.** Par ailleurs, la quasi totalité de l'Espagne ultérieure, en raison de la fertilité de son sol, n'offre pas les ressources nécessaires à un siège, ce qui en fait une entreprise difficile, et ne présente pas beaucoup de points d'eau[2]. **3.** D'autre part, en raison des fréquentes razzias des barbares[3], tous les hameaux éloignés des villes[4] y sont défendus par des tours et des fortifications[5] ; comme en Afrique[6] leur toit est couvert de mortier[7] et non de tuiles. En même temps, ils y maintiennent des postes de guet dont la hauteur permet de voir au loin dans toutes les directions. **4.** Par ailleurs, une grande

3. Haec loca sunt montuosa et natura edita ad rem militarem ; quae planitie diuiduntur Salso flumine, proxime tamen Ateguam ut flumen sit. Circiter passus duo milia ex ea regione oppidi in montibus castra habuit posita Pompeius in conspectu utrorumque oppidorum neque suis ausus est subsidio uenire. **4.** Aquilas et signa habuit XIII legionum ; sed ex quibus aliquid firmamenti se existimabat habere duae fuerunt, Vernacula e*t* <secunda>, quae a Trebonio transfugerant, una facta ex colonis qui fuerunt in his regionibus, quarta fuit Afraniana ex Africa quam secum adduxerat ; **5.** reliquae ex fugitiuis auxiliar*ibusque* consistebant. Nam de leui armatura et equitatu longe et uirtute et numero nostri erant superiores.

8. 1. Accedebat hoc ut longius duceret bellum Pompeius, quod loca sunt edita et ad castrorum munitiones non parum idonea **2.** Nam fere totius ulterioris Hispaniae regio propter terrae fecunditatem inopem difficilemque habet oppugnationem et non *nimi*s copiosam aquationem. **3.** Hic etiam propter barbarorum crebras excursiones omnia loca quae sunt ab oppidis remota turribus et munitionibus retinentur ; sicut in Africa rudere, non tegulis teguntur. Simulque in his habent specula*s* et propter altitudinem late longeque prospiciunt. **4.** Item oppidorum

3 edita *SNMURTV* : impedita *coni. Mommsen* || proxime *SMURTV* : -ma *N* || ateguam *MUR* : adte- *SN* atte- *TV* || sit. circiter *dist. Mommsen* || posita pompeius *SNMU*^{2} *RTV* : pompeius p. *U*^{1} || **4** tredecim *SNMURT* : triginta *V* || sed *om. SN* || firmamenti *NMURV* : -ta *ST* || uernacula et secunda *Mommsen* : uernaculae *SNMURTV* (*uid. adnot.*) || colonis *SNV* : -niis *MURT* || qui *SN* : quae *MURTV* || **5** reliquae *MURTV* : -qui *SN* || auxiliaribusque *Klotz* : -liares *SNMURTV* -liariisue *coni. Mommsen* || et numero *om. V*.

8. 1 hoc *MURT* : huc *SNV* || duceret bellum *SN* : b. d. *MURTV* || **2** nimis *Davis* : minus *SNMURTV* || aquationem *SNMURT* : equa- *V* || **3** ab oppidis *SNMUR* : ad o. *T* ab oppidi *V* || speculas *recc.* : -la *SNMURTV* || **4** item *MUR* : idem *SNT* id est *V*.

partie des places de cette province sont, en général, protégées par les montagnes et installées sur des hauteurs naturelles, qui rendent difficiles l'accès comme la montée. **5.** Ainsi les cités d'Espagne sont si bien garanties contre les attaques par leur position naturelle qu'elles ne sont pas faciles à prendre pour un ennemi ; ce qui fut le cas dans cette guerre. **6.** C'est donc entre Ategua et Ucubis, les deux villes mentionnées plus haut, que Pompée avait installé son camp, en vue des deux villes. A environ quatre mille pas de son camp se dressait un tertre assez élevé[8], appelé " Castra Postumiana "[9] ; c'est là que César établit un fortin pour assurer sa protection.

César met Cn. Pompée en déroute aux Castra Postumiana

9. 1. Or, comme ce fortin, situé sur la même chaîne de collines que son camp, était caché par sa position naturelle[1] et se trouvait éloigné du camp de César, Pompée se rendait compte de la difficulté du terrain et pensait que César, qui en était coupé par le Salsum, devant une si grande difficulté du terrain, ne se risquerait pas à descendre lui porter secours. Ainsi, persuadé d'avoir raison[2], il partit à la troisième veille[3] et entreprit d'attaquer le fortin. **2.** Quand ils furent à proximité, soudain, ils se mirent à pousser des cris et à lancer quantité de traits, si bien qu'une grande partie de nos hommes furent blessés. **3.** Après quoi, ces derniers commencèrent à résister depuis le fortin, et un message parvint[4] au camp principal de César, qui partit alors avec trois légions pour

magna pars eius prouinciae montibus fere munita et natura excellentibus locis est constitua, ut simul aditus ascensusque habeat difficiles. **5.** Ita ab oppugnationibus natura loci distinentur, ut ciuitates Hispaniae non facile ab hoste capiantur ; id quod in hoc contigit bello. **6.** Nam cum inter Ateguam et Vcubim, quae oppida supra sunt scripta, Pompeius ut habuit castra constituta in conspectu duorum oppidorum, ab suis castris circiter milia passuum IV grumus est excellens natura, qui appellatur Castra Postumiana ; ibi praesidii causa castellum Caesar habuit constitutum.

9. 1. Quod Pompeius quod eodem iugo tegebatur loci natura et remotum erat a castris Caesaris, animaduertebat loci difficultatem et, quia flumine Salso intercludebatur, non esse commissurum Caesarem ut in tanta loci difficultate ad subsidium mittendum se *de*mitteret. Ita fretus opinione tertia uigilia profectus castellum oppugnare coepit [ut laborantibus succurreret nostri] **2.** Cum appropinquassent, clamore repentino telorumque multitudine iactus facere coeperunt, uti magnam partem hominum uulneribus adficerent. **3.** Quo *f*acto cum ex castello repugnare coepissent maioribusque castris Caesaris nuntius esset allatus, cum III legionibus est profectus < * ut laboranti-

5 distinentur *SMURTV* : deti- *N* || ut... capiantur *MURTV* : et... capiuntur *SN* || id *om. MUR* || **6** ateguam *MURTV* : ante- *SN* || ucubim *MURTV* : ucumbim *SN* || oppida *URTV* : loppida *M* ab oppido *SN* || ut *om. NV* || habuit *SNMURT* : -isset *V* || circiter *om. V* || milia passuum *SNMURT* : mille passus *V* || postumiana *MURTV* : -mana *SN*.

9. 1 pompeius quod *SMURTV* : p. qui *N* || iugo *NMURTV* : iurgo *S* || caesaris *om. R* || salso *MUR* : -sone *SNT* falso *V* || ad *SNMV* : ab *URT* || mittendum *Nipperdey* : commit- *SN* (*qui post* se *transposuit*) *MURTV* || demitteret *Fleischer* : mitteret *SN* [2] (*qui ante* se *transposuit*) *MURTV* commit- *N* [1] || ut - nostri *secl. Nipperdey* || **3** facto *recc* : pacto *SNMURTV* || caesaris *MU* [2] : -ri *SNU* [1] *RTV* || ut - nostris (*post* coepit § 1) *hic transp. et corr.* (nostri *codd.*) *Nipperdey*.

secourir nos hommes en difficulté. Quand il approcha d'eux, les ennemis prirent la fuite et, dans la panique, beaucoup furent tués et plusieurs furent faits prisonniers, entre autres deux centurions ; en outre, beaucoup durent abandonner leurs armes dans leur fuite et on rapporta quatre-vingts boucliers.

Poursuite des opérations autour d'Ategua

10. 1. Le jour suivant, Arguetius[1] arriva d'Italie avec des cavaliers. Il rapporta cinq enseignes qu'il avait prises aux habitants de Saguntia[2]. **2.** (J'ai omis de signaler en son temps que des cavaliers commandés par Asprenas[3] étaient venus d'Italie rejoindre César). Cette nuit-là Pompée brûla son camp et fit mouvement en direction de Cordoue[4]. **3.** Un roi nommé Indo[5], qui avait accompagné la cavalerie avec ses propres troupes, emporté par son ardeur tandis qu'il poursuivait une colonne ennemie, fut capturé et tué par les soldats de la légion Vernacula.

11. 1. Le lendemain nos cavaliers s'éloignèrent sur une bonne distance, en direction de Cordoue, en poursuivant ceux qui apportaient des provisions au camp de Pompée depuis la ville. Cinquante d'entre eux furent capturés avec leurs bêtes de somme et furent conduits à notre camp. **2.** Ce jour-là Q. Marcius[1], un des tribuns militaires de Pompée, fit défection et nous rejoignit. Dans la nuit, à la troisième veille, il y eut un combat très violent aux abords de la ville[2] et les habitants lancèrent quantité de traits enflammés, au point <d'épuiser> toutes les sortes <d'armes de jet> qu'on a coutume d'utiliser pour mettre le feu[3]. **3.** Par la suite, C. Fundanius[4], un chevalier romain, quitta le camp de l'ennemi et nous rejoignit.

bus succurreret > nostri*s*. Et cum ad eos appropinquasset, fuga perterriti multi sunt interfecti, complures capti, in quibus duo < centuriones >. Multi praeterea armis exuti fugerunt, quorum scuta sunt relata LXXX.

10. 1. Insequenti luce Arguetius ex Italia cum equitatu uenit. Is signa Saguntinorum rettulit quinque quae ab oppidanis cepit. **2.** Suo loco praeteritu*m* est quod equites ex Italia cum Asprenate ad Caesarem uenissent. Ea nocte Pompeius castra sua incendit et ad Cordubam uersus iter facere coepit. **3.** Rex nomine Indo qui cum equitatu suas copias adduxerat, dum cupidius agmen aduersariorum insequitur, a uernaculis legionariis exceptus est et interfectus.

11. 1. Postero die equites nostri longius ad Cordubam uersus prosecuti sunt eos qui commeatus ad castra Pompei ex oppido portabant. Ex his capti L cum iumentis ad nostra adducti sunt castra. **2.** Eo die Q. Marcius, tribunus militum qui fuisset Pompei, ad nos transfugit ; et noctis tertia uigilia in oppido acerrime pugnatum est, ignemque multum miserunt sic ut omne genus < telorum consumeretur > quibus ignis per iactus solitus est mitti. **3.** Hoc praeterito tempore C. Fundanius eques Romanus ex castris aduersariorum ad nos transfugit.

3 complures *SNMURT* : quam plures *V* || duo *om. N* || centuriones *add. Oudendorp* || sunt *om. SN*.

10. 2 praeteritum *Davis* : -territus *SNMURTV* || **3** uernaculis *MURTV* : -nariis *SN*.

11. 2 eo die *STV* : eodem die *N* eoque die *M* eo dieque *UR* || fuisset *MURTV* : fuit *SN* || sic ut... mitti *secl. Hoffmann ut glossema* (*uid. adnot.*) || telorum consumeretur *add. H. I. Müller* || quibus *om. T* || **3** transfugit *SNMURV* : conf- *T*.

12. 1. Le lendemain, deux soldats de la légion Vernacula furent capturés par nos cavaliers : ils déclarèrent être des esclaves. **2.** Mais, à leur arrivée, ils furent reconnus par des soldats qui avaient servi auparavant sous les ordres de Fabius et de Pedius[1] <... > comme transfuges de l'armée de Trebonius[2]. On ne leur laissa pas la possibilité d'obtenir leur pardon : ils furent mis à mort par nos hommes. **3.** Le même jour on captura des courriers qui avaient été envoyés de Cordoue à Pompée et étaient arrivés à notre camp par erreur : on les laissa partir, après leur avoir coupé les mains. **4.** Comme de coutume, à la seconde veille, les habitants passèrent beaucoup de temps à lancer des traits enflammés et blessèrent plusieurs de nos hommes. **5.** Quand la nuit fut finie, ils firent une sortie et attaquèrent la sixième légion au moment où nos hommes, occupés au travail, étaient dispersés ; un combat acharné s'engagea. Mais cet assaut fut contenu par les nôtres, bien que les habitants fussent protégés par leur position élevée. **6.** Bien qu'ils[3] eussent fait une sortie, nos adversaires furent repoussés par la vaillance de nos soldats, pourtant désavantagés par leur position inférieure ; criblés de blessures ils se retirèrent dans la ville.

13. 1. Le lendemain, Pompée commença la construction d'une ligne de fortification depuis son camp jusqu'au Salsum. Et quelques-uns de nos cavaliers, qui se trouvaient dans un avant-poste, furent surpris par l'ennemi, supérieur en nombre : ils furent délogés de leur position et trois d'entre eux furent tués. **2.** Ce jour-là, A.Valgius[1], un fils de sénateur, dont le frère était dans le camp de Pompée, laissant tous ses bagages, enfourcha son cheval et s'enfuit. **3.** Un espion de la seconde légion de Pompée[2] fut capturé par nos soldats et exécuté. Le même jour, une balle de plomb fut envoyée, avec le message suivant[3] :

12. 1. Postero die ex legione Vernacula milites sunt capti ab equitibus nostris duo qui dixerunt se seruos esse. **2.** Cum uenirent cogniti sunt a militibus qui antea cum *F*abio et Pedio fuerant <…> et a Trebonio transfugerant. Eis ad ignoscendum nulla facultas est data et a militibus nostris interfecti sunt. **3.** Idem temporis capti tabellarii qui a Corduba ad Pompeium missi erant perperamque ad nostra castra peruenerant, praecisis manibus missi sunt facti. **4.** Pari consuetudine uigilia secunda ex oppido ignem multum telorumque multitudinem iactando bene magnum tempus consumpserunt compluresque uulneribus adfecerunt. **5.** Praeterito noctis tempore eruptionem ad legionem VI fecerunt, cum in opere nostri distenti essent, acriterque pugnare coeperunt ; quorum uis repressa a nostris, etsi oppidani superiore loco defendebantur. **6.** *Hi* cum eruptionem facere coepissent, tamen uirtute militum nostrorum qui etsi inferiore loco premebantur, tamen repulsi aduersarii bene multis uulneribus adfecti in oppidum se contulerunt.

13. 1. Postero die Pompeius ex castris suis brachium coepit ad flumen Salsum ; et cum nostri equites pauci in statione fuissent a pluribus reperti, de statione sunt deiecti et occisi tres. **2.** Eo die A. Valgius senatoris filius, cuius frater in castris Pompei fuisset, omnibus suis rebus relictis equum conscendit et fugit. **3.** Speculator de legione II Pompeiana captus a militibus et interfectus ; idemque temporis glans missa est inscripta : quo die ad

12. 2 fabio *Glandorp* : habio *SN* babio *MT* babibio *UR* bauio *V* ‖ *post* fuerant *lacunam ind. Kübler* ‖ a trebonio *N* : treb. *SMURTV* ‖ **4** compluresque *SNMURT* : quam pluresque V ‖ **5** noctis tempore N^2 *MUR* t. n. *TV* nostri t. SN^1 ‖ nostris SN^2MURT : nobis N^1 ‖ **6** Hi *Davis* :.L. *SNMURTV* (*uid. adnot.*).

13. 3 interfectus *SNUTV* : interfectus est *MR*.

“ le jour où vous monterez à l'assaut de la ville je déposerai mon bouclier. ”[4] **4.** Ce qui souleva chez certains l'espoir de pouvoir sans danger escalader le rempart et s'emparer de la ville et, le lendemain, ils commencèrent un ouvrage de siège près du rempart ; ils détruisirent une grande partie de la première enceinte <... >[5] **5.** Après quoi, sans avoir subi aucune violence de la part des habitants, comme s'ils étaient de leur parti <... >[6] et ils le priaient d'accorder la libre sortie aux troupes d'infanterie lourde à qui Pompée avait confié la garde de la ville. César leur répondit qu'il avait coutume d'imposer ses conditions et non d'en recevoir[7]. **6.** Quand, à leur retour dans la ville, ils eurent rapporté cette réponse, les habitants poussèrent leur clameur d'attaque, lancèrent toutes sortes de projectiles et se mirent à combattre sur tout le pourtour de l'enceinte, si bien que dans nos lignes, une bonne partie des hommes ne doutèrent pas qu'ils feraient une sortie ce jour-là. **7.** Un cordon de troupes fut donc disposé autour des remparts et la lutte fut quelque temps extrêmement vive ; dans ce combat un boulet lancé d'une baliste par nos hommes[8] renversa une tour[9] : cinq de nos adversaires qui s'y trouvaient furent précipités à terre ainsi qu'un jeune garçon qui avait l'habitude de surveiller la baliste[10].

les Pompéiens attaquent un avant-poste de César; ils sont repoussés

14. 1. <Quelque temps après[1]> Pompée établit un fortin[2] sur l'autre rive du Salsum, sans que les nôtres l'en empêchent et, dans sa présomption, il se glorifia, à tort, d'avoir occupé une position quasiment sur notre terrain. **2.** De même, le jour suivant, selon son habitude, il poussa plus avant jusqu'à un avant-poste tenu par nos cavaliers. Quelques escadrons avec des troupes

oppidum capiundum accederent, se scutum esse positurum. **4.** Qua spe nonnulli, dum sine periculo murum ascendere et oppido potiri posse se sperant, postero die ad murum opus facere coeperunt et bene magna prioris muri parte deiecta <…> **5.** Quo facto ab oppidanis, acsi suarum partium essent, conseruati <…> missos facere loricatos, qui praesidii causa praepositi oppido a Pompeio essent, orabant. Quibus respondit Caesar se condiciones dare, non accipere consueuisse. **6.** Qui cum in oppidum reuertissent, relato responso clamore sublato omni genere telorum emisso pugnare pro muro toto coeperunt ; propter quod fere magna pars hominum, qui in castris nostris essent, non dubitarunt quin eruptionem eo die essent facturi. **7.** Ita corona circumdata pugnatum est aliquamdiu uehementissime, simulque balista missa a nostris turrem deiecit, qua aduersariorum, qui in ea turre fuerant, quinque deiecti sunt et puer, qui balistam solitus erat obseruare.

14. 1. † Eius praeteriti temporis † Pompeius trans flumen Salsum castellum constituit neque a nostris prohibitus falsaque illa opinione gloriatus est, quod prope in nostris partibus locum tenuisset. **2.** Item insequenti die eadem consuetudine dum longius prosequitur, quo loco equites nostri stationem habuerant, aliquot turmae cum leui armatura impetu facto loco sunt deiecti et propter paucitatem nostrorum equitum simul cum leui armatura

3 capiundum *SUR* : -endum *NTV* capi *M* ‖ **4** parte *MURTV* : -tis *S* pars *N* ‖ *post* deiecta *lacunam ind. edd.* : in oppidum intrauerunt *coni. Klotz* ‖ **5** *post* conseruati *lacunam ind. edd.* ‖ **6** qui *SN* : illi *MUR* ibi *TV* ‖ essent *SMURTV* : erant *N*.

14. 1 eius praeteriti temporis *MURTV* : e. p. tempompeius *S* eo praeterito tempore *N* eius diei praeterito tempore *coni. Nipperdey* ‖ **2** habuerant *SNMURT* : -runt *V* ‖ simul *recc.* : simulque *SNMURTV*.

d'infanterie légère furent attaqués et délogés de leur position, et, en raison de leur infériorité numérique, les cavaliers comme l'infanterie légère furent piétinés par les escadrons ennemis. **3.** Ce combat se déroulait en vue des deux camps et les Pompéiens éaient d'autant plus triomphants qu'ils avaient poursuivi assez loin[3] les nôtres dans leur retraite. **4.** Cependant, quand ces derniers eurent reçu le renfort de nos hommes en terrain favorable[4] et que, avec la même vaillance que de coutume, ils eurent poussé leur cri de guerre, l'ennemi se déroba au combat.

La garnison massacre les partisans de César à Ategua

15. 1. Généralement, à l'armée un combat de cavalerie se déroule de la façon suivante : quand un cavalier descend de cheval pour se battre et affronte un fantassin, ses chances ne sont pas du tout égales ; il en fut ainsi dans ce combat[1]. **2.** Des fantassins légers d'élite étaient venus participer à l'attaque, prenant nos cavaliers à l'improviste ; quand, en plein combat, ils s'en furent aperçus, plusieurs de nos hommes descendirent de cheval. **3.** Ainsi, momentanément, le cavalier combattit en fantassin et le fantassin en cavalier[2] et, finalement, nos hommes taillèrent l'ennemi en pièces tout près de la palissade[3]. **4.** Dans ce combat l'ennemi perdit cent vingt-trois hommes, et parmi ceux qui furent repoussés dans leur camp[4], plusieurs avaient été dépouillés de leur armes, beaucoup étaient blessés. **5.** Parmi nos hommes il y eut trois morts et douze fantassins blessés, ainsi que cinq cavaliers[5]. **6.** Dans la suite de la journée, conformément à une vieille habitude, un combat s'engagea devant les remparts. Après avoir lancé quantité de projectiles et de traits enflammés contre nos hommes, qui se défendaient, l'ennemi en vint à commettre un crime abominable, atroce : sous nos yeux ils se

inter turmas aduersariorum protriti. **3.** Hoc in conspectu utrorumque castrorum gerebatur, et maiore Pompeiani exultabant gloria longius quod nostris cedentibus prosequi coepissent. **4.** Qui cum *ae*quo loco a nostris recepti essent, ut consuessent ex simili uirtute clamore facto, auersati sunt proelium facere.

15. 1. Fere apud exercitus haec est equestris proelii consuetudo : cum eques ad dimicandum dimisso equo cum pedite congreditur, nequaquam par habetur ; id quod accidit in hoc proelio. **2.** Cum pedites leui armatura electi ad pugnam equitibus nostris necopinantibus uenissent, idque in proelio animaduersum esset, complures ex equis descenderunt. **3.** Ita exiguo tempore eques pedestre, pedes equestre proelium facere coepit, usque eo ut caedem proxime a uallo fecerint. **4.** In quo proelio aduersariorum ceciderunt CXXIII, compluresque armis exuti, multi uulneribus adfecti in castra sunt redacti. **5.** Nostri ceciderunt III, saucii XII pedites et equites V. **6.** Eius diei insequenti tempore pristina consuetudine pro muro pugnari coeptum est. Cum bene magnam multitudinem telorum ignemque nostris defendentibus iniecissent, nefandum crudelissimumque facinus sunt agressi in conspectuque nostro hospites qui in oppido erant iugulare et de muro praecipites mittere coeperunt, sicuti apud bar-

3 utrorumque *SNMURV* : utrorum *T* || longius quod *Way* : l. quoduae *S* l. quodue *N* longiusque *MURTV* || **4** aequo *Lipsius* : aliquo *SNMURTV* || auersati *SURTV* : adu- *NM*.

15. 1 fere *SNMURT* : ferre *V* || proelio *SNMURTV* : certamine *N* || **2** armatura electi *N* : -rae lecti *S* -ra lecti *MURTV* || **3** pedestre *SNMUR* : -tres *TV* || fecerint *SMURV* : fecerunt *T* facerent *N* || **5** saucii *SNMURT* -ciati *V* || **6** insequenti *MURTV* : sequenti *SN* || pugnari *SMURTV* : proeliari *N* || iniecissent *N*[2] *MURTV* : -cisset *SN*[1].

mirent à égorger[6] leurs hôtes[7], qui se trouvaient dans la ville, et à les précipiter du haut des remparts, comme chez les barbares ; de mémoire d'homme on n'avait jamais commis un tel forfait.

César repousse une sortie des assiégés

16. 1. A la fin de la journée, les Pompéiens, à l'insu des nôtres, envoyèrent un courrier portant l'ordre d'incendier nos tours et notre terrasse et, la nuit même, de faire une sortie à la troisième veille. **2.** Ainsi, après avoir brûlé une grande partie des ouvrages de siège en jetant une grêle de projectiles et de traits enflammés, ils ouvrirent la porte qui faisait face au camp de Pompée, à portée de vue, et firent une sortie en y jetant toutes leurs forces. Ils avaient emporté avec eux des matelas[1] pour combler les fossés et des crochets pour détruire, avant de les incendier, les cabanes couvertes de chaume que les nôtres avaient construites en guise de quartiers d'hiver ; ils avaient aussi emporté des objets d'argent et des vêtements pour pouvoir massacrer nos hommes pendant qu'ils seraient occupés à faire du butin[2], puis se replier derrière les lignes de Pompée. Celui-ci, pensant qu'ils pourraient mener à bien cette entreprise, resta toute la nuit en formation de combat, de l'autre côté du Salsum[3]. **3.** Bien que cette action eût surpris les nôtres, confiants dans leur vaillance, ils repoussèrent nos adversaires, leur infligèrent de nombreuses blessures et les refoulèrent dans la place ; ils s'emparèrent de leur butin et de leurs armes et capturèrent quelques hommes, qui furent exécutés le lendemain. **4.** Le même jour, un déserteur arriva de la ville, rapportant que Junius[4], qui se trouvait dans une galerie, après le massacre des habitants, s'était écrié qu'ils avaient commis un acte abominable et criminel ; ils n'avaient rien fait pour mériter un tel châti-

baros ; quod post hominum memoriam numquam est factum.

16. 1. Huius diei extremo tempore a Pompeianis clam [ad] nostros tabellarius est missus, ut ea nocte turres aggeremque incenderent et tertia uigilia eruptionem facerent. **2.** Ita igne telorumque multitudine iacta cum bene magnam partem mu*nitionum* consumpsissent, portam, quae e regione et in conspectu Pompei castrorum fuerat, aperuerunt copiaeque totae eruptionem fecerunt secumque extulerunt culc*i*tas ad fossas complendas et harpagones ad casas, quae stramenticiae ab nostris hibernorum causa aedificatae erant, diruendas et incendendas, praeterea argentum, uestimenta ut, dum nostri in praeda detinentur, illi caede facta ad praesidia Pompei se reciperent ; nam quod existimabat eos posse conat*a* efficere, nocte tota ultra *sta*bat flumen Salsum in acie. **3.** Quod factum licet necopinantibus nostris esset gestum, tamen uirtute freti repulsos multisque uulneribus adfectos oppido represserunt, praedam armaque eorum sunt potiti uiuosque aliquos ceperunt ; qui postero die sunt interfecti. **4.** Eodemque tempore transfuga nuntiauit ex oppido Iunium, qui in cuniculo fuisset, iugulatione oppidanorum facta clamasse facinus se nefandum et scelus fecisse : nam eos nihil meruisse quare tali poena adficerentur, qui eos ad aras et focos suos recepissent, eosque

6 memoriam *NMURTV* : -riae *S*.

16. 1 ad *secl. edd.* || **2** munitionum *Pascucci* : muri *SNMURTV* noctis *coni. Fleischer et alii alia* || copiaeque *MURTV* : copiae qua *SN* || culcitas *ego praeeunte Jal* : culcatas *MUR* calc- *SN* cultatas T^2V -tates T^1 uirgulta crates *coni. Nipperdey (uid. adnot.)* || conata *Klotz* : -tu *SNMURTV* || stabat *Koch* : ibat *SNMURTV* || **3** licet *SN* : et *MURTV* || praedam armaque *SMUTV* : praedaque armisque *N* praeda armisque *R* || **4** iunium *SMURTV* : uinium *N* unum *coni. Mommsen* || qui *NMURTV* : quin *S* || meruisse *MURTV* : inuenisse *SN*.

ment, ces gens qui leur avaient accordé la protection de leurs autels et de leurs foyers ; ils avaient souillé d'un crime les lois de l'hospitalité. Il avait ajouté beaucoup d'autres choses. **5.** Impressionnés par ces paroles, ils ne commirent plus d'autre massacre.

Offre de reddition de Tullius

17. 1. Le lendemain[1], Tullius vint en qualité d'ambassadeur[2] avec Caton le Lusitanien[3], et il parla ainsi devant César : « Si seulement les dieux immortels m'avaient permis d'être un de tes soldats plutôt qu'un soldat de Pompée[4] et de montrer courage et fermeté dans ta victoire et non dans sa défaite ! **2.** Mais, puisque son funeste prestige nous a réduits à la condition de citoyens romains privés de toute protection, et que, dans le deuil et la ruine de notre patrie, nous sommes considérés comme des ennemis[5], nous qui n'avons pas joué les premiers rôles quand le sort des armes lui fut favorable, ni les seconds quand il lui fut contraire[6], nous qui avons tant de fois soutenu à grand peine l'assaut de tes légions, nous qui, dans des opérations de jour et de nuit, avons été exposés régulièrement aux coups d'épée et aux traits, abandonnés et trahis par Pompée, vaincus par ta vaillance, nous te demandons, dans ta clémence[7], de garantir notre salut et nous te prions < de nous accorder la vie ». **3.** César répondit : > « Tel je me suis montré envers des étrangers[8], tel je me montrerai envers des citoyens qui se rendent[9] ».

hospitium scelere contaminasse ; multa praeterea dixisse. **5.** Qua oratione deterritos amplius iugulationem non fecisse.

17. 1. Ita postero die Tullius legatus cum Catone Lusitano uenit et apud Caesarem uerba fecit : « Vtinam quidem dii immortales fecissent ut tuus potius miles quam Cn. Pompei factus essem et hanc uirtutis constantiam in tua uictoria, non in illius calamitate praestarem ! **2.** Cuius funestae laudes quoniam ad hanc fortunam reciderunt ut ciues Romani indigentes praesidii, et propter patriae luctuosam perniciem d*uc*imur hostium numero qui neque in illius prospera acie primam fortunam neque in aduersa secundam obtinuimus, ui*x* t*u*ar*u*m legionum tot impetus sustentantes, nocturnis diurnisque operibus gladiorum ictus telorumque missus ex*cep*tantes, *rel*icti et deserti a Pompeio, tua uirtute superati salutem a tua clementia deposcimus petimusque ut < uitam nobis concedas ». **3.** Quibus Caesar respondit : > « qualem gentibus me praestiti, similem in ciuium deditione praestabo ».

5 deterritos *SN* : -ritus *MRT* deteritus *U* perterritus *V*.

17. 1 fecit *SNMURT* : facit *V* || quidem dii immortales *SNURT* : q. i. d. *M* d. q. i. *V* || **2** reciderunt *SNURTV* : redierunt *M*. || ut *SNMURT* : in *V* || c. r. *i-e.* ciues romani *SNURTV* : consules r. *M* || ducimur *Koch* : dedimur *SNMURTV* demur coni. *Fleisher* || prospera *MURT* : prima *V om. SN* || uix tuarum *Fleischer* : uictoriam qui *SNMURTV* || sustentantes *SMURTV* : -tates *N* || nocturnis diurnisque *SMURT* : nocturnisque diurnis *N* d. nocturnisque *V* || exceptantes *Dinter* : exspectantes *SNMURTV* || relicti *Nipperdey* : uicti *SNMURTV* || petimusque *S*^{2}*NMUR* : petimus *S*^{1}*TV* || ut *SNTV* : et *MU*^{1}*R om. U*^{2} || uitam — respondit *add. Klotz* || **3** qualem *SNURTV* : qualem ait *M* || me praestiti *SMURT* : te praestitisti *N* me p. *V* || praestabo *SMURTV* : -stes *N*.

Défections dans le camp de Pompée. Il renonce à secourir Ategua

18. 1. César renvoya les émissaires et, quand ils furent arrivés devant la porte de la ville, Ti. Tullius < s'arrêta > et ne suivit pas Caton, qui était rentré[1] ; ce dernier revient à la porte et l'empoigne. **2.** Dès qu'il se rendit compte de ce qui se passait[2], Tiberius tira son poignard[3] et transperça la main de Caton. C'est ainsi qu'ils se réfugièrent auprès de César[4]. **3.** Le même jour, un porte-enseigne de la première légion déserta et nous révéla que le jour du combat de cavalerie trente-cinq hommes de son manipule avaient péri[5], mais qu'ils n'avaient pas été autorisés à en porter la nouvelle au camp de Cn. Pompée ni même à mentionner la moindre perte. **4.** Un esclave dont le maître se trouvait dans le camp de César – il avait laissé sa femme et son fils dans la ville – assassina son maître et, à l'insu des troupes de César, passa au camp de Pompée[6]. <... > et il[7] envoya un message attaché à une balle de plomb, informant César des préparatifs de défense de la ville. **5.** Ainsi quand le message eut été reçu et que l'homme qui avait coutume[8] d'envoyer une balle de plomb porteuse d'un message fut revenu dans la ville[9] <... > **6.** Plus tard, deux Lusitaniens – deux frères – qui avaient déserté rapportèrent[10] que Pompée avait harangué ses troupes : puisqu'il ne pouvait venir au secours de la ville, à la faveur de la nuit qui les déroberait à la vue de l'ennemi, ils devaient se retirer en direction de la mer. Un homme avait rétorqué qu'il ferait mieux de descendre dans la plaine et d'engager le combat plutôt que de donner le signal de la fuite. Celui qui avait tenu ces propos avait été assassiné.

18. 1. Remissis legatis, cum ad portam uenissent, < constitit > Ti. Tullius et cum introeuntem Caton*em* insecutus non esset, reuertit ad portam et hominem apprehendit. **2.** Quod Tiberius cum fieri animaduertit, s*i*m*u*l pugionem eduxit et manum eius incidit. Ita refugerunt ad Caesarem. **3.** Eodemque tempore signifer de legione prima transfugit et innotuit, quo die equestre proelium factum esset, suo signo perisse homines XXXV neque licere castris Cn. Pompei nuntiare neque dicere perisse qu*e*mquam. **4.** Seruus, cuius dominus in Caesaris castris fuisset (uxorem et filium in oppido reliquerat), dominum iugulauit et ita clam a Caesaris praesidiis in Pompei castra discessit <...> et indicium glande scriptum misit, per quod certior fieret Caesar quae in oppido ad defendendum compararentur. **5.** Ita litteris acceptis, cum in oppidum reuertisset qui mittere glandem inscriptam solebat <...> **6.** Insequenti tempore duo Lusitani fratres transfugae nuntiarunt Pompeium contionem habuisse : quoniam oppido subsidio non posset uenire, noctu ex aduersariorum conspectu se deducerent ad mare uersum ; unum respondisse ut potius ad dimicandum descenderet quam signum fugae ostenderet ; eum qui ita locutus esset iugu-

18. 1 constitit *add. Klotz*, introiit *coni. Way* (*uid. adnot.*) ‖ et *om. N* ‖ cum *SNRTV* : eum *MU* ‖ catonem *Mommsen* : c. antonius *SNMURT* caesar ant. *V* catonem ant. *coni. Way* ‖ reuertit *SMURT* : reuersus est *N* reuertitur *V* ‖ **2** simul *recc.* : semel *SNMURTV* ‖ eduxit et *SNR* : eduxisset *MUV* et *om. T* ‖ **3** eodemque *SNMURT* : eodem *V* ‖ innotuit *SN* : non timuit *MURTV* ‖ licere *N* : -ret *SMURTV* ‖ nuntiare *SMURTV* : -ri *N* ‖ dicere *SMURTV* : -ci *N* ‖ quemquam *edd.* : quamquam *SNMUT* quamque *R* quaquam *V* ‖ **4** seruus *MUR* : -uos *SNTV* ‖ cuius *SMURTV* : quorum *N* ‖ filium *SNMURV* : -lios *T* ‖ dominum *SN*[1] *MURTV* : -nam *N*[2] ‖ *post* discessit *lacunam ind. Klotz* ‖ **5** reuertisset *MURTV* : -sent *S* reuersi essent *N* ‖ solebat *Nipperdey* : -bant *SNMURTV* ‖ *post* solebat *lacunam ind. Nipperdey* ‖ **6** nuntiarunt pompeium... habuisse *Helm* : nuntiaruntque p...h. *SMURTV* nuntiarunt quam pompeius... habuisset *N* ‖ descenderet *Fleischer* : -rent *SNMURTV* ‖ ostenderet *Fleischer* : -rent *SNMURTV*.

7. Le même jour, des courriers de Pompée, qui se rendaient à la ville furent interceptés. César fit lancer leur message aux habitants[11] et enjoignit à l'un d'eux, qui demandait la vie sauve, de mettre le feu à une tour de bois construite par les habitants ; César promit de lui accorder le plein pardon, s'il y parvenait. Mais c'était chose difficile que de mettre le feu à cette tour sans risque. **8.** Ainsi, comme, à cause des cordages attachés à la tour[12], il s'était approché trop près, il fut tué par les habitants. **9.** La même nuit, un déserteur rapporta que Pompée et Labienus[13] avaient été indignés par le massacre des habitants.

Reddition d'Ategua (19 février 45)

19. 1. A la seconde veille, atteinte par une grêle de projectiles, une de nos tours de bois fut endommagée depuis sa base jusqu'au deuxième puis au troisième étage[1]. **2.** Au même moment, le combat redoubla d'acharnement devant les remparts et les habitants réussirent à incendier une de nos tours, comme la précédente, car ils avaient profité d'un vent favorable. **3.** Le jour suivant, une mère de famille[2] se laissa glisser le long du rempart et rejoignit nos lignes ; elle dit qu'elle-même et ses serviteurs avaient décidé de fuir tous ensemble pour se rallier à César ; mais ses serviteurs avaient été surpris et massacrés. **4.** Par la suite, des tablettes furent lancées du haut du rempart ; elles portaient ce message : « L. Munatius[3] à César. Si tu m'accordes la vie, puisque je suis abandonné par Cn. Pompée, je m'engage à montrer à ton service le même courage, la même fidélité dont j'ai fait preuve à son égard. »[4] **5.** Le même jour, des députés de la ville, qui

latum. **7.** Eodem tempore tabellarii eius deprensi qui ad oppidum ueniebant ; quorum litteras Caesar oppidanis obiecit et, qui uitam sibi peteret, iussit turrem ligneam oppidanorum incendere ; id si fecisset, ei se promisit omnia concessurum. Quod difficile erat factu, ut eam turrem sine periculo quis incenderet. **8.** Ita fune *tu*r*ri r*eli*ga*t*o* cum propius accessisset, ab oppidanis est occisus. **9.** Eadem nocte transfuga nuntiauit Pompeium et Labienum de iugulatione oppidanorum indignatos esse.

19. 1. Vigilia secunda propter multitudinem telorum turris lignea, quae nostra fuisset, ab imo uitium fecit usque ad tabulatum secundum et tertium. **2.** Eodem tempore pro muro pugnarunt acerrime et turrim nostram ut superiorem incenderunt, idcirco quod uentum oppidani secundum habuerunt. **3.** Insequenti luce mater familias de muro se deiecit et ad nos transiliit dixitque se cum familia constitutum habuisse ut una transfugerent ad Caesarem ; illam oppressam et iugulatam. **4.** Hoc praeter*ito* tempore tabellae de muro sunt deiectae, in quibus scriptum est inuentum : « L. Munatius Caesari. Si mihi uitam tribues, quoniam ab Cn. Pompeio sum desertus, qualem me illi praestiti tali uirtute et constantia futurum me in te esse praestabo ». **5.** Eodem tempore oppidani legati qui

7 obiecit *SN* : abi- *MURTV* || se *om. T* || omnia *SNMUTV* : ommisit *R* || factu *NMURTV* : -tum *S* || **8** turri religato *ego (uid. adnot.)* : crure de ligno *SNMURTV* crure deligato *coni. Schneider*.

19. 1 imo *SNMURV* : uno *T* || **2** pugnarunt *MURTV* : -auerunt *SN* || et *om. MURV* || incenderunt *SNMURT*² : -rent *T*¹*V* || oppidani *MURTV* : -dam *S om. N* || ad hoc *post* uentum *add. N* || **3** mater familias *SNMUR* : materiam illam *TV* || transiliit *SNMUR* : -lit *TV* || **4** praeterito *Nipperdey* : -terea *SNMURT om. V* || munatius *MURT* : mutius *SN* manutius *V* || tribues *MURTV* : -uis *SN* || ab *SURT* : a *NMV* || in te esse *NURT* : interesse *S* esse in te *MV*.

étaient sortis de la place auparavant, vinrent trouver César : s'il leur accordait la vie, ils lui livreraient la ville le lendemain. " **6.** Il leur répondit qu'il était César[5] et qu'il tiendrait ses engagements[6]. Ainsi, le 19 février, il fut maître de la ville et fut salué du titre d'imperator[7].

Pompée et César déplacent leurs camps vers Ucubis

20. 1. Quand Pompée eut été informé par des déserteurs de la reddition de la ville, il leva le camp et se dirigea vers Ucubis[1] ; il établit des fortins tout autour et entreprit de se maintenir dans ses retranchements. César leva le camp et l'installa en face de celui de Pompée[2]. **2.** Le même jour, le matin[3], un soldat d'infanterie lourde appartenant à la légion Vernacula déserta pour nous rejoindre et rapporta que Pompée avait réuni les habitants d'Ucubis et leur avait ordonné de rechercher, avec la plus grande attention, qui comptait parmi ses partisans et qui, au contraire, souhaitait la victoire de l'ennemi[4]. **3.** Par la suite, dans la ville[5] qui venait d'être prise, l'esclave qui avait assassiné son maître, comme nous l'avons rapporté plus haut[6], fut surpris dans une galerie ; il fut brûlé vif[7]. **4.** Le même jour, huit centurions d'infanterie lourde appartenant à la légion Vernacula[8] désertèrent, notre cavalerie eut un engagement avec la cavalerie ennemie et quelques fantassins légers succombèrent à leurs blessures. **5.** Cette nuit-là, des éclaireurs furent faits prisonniers, trois esclaves et un soldat de la légion Vernacula : les esclaves furent crucifiés, le soldat eut la tête tranchée.

antea exierant Caesarem adierunt : si sibi uitam concederet, sese insequenti luce oppidum esse dedituros. **6.** Quibus respondit se Caesarem esse fidemque praestaturum. Ita ante diem XI Kal. Mart. oppido potitus imperator est appellatus.

20. 1. Quod Pompeius ex perfugis cum deditionem oppidi factam esse scisset, castra mouit Vcubim uersus et circum ea loca castella disposuit et munitionibus se continere coepit. Caesar mouit et propius castra castris contulit. **2.** Eodem tempore mane loricatus unus ex legione Vernacula ad nos transfugit et nuntiauit Pompeium oppidanos Vcubenses conuocasse eisque ita imperauisse, ut diligentia adhibita perquirerent qui essent suarum partium itemque aduersariorum uictoriae fautores. **3.** Hoc praeterito tempore in oppido quod fuit captum seruus est prensus in cuniculo, quem supra demonstrauimus domin*u*m iugulasse ; is uiuus est combustus. **4.** Idemque temporis centuriones loricati VIII ad Caesarem transfugerunt ex legione Vernacula, et equites nostri cum aduersariorum equitibus congressi sunt, et saucii aliquot occiderunt leui armatura. **5.** Ea nocte speculatores prensi serui III et unus ex legione Vernacula. Serui sunt in crucem sublati, militi ceruices abscisae.

6 praestaturum *SNMUTV* : -stiturum *R* || kal. mart. *SMTV* : kal mr *UR* kalendas martii *N*.

20. 1 ucubim *SMURTV* : ucumbim *N* || et *recc.* : sed *SNMURTV* || disposuit *SNMURT* : -ponit *V* || **2** nuntiauit *SNMURV* : -tiasse *T* || pompeium *NMURTV* : opompeium *S* || imperauisse *NMURV* : -uisset *S* impetrauisse *T* || **3** dominum *Klotz* : -nam *SNMURTV* || **4** transfugerunt *SNMUR* : -rant *TV* || sunt *om. S* || aliquot *SNMURT* : -quos *V* || occiderunt *NMURTV* : -rant *S* || leui — 21, 1 equites cum *om. SN* || **5** crucem *MRT* : -ce *UV* || militi *M* : -tibus *URTV*.

21. 1. Le lendemain, des cavaliers et des fantassins légers désertèrent le camp ennemi pour nous rejoindre. **2.** Ce jour-là aussi, une quarantaine de cavaliers fondirent sur ceux des nôtres qui étaient chargés de la corvée d'eau ; ils en tuèrent un certain nombre et en emmenèrent d'autres. Parmi eux huit cavaliers furent faits prisonniers. **3.** Le jour suivant, Pompée fit décapiter à la hache soixante-quatorze hommes qui passaient pour souhaiter la victoire de César[1] et ordonna de reconduire les autres dans la ville[2] ; cent-vingt d'entre eux s'enfuirent et rejoignirent César.

Des partisans de César sont massacrés à Bursavo

22. 1. Par la suite, des habitants de Bursavo[1] qui avaient été faits prisonniers dans la ville d'Ategua, escortés par nos hommes, partirent en qualité d'ambassadeurs, pour rapporter aux habitants de Bursavo ce qui s'était passé : que pouvaient-ils espérer de Cneius Pompée en voyant qu'ils avaient massacré leurs hôtes ; et bien d'autres crimes avaient été commis par ceux qu'ils avaient accueillis pour en être protégés[2]. **2.** Quand ils arrivèrent à Bursavo, les nôtres, des chevaliers romains et des sénateurs[3], n'osèrent pas entrer dans la ville, excepté ceux qui appartenaient à cette cité. **3.** Propositions et réponses s'échangèrent de part et d'autre. Mais, comme les envoyés rejoignaient nos hommes, restés à l'extérieur de la ville, les habitants, avec une troupe en armes, poursuivirent nos émissaires et, les prenant à revers[4], les massacrèrent. Deux d'entre eux en réchappèrent, s'enfuirent et rappor-

21. 1. Postero die equites cum leui armatura ex aduersariorum castris ad nos transfugerunt. **2.** Et eo tempore circiter X*L* equites ad aquatores nostros excucurrerunt, nonnullos interfecerunt, item alios uiuos abduxerunt ; e quibus capti sunt equites VIII. **3.** Insequenti die Pompeius securi percussit homines LXXIIII, qui dicebantur esse fautores Caesaris uictoriae, reliquos uersum oppidum iussit deduci ; ex quibus effugerunt CXX et ad Caesarem uenerunt.

22. 1. Hoc praeterito tempore qui in oppido At*eg*ua Bursauonenses capti sunt, legati profecti sunt cum nostris uti rem gestam Bursauonensibus referrent : quid sperarent de Cn. Pompeio, cum uiderent hospites iugulari ? praeterea multa scelera ab iis fieri, qui praesidii causa ab iis reciperentur. **2.** Qui ad oppidum < cum > uenissent, nostri, qui fuissent equites Romani et senatores, non sunt ausi introire in oppidum, praeterquam qui eius ciuitatis fuissent. **3.** Quorum responsis ultro citroque acceptis et redditis, cum ad nostros se reciperent qui extra oppidum fuissent, illi praesidio insecuti ex auersione legatos iugularunt. Duo reliqui < ex > eis fugerunt et Caesari rem gestam detulerunt < ... > et speculatores ad oppidum

21. 2 et *om. N* || XL *edd.* : XI *SNMURTV* || abduxerunt *V* : addu- *SNMURT* || e quibus *T* : de equitibus *SN* ex eq- *M* eq- *URV* || **3** homines *MURTV* : omnes *SN* || reliquos *SMURTV* : reri -*N* || uersum *MURTV* : in *SN* || et *om. V*.

22. 1 ategua *Aldus* : articula *SNMURTV* || bursauonenses *MURTV* : -menses *SN* || profecti sunt *SNMURT* : s. p. *V* || bursauonensibus *T* : -lensibus *SMURV* -mensibus *N* || iis *ST* : his *NMURV* || reciperentur *MURTV* : -cipe *S* -cipi *N* || **2** cum *add. Klotz* : *ante* ad oppidum *add. edd. ante Klotz* || non sunt *om. M* || praeterquam *MURTV* : praeter quos *SN* || **3** citroque *SNMUR* : citro *TV* || reciperent *SNMURT* : -cepissent *V* || auersione *Aldus* : aduer- *SNMURTV* bursauone *coni. Klotz, uid. adnot.* || ex *add. V s. l.* : *om. SNMURT* || et *om. MURTV* || post detulerunt *lacunam ind. Nipperdey.*

tèrent les faits à César <... > et ils envoyèrent des espions à Ategua[5]. **4.** Quand ils eurent acquis l'assurance que le récit des envoyés était exact et que les choses s'étaient passées comme ils l'avaient rapporté, les habitants s'attroupèrent en foule et se mirent à lapider et à molester l'homme qui avait fait massacrer les envoyés : ils étaient perdus par sa faute. **5.** A peine fut-il tiré de danger qu'il demanda aux habitants de le laisser partir en qualité d'ambassadeur auprès de César, promettant de se justifier devant lui. **6.** Il y fut autorisé et sortit de la ville avec une escorte. Quand il eut réuni une troupe importante, à la faveur de la nuit il se fit admettre, par ruse, dans la ville et se livra à un grand massacre ; après avoir tué les notables, qui s'étaient opposés à lui, il réduisit la ville en son pouvoir. **7.** Par la suite, des déserteurs, des esclaves, rapportèrent que Pompée faisait vendre les biens des habitants[6] et qu'il était interdit de franchir la palissade, à moins d'ôter son ceinturon[7] ; en effet, depuis le jour de la prise d'Ategua, beaucoup d'hommes, terrifiés, avaient cherché refuge en Béturie[8]. Ils n'avaient, disaient-ils, aucun espoir de victoire en perspective ; et, si l'un des nôtres désertait, il était relégué dans l'infanterie légère et ne recevait pas plus de sept deniers par mois[9].

Mort héroïque de deux centurions

23. 1. Par la suite[1], César rapprocha son camp de celui de Pompée[2] et entreprit de conduire une ligne de fortification jusqu'au Salsum[3]. **2.** Pendant que nos hommes, occupés à y travailler, étaient dispersés, des ennemis en nombre dévalèrent la pente et, comme ils n'arrivaient pas à détourner nos hommes de leur travail,

Ateguam miserunt. **4.** Qui cum certum comperissent legatorum responsa ita esse gesta quemadmodum illi rettulissent, ab oppidanis concursu facto, eum qui legatos iugulasset lapidare et ei manus intentare coeperunt : illius opera se perisse. **5.** Ita uix periculo liberatus petiit ab oppidanis ut ei liceret legatum ad Caesarem proficisci : illi se satisfacturum. **6.** Potestate data cum inde esset profectus, praesidio comparato, cum bene magnam manum fecisset et nocturno tempore per fallaciam in oppidum esset receptus, iugulationem magnam facit principibusque, qui sibi contrarii fuissent, interfectis oppidum in suam potestatem recepit. **7.** Hoc praeterito tempore serui transfugae nuntiauerunt oppidanorum bona uendere < edictumque >, ne cui extra uallum liceret exire nisi discinctum, idcirco quod ex quo die oppidum Ategua esset captum, metu conterritos complures profugere BaetuBaeturiam ; neque sibi ullam spem uictoriae propositam habere *e*t, si qui ex nostris transfugerent, in leuem armaturam conici eumque non amplius ·X· VII accipere.

23. 1. Insequenti tempore Caesar castris castra contulit et brachium ad flumen Salsum ducere coepit. **2.** Hic dum in opere nostri distenti essent, complures ex superiori loco aduersariorum decucurrerunt nec detinentibus nos-

5 *post* petiit ab *des. M* || **6** inde *URTV* : de *SN* || et *om. URTV* || principibusque qui *SN* : -bus qui *UR* -busque III *T* -bus III qui *V* || recepit *SNV* : -cipit *URT* || **7** uendere *SURTV* : -di *N* uenire *coni. Lipsius* || edictumque *add. Klotz* || discinctum *SNR* : -tinctum *UTV* || profugere *SUR*T^2*V* : -fugisse *N* confugere T^1 || baeturiam *SN* : in b. *URTV* || et *edd.* : ut *SNURTV* || transfugerent *SN* : -runt *URTV* || eumque *NURV* : eum qui *ST* || ·X· (*i.e. denarios*) VII *Klotz* : XVII *SNTV* sedecim *UR* ·A· VII *coni. Mommsen.* (*uid. adnot.*).

23. 2 superiori *TV* : -re *SNUR* || decucurrerunt *SURT* : decur- *NV* || detinentibus nostros *SURTV* : d. nostris *N* desinentibus nostris *coni. Vossius.*

ils leur lancèrent une grêle de projectiles et en blessèrent plusieurs. **3.** Alors, comme dit Ennius[4], « les nôtres cédèrent du terrain momentanément »[5]. Aussi, quand nos hommes se rendirent compte que, contrairement à leur habitude, ils cédaient du terrain, deux centurions de la cinquième légion traversèrent le fleuve et rétablirent le combat ; et, tandis qu'avec une ardeur et un courage extraordinaires, ils attaquaient l'ennemi supérieur en nombre, l'un d'eux tomba sous une pluie de flèches lancées depuis la pente. **4.** Son camarade[6] avait déjà engagé le combat, mais, quand il s'aperçut qu'il était cerné de toutes parts, il battit en retraite et trébucha. **5.** Quand celui-ci tomba, de nombreux ennemis se jetèrent sur ses décorations de brave[7]. Mais nos cavaliers traversèrent le fleuve et, malgré le désavantage de leur position, chargèrent l'ennemi, le repoussant vers ses retranchements. **6.** Alors, tandis qu'emportés par leur ardeur, ils sèment la mort dans les lignes ennemies, des escadrons avec l'infanterie légère leur coupent la route. **7.** S'ils n'avaient pas montré une vaillance extraordinaire, ils auraient été faits prisonniers ; d'autant plus qu'ils étaient si à l'étroit à l'inérieur des fortifications qu'un cavalier pouvait à peine se défendre dans un espace aussi réduit. **8.** Devant combattre des deux façons[8], plusieurs furent blessés, y compris Clodius Arquitus[9]. On combattit au corps à corps, mais pourtant on ne déplora aucune perte dans nos rangs, excepté les deux centurions qui s'étaient couverts de gloire.

tros multis telis iniectis complures uulneribus adfecere. **3.** Hic *t*um, ut a*i*t Ennius, nostri « cessere parumper ». Itaque praeter consuetudinem cum a nostris animaduersum esset cedere, centuriones ex legione V flumen transgressi duo restituerunt aciem, acriterque eximia uirtute plures cum agerent, ex superiore loco multitudine telorum alter eorum concidit. **4.** Ita cum ei*u*s compar proelium facere coepisset, cum undique se circumueniri animum aduertisset, in *re*gressu pedem offendit. **5.** Huius concidentis *co*mp*a*ris a*d* u*i*ri fortis insignia cum complures aduersariorum concursum facerent, equites nostri transgressi in*f*eriori loco aduersarios ad uallum agere coeperunt. **6.** Ita cupidius dum intra praesidia illorum student caedem facere, a turmis et leui armatura sunt interclusi. **7.** Quorum nisi summa uirtus fuisset, uiui capti essent ; nam et munitione praesidii ita coangustabantur, ut eques spatio intercluso uix se defendere posset. **8.** Ex utroque genere pugnae complures sunt uulneribus adfecti, in quis etiam Clodius Arquitius. Inter quos ita comminus est pugnatum ut ex nostris praeter duos centuriones sit nemo desideratus gloria se efferentes.

3 tum *Glandorp* : dum *SNURTV* ‖ ait ennius *recc.* : adtennius *SNURT* -tencius *V* ‖ nostri *recc.* : -tris *SNURTV* ‖ *post* nostri *add.* resistentibus *V* ‖ cessere *SNURT* : cederent *V* ‖ cum *om. V* ‖ restituerunt *URTV* : -rant *SN* ‖ eorum *URTV* : orum *S* horum *N* ‖ **4** eius *Nipperdey* : eis *SNTV* is *UR* ‖ compar *SURTV* : cum par *N* comes impar *coni. Nipperdey* ‖ circumueniri *SNRTV* : -re *U* ‖ animum aduertisset *SRTV* : animadu- *NU* ‖ in regressu *Fleischer* : ingressus *SNURTV* integer regressus *coni. Klotz, alii alia* ‖ **5** huius concidentis — insignia *om. N* ‖ comparis *Koch* : temporis *SNURTV.* ‖ ad uiri *Fleischer* : aquari *SNURTV* ac uiri *coni. Nipperdey* (*uid. adnot.*) ‖ insignia *NURTV* : -gni *S* ‖ inferiori *Heinsius* : interiori *SURTV* -re *N* ‖ **7** uirtus *SNURT* : -tutis *V* ‖ fuisset *SURTV* : esset *N* ‖ uiui capti essent *SURT* : u. c. fuissent *V* c. f. u. *N* ‖ munitione *URTV* : -itio *SN* ‖ coangustabantur *URTV* : -batur *SN* ‖ **8** quis *SN*[1]*URT* : quibus *N*[2]*V* ‖ centuriones *om. SN.*

Une escarmouche près de Soricaria cause de lourdes pertes à Pompée

24. 1. Le lendemain[1], les deux armées convergèrent[2] vers Soricaria[3]. Nos hommes commencèrent à construire une ligne de fortification. **2.** Pompée se rendit compte qu'il allait être coupé du fortin d'Aspavia[4], qui se trouve à cinq milles d'Ucubis, ce qui l'obligeait à quitter sa position pour livrer combat. Cependant, il se refusait à offrir la bataille en rase campagne[5] : depuis un tertre ses soldats se préparaient à occuper une colline[6], jusqu'à une altitude suffisante pour contraindre César à s'engager en terrain défavorable. **3.** Les deux armées se lancèrent donc à l'assaut de la colline ; l'ennemi fut arrêté par nos hommes et rejeté dans la plaine, ce qui offrait aux nôtres les conditions d'un combat en terrain favorable. **4.** L'ennemi cédait de tous côtés et nos hommes se livrèrent à un massacre à grande échelle. Ce fut une colline, et non leur courage, qui offrit à nos adversaires une chance de salut. **5.** Mais, malgré cette protection, si la nuit n'était pas tombée, ils auraient été privés de tout secours contre nos hommes, pourtant moins nombreux. **6.** Ils perdirent, en effet, trois cent vingt-quatre fantassins légers et cent trente-huit légionnaires, sans compter ceux qui avaient été dépouillés de leurs armes et de leur équipement[7]. C'est ainsi que nos adversaires expièrent le meurtre de nos deux centurions commis la veille.

Combat singulier entre Antistius Turpion et Pompeius Niger

25. 1. Le lendemain, fidèles à leur habitude, les troupes ennemies regagnèrent le même endroit[1] et reprirent leur vieille tactique : mis à part les cavaliers, ils n'osaient pas s'aventurer en terrain plat. **2.** Tandis que nos hommes étaient au travail[2], la cavalerie se lança à l'attaque. Au

24. 1. Postero die a*d* Soricaria*m* utrorumque conuenere copiae. Nostri brachia ducere coeperunt. **2.** Pompeius cum animaduerteret castello se excludi Aspauia, quod est ab Vcubi milia passuum V ; haec res necessario deuocabat ut ad dimicandum descenderet ; neque tamen aequo loco sui potestatem faciebat, sed ex grumo excelsum tumulum capiebant, usque eo ut necessario cogeretur iniquum locum subire. **3.** Quo de facto cum utrorumque copiae tumulum excellentem petissent, prohibiti a nostris sunt deiecti planitie. Quae res secundum nostris efficiebat proelium. **4.** Undique cedentibus aduersariis, non parum magna in caede uersabantur ; quibus mons, non uirtus, saluti fuit. **5.** Quo subsidio < subnisi >, nisi aduesperasset, a paucioribus nostris omni auxilio priuati essent. **6.** Nam ceciderunt ex leui armatura CCCXXIV, ex legionariis CXXXVIII, praeterquam quorum arma et spolia sunt ablata. Ita pridie duorum centurionum interitio hac aduersariorum poena est litata.

25. 1. Insequenti die pari consuetudine cum ad eumdem locum eius praesidium uenisset, pristino illo suo utebantur instituto ; nam praeter equites nullo loco aequo se committere audebant. **2.** Cum nostri in opere essent, equitum copiae concursus facere coeperunt, simulque uocife-

24. 1 ad soricariam *Glandorp* : ab soricaria *SNURT* ab sorec- *V* || conuenere *URV* : -nire *T om. SN* || **2** ucubi *SNUR* : uculli *T* -ulio *V* || ut *S* : *hoc uerbum post* dimicandum. *transp. V om. NURT* || *ante* ad *add.* eum *V* || descenderet *NURV* : -rent *ST* || capiebant *SNURT*^{2}*V* : -bat *T*^{1} || usque *URTV* : ipso *SN* || **3** quo de facto *URTV* : quidem f. *S* quod *N* || deiecti *SURTV* : -tique *N* || quae res *UR* : quorum *SNTV* || **4** undique *SURTV* : et u. *N* || non parum *SURTV* : nostri *N* || **5** quo *SNURV* : quod *T* || subnisi *add. Dinter* || nisi *NTV* : ut n. *SUR* || **6** cccxxiiii *NURT* : -xxiii *S* -xviiii *V* || praeterquam *SURT* : praeter *N* praeter quos *V* || sunt ablata *SN* : s. allata *URV* al. s. *T* || ita pridie — est litata *om. SN*.

même moment, les légionnaires réclamèrent à grands cris d'occuper leur rang, habitués qu'ils étaient à suivre : on aurait cru qu'ils étaient impatients de combattre. Alors les nôtres traversèrent une petite vallée, s'avancèrent assez loin[3] et s'établirent dans la plaine, en terrrain favorable. **3.** Pourtant, bien entendu, nos adversaires n'osèrent pas descendre engager le combat en terrain plat, excepté un seul homme, Antistius Turpion[4] ; confiant dans sa force[5], il se mit à nous provoquer : personne ne l'égalait dans le camp adverse. Alors, comme dans la rencontre d'Achille et de Memnon[6], Q. Pompeius Niger[7], un chevalier romain d'Italica[8], sortit de nos rangs pour l'affronter. **5.** Devant l'arrogance[9] d'Antistius tous avaient détourné leur attention de leur travail pour regarder le combat[10] et les armées se rangèrent en lignes de bataille : les chances de victoire étaient si partagées entre ces deux guerrriers d'élite que leur duel paraissait presque devoir décider de la fin de la guerre[11]. **6.** Ainsi, excité, passionné, chacun se laissait emporter par l'ardeur du champion[12] de son propre parti. **7.** Eux, avec un courage intrépide, comme ils s'étaient avancés dans la plaine pour se rencontrer et que l'éclat de leurs boucliers ciselés, insignes de gloire[13] <...> il est quasi certain que leur duel <n>'aurait <pas> été interrompu[14], si, en raison d'une attaque de la cavalerie[15], comme celle que nous avons mentionnée plus haut[16] <...>. César établit des avant-postes d'infanterie légère comme couverture non loin de son retranchement. **8.** Tandis que nos cavaliers font retraite et se replient vers le camp, nos adversaires, emportés par leur ardeur, se lancent à leur poursuite ; alors les troupes légères au

rantibus legionariis, cum locum efflagitarent ex consuetudine insequen*d*i, existimare posses paratissimos esse ad dimicandum. Nostri ex humili conualle bene longe sunt egressi et planitie in aequiori loco constiterunt. **3.** Illi tamen procul dubio ad congrediendum in aequum locum non sunt ausi descendere praeter unum Antistium Turpionem, qui fidens uiribus ex aduersariis sibi parem esse neminem agitare coepit. **4.** Hic, ut fertur Achillis Memnonisque congressus, Q. Pompeius Niger eques Romanus Italicensis ex acie nostra ad congrediendum progressus est. **5.** Quoniam ferocitas Antistii omnium mentes conuerterat ab opere ad spectandum, acies sunt dispositae ; nam inter bellatores principesque dubia erat posita uictoria, ut prope uideretur finem bellandi duorum dirimere pugna. **6.** Ita auidi cupidique suarum quisque [ex] partium uirorum fautorumque uolunta*te* habebatur. **7.** Quorum uirtute alacri, cum ad dimicandum in planitiem se contulissent, scutorumque, laudis insignia, praefulgens opus caelatum < ... > quorum pugna < non > esset prope profecto dirempta, nisi propter equitum conc*ur*sum, ut supra demonstrauimus < ... > leuem armaturam praesidii causa non longe ab opere [castra] constituit. **8.** Vt, nostri equites in receptu dum ad castra redeunt, aduersarii cupidius sunt insecuti, uniuersi cla-

25. 2 ex consuetudine *SN* : ut consueti *URT*[2]*V* -tae*T*[1] || insequendi *Klotz* : -quenti *SN* -qui *URTV* || posses *S* : posse *NURTV* || paratissimos *SN* : speratis- *URTV* || in aequiori *Klotz* : in aequore *S* in aequo *N* iniquiori *URT* in iniquiore *V* || **4** q. pompeius *SR* : quae p. *UT* quem p. *V* pompeius *N* || **5** acies *SNURT* : -cie *V* || duorum *URTV* : dor- *S* hor- *N* || **6** partium *SNR*[1] *V* : ex p. *UR*[2] *T* || uoluntate *recc.* : -ntas *SNURTV* || **7** uirtute *SNU* : -tem *RTV* || *post* caelatum *add.* opponeret *N lacunam ind. Dinter* || quorum *SURTV* : eorum *N* || non *add. ego* || dirempta *SN* : -repta *URTV* || concursum *ego praeeunte Pascucci* : concessum *SNURTV* congressum *coni. Nipperdey* || *post* demonstrauimus *lacunam ind. edd.* || castra *SURTV secl. Klotz* : -trorum *N* || constituit *SURTV* : -tuissent *N* || **8** dederunt *recc.* : -rant *SNURTV*.

complet poussent leur cri de guerre et les assaillent. **9.** Pris de panique, ayant subi de lourdes pertes dans leur fuite, ils se retirent dans leur camp.

Cn. Pompée envoie une lettre à Urso

26. 1. En récompense de leur vaillance, César distribua à l'escadron de Cassius[1] trois mille deniers et à son commandant cinq torques d'or[2] ; les troupes légères, elles, reçurent deux mille deniers. **2.** Ce jour-là, A. Baebius, C. Flavius et A. Trebellius, des chevaliers romains d'Hasta[3], désertèrent pour rejoindre César, croulant sous les objets d'argent. Ils rapportèrent que tous les chevaliers romains[4] qui se trouvaient dans le camp de Pompée avaient formé un complot pour déserter. Dénoncés par un esclave, ils avaient tous été jetés en prison ; mais eux, parmi les autres, profitant d'une occasion, avaient déserté. **3.** C'est ce jour-là aussi que fut interceptée une lettre que Cn. Pompée envoyait à Urso[5] : « Si vous allez bien je m'en réjouis ; pour ma part je vais bien. Bien que notre chance habituelle[6] nous ait valu jusqu'ici de repousser nos adversaires conformément à nos voeux <...>[7], s'ils acceptaient le combat en terrain plat, j'aurais bientôt mis fin à la guerre, plus vite que vous ne le supposez. **4.** Mais ils n'osent pas faire descendre dans la plaine leur armée de recrues[8], et, comptant jusqu'à maintenant sur nos bases militaires, font durer les hostilités. Ils ont, en effet, assiégé les cités l'une après l'autre et en tirent leur ravitaillement[9]. **5.** Je ne laisserai donc pas prendre les cités qui ont embrassé mon parti et je mettrai fin à la guerre dès que possible. **6.** J'ai l'intention de vous envoyer <...> cohortes[10]. Privés de notre ravitaillement, ils seront sans aucun doute contraints de descendre de leur position pour livrer combat. »

more facto impetum deder*u*nt. **9.** Ita metu perterriti, cum in fuga essent multis amissis in castra se recipiunt.

26. 1. Caesar ob uirtutem turmae Cassianae donauit milia · X · III et praefecto torques aureos V et leui armaturae milia · X · II. **2.** Hoc die A. Baebius et C. Flauius et A. Trebellius, equites Romani Hastenses argento prope tecti [equites] ad Caesarem transfugerunt ; qui nuntiauerunt equites Romanos coniurasse omnis qui in castris Pompei essent, ut transitionem facerent ; serui indicio omnes in custodiam esse coniectos ; e quibus occasione capta se transfugisse. **3.** Item hoc die litterae sunt deprensae, quas mittebat *Vr*saonem Cn. Pompeius : « S. V. G. E. V. Etsi, prout nostra felicitas, ex sententia aduersarios adhuc propulsos < ... > qui si aequo loco sui potestatem facerent, celerius quam uestra opinio fert bellum confecissem ; **4.** sed exercitum tironem non audent in campum deducere nostrisque adhuc freti praesidiis bellum ducunt. Nam singulas ciuitates circumsederunt ; inde sibi commeatus capiunt. **5.** Quare et ciuitates nostrarum partium conseruabo et bellum primo quoque tempore conficiam. **6.** Cohortes < ... in > animo habeo ad uos mittere. Profecto nostro commeatu priuati necessario ad dimicandum descendent ».

26. 1 turmae *SNURT* : -bae *V* ‖ milia ·X· III *Dinter* : m. XIII *SNURTV* ‖ *post* V et *om. TV* ‖ armaturae *NURTV* : armare *S* ‖ milia ·X· II *Dinter* : m. OC CI *SURTV* m. quindecim *N* ‖ **2** hastenses *SNURT* : ast- *V* ‖ prope *om. N* ‖ equites *secl. Klotz* ‖ coniurasse *SNURT* : c. ut *V* ‖ omnis — indicio *om. SN* ‖ ut *om. V* ‖ *post* omnes *add.* et *N* ‖ e quibus *URTV* : equitibus *SN* ‖ **3** mittebat *SNR* : -batur *UT* misit *V* ‖ ursaonem *recc.* : saonem *SNURTV* ‖ *post* propulsos *lacunam ind. edd.* ‖ *post* propulsos *add.* habemus tamen *N* ‖ qui *om. N* ‖ fert *recc.* : fere est *SNURV* ferre e. *T* ‖ bellum *om. N* ‖ confecissem *SNURT* : -fectum *V* ‖ **4** tironem *ST* : -num *NURV* ‖ deducere *SNURV* : duc- *T* ‖ freti *SNURV* : fixi *T* ‖ **5** conseruabo *SNURT* : -bant *V* ‖ primo *om. V* ‖ **6** *post* cohortes *lacunam ind. Kübler* ‖ in *add. Kübler* ‖ descendent *URT* : -dunt *SNV*.

Les deux armées se rapprochent de Munda

27. 1. Plus tard[1], tandis que nos hommes, occupés au travail étaient dispersés, quelques uns de nos cavaliers furent tués en faisant du bois dans une oliveraie[2]. **2.** Des esclaves désertèrent et rapportèrent que, depuis le cinq mars, le jour où avait eu lieu la bataille de Soricaria, la peur régnait et qu'Attius Varus[3] avait pris le commandement dans le secteur des fortins[4]. **3.** Ce jour-là, Pompée leva le camp[5] et l'établit dans une oliveraie, en face de Spalis[6]. Avant le départ de César pour le même endroit, la lune apparut à la sixième heure[7]. **4.** Après avoir levé le camp, Pompée donna l'ordre aux troupes qu'il avait laissées en arrière de brûler Ucubis[8], et, après l'incendie de la ville, de se replier dans le camp principal. **5.** Par la suite, César entreprit le siège de Ventipo[9] ; après sa reddition il se dirigea vers Carruca[10] et établit son camp en face de celui de Pompée[11]. **6** Pompée incendia la ville sous prétexte qu'elle avait fermé ses portes à ses troupes[12]. Un soldat qui avait tué son propre frère dans le camp[13] fut arrêté par nos hommes et subit la bastonnade[14]. Depuis sa position César marcha jusqu'à la plaine de Munda[15] et établit son camp en face de celui de Pompée[16].

Cn. Pompée déploie ses troupes sur les hauteurs de Munda

28. 1. Le jour suivant[1], comme César avait l'intention de se mettre en route avec ses troupes[2], des espions rapportèrent que Pompée avait rangé son armée en ligne de bataille au cours de la troisième veille. **2.** A cette nouvelle, César fit arborer les étendards[3]. Or, Pompée avait

27. 1. Insequenti tempore cum nostri in opere distenti essent, equites in olíueto dum lignantur interfecti sunt aliquot. **2.** Serui transfugerunt qui nuntiauerunt a. d. III Non. Mart. proelium ad Soric*ar*iam quod factum est, ex eo tempore metum esse magnum et Attium Varum circum castella praeesse. **3.** Eo die Pompeius castra mouit et contra Spalim in olíueto constituit. Caesar priusquam eodem est profectus, luna hora circiter sexta uisa est. **4.** Ita castris motis Vcubim Pompeius praesidium, quod reliquit, iussit incendere, ut deusto oppido in castra maiora se reciperent. **5.** Insequenti tempore Ventipone*m* oppidum cum oppugnare coepisset, deditione facta iter fecit in Carrucam, contra Pompeium castra posuit. **6.** Pompeius oppidum, quod contra sua praesidia portas clausisset, incendit. Milesque qui fratrem suum in castris iugulasset, interceptus est a nostris et fusti percussus. Hinc itinere facto in campum Mundensem cum esset uentum, castra contra Pompeium constituit.

28. 1. Sequentique die cum iter facere Caesar cum copiis uellet, renuntiatum est a speculatoribus Pompeium de tertia uigilia in acie stetisse. **2.** Hoc nuntio allato uexillum proposuit. Idcirco enim copias eduxerat, quod Vrsao-

27. 1 cum *om.* *SN* ‖ essent *SURTV* : erant *N* ‖ **2** qui *SURTV* : et *N* ‖ soricariam *Clarke* : soriciam *URV* sir- *T* adfore *SN* ‖ metum esse *SURTV* : -tus est *N* ‖ attium uarum... praeesse *SURTV* : attius uarus... praeerat *N* ‖ **3** spalim *SN*[1]*URT* : isp- *N*[2] sparim *V* ‖ *post* eodem *om.* est *N* ‖ **4** ucubim *edd.* : accub- *SURT* acub- *N* aucub- *V* ‖ incendere ut *S* : -di ut *N* -derent et *UR* ut incendere et *T* incendere et *V* ‖ deusto *SURTV* : de isto *N* ‖ **5** uentiponem *Nipperdey* : -ponte *SNURTV* ‖ iter fecit *V* : interfecit *SNURT* ‖ in *om.* *N* ‖ **6** iugulasset *SURTV* : -lauerat *N* ‖ interceptus *SNURT* : -teremptus *V* ‖ fusti *URT* : -tibus *SN* -te *V* ‖ mundensem *S*[2] *N* : mud- *S*[1] und- *URTV*.

28. 1 sequentique *SNUR* : sequenti *TV* ‖ a *SNTV* : ab *UR*.

fait sortir ses troupes pour la raison suivante : il avait auparavant envoyé aux habitants d'Urso, qui avaient embrassé son parti, une lettre prétendant que César se refusait à descendre en terrain plat, parce que la majeure partie de son armée était composée de recrues ; **3.** cette lettre raffermissait grandement le courage des habitants[4]. Ainsi, persuadé d'avoir raison[5], il croyait pouvoir manœuvrer sans risque[6] ; de fait, là où il avait établi son camp, il était défendu par sa position et par les fortifications de la ville même. **4.** En effet, comme nous l'avons mentionné plus haut[7], ces régions élevées sont entourées par des hauteurs[7], mais parfois séparées par une plaine[8] ; c'était le cas aussi en cette occasion.

Les troupes de César avancent vers Munda

29. 1. Une plaine d'environ cinq milles séparait les deux camps, et les forces de Pompée étaient protégées à la fois par la ville et par leur position élevée **2.** En face de la ville, en ligne droite, une plaine toute proche s'étendait, sans accident. Au bas de sa pente, au premier plan, coulait un ruisseau[1], qui rendait le terrain extrêmement difficile pour qui voudrait les approcher : il débordait, en effet, sur la rive droite[2], marécageuse et pleine de fondrières[3]. **3.** Quand César vit la ligne de bataille déployée, il ne douta pas que ses adversaires s'avanceraient en terrain plat, vers le centre de la plaine, pour livrer combat. C'est ce qui était évident

nensium ciuitati, < qui sui > fuissent fautores, antea litteras miserat Caesarem nolle in conuallem descendere, quod maiorem partem exercitus tironem haberet. **3.** Hae litterae uehementer confirmabant mentes oppidanorum. Ita hac opinione fretus t*u*to se facere posse existimabat ; etenim et natura loci defendebantur et ipsius oppidi munitione, ubi castra habuit constituta. **4.** Namque, ut superius demonstrauimus, loca excellentia tumulis contineri, interim *non*nulla planitie diuidi ; id quod eo incidit tempore.

29. 1. Planities inter utraque castra intercedebat circiter milia passuum V, ut auxilia Pompei duabus defenderentur rebus, oppid*o* et excelsi loci natura. **2.** Hinc dirigens proxima planities aequabatur. Cuius decursum antecedebat riuus, qui ad eorum accessum summam efficiebat loci iniquitatem ; nam palustri et uoraginoso solo currens erat ad dextrum. **3.** Id quod Caesar cum aciem derectam uidisset, non habuit dubium quin media*e* planitie in aequum ad dimicandum aduersarii procederent ; hoc erat in

2 ursaonensium *Glandorp* : uersao- *SNT* uersoe- *UR* uerso- *V* || qui sui *add. Nipperdey* || fautores *URTV* : -to *S* fausto *N* || tironem *STV* : -num *NUR* || **3** tuto se *Lipsius* : totos *URTV* totum *S* totum se *N* || *ante* ubi *add.* ibi *N* || habuit *om. T* || **4** superius *SURV* : -rioribus *T* supra *N* || tumulis *URTV* : -lus *SN* || contineri *SURTV* : -net *N* || interim nonnulla *ego* : i. nulla *SN* i. nullam *URTV* interuallo *coni. Nipperdey* interim media *coni. Klotz* || diuidi *V* : -dit *SURT* -ditur *N* || id quod *UR* : ·d· quod *ST* ut *N* quod *V*.

29. 1. utraque *SNUR* utrum- *TV* || intercedebat *SNURT* : -cidebat *V* || circiter milia passuum v *SURT* : circiter mille passus quinque *V* passibus circiter quinque milibus *N* || oppido et excelsi *Nipperdey* : oppidi excelsi et *SNURTV* || **2** currens erat *V* : c. erant *SURT* currebat. erant autem *N* || dextrum *SNURT²V* : -tera *T¹* || **3** id quod *SNURTV* : itaque *coni. Nipperdey* || caesar cum *SNURV* : cum c. *T* || derectam *SUR* : dir- *NT* directum *V* || mediae *Fleischer* : -dia *SNURTV* || erat *SURTV* : erant *N*.

pour tout le monde. **4.** De plus[4], cette plaine présentait l'avantage d'être sans accident et le ciel serein et ensoleillé offrait une occasion si merveilleuse, si propice, en quelque sorte une faveur des dieux immortels[5], faite pour engager le combat. **5.** Les nôtres se réjouissaient, mais quelques uns aussi étaient inquiets à la pensée que la situation et la fortune de tous en étaient arrivées au point que le sort qui leur serait réservé une heure plus tard était incertain. **6.** Nos hommes avancent donc au combat et nous pensions que l'ennemi ferait de même. Mais nos adversaires n'osaient pas s'éloigner des défenses de la ville, où ils s'étaient construit une sorte de mur[6]. Donc, nos hommes avancent. **7.** Par moment nos adversaires, devant ce terrain plat, étaient tentés de profiter de ces conditions et de mettre toute leur énergie à remporter la victoire. Pourtant, ils ne renonçaient pas à leur tactique habituelle au point de s'éloigner de la hauteur et de la ville. **8.** Tandis que les nôtres, à marche lente, se sont rapprochés du ruisseau, nos adversaires continuent à étendre leur protection sur un terrain défavorable pour nous[7].

30. 1. Pompée alignait treize légions couvertes sur les ailes par la cavalerie[1] et six mille fantassins légers, aux-

omnium conspectu. **4.** Hoc accedebat ut locus illa planitie *a*equitat*e* ornaret*ur*, et diei solisque serenitate ut mirificum, ut optandum tempus prope ab diis immortalibus illud tributum esset ad proelium committendum. **5.** Nostri laetari, nonnulli etiam timere, quod in eum locum res fortunaeque omnium deducerentur ut quidquid post horam casus tribuisset, in dubio poneretur. **6.** Itaque nostri ad dimicandum procedunt, id quod aduersarios existimabamus esse facturos ; qui tamen a munitione oppidi longius non audebant procedere, in quo sibi prope murum [aduersariis] constituebant. Itaque nostri procedunt. **7.** Interdum aequitas loci aduersarios efflagitabat ut tali contenderent condicione ad uictoriam ; neque tamen illi a sua consuetudine discedebant, ut aut ab excelso loco aut oppido discederent. **8.** Nostri pede presso propius riuum cum appropinquassent, aduersarii patrocinari loco iniquo non desinunt.

30. 1. Erat acies XIII aquilis constituta, quae lateribus equitatu tegebatur, cum leui armatura milibus sex ; prae-

4 hoc *SURTV* : huc *N* || accedebat *N* : accid- *SURTV* || aequitate ornaretur *Fleischer* : aequitatum ornaret *S* equi- o. *NURTV* equitatum euocaret *coni. Kraner, alii alia* || serenitate *Nipperdey* : -atem *SURTV* serenitas *N* || optandum *SNURT* : opp- *V* || ad *N* (*qui hoc uerbum ante* illud *transp.*) *URTV* : *om. S* || **5** timere *NURT* : -ri *SV* || res *om. SN* || fortunaeque *SURTV* : fortunae *N* || deducerentur *SURT* : duce- *NV* || casus *TV* : cas *SU*[1] *RT* castris *N* cras *U*[2] || tribuisset *SURTV* : fieret *N* || **6** tamen *SURTV* : ita *N* || *ante* a munitione *add. N* mille passibus || oppidi *SNURV* : -do *T* || aduersariis *secl. Pascucci* : -rii *coni. Fleischer* || **7** aequitas *URTV* : equites *SN* || efflagitabat *SURTV* : -bant *N* || contenderent condicione *SN* : condicione c. *URTV* || a sua *SNURT* : ex sua *V* || discedebant *NURTV* : -cebant *S* || ut aut *URTV* : ut *SN* || oppido *SNUTV* : ab op. *R* || discederent *S*[2] *NURTV* : discend- *S*[1] || **8** pede *URTV* : -dem *SN* || presso *om. SN* || propius *SURTV* : -prius *S* || patrocinari *URTV* : a patrocinali *SN* || desinunt *T* : deseruant *S* discesserant *N* deserunt *URV*.

30. 1. equitatu *UT* : -tati *R* -tatus *V om. SN* || tegebatur *NURTV* : -bantur *S* || milibus *SN* : -litibus *URTV*.

quels s'ajoutaient des troupes auxiliaires en nombre à peu près égal[2]. Nos forces se montaient, elles, à quatre-vingts cohortes[3] et huit mille cavaliers[4]. **2.** Quand nos hommes, continuant leur approche, se trouvèrent en position défavorable, à l'extrémité du plateau[5], l'ennemi était prêt, en position dominante ; aussi était-il extrêmement dangereux de continuer à avancer sur la pente. **3.** César s'en rendit compte et, pour éviter toute erreur due à l'imprudence et à la légèreté, défendit de s'engager plus loin[6]. **4.** Quand l'ordre parvint aux oreilles des hommes, ils le prirent très mal, déçus de se voir empêchés de pouvoir livrer enfin combat. **5.** Cette halte excita l'ardeur de nos adversaires : c'était la crainte, pensaient-ils, qui retenait les troupes de César d'engager le combat. **6.** Dans leur présomption, ils acceptaient le combat en terrain défavorable[7], non sans qu'il fût encore très dangereux de les approcher. **7.** A ce moment[8], la dixième légion occupait sa place, l'aile droite[9] ; la troisième et la cinquième l'aile gauche, avec le reste des troupes[10].

Victoire de César à Munda (17 mars 45)

31. 1. On pousse le cri de guerre et le combat s'engage. Bien que la vaillance de nos hommes fût supérieure, leurs adversaires se défendaient sur la hauteur avec le plus grand acharnement ; des deux côtés les cris, les assauts accompagnés de grêles de projectiles se faisaient si furieux que nos hommes furent près de douter de la victoire[1]. **2.** Les attaques et les

terea auxiliares accedebant prope alterum tantum ; nostra praesidia LXXX cohortibus, octo milibus equitum. **2.** Ita cum in extrema planitie iniquum in locum nostri appropinquassent, paratus hostis erat superior, ut transeundum superius iter uehementer esset periculosum. **3.** Quod cum a Caesare esset animaduersum, ne quid temere culpa secus admitteretur, eum locum definire coepit. **4.** Quod cum hominum auribus esset obiectum, moleste et acerbe accipiebant se impediri quominus proelium conficere possent. **5.** Haec mora aduersarios alacriores efficiebat : Caesaris copias timore impediri ad committendum proelium. **6.** Ita se efferentes iniquo loco sui potestatem faciebant, ut magno tamen periculo accessus eorum haberetur. **7.** Hic decumani suum locum, cornum dextrum, tenebant ; sinistrum III et V, itemque et cetera [auxilia equitatus].

31. 1. Proelium clamore facto committitur. Hic etsi uirtute nostri antecedebant, aduersarii loco superiore < se > defendebant acerrime, et uehemens fiebat ab utrisque clamor telorumque missu concursus, sic ut prope nostri diff*id*erent uictoriae. **2.** Congressus enim et clamor, quibus

1 alterum tantum *SURTV* : totidem *N* ‖ octo *V* : VIII *UR* : V̊IIII *S* $\overset{\text{ve}}{\text{VIIII}}$ *NT* ‖ milibus *N* : mil *ST* -lia *RV om. U* ‖ equitum *NU*[2] *RTV* : aeq- *S* equitatum *U*[1] ‖ **2** transeundum *URTV* : -ndem *S* -ndi *N* ‖ **3** quid *SURTV* : qua *N* ‖ temere *URT*[2] : timore *SN* -mere *T*[1]*V* ‖ definire *URT* : diff- *SNV* ‖ **4** se *om. TV* ‖ **5** copias *om. N* ‖ **6** iniquo *SNURT* : ut i. *V* ‖ potestatem *NURTV* : -tate *S* ‖ faciebant *R* : efficie- *SNUT* efficerent *V* ‖ **7** cornum *SU* : -nu *NRT* -nuum *V* ‖ sinistrum *SNURT* : -tra *V* ‖ v *SURTV* : v legio *N* ‖ itemque *SURTV* : item *N* ‖ auxilia equitatus *ut glossema secl. Klotz* ‖ equitatus *SNURV* : *legi nequit T* auxilia. equitatus *interpunxit N*.

31. 1. proelium *om. N* ‖ se *post* aduersarii *add. recc., huc transp. Nipperdey* ‖ fiebat ab utrisque *SNURT* : ab u. f. *V* ‖ missu *SNUTV* : -sus *R* ‖ diffiderent *edd.* : differunt *S* -ferrent *NR* -ferent *UT* deferunt *V* ‖ uictoriae *SURTV* : -riam *N* ‖ **2** rebus *om. N*.

cris, qui épouvantent l'ennemi par-dessus tout, avaient en effet la même violence de part et d'autre. **3.** Sous ces deux aspects ils mettaient donc la même vaillance au combat[2], mais transpercés par nos javelots, nos adversaires tombaient en masse. **4.** Comme nous l'avons indiqué, les soldats de la dixième légion étaient placés à l'aile droite. Malgré leur infériorité numérique, leur courage leur permit de semer l'épouvante dans les rangs de l'ennemi par leurs exploits : ils commencèrent à faire perdre du terrain à leurs adversaires, si bien que, pour les secourir et leur éviter d'être pris par le flanc, une légion ennemie commença à passer à droite[3]. **5.** Dès que cette légion fut en mouvement, la cavalerie de César[4] chargea l'aile gauche[5] : la dixième légion put ainsi déployer une vaillance extraordinaire au combat, si bien qu'elle ne donna pas la possibilité à l'ennemi de venir au secours de ses lignes. **6.** Les cris mêlés aux gémissements et le cliquetis des épées, qui frappaient leurs oreilles, terrifiaient les recrues et paralysaient leurs esprits. **7.** Alors, comme dit Ennius : “ Le pied écrase le pied, les armes heurtent les armes. ”[6], et, malgré la résistance acharnée de nos adversaires, nos hommes commencèrent à les faire reculer ; ils trouvèrent refuge dans la ville. **8.** Ainsi, le jour même des Libéralies[7], ils furent mis en déroute et ils n'auraient eu aucun survivant s'ils ne s'étaient réfugiés dans leur position de départ. **9.** Trente mille hommes

rebus maxime hostis conterretur, in collatu pari erat condicione. **3.** Ita ex utroque genere cum parem uirtutem ad bellandum contulissent, pilorum missu fixa cumulatur et concidit aduersariorum multitudo. **4.** Dextrum ut demonstrauimus decumanos cornum tenuisse ; qui etsi erant pauci, tamen propter uirtutem magno aduersarios timore eorum opera adficiebant, quod a suo loco hostes uehementer premere coeperunt, ut ad subsidium, ne ab latere nostri occuparent, legio aduersariorum traduci coepta sit ad dextrum. **5.** Quae simul est mota, equitatus Caesaris sinistrum cornum premere coepit, ita uti eximia uirtute proelium facere possent, ut locus in aciem ad subsidium ueniundi non daretur. **6.** Ita cum clamor esset intermixtus gemitu gladiorumque crepitus auribus oblatus, imperitorum mentes timore praepediebat. **7.** Hic, ut ait Ennius, pes pede premitur, armis teruntur arma, aduersariosque uehementissime pugnantes nostri agere coeperunt ; quibus oppidum fuit subsidio. **8.** Ita ipsis Liberalibus fusi fugatique non superfuissent, nisi in eum locum confugissent, ex quo erant egressi. **9.** In quo proelio ceci-

2 conterretur *URT* : -teriretur *S* -terreretur *NV* || collatu *SNURT* : -ta *V* || pari erat *SNURT* : paruerat *V* || **3** genere *SURTV* : g. pugnae *N* || parem uirtutem *SURTV* : partem uirtutis *N* || missu *edd.* : -sus *SNURTV* || fixa *SURT* : -xorum *N* -xus *V* || cumulatur *URTV* : -lantur *SN* || **4** ut *om.* *N* || demonstrauimus *NURTV* : -trati sumus *S* || cornum *SURV* : -nu *NT* || ne *SNUR* : nec *TV* || occuparent *SURTV* : -rentur *N* || legio *UR* : -gi *SNTV* || coepta sit *UR* : -pte sit *STV* inciperent *N* || ad dextrum quae *URTV* : adextrum q. *S* ad dextrumque *N* || **5** mota *SURTV* : -tus *N* || equitatus *SNURT* : -tatu *V* || sinistrum *SNURT* : et s. *V* || cornum *SU* : -nu *NRTV* || coepit ita *URTV* : cepita *S* coepit at *N* || uti *SURTV* : hi *N* || possent *SURT* : incipiunt *N* possint *V* || locus *NV* : -cu *S* -cum *URT* || aciem *SURTV* : -cie *N* || ueniundi *SURT* : -endi *NV* || **6** ita cum *SURT* : in ca cum *S* in caelum *N* || esset om. *N* || gemitu *V* : -tus *SURT* : et gemitus *N* || crepitus *NURT* : crip- *S* crepitu *V* || timore *om.* *N* || **7** teruntur *SNURT* : fer- *V* || **8** ipsis *SNRT* : ipsi *UV* || liberalibus *del.* *N* || fusi *SURTV* : -sis *N* || fugatique *SUTV* : -tisque *N* fatigatique *R*.

environ tombèrent dans cette bataille, si ce n'est davantage ; parmi eux, Labienus et Attius Varus[8] : on leur fit à tous deux des funérailles à l'endroit où ils furent tués ; des chevaliers romains, issus tant de Rome que de la province, périrent aussi, au nombre d'environ trois mille[9]. **10.** Quant à nous, nous eûmes à déplorer la perte d'environ mille hommes[10], tant cavaliers que fantassins et environ cinq cents blessés[11]. **11.** On prit à nos adversaires treize aigles[12] <… > enseignes et <… > faisceaux ; César les traita < en ennemis[13] >.

Début du siège de Munda. Sextus Pompée s'enfuit de Cordoue. Cneius se réfugie à Carteia.

32. 1. <Réchappèrent> de cette déroute, ceux qui avaient fait de Munda un bastion, et les nôtres furent contraints de les assiéger. **2.** Des armes de l'ennemi <… > ils entassaient des cadavres à la place de mottes de terre, des boucliers et des javelots en guise de palissade ; en outre, plantées à la pointe des épées, on avait, aligné les têtes des morts, tournées vers la ville[1]. Ainsi la peur de l'ennemi <… > à voir étalés sous leurs yeux les témoignages de notre vaillance et à se trouver ainsi entourés d'un retranchement[2]. **3.** Armés de tragules[3] et de javelots, ils commencèrent le siège de la place, ainsi entourée < d'un retranchement > de cadavres ennemis. **4.** Valerius

derunt milia hominum circiter XXX et si quid amplius, praeterea Labienus, Attius Varus, quibus occisis utrisque funus est factum, itemque equites Romani partim ex urbe, partim ex prouincia ad milia III. **10.** Nostri desiderati ad hominum mille partim equitum, partim peditum ; saucii ad D. **11.** Aduersariorum aquilae sunt ablatae XIII et signa < … > et fasces < … > praeterea < … > ; hos habuit < hostium numero…

32. 1. …euaserunt > ex fuga hac qui oppidum Mundam sibi constituissent praesidium, nostrique cogebantur necessario eos circumuallare. **2.** Ex hostium armis < … > pro caespite cadauera collocabantur, scuta et pila pro uallo, insuper occi*sorum in* gladio*rum* mucron*ibus* [et] capita hominum ordinata ad oppidum conuersa. † Vniuersa † hostium timorem < … > uirtutisque insignia proposita uiderent et uallo circumcluderentur aduersarii. **3.** Ita [Galli] tragulis iaculisque oppidum < quod uallo facto > ex hostium cadaueribus sunt circumplexi, oppugnare coeperunt. **4.** Ex hoc proelio Valerius adulescens

9 xxx *SNRTV* : xx *V* || et si quid amplius *om. N* || prouincia *NURTV* : -ciae *S* || ad *NURTV* : a *S* || milia III *SNURT* : III m. *V* || **10** hominum *URTV* : omnium *S* -nia *N* || mille (*i. e.* ∞) *URTV* : co *S* cum *N* || saucii *SURTV* : aliqui essent s. *N* || ad D *UR* : ad e *S* ad hoc *N* praeter *V om. T* || **11** aquilae *SURT* : signa *N* maculas *V* || ablatae *SURT* : -ta *NV* || XIII *SURTV* : et aquilae XIII *N* || et signa *SURT* : signa *V post* aduersariorum *transp. N* || *lacunas ind. Klotz* || hostium numero *add. Klotz.*

32. 1. euaserunt *add. Klotz* || sibi *NURT* : is ibi *ST* ibi *V* || nostrique *SURTV* : nostri *N* || **2** hostium *NURTV* : ost- *S* (*item infra 2 et 3*) || *post* armis *lacunam ind. Klotz* || scuta *N* : -tum *SURV* -tu *T* || occisorum *Kübler* : -cisi *codd.* || in gladiorum mucronibus *Kübler* : et gladia ut moero *S* et gladii et mucrones *N* et gladia ut mucro U^2 *R* et gladio u. m. U^1 *T* et gladios ut mucronem *V* || et *secl. Kübler* || uniuersa *SNURV* : -sas *T* || *post* timorem *lacunam ind. edd.* || **3** galli *SURTV* : -lici *N secl. Pascucci* || tragulis U^2 *RT* : trac- U^1 traguis *V* ciragulis *S* rag- *N* || quod uallo facto *add. Klotz* || oppugnare *SURTV* : et op. *N* || **4** ex hoc *NUR* : ex oc *S* et hoc *TV* || ualerius *V* : fal- *SNURT*.

le Jeune[4], rescapé de ce combat, s'enfuit à Cordoue avec quelques cavaliers et rapporte les faits à Sextus Pompée, qui s'y trouvait. **5.** Une fois informé, il distribua tout son argent aux cavaliers de son escorte, dit aux habitants qu'il partait discuter des conditions de la paix avec César et quitta la ville à la deuxième veille[5]. **6.** Cneius Pompée, avec une petite escorte de cavaliers[6] et quelques fantassins, se dirigea vers Carteia[7], sa base navale, située à cent soixante-dix milles de Cordoue[8]. **7.** Quand ils n'en furent plus éloignés que de huit milles[9], P. Caucilius[10], qui avait été autrefois chargé du commandement du camp de Pompée, envoya, de la part de Cneius, un message disant qu'il était mal en point[11] et demandant qu'on lui envoyât une litière pour le transporter dans la ville. **8.** Après réception de la lettre, Pompée fut transporté à Carteia. Ses partisans se réunirent dans la maison où il avait été transporté : ils croyaient qu'il venait clandestinement pour qu'ils puissent lui poser les questions qu'ils souhaitaient au sujet de la guerre. Quand ils furent réunis en nombre, Pompée, de sa litière, s'en remit à leur protection[12].

César assiège Cordoue. Suicide de Scapula

33. 1. Aussitôt après la bataille, après avoir fait entourer Munda d'un retranchement, César se rendit à Cordoue[1]. Les rescapés du massacre y occupaient le pont. **2.** Quand nous y arri-

Cordubam cum paucis equitibus fugit, Sex. Pompeio, qui Cordubae fuisset, rem gestam refert. **5.** Cognito hoc negotio, quos equites secum habuit, quod pecuniae secum habuit eis distribuit et oppidanis dixit se de pace ad Caesarem proficisci et secunda uigilia ab oppido discessit. **6.** Cn. Pompeius cum equitibus paucis nonnullisque peditibus ad nauale praesidium Carteiam contendit, quod oppidum abest ab Corduba milia passuum CLXX. **7.** Quo cum ad octauum miliarium uenisset, P. Caucil*ius*, qui castris antea Pompei praepositus esset, eius uerbis nuntium mittit eum minus belle habere, ut mitterent lectitam qua in oppidum deferri posset. **8.** Litteris missis Pompeius C*a*rteiam defertur. Qui illarum partium fautores essent conueniunt in domum quo erat delatus ; qui arbitrati sunt clanculum uenisse, ut ab eo quae uellent de bello requirerent. Cum frequentia conuenisset, de lectica Pompeius in eorum fidem confugit.

33. 1. Caesar ex proelio < Munda > munitione circumdata Cordubam uenit. Qui ex caede eo refugerunt pontem

5 quos *NURTV* : cos (*uel* eos) *S* || *post* equites, secum habuit *om. N* || et oppidanis *NURTV* : ex op. *S* || et secunda *NURTV* : ex s. *S* || ab *NURTV* : ad *S* || **6** carteiam *recc.* : parte altera *SNRTV* p. carteiam a. *U* || ab *S* : a *NRTV* ad *U* || milia passuum CLXX *SURTV* : passibus CLXX milibus *N* || **7** caucilius *Scaliger* : -li *SURV* cacili *N* canc- *T* || eius uerbis *SNRTV* : u. e. *U* || eum *SN* : cum *URTV* || minus *SNURT* : nimius *V* || belle *SUR* : -li *N* -lae *T* -lum *V* || habere *SNTV* : -retur *UR* || mitterent *UR* : -ret *SNTV* || qua *SNURV* : quam *T* || in *om. TV* || deferri *SNURT* : diff- *V* || posset *S* : -sit *NURTV* || **8** carteiam *recc.* : cert- *SNURT* certeigam *V* || partium *NURTV* : -tum *S* || essent *SURTV* : erant *N* || delatus *N* : dil- *SURTV* || clanculum *N²URTV* : calnc- *S* calc- *N¹* || quae *SNURV* : qui *T* || requirerent *SNURT* : conq- *V* || de lectica *SNURT* : dilectica *V*.

33. 1. munda *add. Rhellicanus* || eo *SNURT* : eorum *V* || refugerunt *URT²V* : -gerentur *S* -gerant *NT¹*.

vâmes, ils se mirent à nous railler : nous n'étions pas nombreux à en avoir réchappé[2] ; où allions-nous nous réfugier ? Ils engagèrent donc le combat depuis le pont. César traversa le fleuve et établit son camp. **3.** Scapula[3], le chef de la rébellion, s'était rendu à Cordoue après la bataille ; il réunit ses esclaves et ses affranchis, se fit dresser un bûcher et ordonna de servir un repas aussi raffiné que possible[4] et d'étendre sur le lit les plus belles couvertures. Il distribua de sa main monnaie et argenterie à ses serviteurs[5]. **4.** Quant à lui, le moment venu, il se mit à table et répandit sur son corps à plusieurs reprises, de la résine[6] et du nard. Au tout dernier moment il donna ses instructions à un esclave et à un affranchi, qui était son mignon[7], ordonnant à l'un de lui trancher la gorge et à l'autre de mettre le feu au bûcher[8].

César prend Cordoue.

34. 1. Quant aux habitants, dès que César eut installé son camp en face de la ville, ils se mirent à se quereller si bruyamment entre partisans de Pompée et partisans de César que les cris parvenaient presque jusqu'à notre camp. **2.** Il y avait dans la ville des légions[1] formées de déserteurs[2] et en partie d'esclaves des habitants affranchis par Sextus Pompée[3]. En prévision de l'arrivée de César, ils se préparèrent au combat[4]. **3.** La treizième légion[5] entreprit de défendre la ville. Les nôtres, malgré la résistance de l'ennemi, s'emparèrent d'une partie des tours et

occuparunt. **2.** Cum eo uentum esset, conuiciare coeperunt nos ex proelio paucos superesse : quo fugeremus ? Ita pugnare coeperunt de ponte. Caesar flumen traiecit et castra posuit. **3.** Scapula totius seditionis [familiae et libertinorum] caput ex proelio Cordubam cum uenisset, familiam et libertos conuocauit, pyram sibi exstruxit, cenam adferri quam optimam imperauit, item optimis insternendum uestimentis ; pecuniam et argentum in praesentia familiae donauit. **4.** Ipse de tempore cenare, *re*si*n*am et nardum identidem sibi infundit. Ita nouissimo tempore seruum iussit et libertum, qui fuisset eius concubinus, alterum se iugulare, alterum pyram incendere.

34. 1. Oppidani autem, simul Caesar castra contra ad oppidum posuit, discordare coeperunt, usque eo ut clamor in castra nostra perueniret fere, inter Caesarianos et inter Pompeianos. **2.** Erant hic legiones, quae ex perfugis conscriptae, partim oppidanorum serui, qui erant a Pompeio Sexto manumissi ; qui in Caesaris aduentum descendere coeperunt. **3.** Legio XIII oppidum defendere coepit ; no*stri* cum iam *d*epugnarent, turres ex parte et

1 occuparunt *SNUTV* : -uerunt *R* ‖ **2** uentum *recc.* : circum- *SNURTV* ‖ conuiciare *SURT* : conuicia *N* -ciari *V* ‖ coeperunt *SNURT* : recep- *V* ‖ quo *SNUR* : quos *TV* ‖ **3** totius *URTV* : toricius *SN* ‖ familiae et libertinorum *secl. Fleischer* ‖ caput *R* : apud *SNTV* capud *U* ‖ ex proelio cordubam *SURT* : c. ex p. *NV* ‖ cum uenisset *NURTV* : conue- *S* ‖ libertos *SNUR* : -beros *T* libertas *V* ‖ adferri *NURTV* : -fert *S* ‖ quam *om. N* ‖ insternendum *SURTV* : -ternitur *N* ‖ **4** resinam *recc.* : sitam *SNURTV.* ‖ seruum *SURTV* : -uo *N* ‖ libertum *SURV* : -to *N* liberum *T* ‖ eius *om. TV* ‖ alterum… alterum *SURTV* : -ram… -ram *N*.

34. 1. simul *SURTV* : simulac *N* ‖ ad *om. UR* ‖ **2** legiones quae ex perfugis *SNURT* : ex p. q. l. *V* ‖ conscriptae *SURTV* : ascr- *N* ‖ a pompeio sexto *URTV* : ad pompeio *III*∘ *S* ad pompeii *N* ‖ manumissi *ST* : manu m. *UR* manum m. *N* missi *V* ‖ **3** nostri cum *recc.* : non cum *SURTV* c. n. *N* ‖ depugnarent turres *Nipperdey* : repugnarentur res *SUTV* repugnarent turres *NR* ‖ parte *SNURT* : -tem *V*.

des remparts. **4.** De nouveau[6], les habitants envoyèrent des émissaires à César, lui demandant de faire entrer des légions dans la ville pour les secourir. Quand ils l'apprirent, les déserteurs[7] mirent le feu à la ville ; **5.** mais vaincus par les nôtres, ils perdirent vingt-deux mille hommes[8], sans compter ceux qui périrent à l'extérieur de l'enceinte. **6.** C'est ainsi que César se rendit maître de la ville[9]. Pendant qu'il était retenu là, ceux qui, après la bataille, s'étaient retranchés dans Munda, comme nous l'avons rapporté plus haut[10], firent une sortie et furent refoulés dans la ville, non sans avoir subi de lourdes pertes.

César fait entrer une garnison à Hispalis. Philon ranime la résistance

35. 1. Tandis que César se dirigeait vers Hispalis[1], des députés vinrent à sa rencontre pour tenter de le fléchir. Quand il arriva près de la ville[2], il y fit donc entrer son légat Caninius[3] avec un détachement, et lui-même installa son camp près de la ville. **2.** Il y avait dans la ville un groupe important de partisans de Pompée qui s'indignaient de voir cette garnison admise à l'insu d'un certain Philon, qui était le plus ardent défenseur du parti pompéien ; il était connu dans toute la Lusitanie. **3.** A l'insu de nos avant-postes, il partit pour la Lusitanie et rencontra près de Lennium[4] Cécilius Niger, un indigène[5] qui disposait d'une importante troupe de Lusitaniens. **4.** De retour à Hispalis[6], à la faveur de la nuit, il franchit l'enceinte[7] et rentra dans la ville ; ils massacrèrent la garnison et les sentinelles, fermèrent les portes et reprirent les hostilités.

murum occuparunt. **4.** Denuo legatos ad Caesarem mittunt, ut sibi legiones subsidio intromitteret. Hoc cum animaduerterent *h*omine*s* fugitiui, oppidum incendere coeperunt. **5.** Qui superati a nostris sunt interfecti hominum milia XXII, praeterquam extra murum qui perierunt. **6.** Ita Caesar oppido potitus. Dum hic detinetur, ex proelio quos circummunitos superius demonstrauimus, eruptionem fecerunt et bene multis interfectis in oppidum sunt redacti.

35. 1. Caesar Hispali*m* cum contendisset, legati deprecatum uenerunt. Ita cum ad oppidum esset uentum, Caninium cum praesidio legatum intromittit, ipse castra ad oppidum ponit. **2.** Erat bene magn*a* manus intra Pompeianarum partium, quae praesidium receptum indignaretur clam quemdam Philonem illum, qui Pompeianarum partium fuisset defensor acerrimus ; is tota Lusitania notissimus erat. **3.** Hic clam praesidia Lusitaniam proficiscitur et Caecilium Nigrum *h*omine*m* barbarum ad Lennium conuenit, qui bene magnam manum Lusitanorum haberet. **4.** Rursus Hispalim oppidum denuo noctu per murum recipitur ; praesidium, uigiles iugulant, portas praecludunt, de integro pugnare coeperunt.

3 occuparunt *SURTV* : -rent *N* || **4** homines *recc.* : nomine *URTV* -ni *S om. N* || **5** a nostris *NURTV* : nostri *S* || interfecti *SURTV* : et i. *N* || XXII *NURTV* : uiginti duo *S* || qui *SNURT* : illi qui *V* || **6** quos *NURTV* : quos cum *S* || superius *NURTV* : super *S* || multis interfectis *SURTV* : -ti interfecti *N*.

35. 1. hispalim *recc.* : -li *codd.* || contendisset *SNURT* : descend- *V* || esset uentum *recc.* : esse tuentum *S* esset tuendum *N* sese tundum *U* sese tuendum *RTV* || **2** magna *Ciacconius* : -gnum *SNURTV* || pompeianarum partium quae *UR* : p. partiumque *TV* pompaie- partiumque *S* pompeianas partes *N* || receptum *om. SN* || quemdam Philonem illum *SURTV* : cuidam Philoni illi *N* || is tota lusitania *URTV* : istata l. *S* istatalus itanla *N* || erat *SNRU*[1]*TV* : fuerat *U*[2] || **3** hominem barbarum *Glandorp* : nomine barbarum *URV* n. -ra *S*[1] n. -ro *S*[2] *NT* || haberet *SURT* : cum haberet *V* habebat *N* || **4** hispalim *SNURT* in ippali *V* || praesidium *om. SN*.

Prise d'Hispalis. Reddition d'Hasta. Echec d'un complot des Pompéiens à Munda

36. 1. Pendant ces événements, des envoyés de Carteia firent savoir que Pompée était en leur pouvoir[1]. Comme ils avaient auparavant fermé leurs portes à César, ils pensaient compenser par ce service leur mauvaise conduite. A Hispalis les Lusitaniens se battaient sans relâche. **2.** Voyant cela, César craignit que, s'il cherchait à prendre la ville, ces désespérés n'y mettent le feu et ne détruisent les remparts. Aussi, après avoir tenu conseil, laissa-t-il les Lusitaniens faire une sortie, de nuit. Ceux-ci ne pensaient pas qu'il s'agissait d'une ruse[2]. **3.** Pendant leur sortie ils incendient des navires qui se trouvaient le long des rives du Bétis. Pendant que les nôtres sont occupés à maîtriser l'incendie, les ennemis s'enfuient et sont taillés en pièces par nos cavaliers ; **4.** ce qui permit de rentrer en possession de la ville[3] et César se mit en route pour Hasta[4] : des députés de cette ville vinrent offrir leur reddition. Les habitants de Munda qui, après la bataille, s'étaient réfugiés dans la place[5], après un siège assez long, se rendirent en nombre. Répartis dans les légions[6], ils forment un complot : à la faveur de la nuit, au signal convenu, ceux qui étaient dans la ville feraient une sortie et, eux, se livreraient au massacre dans le camp. **5.** Ce plan fut découvert et, la nuit suivante, à la troisième veille, après qu'on eut donné à nos hommes le signe de reconnaissance[7], ils furent tous taillés en pièces à l'extérieur du retranchement.

Fuite et mort de Cn. Pompée

37. 1. Pendant que César, en chemin[1], assiégeait les villes qui restaient à prendre, à Carteia, les habitants entrèrent en désaccord au sujet de Pompée : il y avait ceux qui avaient envoyé des députés à César[2] et

36. 1. Dum haec geruntur, legati Carteienses renuntiauerunt quod Pompeium in potestatem haberent. Quod ante Caesari portas praeclusissent, illo beneficio suum maleficium existimabant se lucri facere. Lusitani Hispali pugnare nullo tempore desistebant ; **2.** quod Caesar cum animaduerteret, si oppidum capere contenderet timuit ne homines perditi incenderent et moenia delerent. Ita consilio habito noctu patitur Lusitanos eruptionem facere ; id quod consulto non existimabant fieri. **3.** Ita *e*rumpendo nauis, quae ad Baetim flumen fuissent, incendunt. Nostri dum incendio detinentur, illi profugiunt et ab equitibus conciduntur. **4.** Quo facto oppido recuperato Hastam iter facere coepit, ex qua ciuitate legati ad deditionem uenerunt. Mundenses, qui ex proelio in oppidum confugerant, cum diutius circumsederentur, bene multi deditionem faciunt et cum essent in legionem distributi coniurant inter sese, ut noctu signo dato qui in oppido fuissent eruptionem facerent, illi caedem in castris administrarent. **5.** Hac re cognita insequenti nocte uigilia tertia tessera data extra uallum omnes sunt concisi.

37. 1. Carteienses, du*m* Caesar in itinere reliqua oppida oppugnat, propter Pompeium dissentire coeperunt. Pars erat quae legatos ad Caesarem miserat, pars erat quae

36. 1. *post* legati *usque ad 40, 6* petere coeperunt *def. R* || carteienses *recc.* : castelenses *S* castelle- *N* carcele- *UTV* || haberent *SNUV* : -bent *T* || *post* haberent *des. U* || lucri facere *NTV* : lucrificare *S* || pugnare *post* tempore *transp. V* || nullo *TV* : illo *SN* || **2** caesar *post* animaduerteret *transp. N* || timuit ne *V* : ait *SNT* || incenderent et moenia *N* : -runt et m. *ST* m. incenderent et *V* || quod consulto *SNT* : c. q. *V* || **3** erumpendo *recc.* : inrump- *SNTV* || **4** iter *recc.* : iterum *SN* interim *TV* || legati *om. V* || mundenses qui *N* : mundensesque *STV* || fuissent *om. SN* || **5** tessera *SNT* : -sara *V* || omnes *TV* homines *SN*.

37. 1. carteienses *recc.* : castecienses *S* cartecienenses *TV* crastirenses *N* || dum *recc.* : duces *SNTV* || propter *STV* : quae p. *N* || coeperunt *STV* : -rant *N* || quae *STV* : in quam *N*.

ceux qui restaient partisans de Pompée. **2.** L'insurrection éclate ; nos partisans s'emparent des portes ; le combat est meurtrier ; Pompée, blessé[3], s'empare de vingt navires de guerre et prend la fuite. Didius[4] qui commandait la flotte mouillée à Gadès[5] <... >[6] ; dès qu'un courrier l'eut informé, il se mit à la poursuite de Pompée[7] ; une partie des fantassins et la cavalerie[8], le suivant de près, se lancèrent aussi à sa poursuite[9]. **3.** Après trois jours de navigation, comme, partis de Carteia à l'improviste, ils n'avaient plus d'eau, ils accostent[10]. Pendant qu'ils font provision d'eau[11], Didius arrive en hâte avec sa flotte, incendie des navires et en prend quelques uns.

38. 1. Pompée prend la fuite avec une petite escorte et s'empare d'une position fortifiée par la nature. Les cavaliers et les cohortes envoyés à sa poursuite en sont informés par des éclaireurs envoyés en avant ; ils marchent jour et nuit. **2.** Pompée était grièvement blessé à l'épaule et à la jambe gauche ; de plus, il s'était aussi fait une entorse à la cheville qui le gênait beaucoup. **3.** C'est donc dans une litière portée par des Lusitaniens, comme il est d'usage à l'armée[1], qu'il fut transporté jusqu'à une tour[2]. Quand les troupes de César l'eurent aperçu[3], la cavalerie et les cohortes eurent vite fait de l'encercler. Mais c'était dans l'approche que résidait la difficulté. **4.** Pompée

Pompeianarum partium fautores essent. **2.** Seditione concitata port*a*s occupant ; caedes fit magna ; saucius Pompeius naues XX occupat longas et profugit. Didius, qui < ad > *G*adis classi praefuisset < ... > ad quem simul nuntius allatus est, confestim sequi coepit ; partim pedites et equitatus ad persequendum celeriter iter faciebant, item [quarto die nauigatione] confestim consequentes. **3.** < * Quarto die nauigation*is* >, quod imp*a*rati a Carte*i*a profecti sine aqua fuissent, ad terram applicant. Dum aquantur, Didius classe accurrit, naues incendit, nonnullas capit.

38. 1. Pompeius cum paucis profugit et locum quemdam munitum natura occupat. Equites et cohortes, quae ad persequendum missi essent, speculatoribus ante missis certiores fiunt ; diem et noctem iter faciunt. **2.** Pompeius umero et sinistro crure uehementer erat saucius. Hoc accedebat ut etiam talum intorsisset ; quae res maxime impediebat. **3.** Ita lectica ad turrem quam*dam* < cum > esset ablatus, in ea ferebatur Lusitan*i*s more militari. Cum Caesaris praesidio fuisset conspectus, celeriter equitatu cohortibusque circumcluditur. Erat accesssus loci difficultas. **4.** Nam idcirco [propter suo praesidio fuisset

1 essent *STV* : erant *N* || **2** portas *Vascosanus* : partes *SNTV* || pompeius *om. SN* || ad gadis *Hoffmann* : cadis S^2*TV* cades S^1 gadibus *recc.* || classi *V* : -sis *SNT* || *post* praefuisset *lacunam ind. Klotz* || partim *TV* : -tem *SN* || pedites *V* : -dibus *SNT* || et equitatus *TV* : ad equitatum *S* ad -tus *N* || faciebant *STV* : -ciens *N* || consequentes *SNT* : sequentes *V* || **3** quarto die nauigatione (-nem *V*) *post* item (2) *habent SNTV, corr. et transp. Nipperdey* || imparati *recc.* : impe- *SNTV* || carteia *recc.* : cratela *SNTV* || profecti sine aqua *recc.* : profectis (-i *N*) in ea qua *SNTV* || accurrit *TV* : occ- *SN*.

38. 1. missi *STV* :-sae *N* || **2** saucius *SNT* : sautiatus *V* || hoc *STV* : huc *N* || **3** ad turrem *V* : a t. *S* a turre *NT* || quamdam cum *Klotz* : quem *ST* quam *V* in qua *N* || esset *STV* : erat *N* || *post* ferebatur *interpunxit Hoffmann* || lusitanis *Mommsen* : -nus *SNTV* (*uid. adnot.*) || difficultas *SNT* : -cilis *V* || **4** propter — celeriter ad *secl. Dinter* || suo praesidio *ST* : suum -dium *NV*.

s'était, en effet, emparé d'un endroit fortifié[4] par la nature, afin que, si importantes que fussent les forces des assaillants, une poignée d'hommes pût le défendre, en profitant de leur position dominante. Dès leur arrivée, nos hommes commencent l'ascension et reculent sous les traits. **5.** Les voyant céder du terrain, nos adversaires redoublèrent leurs attaques et d'emblée empêchèrent toute tentative d'approche. Quand ils eurent recommencé plusieurs fois, il apparut que l'entreprise était très périlleuse pour nos hommes. **6.** Pompée décida d'entourer sa position d'une ligne de fortification. Avec une égale rapidité nos hommes construisirent une ligne de fortification, orientée vers la crête de la colline[5], de façon à pouvoir affronter nos adversaires en terrain plat. Voyant cela ils cherchèrent leur salut dans la fuite.

39. 1. Pompée, comme nous l'avons indiqué plus haut[1], était blessé et s'était foulé la cheville, ce qui le retardait dans sa fuite ; de plus, la difficulté du terrain lui interdisait de se servir d'un cheval ou d'un chariot pour sauver sa vie. Les nôtres se livraient partout au massacre. **2.** Chassé de son retranchement, ayant perdu ses partisans, Pompée se cacha dans un ravin creusé d'excavations, dans une caverne[2] ; nos hommes ne l'auraient pas aisément trouvé si des prisonniers ne l'avaient trahi. C'est là qu'il est tué[3]. **3.** Alors que César se trouvait à Gadès[4], la tête de Pompée fut apportée à Hispalis le 12 avril et exposée à la vue du public[5].

conspectus celeriter ad] munitum locum natura ceperat sibi Pompeius, quamuis magna multitudine *a*duct*a* < ut pauci > homines ex superiore loco defendere poss*e*nt. Subeunt in aduentu nos*tri* depellun*tur*qu*e* telis. **5.** Quibus cedentibus, cupidius insequebantur aduersarii et confestim tardabant ab accessu. Hoc saepius fact*o* animum aduertebatur nostro magno id fieri periculo. **6.** Opere circummunire instituit ; pari autem ex celeri festinatione circumm*un*itiones iugo dirigunt, ut aequo pede cum aduersariis congredi possent. A quibus cum animaduersum esset, fuga sibi praesidium capiunt.

39. 1. Pompeius, ut supra demonstrauimus, sauci*us* et intorto talo idcirco tardabatur ad fugiendum itemque propter loci difficultatem neque equo neque uehiculo saluti suae praesidium parare poterat. Caedes a nostris undique administrabatur. **2.** Exclus*us* a munitione amissisque auxiliis ad conuallem exesumque locum in speluncam Pompeius se occultare coepit, ut a nostris non facile inueniretur nisi captiuorum indicio. Ita ibi interficitur. **3.** Cum Caesar Gadibus fuisset, Hispalim prid. Id. April.caput allatum et populo datum est in conspectum.

4 ad *om. NV* ‖ adducta ut pauci *Klotz* : deducti *SNTV*, ut *ante* quamuis *transp. Madvig* ‖ possent *recc.* : -sunt *SNTV* ‖ aduentu *SNT* : -tum *V* ‖ nostri depelluntur que *recc.* : nos depellunt qui *STV* nos depellunt *N* ‖ **5** tardabant *STV* : -bantur *N* ‖ ab *om. SN* ‖ facto *edd.* : -tu *STV* -tum *N* ‖ animum aduertebatur *ST* : animadu- *N* animum aduertebat *V* ‖ **6** ex *STV* : et *N* ‖ festinatione *NTV* : -nes *S* ‖ circummunitiones *recc.* : -mitiones *STV* -uentos *N* ‖ dirigunt *NTV* : der- *S* ‖ congredi *NTV* : -gregi *S* ‖ praesidium *NTV* : praedium *S*.

39. 1. saucius *edd.* : -cio *SNTV* ‖ tardabatur *TV* : trade- *SN* ‖ saluti *V* : -tis *SNT* ‖ **2** exclusus a *Klotz* : -clusa *SNTV* ‖ auxiliis *SNT* : praesidiis *V* ‖ exesumque *recc.* : ex se sumaque *STV* atque exesum *N* ‖ in *recc.* : ut *STV* ut in *N* ‖ speluncam *SNT* : specula *V* ‖ nisi *om. N* ‖ **3** gadibus fuisset *TV* : g. fuisse *S* gradiebatur *N* ‖ hispalim *TV* : -li *S* ab hispali *N* ‖ conspectum *T* : -tu *SNV*.

Didius est tué dans une embuscade tendue par les Lusitaniens

40. 1. Après la mort de Cn. Pompée le Jeune, Didius, dont nous avons parlé plus haut, accueillit la nouvelle avec joie[1], se retira dans le fortin le plus proche, fit tirer au sec quelques navires pour les réparer et quel que soit <... > ; de chaque côté < il conduisit > une ligne de fortification < jusqu'à la mer >[2]. **2.** Des Lusitaniens, rescapés du combat[3], rallièrent leur étendard et, quand ils eurent réuni des forces importantes, retournèrent attaquer Didius. **3.** Bien qu'il mît tout son soin à protéger les navires, leurs fréquentes incursions le faisaient parfois sortir du fortin ; les combats étaient presque quotidiens <... >. Ils lui tendent une embuscade et divisent leur forces en trois groupes[4] : **4.** certains étaient chargés d'incendier les navires, d'autres de repousser les secours quand l'incendie aurait commencé – ceux-là étaient postés de façon à ce que personne ne puisse les apercevoir – ; quant au dernier groupe, il marche à l'ennemi à la vue de tous. **5.** Didius sort du fortin avec ses troupes et s'avance pour les repousser. Les Lusitaniens donnent le signal : les navires sont incendiés et simultanément nos hommes, qui s'étaient avancés au combat devant le fortin, se lancent à la poursuite de ces brigands, qui, au même signal, ont pris la fuite, et les hommes postés en embuscade, poussant leur cri d'attaque, les prennent à revers. **6.** Didius est tué avec plusieurs de ses hommes en combattant avec courage[5]. Au cours du combat, certains s'emparèrent d'embarcations qui se trouvaient sur le rivage, plusieurs autres nagèrent jusqu'aux navires qui mouillaient dans la rade et y trouvèrent refuge ; ils levè-

40. 1. Interfecto Cn. Pompeio adulescente Didius, quem supra demonstrauimus, illa adfectus laetitia proximo se recepit castello nonnullasque naues ad reficiendum subduxit et quoduis essent < ... > brachium ex utrisque partibus < ad mare ducere coepit >. **2.** Lusitani, qui ex pugna superfuerunt, ad signum se receperunt et bene magna manu comparata ad Didium se reportant. **3.** Huic etsi non aberat diligentia ad naues tuendas, tamen nonnumquam ex castello propter eorum crebras excursiones e*l*iciebatur et prope cotidianis pugnis < ... > insidias ponunt et tripertito signa distribuunt. **4.** Erant parati qui naues incenderent, incensisque qui subsidium repe*ll*erent ; hi sic dispositi erant, ut a nullo < conspici possent. Reliqui in > conspectu omnium ad pugnam contendunt. **5.** Ita cum ex castello Didius ad propellendum processisset cum copiis, signum a Lusitanis tollitur, naues incenduntur, simulque qui in castello ad pugnam processerant, eodem signo fugientes latrones dum persequuntur, a tergo insidiae clamore sublato circumueniunt. **6.** Didius magna cum uirtute cum compluribus interficitur ; nonnullique ea pugna scaphas quae ad litus fuerant occupant, item complures nando ad naues quae in salo fuerunt se

40. 1. laetitia *NTV* : -tiae *S* || et quoduis essent *T* : et quot uis essent *V om. SN* || *post* essent *lacunam ind. Nipperdey* || ex utrisque partibus *om. TV* || ad mare ducere coepit *add. Klotz* || **2** superfuerunt *STV* : s. constituunt et *N* || ad didium *N* : adidium *S* ad dium *TV* || **3** huic *STV* : hic *N* || aberat *TV* : habe- *SN* || eliciebatur *Glandorp* : eicie- *SNTV* || *post* pugnis *lacunam ind. Klotz qui add.* cum lusitanis confligebat. tum illi || signa *TV* : -gno *SN* || **4** subsidium *SNT* : praesi- *V* || repellerent *Hoffmann* : -peterent *SNTV* || hi sic *TV* : his hic *S* hi hic *N* || conspici possent. reliqui in *add. Nipperdey* || contendunt *STV* : -derent *N* || **5** cum ex castello *SNT* : ex c. cum *V* || processisset *STV* : -sent *N* || incenduntur *TV* : -dunt *S* succendunt *N* || a tergo *NTV* : adergo *S* || **6** nonnullique *N* : -nulque *S* nonnulli *TV* || ad litus *NTV* : et litas *S* || fuerant *STV* : -runt *N* || complures *SNV* : nonnulli c. *T*.

rent l'ancre et gagnèrent la haute mer à force de rames ; c'est ce qui leur sauva la vie. Les Lusitaniens s'emparent du butin. **7.** César quitta Gadès et revint à Hispalis[6].

Fabius Maximus prend Munda et assiège Urso

41. 1. César avait laissé en arrière Fabius Maximus pour assiéger le bastion de Munda. Poursuivant les travaux d'investissement jour et nuit, il l'entoura d'un retranchement. Les habitants, se voyant bloqués, en vinrent à se battre ; après un grand massacre ils <... >[1]. **2.** Les nôtres ne laissent pas passer l'occasion de prendre la place[2] et font prisonniers les survivants, au nombre de quatorze mille hommes[3]. **3.** Ils partent pour Urso[4]. Cette ville était entourée d'importantes fortifications[5], si bien que le site, en lui-même, protégé non seulement par l'art mais par la nature, en faisait une place inexpugnable pour tout ennemi. **4.** De plus, à part une source unique[6] dans la ville même, on ne pouvait trouver d'eau nulle part dans les environs à moins de huit milles, ce qui constituait un grand avantage pour les habitants. **5.** En outre, les matériaux nécessaires à la construction de la terrasse <...>[7] et le bois qui sert habituellement à faire avancer les tours ne se trouvait pas

recipiunt, ancoris sublatis pelagus remis petere coeperunt ; quae res eorum uitae fuit subsidio. Lusitani praeda potiuntur. **7.** Caesar Gadibus rursus ad Hispalim recurrit.

41. 1. Fabius Maximus, quem ad Mundam praesidium oppugnandum reliquerat, operibus assiduis < nocturnis > et diurnis circumse*dit*. Interclusi inter se decernere ; facta caede bene magna < ... > faciunt. **2.** Nostri ad oppidum recuperandum occasionem non praetermittunt et reliquos uiuos capiunt, XIIII milia. **3.** Vrsaonem proficiscuntur ; quod oppidum magna munitione continebatur sic ut ipse locus non solum opere, sed etiam natura adi*u*tus ad oppugnandum hostem *im*ped*i*ret. **4.** Hoc accede*ba*t ut aqua praeterquam in ipso oppido una circumcirca nusquam reperiretur propius milia passuum VIII ; quae res magno erat adiumento oppidanis. **5.** Tum praeterea accedebat ut aggerem < ... > materiesque, unde solitae sunt turres agi, propius milia passuum VI non reperiebatur. H*o*c Pom-

6 *a* quae res *denuo inc. R* ‖ fuit subsidio *STV* : s. f. *NR* ‖ **7** gadibus *SRTV* : grad- *N*.

41. 1. quem ad mundam *recc.* : quem ad munam *T* q. ad mundum *V* quemadmodum *SN* quem una *R* ‖ nocturnis *add. Dinter* ‖ et diurnis *V* : iurnis *SR* iurtiis *N* lurnis *T* ‖ circumsedit *Fleischer* : circum sese *SNR* c. se *TV* ‖ caede *RTV* : ade *S om. N* ‖ magna faciunt *RTV* : f. m. *SN* ‖ *post* magna *lacunam ind. edd.* : qui superfuerant deditionem *coni. Pascucci* ‖ **2** occasionem *SRTV* : -ne *N* ‖ praetermittunt *SRTV* : p. pugnare *N* ‖ uiuos *T* : uiros *SNRV* ‖ **3** ursaonem *RT* : -sonem *SN* usaonem *V* ‖ proficiscuntur *NRTV* : -ficiuntur *S* ‖ ut *om. TV* ‖ opere sed *NRTV* : operes *S* ‖ adiutus *Klotz* : aditus *SNRTV* ‖ impediret *Fleischer* : appeteret *SNRT* appareret *V* ‖ **4** hoc *SRTV* : huc *N* ‖ accedebat *recc.* : -deret *SNRTV* ‖ aqua *recc.* : aquam *SNRTV* ‖ *post* oppido *add.* habebant non inuenirent *N* ‖ una *Pascucci* : nam *SNTV* unam *R* ‖ propius *RTV* : -prius *S* prius *N* ‖ milia passuum VIII *RTV* : mille pas VIII *S* octo milia passus *N* ‖ **5** tum *SNRT* : cum *V* ‖ accedebat *SNV* : -bant *R* accidebat *T* ‖ *post* aggerem *lacunam ind. edd.* ‖ solitae *N* : -ti *S* soluti *RTV* ‖ agi *om. T* ‖ propius *SNRV* : et p. *T* ‖ passuum *NRT* : pas *S* passus *V* ‖ reperiebatur *SRT* : bantur *V* repperiebant *N* ‖ hoc *Fleischer* : hac *SRTV om. N*.

à moins de six milles[8]. Pompée, pour mieux défendre la ville contre un siège, avait fait couper tout le bois des environs et l'avait fait entasser à l'intérieur. **6.** Nos hommes furent donc contraints de faire venir le bois de Munda, qu'ils venaient de prendre.

Discours de César à l'assemblée d'Hispalis

42. 1. Pendant que ces événements se déroulaient devant Munda et devant Urso[1], César quitta Gadès et retourna à Hispalis. Le jour suivant, il réunit l'assemblée du peuple[2] : à peine devenu questeur[3], il s'était réservé cette province entre toutes[4], disait-il, et il l'avait comblée de bienfaits, autant qu'il était en son pouvoir à cette époque. **2.** Plus tard, ayant accédé à l'honneur plus grand de la préture[5], il avait demandé au sénat de supprimer le tribut que Metellus leur avait imposé[6] et avait libéré la province de cet impôt[7]. Se chargeant de leur protection[8], il avait introduit leurs délégations au sénat à plusieurs reprises et avait défendu leurs interêts publics et privés, au risque de se faire bien des ennemis. **3.** Pendant son consulat[9] encore, malgré son absence, il avait accordé à la province des avantages, autant qu'il était en son pouvoir. Or, il avait constaté au cours de cette guerre, et dans le passé, qu'ils s'étaient montrés ingrats et oublieux de tous ces avantages aussi bien envers lui qu'envers le peuple romain[10]. **4.** « Vous[11] qui connaissez le droit des gens et les lois

peius ut oppid*i* oppugnationem tutiorem efficeret, omnem materiem circum oppidum succisam intro congessit. **6.** Ita necessario deducebantur nostri ut a Munda, quod proxime ceperant, materiem illo deportarent.

42. 1. Dum haec ad Mundam geruntur et Vrsaonem, Caesar ad Hispalim cum Gadibus se recepisset, insequenti die contione aduocata : initio quaesturae suae eam prouinciam ex omnibus prouinciis peculiarem sibi constituisse et quae potuisset eo tempore beneficia largitum esse ; **2.** insequente praetura ampliato honore uectigalia, quae Metellus imposuisset, a senatu petisse et eius pecuniae prouinciam liberasse simulque patrocinio suscepto multis legationibus ab se in senatum inductis simul publicis priuatisque causis multorum inimicitiis susceptis defendisse ; **3.** suo item consulatu absentem quae potuisset commoda prouinciae tribuisse. Eorum omnium commodorum et immemores et ingratos in se et in populum Romanum hoc bello et praeterito tempore cognosse. **4.** « Vos iure gentium et ciuiumque Romanorum institu-

5 pompeius ut *Fleischer* : p. *SRTV* ut p. *N* || oppidi *Fleischer* : -dum *SNRTV* || materiem *RTV* : -riam *SN* || **6** deducebantur *SNV* : diduc- *RT* || ut a munda *SNRT* : ait amanda *V*.

42. 1. ursaonem *SRT* : -sonem *NV* || ad hispalim *RTV* : ab -li *SN* || gadibus *SRTV* : grad- *N* || peculiarem *SNRV* : sibi p. *T* || constituisse *recc.* : -tuisset *SRTV* -tuerat *N* || potuisset *SRTV* : -tuerat *N* || largitum esse *SRTV* : -tus erat *N* || **2** insequente *SRTV* : -ti tempore *N* || praetura *RV* : -ria *T* petunt *SN* || petisse *N* : -set *SRTV* || eius *SRTV* : ea *N* || pecuniae *S* : -nia *NRTV* || liberasse *SRTV* : se l. *N* || legationibus *SNTV* : legio- *R* || ab se *om.* *N* || in *SRTV* : ad *N* || publicis *RTV* : puppli- *S* suppliciis *N* || defendisse *SNTV* : -set *R* || **3** consulatu *ST* : in c. *NR* in consulato *V* || absentem *SRTV* : -ti *N* || prouinciae *RTV* : -cia *S* -ciam *N* || et immemores *edd.* : etiam memores *SNRTV*. || ingratos *SNRT*[1] : integra- *T*[2] *V* || romanum *RTV* : r p *S* respondit ad haec *N* || cognosse *SRTV* : fas nosse *N* || **4** iure *SNTV* : in re *R* || et *om.* *NV*.

des citoyens romains, comme des Barbares, vous avez plus d'une fois porté la main sur les magistrats sacro-saints[12] du peuple romain et, en plein jour, en pleine place publique, crime odieux, vous avez voulu tuer Cassius. **5.** Vous avez toujours haï la paix, à tel point que les légions du peuple romain n'ont jamais cessé d'être maintenues dans cette province. Chez vous les bienfaits sont tenus pour des méfaits[13], les méfaits pour des bienfaits. Ainsi vous n'avez jamais pu conserver ni la concorde dans la paix, ni votre vaillance dans la guerre[14]. **6.** Après sa fuite, Cn. Pompée le Jeune, simple particulier[15], a été accueilli par vous et s'est arrogé les faisceaux et le commandement militaire. Après avoir tué de nombreux citoyens[16], il a réuni des troupes contre le peuple romain et, à votre instigation[17], a ravagé le territoire de la province. **7.** Même vainqueurs, en quoi auriez-vous gagné ? Même si vous m'aviez anéanti, ne voyez-vous pas que le peuple romain a dix légions capables non seulement de vous affronter, mais de faire crouler le ciel[18] ? Leurs exploits et leur vaillance <... >.

tis cognitis, more barbarorum, populi Romani mag*is*tra*ti*-*bus* *sa*crosanctis manus semel et saepius attulistis et luce clara Ca*ssi*um in medio foro nefarie interficere uoluistis. **5.** Vos ita pacem semper odistis, ut nullo tempore legiones desitae populi Romani in hac prouincia haberi. Apud uos beneficia pro maleficiis, maleficia pro beneficiis habentur. Ita neque in otio concordiam neque in bello uirtutem ullo tempore retinere potuistis. **6.** Priuatus ex fuga Cn. Pompeius adulescens a uobis receptus fasces, imperium sibi arripuit, multis interfectis ciuibus auxilia contra populum Romanum comparauit, agros prouinciamque uestro impulsu depopulauit. **7.** In quo uos uictores exstabatis ? An me deleto non animum aduertebatis decem habere legiones populum Romanum, quae non solum uobis obsistere, sed etiam caelum diruere possent ? Quarum laudibus et uirtute…

4 institutis *RTV* : -stitis *SN* || magistratibus sacrosanctis manus *Manutius* : magna transero sanctis romanus *SV* m. transfero s. r. *N* m. transore s. r. *R* m. transaero s. r. *T* || attulistis *recc.* : -tulisset his *SN* -tulissetis *RT* retulisset *V qui post hoc uerbum des.* || cassium *Manutius* : captum *SNRT* || **5** pacem *SNT* : -ce *R* || desitae *SRT* : dimissae *N* || haberi *SRT* : -re *N* || maleficia *RT* et m. *SN* || habentur *SRT* : possent *N* || in otio R^2 : initio SNR^1T || **6** priuatus *NR* : -tis *ST* || imperium *SRT* : et i. *N* imperiumque *recc.* || impulsu *NRT* : -sum *S* || **7** exstabatis *ST* : excitabatis *R* uos existimabatis *N* || animum aduertebatis *SRT* : animadu- *N* || et uirtute… *non nimis multa deesse uidentur*.

NOTES[1]

1. 1. *Pharnace superato, Africa recepta, qui ex his proeliis* : L'auteur fait allusion à la bataille de Zéla (2 août = 12 juin 47 ; cf. *B. Al.* 72-77) et à celle de Thapsus (avril-juin = février-avril 46 ; cf. *B. Afr.* 80-86), à laquelle renvoie le pluriel emphatique *proeliis*. Les deux ablatifs absolus soulignent la cohérence du corpus en rappelant le *B. Al.* et le *B. Afr.* Le second substitue habilément l'idée d'une reconquête de la province d'Afrique à la mention explicite d'une victoire remportée sur des concitoyens, qui ne donnait pas droit au triomphe.

1. 2. *qui (...) confugere coepit* : A partir de la relative, qui reste suspendue, la phrase présente à la fois une syntaxe relâchée et des erreurs historiques qui ont conduit A. Klotz à proposer de nombreuses additions : *qui ex his proeliis <superfuissent> cum <ad> adulescentem Cn. Pompeium profugissent, cum <Baleares appulisset> et ulterioris Hispaniae potitus esset, dum... detinetur, <magnas copias coegerunt. Caesaris autem copiae nil profecerunt>. Quo... coepit.* Nous préférons suivre les arguments de H. Drexler (« Parerga Caesariana », *Hermes*, 70, 1935, p. 209-211) et G. Pascucci (*Bellum Hispaniense*, 1965, p. 115-118) en faveur de la tradition : certes, le texte laisse entendre que Cn. Pompée a participé à la bataille de Thapsus, ce qui est faux (*B. Afr.* 23 ; Dio Cass. 43, 29, 2), mais l'erreur peut s'expliquer par une rédaction hâtive ou même l'ignorance de l'auteur ; d'autre part, l'intégration de *superfuissent* ne satisfait pas davantage à la vérité historique, puisque, à la différence de Sextus Pompée, T. Labienus et P. Attius Varus, qui rejoignirent Cn. Pompée en Espagne, d'autres chefs pompéiens qui survécurent au combat firent leur soumission au vainqueur, comme C. Considius le fils, Q. Ligarius ou Lucius César (*B. Afr.* 89, 2-5). Quant à l'épisode des Baléares, il semble trop secondaire pour figurer dans cette introduction succincte. Il paraît possible de conserver le texte des manuscrits en admettant, après la relative, une anacoluthe, qui peut s'expliquer à la fois par la propension de l'anonyme à adopter la liberté de la langue parlée et par des raisons psy-

[1] Le premier chiffre indique le chapitre ; le chiffre suivant, l'appel de note.

chologiques plus ou moins conscientes : Cn. Pompée n'est d'abord considéré que comme l'un des fuyards rescapés de la campagne d'Afrique avant de redevenir en Espagne chef de la rébellion... et le sujet de la phrase.

1. 3. *adulescente Cn. Pompeio* : Sur Cn. Pompée et la date de son arrivée en Espagne, cf. Introduction, p. XXIII, n. 24. Un passage d'une lettre de Cassius à Cicéron (*Fam.* 15, 19, 4, de Brindes, vers le 15 janvier 45) trace de lui un portrait peu flatteur : « Maintenant, pour en revenir aux affaires publiques, écris-moi, en me répondant, ce qui se passe dans les Espagnes. Je veux bien mourir si je ne suis pas inquiet et si je n'aime pas mieux garder un maître ancien et clément que d'en essayer un nouveau, et cruel. Tu sais quel fou est Cnaeus ; tu sais comme il prend la cruauté pour le courage ; tu sais combien, dans sa pensée, nous nous sommes toujours moqués de lui ; je crains qu'il ne veuille nous retourner nos railleries, en rustre qu'il est, à coups d'épée ». Cf. P. Jal, « Remarques sur la cruauté à Rome pendant les guerres civiles (de Sylla à Vespasien) », *BAGB,* 20, 1961, p. 490, 491.

1. 4. *ulterioris Hispaniae* : Vers 206 un sénatus-consulte décida la création de deux provinces, l'*Hispania Citerior* et l'*Hispania Vlterior.* Mais c'est seulement en 197 que furent nommés deux préteurs, G. Sempronius Tuditanus pour la Citérieure et M. Helvius pour l'Ultérieure avec mission de délimiter *(terminare)* les deux provinces (Liv. 32, 28, 11 ; cf. A. Pelletier, « Les *Hispani* et l'*Hispania* de Tite-Live », *MCV,* 22, 1986, p. 21-22 ; J.S. Richardson, *Hispaniae,* 1986, p. 75-79). Cette limite était approximative et varia au gré de la conquête : ce n'était pas là un problème puisqu'il se trouvait toujours dans la Péninsule un consul ou un proconsul dont le pouvoir s'étendait sur les deux provinces. Si cette " frontière " fut sans doute d'abord l'Ebre, jusqu'en 180 (cf. R.C. Knapp, *Aspects of the Roman Experience in Iberia, 206-100 B.C.,* Valladolid, 1977, p. 64-65), les historiens s'accordent pour penser qu'elle descendit bientôt jusqu'au *saltus Castulonensis* (la Sierra Morena). Cf. P. Le Roux, *Romains d'Espagne,* 1995, p. 33. Comme centres de décision, en Citérieure, Tarragone et Carthagène se disputèrent la primauté (cf. J. Ruiz de Arbulo, « Tarraco, Carthago Nova y el problema de la capitalidad de la Hispania citerior republicana », *Miscellània Arqueològica a Josep M. Recasens,* Tarragone, 1992, p. 115-130), tandis qu'en Ultérieure, Cordoue s'imposa (cf. *infra,* 2. 5). Cf. E. Albertini, *Les divisions...,* 1923, p. 10-23 ; G.V. Sumner, « Proconsuls and *Prouinciae* in Spain, 218/7-196/5 B. C. », *Arethusa,* 3, 1970, p. 85 ; idem, « Notes on *Prouinciae* in Spain (197-133 B.C.) », *CPh,* 72, 2, 1977, p. 126-130 ; S.L. Dyson, *The Creation of the Roman frontier,* Princeton, 1985, p. 186-187 ; P. Jacob, « La frontière entre Espagne ultérieure et citérieure au début du IIe siècle av. J.C. », *Ktéma,* 15, 1990, p. 253-273 ; J.M. Roldán, « Los comienzos de la romanización de Andalucía : la organización territorial de la ulterior en el siglo II a. C. », *Actas del I Coloquio de Historia antigua de Andalucía,* vol. 1, Cordoue, 1993, p. 319-330 ; P. Le Roux, *op.cit.*, p. 21-27, 32-34. Sur le nom des deux provinces les avis sont partagés, les uns pensant que les termes *citerior* et *ulterior* se réfèrent à cette " frontière " de l'Ebre, puis du Saltus Castulonensis (cf. P.P. Spranger,« Die Namengebung der römischen Provinz Hispania », *MDAI (M),* 1, 1960, p. 122-141), les autres croyant qu'ils indiquent l'éloignement plus ou moins grand des deux provinces par rapport à Rome (cf. E. Albertini, *op. cit.*, p. 12 ; P. Le Roux, *op. cit.*, p. 27).

1. 5. *muneribus dandis* : Il s'agit des jeux somptueux donnés par César à l'occasion de ses quatre triomphes – sur la Gaule, l'Egypte, le Pont et l'Afrique – en août (= juin) et septembre (= juillet) 46. (Liv., *Per.*115, 1 ; Vell. 2, 56, 2 ; Plin., *Nat*, 8, 54 ; 9, 39 ; 14, 97 ; Suét., *Caes.* 37-39 ; Plut., *Caes.* 55, 2-4 ; App., *Ciu.* 2, 101 ; Dio Cass. 43, 19 -24). Cf. Drumann-Groebe, 3, p. 552-553 ; J. Carcopino, *César,* 1968, p. 473-478 ; S. Weinstock, *Divus Julius,* 1971, p. 76-79 ; J.L. Voisin, « Le triomphe africain de 46 et l'idéologie césarienne », *Ant. Afr.*, 19, 1983, p. 7-33.

1. 6. *in fidem* (...) *confugere* : Cf. Cic., *Quinct.* 10 : *cum* (...) *in tuam fidem* (...) *confugerit ; Caecil.* 11 : *ad meam fidem, quam habent spectatam iam et cognitam, confugiunt ; Sex. Rosc.* 116 ; *Scaur.* 17 ; Liv. 4, 48, 13 *in eius potestatis fidem circumuentam rem publicam, tamquam priuatum inopem, confugere.* L'expression s'applique dans le langage juridique au client qui se place sous la protection de son patron (cf. M. Gelzer, *Die Nobilität der römischen Republik,* Berlin, 1912 p. 52-54 = *Kleine Schriften,* 1, 1962, p. 71-72). « Les expressions telles que *aliquid alicujus fidei dedere, tradere,* etc..., *in alicuius fidem uenire, confugere,* etc..., expriment l'attitude que doit comporter cette sollicitation : le quémandeur est tenu de " livrer " spontanément quelque chose, souvent tous ses biens et même sa propre personne, se comporter comme un être démuni, " réfugié ", bref, " imputer au crédit " de celui qu'il sollicite la possession de biens parfois considérables, voire la souveraineté sur un peuple » (G. Freyburger, *Fides*, Paris 1986, p. 74 ; cf. aussi p. 71 et 162). Cf. J. Hellegouarc'h, *Le vocabulaire latin des relations et des partis politiques,* 1972, p. 31 et 34. Ici, à l'inverse de son père, c'est Cn. Pompée qui se comporte en client des cités espagnoles. Cf. 32, 8.

1. 7. *cum aliquis* (...) *de Cneio Pompeio meritus ciuis esset* : Sur la clientèle de Pompée (il s'agit ici de *Magnus*) en Espagne, cf. Introduction, p. XXVII-XXX.

1. 8. *eo de medio sublato* : Cf. *Rhet. Her.* 2, 28 : *inimicum (...) acerrimum de medio tollere uolebat ;* Cic., *Sex. Rosc.* 20 : *demonstrat (...) perfacile hunc hominem incautum et rusticum et Romae ignotum de medio tolli posse ;* Liv. 24, 6, 1 : *Thrasone sublato e medio.*

L'euphémisme, loin d'atténuer la brutalité de l'acte, ne fait qu'accentuer la notion de traîtrise et de ruse. Par la suite, l'expression a perdu sa violence et n'a plus impliqué l'idée de meurtre, comme dans Sén., *Epist.* 93, 10 : *sed tolli me de medio puta et post mortem nihil ex homine restare* et Pétr. 38, 13 : *ubi semel res inclinata est, amici de medio.* Cf. G. Pascucci, *Bellum Hispaniense,* 1965, 127-128 ; L. Canali, « Osservazioni sul *corpus* cesariano », *Maia,* 18, 1966, p. 132.

1. 9. *largitio* : Le terme *largitiones* désigne les distributions d'argent destinées à s'assurer la fidélité des troupes. Dans l'ensemble du corpus césarien sa connotation est très péjorative : on le rencontre uniquement à propos des chefs pompéiens, à l'exception d'un passage du *B.Al.* (49, 1), où il s'applique aux contributions imposées par Cassius Longinus. Cf. G. Pascucci, *Bellum Hispaniense,* 1965, p. 128 ; J. Hellegouarc'h, *Le vocabulaire latin des relations et des partis politiques,* 1972, p. 219-221 ; Z. Yavetz, *La plèbe et le prince,* Paris, 1983, p. 73 ; idem, *César et son image,* 1990, p. 187.

1. 10. *latronum* : Le sens originel de *latro,* celui de « soldat mercenaire grec » (λατρεύς), présent chez Plaute (*Mil.* 949), s'est effacé, au IIe-Ier siècles, devant celui de « brigand, voleur de grand chemin », vivant en marge de la société (sur l'étymologie populaire, qui rapproche *latús* et *lateó,* cf. Varron, *L.* 7, 52). Cf. M. Clavel-Lévêque, « Brigandage et piraterie : représentations idéologiques et pratiques impérialistes au dernier siecle de la République », *DHA,* 4, 1978, p. 22 ; L. Flam-Zuckermann, « A propos d'une inscription de Suisse (*CIL,* XIII, 5010), Etude du phénomène du brigandage dans l'Empire romain », *Latomus,* 29, 1970, p. 451-473. Le terme est souvent appliqué aux troupes irrégulières pratiquant embuscades et razzias (cf. Liv. 40, 27, 10 *Liguribus, latronibus ueris quam hostibus iustis ;* Pomponius, *Dig.* 50, 16, 118, *hostes hi sunt, qui nobis aut quibus nos publice bellum decreuimus ; ceteri latrones aut praedones sunt*), le *latro* par excellence étant Viriathe (Flor. 2, 17, 15 ; Vell. 2, 1, 3 ; Strab. 3, 4, 5). Les termes *latrones* ou *latrocinium* sont d'autant plus fréquemment employés dans le contexte des guerres civiles que le recrutement était alors souvent irrégulier. On les rencontre à propos des Catiliniens (Cic., *Cat.* 1, 9, 23 ; 11, 27 ; 13, 31 ; 2, 1, 1 ; 10, 22 ; 11, 24 ; 3, 7, 17 ; Sall., *Hist.* 1, 77, 7), des partisans d'Antoine (Cic. *Att.* 14, 10, 1 ; 15, 13, 4 ; *Fam.* 10, 5, 3 ; 6, 1 ; 15, 1 ;12, 12, 2 ;25a, 1 ; 16, 27, 2 ; *Phil.* 2,5 ; 6 ; 9 ; 62 ; 87 ; 3, 29 ; 4,5), et de Sextus Pompée (Hor. *Epod.* 4, 19 ; cf. *Mon. Ancyr.* 5, 1 ; Flor., 2, 18, 3 ; Dio Cass. 48, 17, 3). Le terme est aussi connu de César (*B. C.* 3, 109, 6 ; 110, 3) et de son continuateur (*B. G.* 8, 30, 1) et se rencontre encore une fois dans le *B. H.* (40, 5), où il peut faire plus particulièrement allusion non seulement à la présence des esclaves dans l'armée de Cn. Pompée, mais aussi à celle des Lusitaniens (17, 1 ; 18, 6 ; 35, 2 et 3 ; 36, 1 et 2 ; 38, 3 ; 40, 2, 5 et 7 ; cf. Introduction, p. XL-XLI et n. 80). Cf. G. Pascucci,

Bellum Hispaniense, 1965, p. 128-129. J. Carcopino (*César,* 1968, p. 463) le reprend à son compte à propos de l'acclamation impératoriale que ses vétérans accordèrent à César à Ategua (cf. *infra,* 19. 7), alors qu'ils n'avaient pas osé la lui faire entendre, ni après Pharsale, ni après Thapsus : « Ils la lui décernèrent après la chute d'Ategua parce que, à leurs yeux, évidemment, ce succès local avait été remporté sur des *bandits* ». Cf. P. Jal, « *Hostis* (*publicus*) dans la littérature latine de la fin de la république », *REA,* 65, 1963, p. 67-70. Le génitif *latronum,* au lieu de *latronibus,* est sans doute dû à une construction populaire : cf. en français populaire : « arrosage de ... ».

1. 11. *Ita pacis commoda hoste* † *hortato* † : Ce passage a suscité nombre de conjectures. La leçon de toute la tradition *hoste* semble être recevable, d'autant plus qu'elle présente l'intérêt d'annoncer sans équivoque le point de vue de l'auteur (sur l'emploi de *hostis* et *aduersarii,* cf. note suivante). Le choix entre *pacis* (*MURT*^{2} *V*) et *paucis* (*SNT*^{1}) est plus délicat ; pour les partisans de *paucis* le texte signifie que seule une minorité obtient des avantages (politiques ? financiers ?) de la part de l'ennemi. Mais qui seraient ces privilégiés, alors même que Cn. Pompée, à en croire l'auteur, n'épargne pas les riches clients de son père ? Ainsi, Fleischer (*Kritische und exegetische Bermerkungen zum B.H.*, Progr. Meissen, 1895, p. 5 sq.) propose : *ita paucis commoda <ab> hoste orta : eo maiores augebantur copiae* ; mais si on adopte cette interprétation, le lien de cause à effet (*eo maiores*) qui unit les deux phrases paraît peu satisfaisant (on attendrait plutôt une opposition entre le fait que peu de partisans de Cn. Pompée profitent de cette guerre et le fait que son armée augmente). A. Klotz satisfait davantage aux exigences de la logique, mais au prix d'une lourde intervention sur le texte : *ita paucis commoda <ab> hoste optata <eueniunt. Sed quanto magis premebatur prouincia>, tanto maiores augebantur copiae.* En revanche, en faveur de *pacis* on peut noter que l'expression *pacis commoda* se trouve chez Cicéron (*Phil.* 8, 11), et invoquer une correction moins coûteuse : il suffit de remplacer *hortato,* dépourvu de sens, par un participe exprimant l'idée de " soustraire ", d'" enlever ". Il est vrai que l'obligation de se limiter aux verbes déponents rend la tâche moins aisée. La conjecture de Madvig, *furato,* est séduisante : la phrase signifierait alors que les Pompéiens volent les biens accumulés en temps de paix pour payer leurs troupes. Cependant, la *iunctura* de *commoda* avec *furari* ne se rencontre pas ailleurs. Cf. G. Pascucci, *Bellum Hispaniense,* 1965, p. 129-131.

1. 12. *hoste* : L'emploi de *hostis* dans ce premier chapitre annonce d'emblée les intentions partisanes de l'auteur, qui le reprend encore six fois pour désigner les Pompéiens, particulièrement dans le récit de la bataille de Munda (17, 2 ; 30, 2 ; 31, 4 ; 32, 2 par deux fois ; 32, 3). Toutefois, dans le *B. H.* l'emploi d'*aduersarii* prédomine largement : 36 occurrences, dont 2 (25, 3 ; 26, 3) concernent les Césariens. Certes, le recours à ce terme moins brutal vise à atténuer le caractère sanglant de la guerre civile, mais, comme le fait remarquer P. Jal (*« Hostis (publicus)* dans la littérature latine de la fin de la République », *REA*, 65, 1963, p. 64, n. 3), il est surprenant « de voir l'auteur du *B.H.*, apparemment le plus violent et le plus haineux à l'égard des Pompéiens, faire le plus grand emploi du mot *aduersarius*. En effet, dans le *B. C.*, César utilise pour désigner les Pompéiens, dix-neuf fois *hostis* et vingt-six fois *aduersarius* ». Quant à l'auteur du *B. Afr.*, il privilégie *hostis* (70) par rapport à *aduersarius* (30). On peut, du reste, noter, comme le fait P. Jal à propos des *Philippiques* (*loc. cit.*, p. 67-70), qu'il y a quelque contradiction à traiter les Pompéiens, à quelques mots de distance, à la fois de *latrones* et d'*hostes*. Doit-on le mettre sur le compte de la passion ? Ou penser que, à l'instar de Cicéron, l'anonyme cherche à faire " coup double ", voulant que ses lecteurs éprouvent à la fois pour ses adversaires le mépris qu'on ressent à l'égard d'un " brigand " et la haine que suscite un " ennemi " ? (P. Jal, *loc. cit.*, p. 67). Cf. M. Rambaud, *L'art de la déformation historique*, 1953, p. 11 ; J. Hellegouarc'h, *Le vocabulaire des relations et des partis politiques*, 1963, p. 188 et 190.

2. 1. *C. Caesar* : La présence du prénom et la place du nom en tête de phrase prennent une connotation emphatique, qui n'est pas absente des *Commentaires* eux-mêmes.

2. 2. *dictator tertio, designatus dictator quarto* : Ici la formule habituellement réservée au consulat est étendue à la dictature. Une inscription de Mytilène (*IG*, XII, 2, 35, p. 2, 7) donne l'équivalent grec de la formule [Γάιος Ἰούλιος Καῖσαρ αὐτοκρά]τωρ δικτάτωρ τὸ τρίτον καθε<σταμένος τὸ τέταρτον>. Après Thapsus, César fut nommé dictateur pour dix ans (Dio Cass. 43, 14, 4), et V. Ehrenberg (« *Imperium maius* in the Roman Republic », *AJPh*, 74, 2, 1953, p. 131) pense que « Caesar's annual designation was a mere formality ». Les dates des dictatures de César sont controversées. Cependant, deux inscriptions de Samos et une de Thespies, étudiées par A.E. Raubitschek (« Epigraphical notes on Julius Caesar », *JRS*, 44, 1954, p. 69-71) semblent confirmer qu'entre janvier et avril 46 César était consul et non dictateur. César aurait été nommé dictateur pour la troisième fois (Dio Cass. 43, 1, 1) le 13 avril 46, sept jours après Thapsus (cf. Broughton, *MRR*, 2, p. 294-295). Cette troisième dictature aurait pris fin, non pas en décembre 45, comme le pense M. Grant (*From Imperium to Auctoritas*, 1946, p. 8), mais, compte tenu du nouveau calendrier, le 14 février 45 (A.E. Raubitschek, *loc. cit.*, p. 70, n. 10) ; cf. Broughton *op. cit.*, p. 305. La quatrième dictature de César aurait donc commencé le 14 février 45 pour s'achever très normalement le 14 février 44, lorsqu'il assuma la dictature perpétuelle (cf. Broughton, *op. cit.*, p. 317-318 ; M. Pucci, « When was the title *dictator perpetuus* given to Caesar », *AC*, 65, 1996, p. 251-253, qui, d'après Joseph.,

A.J. 14, 211-212, propose comme *terminus ante quem* le 9 février 44). Il n'est donc pas étonnant qu'il soit appelé *designatus dictator quarto* en décembre 46 (A.E. Raubitschek, *loc. cit.*, p. 71, n. 13). Cf. Broughton *MRR*, 3, p. 106-108 ; J. Carcopino, *César*, 1968, p. 481-482 ; M. Gelzer, *Caesar* ..., 1968, p. 278. Par ailleurs, alléguant ce passage du *B.H.*, J. Carcopino (« La royauté de César », 1961, p. 144, n. 5) se demande si « au lieu de dictateur pour dix ans, César n'avait pas été seulement fait dictateur pour deux ans ».

2. 3. *multis iter ante rebus confectis* : Cette indication, pour imprécise qu'elle soit, complète *muneribus dandis* (1,1) : pendant ces quelques mois, César procéda à la réforme du calendrier (cf. J. Carcopino, *César*, 1968, p. 547-550) et « se consacra tout entier à la tâche organisatrice qu'il s'était assignée » (*ibid.* p. 456), ce que souligne Dion Cassius (43, 25-27, 3). Cf. J. Carcopino, *op. cit.*, p. 481-514. Avant son départ, César, élu consul unique, avait confié le gouvernement de la ville à huit préfets placés sous les ordres de Lépide, son *magister equitum* (Suét., *Caes.* 76, 3 ; Dio Cass. 43, 48, 1). Cf. Broughton, *MRR*, 2, p. 306 et 313. Mais surtout César était représenté à Rome par Oppius, Balbus et Hirtius, « son gouvernement occulte », avec qui il communiquait par lettres chiffrées (Gell.17, 9, 1). Cf. J. Carcopino, *op. cit.*, p. 491-493.

2. 4. *cum celeri festinatione* : Si la *celeritas* est l'un des thèmes favoris de la propagande de César (cf. Introduction, p. LIX-LX), la rapidité de ses déplacements est bien réelle (cf. Suét., *Caes.* 57, 2). Sur ce voyage les sources sont concordantes : d'après Orose (*Hist.* 6, 16, 6), il aurait couvert les 1500 km qui séparent Rome de Sagonte en 17 jours, soit 90 km par jour, ce qui correspond à la vitesse du voyage de 49 (cf. M. Rambaud, « Les marches des Césariens vers l'Espagne au début de la guerre civile », 1976= *Autour de César*, 1987, p. 320-321). En revanche, l'allure se serait ralentie de Sagonte à Obulco (Porcuna), puisque César aurait parcouru la distance de 550 km en 8 ou 10 jours : Strabon 3, 4, 9, et Appien, *Ciu.* 2, 103 (qui se trompe en montrant César accompagné d'une armée très chargée), indiquent 27 jours pour le voyage de Rome à Obulco et Suétone, *Caes.* 56, 5, seulement 24 jours (à moins qu'il ne s'agisse d'une erreur de transcription). D'après A. Schulten (*FHA*, 5, 1940, p. 125), ceci pourrait s'expliquer par une entorse que César se serait faite à Sucro (Alcira), épisode connu par un passage du *De Beneficiis* de Sénèque (5, 24, 1) ; cf. Dion Cassius (43, 32, 6). Est-ce alors qu'il aurait composé son *Iter* ? M. Ferreiro (*César*, 1986, p. 291, 680, n. 46 et 47, 691, n. 202) pense que César a pu ralentir pour attendre ses troupes – les légions VI et X, parties d'Italie au début d'octobre –, mais cela suppose que César ait quitté Rome en décembre, ce que nous ne croyons pas (cf. *infra*). Quant au trajet suivi par César, il correspond probablement au tracé reconstitué par P. Sillières : la route qui conduit de Sagonte à Cordoue en passant par

Castulo (Cazlona). Cf. P. Sillières, *les voies de communication...*, 1990, p. 261-274 et p. 316-322 (sur le détour probable par Obulco, p. 318 et 321, 567, 579, 782 ; sur l'état des routes, « simples chemins gravillonnés », p. 573-574) ; idem, « Le " Camino de Anibal ", itinéraire des Gobelets de Vicarello, de *Castulo* à *Saetabis* », *MCV,* 13, 1977, 31-83. Cf. Cartes 1 et 2. Notons que l'absence de précision laisse supposer que l'auteur ne fait pas partie du détachement qui accompagnait César. Quant à la date du départ de César, bien qu'elle soit difficile à préciser exactement, la *Correspondance* de Cicéron fournit plusieurs repères. Le dernier témoignage certain du séjour de César à Rome en 46 est apporté par une lettre de Cicéron adressée à Q. Ligarius, juste après l'entrevue qu'il eut avec César à son sujet, le 26 novembre = 23 ou 24 septembre julien (*Fam.*, 6, 14, 2-3 ; cf. J. Carcopino, « La *royauté de César* », 1961, p. 166, n. 6). D'autre part, Cicéron plaida pour Ligarius devant César, probablement dans les derniers jours du premier mois intercalaire (= octobre astronomique), comme l'a montré J. Beaujeu (*Cicéron, Correspondance,* 7, Paris, 1980, p. 64-65), et non au début de ce mois, comme le veut J. Carcopino (*César,* 1968, p. 500). Appien (*Ciu.* 2, 103), Plutarque (*Caes.* 56, 1), Eutrope (6, 24) et Zonaras (10, 10) placent le départ de César après les élections consulaires de décembre ; leur version est adoptée, entre autres, par Stoffel (2, p. 304 et 436), A. Klotz (*Kommentar zum B.H.*, 1927, p. 40 et 117), J. Carcopino (*op. cit.*, p. 460, n. 2 et p. 482), M. Ferreiro (*César,* 1986, p. 290-291). En revanche, d'après Dion Cassius (43, 33, 1), suivi par M. Gelzer (*Caesar,* 1969, 1921[1], p. 294) et T.R. Holmes (*The Roman Republic,* 3, 1923, p. 296 et 541-542), César partit au début de novembre, sans attendre son élection au consulat. Or, c'est cette version que semble confirmer la correspondance de Cicéron. En effet, deux billets à Atticus écrits peu après le 20 du premier mois intercalaire (vers le 17 octobre) laissent penser que le départ de César était alors proche (*Att.* 12, 7, 1 ; cf. J. Beaujeu, *op. cit.*, p. 86 ; *Att.* 12, 8 ; cf. id., *ibid.*, *Appendice III*, p. 313 et aussi p. 87). Cf. D.R. Shackleton Bailey, *Cicero's Letters to Atticus,* 5, Cambridge, p. 306. De plus, Cicéron ayant fait part à Papirius Paetus de son intention de ne pas quitter Rome tant que César y serait (*Fam.* 9, 15, 5 ; cf. D.R. Shackleton Bailey, *op. cit.*, p. 349 ; J. Beaujeu, *op. cit.*, p. 68), on peut penser que ce dernier ne s'y trouvait plus quand l'orateur partit pour la Campanie, le 18ᵉ jour avant les Kalendes de décembre (19 novembre), comme l'indique un billet à Atticus (*Att.*, 12, 1, 1 ; cf. J. Beaujeu, *op. cit.*, p. 199-200). Enfin, dans une lettre à Cassius Longinus du 1er janvier 45 (*Fam.* 15, 17, 3) Cicéron fait état de « rumeurs plutôt sinistres, mais *sans garantie* », au sujet des événements d'Espagne, alors que quelques jours auparavant il déclarait ne rien savoir « de neuf » (*Fam.* 15, 18, 2) ; c'est donc à la fin de décembre que parvinrent à Rome les courriers ou les voyageurs apportant les premières informations sur les opérations consécutives à l'arrivée de César. Le voyage nécessitant environ un mois, ces données conduisent à placer le départ de César au début de novembre et son arrivée à Obulco vers le 1er décembre (J. Beaujeu, *op. cit.*, p. 64, n.1 et p. 195).

2. 5. *oppidum Cordubam* : La cité romaine fut fondée sans doute au IIe siècle av. J.-C. (sur la date, cf. *infra*), à côté d'une ville ibérique qui s'élevait déjà auprès du Guadalquivir, navigable jusque là, au milieu des riches plaines de la Campiña et à proximité des mines de la Sierra Morena. « Cordoue, écrit Strabon (3, 2, 1), a eu pour premiers habitants des Romains et des indigènes soigneusement choisis. C'était, en effet, la première colonie (ἀποικία) que les Romains eussent envoyée dans ces lieux ». Les Ῥωμαῖοι n'étaient sans doute pas tous des citoyens Romains, comme le pense A.J.N. Wilson (*Emigration from Italy,* 1966, p. 16), mais plutôt des *Italici,* vétérans des unités alliées et, peut-être aussi des civils, agriculteurs et commerçants (H. Galsterer, *Untersuchungen...,* 1971, p. 15 ; P.A. Brunt, *Italian Manpower,* 1971, p. 215 ; J. M. Roldán, « El elemento indígena... », 1972, p. 85 ; J.F. Rodríguez Neila, « Introdución a la *Corduba* Romana », 1981, p. 212 ; idem, « Corduba », *DArch.*, 3s., anno 10, 1992, 1-2, p. 180-182). Les « indigènes soigneusement choisis » devaient avoir appartenu aux troupes auxiliaires et inclure une partie de l'oligarchie locale ; ils ne devinrent sans doute pas citoyens romains (contrairement à l'avis de A. García y Bellido, « Las colonias... », 1959, p. 451), et restèrent *peregrini* (R.C. Knapp. *Aspects..*, 1977, p. 124), habitant un *uicus* séparé de celui des Romains (C. Castillo, « Hispanos y Romanos en Corduba », *HAnt,* 4, 1974, p. 194-196). Ce groupe pouvait comprendre aussi, comme à Carteia (cf. *infra* 32. 7), des *hybridae,* nés des unions de soldats romains avec des femmes indigènes (J.F. Rodríguez Neila, « Corduba », *loc. cit.*, p. 182 ; au contraire, R. Contreras de la Paz, *Marco Claudio Marcello fundator de Córdoba,* Cordoue, 1977, p. 383-384, rejette cette hypothèse). Invoquant Strabon (3, 2, 1), qui qualifie Cordoue de κτίσμα Μαρκέλλου, la plupart des historiens attribuent cette fondation à M. Claudius Marcellus, neveu du vainqueur de Syracuse, soit lorsqu'il fut préteur des deux provinces en 169/168 (Liv. 45, 4, 1), soit lorsqu'il fut gouverneur de la Citérieure en 152/151 (App., *Iber.* 48-49), et bien que l'Ultérieure ne fît pas alors partie de ses attributions. Cependant, A. M. Canto a émis une nouvelle hypothèse : faisant remarquer que le proconsul du IIe siècle n'était pas assez connu des lecteurs de Strabon pour que ce dernier le désignât par son seul *cognomen,* elle soutient que le géographe ne peut faire allusion qu'au neveu d'Auguste. Dans ce cas, la cité romaine aurait pu être fondée vers 200 – le milieu du IIe siècle paraissant une date trop tardive, compte tenu de l'importance stratégique et économique de la ville – et l'expression κτίσμα Μαρκέλλου, " œuvre de Marcellus " ferait allusion à la reconstruction et à l'embellissement de la cité confiés à Marcellus par Auguste, au moment où il procédait à une nouvelle fondation de Cordoue (A. M. Canto, « *Colonia Patricia Corduba* : nuevas hipótesis sobre su fundación y nombre », *Latomus,* 50, 4, 1991, p. 846-857). Quoi qu'il en soit, bien que Cordoue dût attendre encore longtemps avant d'être une colonie romaine de plein droit, elle joua le rôle de capitale de l'Ultérieure, à la fois base militaire, où hivernaient régulièrement les légions, et résidence habituelle du gouverneur (cf. *B.H.* 3, 1). Mais les historiens restent divisés sur son statut exact : *uicus ciuium Romanorum* (M. Grant, *From Imperium to Auctoritas,* 1969, p. 5), *conciliabulum* (A. García y Bellido, *loc. cit.*, p. 453), ou colonie latine (R.C. Knapp, *Roman Córdoba,* 1983, p. 11 ; H. Galsterer, *op. cit.*, p. 9 et 66, n. 22 ; P. Le Roux, *L'armée romaine...*, 1982, p. 36). De même, les avis sont partagés sur la date où elle fut élevée au statut de colonie romaine. Si F. Vittinghoff (*Römische Kolonisation...*, 1952, p. 73, n.1) invoque la présence de *cohortes colonicae* (*B.C.* 2, 19, 3) à Cordoue en 49, beaucoup pensent que Cordoue fut élevée au statut de colonie en 46/45 par les fils de Pompée – bien que le *B.H.* la qualifie d'*oppidum* – tels E. Hübner (*CIL,* II, p. 306 et *RE,* IV, 1, col. 527, *s.u. colonia,* n° 82), García y Bellido (*op. cit.*, p. 453), M. Marchetti (" Hispania ", *Dizionario epigrafico di antichità romana,* Rome, 1962, p. 877), M. Grant (*op. cit.*, p. 4), G. Dispersia (« La concessione... », 1972, p. 112). Cependant, le *cognomen* de la colonie, *Patricia* (Plin., *Nat.* 3, 10), n'étant guère compatible avec les origines plébéiennes des *Pompeii,* d'autres penchent pour César, soulignant qu'il ne refusa pas le statut de colonie à d'autres cités philopompéiennes, Hispalis, Hasta, Ucubis, Urso, comme R. Thouvenot (*Essai sur la province romaine de Bétique*, 1973, p. 189), R.C. Knapp (*op. cit.*, p. 28-29), M. Ferreiro (*César,* 1986, p. 367 et 784, n. 110), J.F. Rodríguez Neila (" Corduba ", *loc. cit.*, p. 185 et 191), ou bien pour Auguste, comme E.T. Salmon (*op. cit.*, p. 193, n. 257), H. Galsterer (*op. cit.*, p. 10), P.A. Brunt (*op. cit.*, p. 215), M. Griffin (« The Elder Seneca ans Spain », *JRS*, 62, 1972, p. 17-19), J. González Fernández, (« Urso ¿tribu Sergia o Galeria ? » dans *Estudios sobre Urso,* 1989, p. 138). Dans cette dernière hypothèse le *cognomen Patricia* pourrait être un hommage au Sénat (A.M. Canto, *loc. cit.*, p. 856).

2. 6. *quod necopinantibus aduersariis eius prouinciae potitus esset* : Comme l'a montré G. Pascucci (*Bellum Hispaniense,* 1965, p. 134), le sujet de *potitus esset* est bien César, et non Pompée, comme le veulent Th. Mommsen (« Zum *B.H.* », 1893, p. 607-608), A. Klotz (*Kommentar zum B.H.*, 1927, p. 42-43) et A.G. Way (p. 313) ; cette solution est conforme à la fois au contexte grammatical et à la logique : que Pompée ait occupé la Bétique *(eius prouinciae)* par surprise ou non est sans importance ici. Par ailleurs, le texte de Dion Cassius (43, 32, 1) confirme cette lecture : « Sur ces entrefaites, César, avec une faible escorte, survint tout à coup, sans être attendu non seulement des Pompéiens, mais même de ses propres soldats. Il avait, en effet, mis à faire la route une vitesse telle que et les siens et les ennemis le virent avant d'avoir eu la moindre nouvelle de son arrivée en Espagne. »

2. 7. *simulque [quod] tabellariis* : Th. Mommsen, A. Klotz et A.G. Way conservent *quod,* supposant la disparition d'un verbe dont le sujet serait Cneius, dont ils font aussi le sujet de *potitus esset* (cf. note précédente) : *quod tabellariis, qui (...) facerent <ipse suum eius metum significasset>* pour Mommsen et Way ; *quod tabellariis, qui (...) facerent <interceptis, ille Caesarem adesse nesciret>* pour Klotz. En fait, *quod* est sans doute une répétition erronée du précédent (G. Pascucci, *op. cit.*, p. 140). Quant au terme technique de *tabellarii,* César l'évite et lui préfère *nuntii.* Chez les continuateurs, à l'exception d'un emploi du *B. Al.*, 38, 1, on ne le rencontre que dans le *B.H.*, ici et en 12, 3, en 16, 1 et 18, 7. G. Pascucci – avant de revenir plus tard sur cette opinion –, dans son édition du *B.H.* (*op. cit.*, p. 134 et 140), fait de *tabellariis* le complément de *potitus esset,* au même titre que le génitif *eius prouinciae.* Certes, la langue des Comiques présente des emplois de l'ablatif de la personne avec *potiri* (Pl., *Asin.* 916 ; *Pseud.* 1071 ; Tér., *Phorm.* 830), mais la présence des deux constructions dans la même phrase est peu vraisemblable. De plus, on voit mal comment les émissaires cordouans pourraient savoir que César a capturé tous les courriers de Pompée (ce qui rend également peu crédible la conjecture de Klotz *<interceptis> tabellariis*) ; en revanche, ils peuvent fort bien déduire de l'absence de réaction de la garnison que les courriers, jouant aussi un rôle d'espions *(qui certiorem Cn. Pompeium de Caesaris aduentu facerent*), n'ont pas découvert que César était entré en Bétique, ce qui exclut, pour le moment, l'intervention de Cneius. C'est pourquoi nous préférons suivre W. Hering, en coordonnant *tabellariis* avec *aduersariis* (désignant ici plus précisément les Pompéiens de Cordoue). Cf. W. Hering, « [C. Iulii Caesaris] *Bellum Hispaniense.* Introd., testo crit. e comm. a cura di G. Pascucci », *Gnomon,* 43, 1971, p. 691. C'est aussi à cette lecture que s'est finalement rallié G. Pascucci (« Paralipomeni della esegesi e della critica al *Bellum Hispaniense* », *ANRW,* I, 3, 1973, p. 629, n. 58).

2. 8. *multa praeterea ueri similia proponebant* : L'incohérence grammaticale de cette période a conduit la plupart des éditeurs, dont Mommsen et Klotz, à soupçonner, avant *multa praeterea,* une lacune qui aurait fait disparaître la principale (cf. note précédente). Nous pensons plutôt, comme G. Pascucci (*op. cit.*, p. 134 et 140), que l'auteur avait l'intention de conclure par *uenit,* mais que le souci de justifier l'action de César par l'ambassade des Cordouans a perturbé le développement logique de la phrase, que l'on pourrait rétablir approximativement ainsi : *Caesar... cum uenisset, legatique Cordubenses... obuiam uenissent, ab iis nuntiabatur... Cordubam capi posse, quod..., et multa praeterea uerisimilia proponebantur.* Les ambassadeurs accompagnent la suggestion d'attaquer pendant la nuit de propositions qui paraissent susceptibles d'assurer le succès de ce plan.

2. 9. *Q. Pedium* : Q. Pedius, neveu de César, né vers 92/91 (G.V. Sumner, « The Lex annalis under Caesar », *Phoenix,* 25, 1971, p. 248), fils de chevalier, faisait partie de ces *homines noui* d'origine provinciale dont s'entourait César, alors que Pompée ralliait l'aristocratie sénatoriale (cf. T.P. Wiseman, *New Men...,* 1971, p. 167, 177, 203, 250, n. 312 ; E. S. Gruen, *The Last Generation,* 1974, p. 115-116, 118, 205-206, 208, 251). Il prit part à la campagne des Gaules en qualité de légat en 58, 57 (*B.G.* 2, 2, 1 et 11, 3) et probablement 56, mais n'accéda pas à l'édilité (Cic., *Planc.* 17 ; 54). Préteur en 48, il écrasa les bandes de Milon devant Compsa (*B.C.* 3, 22, 2). Il était probablement gouverneur de l'Ultérieure quand les troubles de 46 éclatèrent (cf. Introduction, p. XXVII, n. 38), mais nous ne savons rien de plus précis sur son rôle pendant la guerre d'Espagne, Dion Cassius (43, 31, 1) ne faisant que souligner son attentisme et celui de son collègue Q. Fabius Maximus. Quoi qu'il en soit, bien que ce fût illégal (Dio Cass. 43, 42, 1), il obtint le triomphe *pro consule ex Hispania* le 13 décembre 45. Sur ce triomphe, voir note suivante. A la mort de César, c'est probablement son fils et non lui-même, comme on le soutient généralement, qui en fut un des héritiers (Suét., *Caes.,* 83, 3 ; cf. T.P. Wiseman, *op. cit.,* p. 56, 59 ; C. Nicolet, *L'Ordre équestre,* 2, 1974, p. 973-974). En 43 il fut nommé consul suffect par Octave (Vell. 2, 65, 2 et 69, 5 ; Plin., *Nat.* 35, 21 ; Tac., *Dial.* 17, 2 ; App., *Ciu.* 3, 94 ; Dio Cass. 46, 46, 1 ; Zonar. 10, 15). Il fit voter la *lex Pedia* contre les meurtriers de César (*Res Gest.* 2 ; Liv., *Per.* 120, 1 ; Vell. 2, 69, 5 ; Suét., *Nero* 3, 1 ; *Galba* 3, 2 ; App., *Ciu.* 3, 95 ; 4, 27 ; Dio Cass. 46, 48-49 ; 47, 22, 4). Quand Octave se réconcilia avec ses adversaires, il fit abroger la loi qui proclamait Antoine et Lépide ennemis publics (App., *Ciu.* 3, 96 ; Dio Cass. 46, 52, 3-4). Peu après le retour des triumvirs à Rome, en novembre 43, il mourut à peine entré en charge, horrifié, disait-on, par les proscriptions qu'il devait annoncer (App., *Ciu.* 4, 6, 26 ; Dio Cass. 47, 15, 2). A.J.L.Van Hoof le considère comme un des possibles rédacteurs du *B.H.* (« The Caesar of the *Bellum Hispaniense* », *Mnemosyne,* 27, 1974, p. 136). Cf. Münzer, *RE,* XIX, 1, col. 38-40, n°1 ; Broughton, *MRR,* 2, p. 199, 204, 212, 273, 302, 309, 336-337, 599 ; Drumann-Groebe, 3, p. 687-700 ; R. Syme, *RR,* 1967, p. 128, 181, 191 ; I. Shatzman, *Senatorial Wealth,* 1975, p. 125.

2. 10. *Q. Fabius Maximus* : Contrairement à un Pedius d'origine modeste, Q. Fabius Maximus fait partie de ces patriciens déchus qui se rangèrent aux côtés de César dans l'espoir, justifié, de redonner à leur famille un éclat perdu. « A l'époque de Sylla, les Fabii étaient tombés si bas qu'ils n'auraient pu désigner un seul consul issu de leurs rangs. Un Fabius Maximus suivit César et rendit le consulat à sa famille », écrit R. Syme (*RR,* 1967, p. 74). Son père (*RE,* 107), fils de l'Allobrogique (*RE,* 110), ne fait pas partie des magistrats connus ; sa tante (ou peut-être sœur aînée), la vestale Fabia (*RE*, 172), fut compromise par Catilina. Quant à lui, né vers 94, il apparaît sur la scène publique en 59 parmi les trois accusateurs de C. Antonius, le collègue de Cicéron au consulat de 63, qui fut condamné *de repetundis* (Cic., *in Vat*. 28). Cf. E. S. Gruen, *The Last Generation*, 1974, p. 288 ; idem, « The Trial of C. Antonius », *Latomus*, 32, 1973, p. 304-309 ; cf. aussi J. M. David, *Le patronat judiciaire au dernier siècle de la République romaine, BEFAR* 272, Paris, 1992, p. 264-265 et p. 833-834. Edile curule en 57 ou 56, c'est probablement encore pour servir la propagande césarienne, en rappelant les premières victoires des Romains en Gaule, qu'il fit restaurer l'arc de son grand-père, le *Fornix Fabianus*, (cf. F. Wycke-Lecocq, *La gens Fabia*, 1986, p. 302-303 ; 375-380). Bien que sa préture ne soit pas attestée (cf. G.V. Sumner, « The *Lex annalis...* », *Phoenix*, 25, 1971, p. 251-252), son édilité permet de penser qu'il fut bien préteur, au plus tard en 48 (cf. Broughton, *MRR*, 3, p. 87). C'est en tout cas en Espagne qu'on le retrouve en 46. Il se peut que César l'ait choisi avant tout en raison de l'importance de la clientèle que les Fabii avaient conservée en Espagne (cf. E. Badian, *Foreign Clientelae*, 1958, p. 309-310 et 314 ; R. Szramkiewicz, *Les gouverneurs de province à l'époque augustéenne*, 1, Paris, 1975, p. 117 n. 64 et p. 118 n. 65). Il était sans doute gouverneur de la Citérieure en 46 (cf. Introduction, p. XXVII, n. 38), et des inscriptions de Lugo (*CIL*, II, 2581) et de Braga (*Eph. ep.*, 8, 504) laisseraient penser qu'il soumit des tribus de Galice (cf. A. Schulten, *FHA*, 5, 1940, p. 96-97 ; J.M. Blázquez, « ¿Romanización o asimilación ? », *Nuevos estudios sobre la Romanización*, 1989, p. 155). C'est lui qui assiège et prend Munda, le 17 mars 45, puis Urso (*B. H.* 41 ; le récit ne rapporte pas l'issue du siège ; cf. *infra*, 42. 1). En octobre 45, peu après le retour de César (Dio Cass. 43, 46, 2), il fut nommé consul suffect avec C. Trebonius (cf. *infra*, 7. 10). Son triomphe fut célébré le 13 octobre 45, deux mois avant celui de Q. Pedius, ce qui suscita quolibets et protestations (Suét., *Caes*. 80, 4 ; Quint. 6, 3,61). Cf. E. Pais, *Fasti tr.*, p. 283 ; P. Willems, *Le Sénat*, 2, 1968, p. 725 ; J. Carcopino, *op. cit.* p. 468, n. 1 ; R. Combès, *Imperator*, 1966, p. 160. Sa carrière se termina par sa mort brutale, le 31 décembre 45 dans la matinée, *nullis euidentibus causis* (Plin., *Nat*. 7, 181), ce qui donna encore à César l'occasion de témoigner son mépris des magistratures en le remplaçant pour quelques heures par C. Caninius Rebilus (cf. *infra*, 35. 3). Son adhésion au parti césarien avait rétabli le prestige de sa *gens* comme l'attestent les carrières de ses fils, Africanus, consul en 10 av. J.-C. (*RE*, 101 ; *P. I. R.*², III, 102, n° 46), et surtout Paullus Fabius Maximus, consul en 11 av. J.-C. (*RE* 102 ; *PIR* ², III, 103, n° 47). Cf. P. Willems, *Le Sénat*, 1, p. 484 ; Münzer, *RE*, VI, 2, col. 1791-1792, n° 108 et *Suppl*. III, col. 460 ; Broughton, *MRR*, 2, p. 201, 273, 301, 304, 311, 563 ; 3, p. 87 ; F. Wycke-Lecocq, *La gens Fabia*, 1986, p. 302-309. Sur la possible adhésion de Fabius au pythagorisme, cf. J. Carcopino, *Rencontres de l'histoire et de la littérature romaine*, Paris, 1963, p. 147-150.

2. 11. *utque sibi equitatus, qui ex prouincia fuisset, praesidio esset* : Il s'agit peut-être de cette garde espagnole, qui faisait partie des « cohortes prétoriennes » de César, et qu'il licencia peu avant son assassinat (App., *Ciu.* 107, 109). Cf. P. Jal, « Le rôle des Barbares dans les guerres civiles de Rome, de Sylla à Vespasien », *Latomus*, 21, 1, 1962, p. 26.

3. 1. *Sex. Pompeius* : De Sextus Pompée Velleius Paterculus (2, 73, 1) trace ce portrait peu flatteur : *hic adulescens erat studiis rudis, cogitatione barbarus, manu promptus, cogitatione celer, fide patri dissimillimus, libertorum suorum libertus seruorumque seruus, speciosis inuidens, ut pareret humillimis.* Frère cadet de Cneius, il était comme lui le fils de Mucia, la troisième femme de Pompée. Sa date de naissance est incertaine : 79 pour J. Carcopino (*Sylla ou la monarchie manquée*, Paris, 1931, p. 188, 189, n. 6 ; idem, *Histoire romaine*, 2, p. 662), 75 pour Druman-Groebe (IV, p. 564), ou plus probablement 76 pour M. Hadas (*Sextus Pompey*, New York, 1930, p. 5), entre 68 et 66 pour F. Miltner (*RE*, XXI, 2, col. 2214, n° 33) et J. van Ooteghem (*Pompée le Grand*, Bruxelles, 1954, p. 271-272, n. 3). Cette dernière hypothèse est plus vraisemblable, car elle explique que Pompée l'ait jugé trop jeune – Sextus aurait eu alors environ dix-huit ans – pour lui confier un commandement pendant la guerre civile. Certes, dans ce cas, il faut admettre qu'il était âgé de 32 ans au moment de sa mort, en 35, alors qu'Appien (*Ciu.* 5, 144) lui donne alors quarante ans, mais il se peut que le texte d'Appien soit corrompu ou que le chiffre soit approximatif (J. Van Ootheghem, *loc. cit.*). Sa jeunesse est mal connue. Peut-être était-il *tribunus militum* en 49 (M. Hadas, *op. cit.*, p. 20). Pendant la campagne d'Orient, Pompée le laissa, avec sa femme Cornélie, à Lesbos, où il les retrouva après Pharsale (Lucain, 8, 205 ; Plut., *Pomp.* 66, 2 ; 74, 1 ; App., *Ciu.* 5, 133 ; Dio Cass. 42, 2, 3). Sextus accompagna son père dans sa fuite et assista à son assassinat depuis le navire qui les conduisait en Egypte (Cic., *Tusc.* 3, 66 ; Liv., *Per.* 112, 2-3 ; Lucain, 8, 634 ; 9, 52, 85, 126-145 ; App., *Ciu.* 2, 85 ; Plut., *Pomp.* 76, 1 ; 80, 1 ; Dio Cass. 42, 49, 2). On sait seulement qu'il participa à la campagne d'Afrique (Dio Cass. 42, 5, 7), les historiens ne donnant pas de plus amples informations : « in any case Sextus did not distinguish himself, or perhaps was not suffered to distinguish himself, during his sejourn in Africa » (M. Hadas, *op. cit.*, p. 43). Après Thapsus, en août 46, avec Labienus et Attius Varus, il rejoignit son frère en Espagne (Dio Cass. 43, 30, 4). Il ne reçut probablement pas le titre d'*Imperator* avant le printemps 44, après sa victoire sur Asinius Pollion (cf. Broughton, *MRR*, 2, p. 329 ; R. Syme, « Imperator Caesar : a study in nomenclature », *Historia*, 1958, p. 174-175 = *RP*, 1, 1979, p. 363-364 ; R. Combès, *Imperator*, 1966, p. 456), et, contrairement à ce qu'a pensé M. Grant (*From Imperium to*

Auctoritas, 1946, p. 22, n. 11, p. 408-410), il ne l'a certainement pas porté comme *praenomen* (R. Combès, *op. cit.*, p. 130-131 ; M.H. Crawford, *Roman Republican Coinage,* 1974, p. 739, n. 3). Sur sa fuite de Cordoue, après Munda, cf. *infra*, 32. 5.

3. 2. *quod eius prouinciae caput esse existimabatur* : L'anonyme emploie à juste titre l'expression *esse existimabatur,* car Cordoue ne jouissait pas d'un statut juridique supérieur aux autres villes de la Bétique. Toutefois, Strabon (3, 2, 1) souligne son importance ainsi que celle de Gadès : « Deux de ces villes ont vu croître bien au-dessus des autres leur puissance et leur gloire : Corduba, fondation de Marcellus, et la cité des Gaditans, la seconde grâce à ses entreprises maritimes et à son attachement à l'alliance romaine, la première à cause de l'excellence et de l'étendue de son territoire, à cause aussi du Bétis, qui a contribué pour une grande part à son développement. » Cordoue était effectivement favorisée par sa situation sur une hauteur escarpée et à proximité du Guadalquivir, qui à partir de là commençait à être navigable (cf. Strab. 3, 2, 3). Cf. *supra,* 2. 5. Pour P. Le. Roux (*L'armée romaine...*, 1982, p. 48), néanmoins, ce passage du *B.H.* « introduit clairement la notion de capitale provinciale ».

3. 3. *Vliam* : D'après le *B. Al.*, 61, 3, Ulia était située *in edito monte.* Jusqu'au XVIIIe siècle on a voulu la placer à Montilla. Aujourd'hui sa localisation à Montemayor (*CIL* II, p. 206-10 et *suppl.*, p. 1157), située à une trentaine de kilomètres au sud de Cordoue – bien que parfois contestée au motif que les nombreuses inscriptions conservées au château de cette ville proviendraient d'un autre site (cf. A. Blanco, « Ategua », 1983, p. 95) –, est généralement admise (Stoffel, 2, p. 306 ; A. Tovar, *Baetica,* 1971, p. 115 ; M.L. Cortijo Cerezo, « El municipio de Vlia », *HAnt,* 13, 1986-1989, p. 35 ; idem, *El municipio romano de Vlia* (*Montemayor-Córdoba*), Cordoue, 1990 ; P. Sillières, « *Les voies de communication...* », 1990, p. 414, qui signale la découverte de balles de plomb). Sa fidélité à César etait peut-être due à des faveurs dont il l'aurait gratifiée lors de sa questure ou de sa préture (M.L. Cortijo Cerezo, *loc. cit.* p. 41). Son *cognomen* de *Fidentia* (Plin., *Nat.* 3, 10, qui, par erreur, nomme la cité *Iulia*) laisse penser qu'elle doit, après la guerre, sa promotion à César lui-même, bien que, comme pour beaucoup d'autres cités d'Espagne, le surnom ne soit pas un argument suffisant, puisqu'il peut renvoyer aussi bien à la propagande augustéenne (cf. M. Ferreiro, « La concesión de la latinitad por César a la Ulterior », 1993, p. 472 et 475). Quant à son statut, il est imprécis : certains pensent qu'elle bénéficia seulement du *ius Latii,* qu'elle fût colonie (M. I. Henderson, « Julius Caesar and Latium in Spain », *JRS,* 1942, p. 6, 8-10 ; F. Vittinghoff, *Römische Kolonisation..*, 1952, p. 105, n. 4 ; G. Dispersia, « La concessione... », 1972, p. 115, n. 56) – ce dont doutent E. Gabba (« Aspetti... », 1970, p. 151 = *Esercito e società,* 1973, p. 512) et R. Grosse, (*RE,* IXA, 1, col. 532, n° 2) – ou municipe (Ch.

Saumagne, *Le droit latin et les cités romaines sous l'empire,* 1965, p. 80 ; R. Corzo et A. Jiménez, « Organización territorial de la Baetica », *AEA,* 53, 1980, p. 32-34 ; M. Ferreiro, *César,* 1986, p. 373 et 803, n. 235). D'autres pensent que la cité fut un *municipium ciuium Romanorum* (R. Thouvenot, *Essai...*, 1973², p. 192 ; R.C. Knapp, *Aspects...*, 1977, p. 213 ; M.L. Cortijo Cerezo, *loc. cit.*, p. 44-45 ; idem,« Una nueva interpretación de *CIL,* II, 1475 », *Habis,* 16, 1985, p. 349, qui soutient qu'Ulia a pu jouir de l'*immunitas*). B.D. Hoyos (« Pliny... », 1979, p. 469) ne se prononce pas. Cf. aussi C. González Román et M.A. Marín Díaz, « El *Bellum Hispaniense...* », 1981-1985, p. 20.

3. 4. *de populo Romano* : Sur cette identification de César au peuple romain, voir Introduction, p. LXIX.

3. 5. *sex cohortes* : Six cohortes représentent environ deux mille hommes compte tenu des effectifs réduits des légions (cf. *Introduction,* p. XLI, n. 85). M.J.V. Bell (« Tactical reform in the Roman Republican army », *Historia,* 14, 4, 1965, p. 412) souligne que la topographie de la Bétique (cf. *B.H.* 8, 3) explique que la cohorte, plus maniable que la légion, tend à devenir l'unité tactique de base.

3. 6. *L. Vibium Paciaecum* : Ce personnage est certainement le fils du Vibius Paciaecus qui, en 85, accueillit Crassus en Espagne, le cachant dans une grotte, près de Malaga, lorsque celui-ci fuyait les partisans de Marius et de Cinna (Plut., *Crass.* 4, 2) et identifié par Münzer avec le Paccianus que Sylla envoya en 81 au secours du roi de Maurétanie Ascalis et qui, vaincu par Sertorius, périt au combat (Plut., *Sert.* 9, 2-3). Cf. Münzer, *RE,* XVIII, 1, col. 2061-2062 *s.u. Paccianus,* n° 1 ; Hanslik, *RE* VIII A, col. 1952, *s.u. Vibius,* n° 13 ; Broughton, *MRR,* 2, p. 78, 313 ; 3, p. 153 ; E. Gabba, « Le Origini della guerra sociale », 1954, p. 307, n. 4 = *Esercito e società,* 1973, p. 301, n. 279 ; C. Castillo *Prosopographia Baetica,* 1965, p. 175-176 ; A.J.N. Wilson, *Emigration fom Italy,* 1966, p. 30 ; T.P. Wiseman, *New Men...*, p. 248, n° 300 ; R. C. Knapp, *Aspects...*, 1977, p. 153 ; C. González Román, « La Onomástica... », 1986-1987, p. 73-74 ; idem et M.A. Marín Díaz,« El *Bellum Hispaniense...* », 1981-1985, p. 29 ; A. Caballos, « Los senadores de origen Hispano... », 1989, p. 247-250 et 261. Comme l'indique l'origine italique, sans doute osque, de leur nom — gentilice ou *cognomen* — (W. Schulze, p. 28 ; A. Schulten, *FHA,* 4, 1937, p. 158 ; Hanslik, *loc. cit.* ; E. Badian, *Foreign Clientelae,* 1958, p. 308 ; C. González Román, *loc. cit.* ; R. Syme, *RP,* 6, 1991, p. 467-468 ; J.S. Hernández Fernández, « Tito Livio XLIII, 3 y los *nomina* de los magistrados monetales de *Carteia* », *Faventia,* 16, 1994, p. 104-106 ; idem, « Los *Vibii Pac(c)iaeci* de la Bética : una familia mal conocida », *Faventia,* 20, 1998, p. 168-174 ; A.T. Fear, *Rome and Baetica,* 1996, p. 48-49), les Paciaeci étaient probablement des *Hispanienses,* installés peut-être à Carteia (A. Caballos, *loc. cit.*, p. 249 ; J.S. Hernández, " Tito Livio... » et « Los *Vibii Pac(c)iaeci...* », p. 174-176). Cf. aussi

A. Balil, *Historia social y económica de la España antigua. Indígenas y colonizadores*, Madrid, 1975, p. 151, renonçant à penser que le légat de Sylla ait pu recevoir la *ciuitas* de Crassus (« Riqueza y sociedad... », 1965, p. 347). L. Vibius Paciaecus, comme son père, possédait certainement le cens équestre et il n'est pas exclu, comme le suppose A. Caballos (*loc. cit.*, p. 248 et 261), que César l'ait fait entrer au sénat, comme L. Titius et L. Decidius Saxa (cf. *infra*, 22. 3), mais aucun document ne vient étayer cette hypothèse (R. Wiegels, *Die römischen Senatoren und Ritter aus den hispanischen Provinzen bis Diokletian. Prosopographie und Herkfunt,* Fribourg, 1971, n° 345). En tout cas, le personnage était assez connu à Rome pour que Cicéron n'ait pas besoin de le présenter à ses correspondants, quand il rapporte ses informations concernant la disparition de Cneius Pompée (*Att.* 12, 2, 1 ; cf. Introduction, p. XXIV, n. 27) et les forces de ce dernier (*Fam.* 6, 18, 2 ; cf. Introduction, p. XXXIII). Le C. Paccianus (Plut., *Crass.* 32, 2) que le Suréna des Parthes obligea à jouer le rôle de Crassus dans un " triomphe " parodique organisé après la mort de celui-ci était peut-être le frère, ou du moins le parent, de l'officier césarien (Münzer, *RE,* XVIII, 2, col. 2062, *s.u. Paccianus,* n° 2). Sur les Paciaeci, R. Syme (*loc. cit.*, p. 469, n. 34) annonce " on Mauretanian princes " un article « The Paciaeci, a Family of Spanish Notables », que l'éditeur des *R.P.*, A. R. Birley, n'a pu localiser.

3. 7. *Qui cum ad Cn. Pompei praesidia uenisset* : Paciaecus, parti d'Obulco au début de décembre, à la seconde veille (3,3), c'est-à-dire vers neuf heures, connaissant bien la région, put parcourir les 50 km qui le séparaient d'Ulia en un jour et demi (cf. M. Ferreiro, *César,* 1986, p. 686, n. 139). Une voie, passant peut-être par le site de Torreparedones et Ucubis (Espejo), devait relier les deux villes (cf. M.L. Cortijo Cerezo, « El municipio de Ulia », *HAnt,* 13, 1986-1989, p. 37 ; E. Melchor Gil, « La red viaria romana de la provincia de Córdoba : administración, construción y mantenimiento », *Actas del I Coloquio de Historia antigua de Andalucía, Córdoba, 1988*, 2, Cordoue, 1993, p. 130).

3. 8. *militumque <uisus> uis tempestatis* : Nous adoptons cette correction de G. Pascucci, à la place de *litusque uis tempestatis* de *S*, *quae uis t.* de *M*, *quem uis t.* de *URTV*, *aditusque uis t.* de *N* [2] – sans doute, corrigé sur un manuscrit plus récent – de préférence aux conjectures de Th. Mommsen (« Zum *B.H.* », 1893, p. 608) *uisumque cuiusque uis t.* et de Klotz *uiasque uis t.*. Les scribes de *MURTV* se sont apparemment contentés de tirer un pronom relatif du *-que* enclitique. Quant aux corrections *aditusque* et *uias,* elles ne semblent pas satisfaisantes : le texte indique que les soldats sont aveuglés par la tempête au point, non seulement de ne plus voir leur chemin, mais de ne plus se reconnaître entre eux. L'hypothèse de G. Pascucci présente l'avantage de rendre compte de la leçon corrompue de *S litusque* ; quant à la disparition de *uisus* (*uis'*) devant *uis* elle peut s'expliquer par haplographie. Par ailleurs, le pluriel *militum* ne fait pas difficulté si on admet l'emploi impersonnel de *potest* (Löfstedt, *Komm. Per. Aeth.*, p. 44 ; idem, *Verm. Stud.* p. 139 ; L.-H.-S., p. 417). Cf. G. Pascucci, *Bellum Hispaniense,* 1965, p. 151-152. Cf. aussi W. Hering, « [C. Iulii Caesaris] *Bellum Hispaniense.* Introd, testo crit. e comm. a cura di G. Pascucci », *Gnomon,* 43, 1971, p. 690.

3. 9. *iubet binos equites conscendere* : D'après Strabon, 3, 4, 18, il s'agit d'une coutume particulière aux Ibères (bien que, d'après Tite-Live, 26, 4, 5, l'armée romaine ait adopté épisodiquement cette tactique, en 211, contre les Campaniens). Devant la réussite de ce stratagème, César y recourut encore devant Cordoue, mais avec moins de succès (*B.H.* 4,2). Cf. A. Schulten, *FHA,* 6, 1952, p. 261.

3. 10. *sileat uerbum facere* : Sur cette expression, voir Introduction, p. LXXIII. Le texte, vif et elliptique, fait l'économie de l'interpellation, évidente, de la sentinelle ennemie. Ce stratagème, impossible dans une guerre étrangère, annonce la ruse employée par Munatius Flaccus pour entrer dans Ategua (cf. *infra,* 7. 1). Cf. P. Jal, *La guerre civile,* 1963, p. 322-323. Paciaecus et ses compagnons se font passer pour des Pompéiens (cf. G. Pascucci, *op. cit.*, p. 154-156 ; M. Ferreiro, *César*, 1986, p. 299).

3. 11. *equites (...) eruptionem in aduersariorum castra fecerunt* : Les cavaliers n'ont été utilisés que pour faciliter le transport des fantassins ; à peine ont-ils accompli leur mission qu'ils retraversent les lignes ennemies pour rejoindre le gros de l'armée, non sans avoir provoqué une grande confusion dans le camp pompéien par une attaque-surprise (cf. G. Pascucci, *Bellum Hispaniense,* 1965, p. 159). G. Pascucci (*op. cit.*, p. 24 et 144) déduit de la vivacité du récit que l'anonyme dut participer à ce coup de main d'Ulia : c'est impossible si on suppose, comme il le fait (p. 25), que l'auteur du *B.H.* appartenait à la légion X, qui n'était pas encore arrivée (Cf. M. Ferreiro, *op. cit.,* p. 687, n. 147).

4. 1. *ut Pompeium ab ea oppugnatione deduceret* : L'opération est présentée comme une simple manœuvre de diversion, afin d'atténuer l'échec de la première attaque de Cordoue. Cf. Introduction, p. XLVII, n. 108, et G. Pascucci, *op. cit.,* p. 159-160. Cf. aussi 6, 1.

4. 2. *ad Cordubam contendit* : Le *B.H.* ne permet pas de déterminer exactement quand César quitta Obulco. Peut-être juste après son arrivée, début décembre. Toutefois, si imprécise que soit la chronologie de certains chapitres du *B.H.,* il paraît peu vraisemblable que les opérations décrites jusqu'à la reddition d'Ategua, le 19 mars, aient duré deux mois et demi. Nous préférons donc adopter la chronologie de Stoffel et M. Ferreiro (*op. cit.,* p. 676-678) et dater ce départ du début de janvier, César ayant pu laisser le temps à ses légions d'Italie d'approcher avant d'attaquer Cordoue. La voie Castulo-Corduba passait probablement par Obulco (cf. P. Sillières, *Les voies de communication...*, 1990, p. 316-322, particulièrement p. 318), ce qui permettait de faire étape le 8 janvier, peut-être aux environs de Calpurniana. Cette cité, qui n'a pas été précisement localisée (cf. A. Tovar, *Baetica,* 1974, p. 105), est identifiée par R. Corzo (« Munda... », 1973, p. 243) et M. Ferreiro (*op. cit.*, p. 298 et 686, n. 131) avec Castro del Rio, et par P. Sillières (*op. cit.*, p. 318 et 322) avec le site du Cerro del Hornillo. Sur la date du 8 janvier, cf. Stoffel, 2, p. 173. Cf. carte 2.

4. 3. *simul in conspectum oppidi se dederunt :* Le détachement arriva en vue de Cordoue peut-être dans la soirée du 10 janvier, suivant le conseil des envoyés de la cité : *nocturno tempore oppidum Cordubam capi posse* (2, 1).

4. 4. *Itaque Cn. Pompeius* : Sur les difficultés que pose l'établissement du texte dans ce dernier paragraphe, voir Introduction, p. CII.

4. 5. *Vlia prope capta :* Le narrateur exagère sans doute en montrant la ville sur le point de capituler : il s'agit de présenter comme un succès l'action de “ diversion ” menée devant Cordoue (cf. G. Pascucci, *Bellum Hispaniense,* 1965, p. 165 ; M. Ferreiro, *César,* 1986, p. 689, n. 174).

4. 6. *cum <omnibus> copiis* : Nous adoptons la correction de R.G. Bœhm (« Zu einigen Ungereimtheiten in Editionen des *Bellum Hispaniense* 4 », *Faventia*, 10, 1988, p. 47-52), qui suppose une mauvaise lecture de l'abréviation *c(um) om(nibus)* (p. 49). Cette lecture semble, en effet, préférable à la leçon des manuscrits *cum copiis*, qui n'apporte aucune information. De plus, non seulement on rencontre souvent la *iunctura*, *cum omnibus copiis* dans les *Commentaires* (*B.G.* 1, 2, 1 ; 26, 6 ; 38, 1 ; 2, 29, 1 ;4, 21, 2 ; 6, 10, 4 ; 7, 62, 10 ; 79, 1 ; *B.C.* 1, 19, 4 ; 38, 2 ; 2, 39, 1 ; 44, 3), mais on peut la rapprocher d'un passage de Dion Cassius qui relate les mêmes événements (43, 32, 6) : « Pompée résolut d'abandonner complètement Ulia et partit en hâte pour Cordoue avec son armée entière (παντὶ τῷ στρατῷ). » Peut-être faudrait-il adopter aussi cette leçon en 5,2 ?

5. 1. *Caesar, cum ad flumen Baetim uenisset* : César dut arriver en face de Cordoue, sur la rive gauche du Guadalquivir, le 11 janvier. Située sur la rive droite, environnée de collines (cf. A. Ibañez Castro, *Córdoba hispano-romana,* 1983, p. 307-308), la cité était, de plus, défendue par le large cours du fleuve et par ses murailles. Le tracé de la muraille sud longeait-il le fleuve à cette époque ? Les vestiges archéologiques ne permettant pas de trancher, certains le contestent (N. Sentenach, « El puente romano de Córdoba y la campañas de Julio César », *BRAH.*, 73, 1918, p. 207 ; S. Santos Gener, *Memorias de las excavaciones del Plan Nacional, realizadas en Córdoba (1948-1950), Informes y Memorias de la Comisaría General de Excavaciones arqueológicas,* 31, Madrid, 1955, p. 69 ; A. Ibañez Castro, *op. cit.*, p. 299 et 302-303). Cependant, comme le fait remarquer A. Blanco (« Seneca y la Córdoba de su tiempo », 1966, p. 24), suivi par M. Ferreiro (*César,* 1986, p. 301), si le rempart n'arrivait pas jusqu'à la rive droite, on peut se demander pourquoi César n'a pas bloqué la ville en installant ses troupes entre celle-ci et le fleuve. Sur les remparts de Cordoue, cf. A. Ibañez Castro, *op. cit.*, p. 288-307.

5. 2. *propter altitudinem fluminis* : Le Guadalquivir est navigable à partir de Cordoue (Plin., *Nat.* 3, 10) ; on ne pouvait donc le franchir à gué, surtout en hiver. Quant au pont de la ville, bien que l'auteur ne le mentionne pas, il était vraisemblablement gardé par les Pompéiens (cf. G. Pascucci, *Bellum Hispaniense*, 1965, p. 165 ; M. Ferreiro, *César*, 1986, p. 301). Cf. A. Ibañez Castro, *Córdoba hispano-romana,* 1983, p. 273-288.

5. 3. *lapidibus plenos corbes demisit* : Ces corbeilles remplies de pierres sont destinées à empêcher les poutres de s'enfoncer ; on n'en rencontre pas d'autre mention dans les *Commentaires* (cf. M. Marin y Peña, *Instituciones militares romanas,* 1956, p. 338). N. Sentenach, (« El puento romano de Córdoba y la campañas de Julio César », *BRAH*, 73, 1918, p. 206-211) pense que César ne fait que réparer un pont déjà existant, et J. Castro Sánchez (*La guerra de Hispania,* 1992, p. 83, n. 16), qu'il s'agit d'un pont mobile de pontons, mais rien ne justifie leurs interprétations.

5. 4. *<Ita> ponte facto* : La correction de ce passage est due à Fleischer « *Quaestionum de bello Hispaniensi criticarum pars altera* », Progr. Meissen, 1895, p. 5 (cf. G. Pascucci, *op. cit.,* p. 167). Sur la situation de ce pont provisoire les avis divergent. Stoffel, (2, p. 173), P. Palop (« Córdoba en la encrucijada della batalla de Munda », 1978, p. 161) et M. Ferreiro (*César,* 1986, p. 301) le situent en aval du pont de pierre. En revanche, A. Schulten (*FHA.*, 5, 1940, p. 127) le place en amont du pont fixe, suivi par G. Pascucci (*Bellum Hispaniense,* 1965, p. 165), qui souligne que l'endroit était moins exposé aux attaques de l'ennemi et aux dangers du courant. Cf. A. Ibañez Castro, *Córdoba hispano-romana,* 1983, p. 366-367.

5. 5. *tripertito* : La signification exacte de l'expression est controversée. Pour A. Schulten (*FHA.*, 5, 1940, p. 127), A. Ibañez Castro (*Córdoba hispano-romana,* 1983, p. 366) et G. Pascucci (*Bellum Hispaniense,* p. 165 et 167), César établit un camp – ou un corps d'armée – sur la rive gauche du Guadalquivir et, sur la rive droite, à l'ouest de la place, une tête de pont et un grand camp. Au contraire, à la suite de Stoffel (2, p. 174 et 315 ; 3, fig. 24) et T.R. Holmes (*The Roman Republic,* 3, 1923, p. 299-300), M. Ferreiro (*César,* 1986, p. 301 et p. 689, n. 172), considérant qu'il n'est pas vraisemblable que César immobilise le tiers de ses forces sur la rive gauche, pense que trois camps sont installés sur la rive droite, encerclant Cordoue. Cependant, dans cette hypothèse l'expression *e regione pontis* (5, 2) devient peu compréhensible. Sur l'emploi par César de *e regione* dans le sens de " en ligne droite ", " dans l'alignement ", cf. M. Rambaud, « A propos du vocabulaire de la géométrie dans les *Commentaires* », *Hommages à Robert Schilling,* Paris, 1983 = *Autour de César,* 1987, p. 297.

Il semble donc que la première interprétation soit plus plausible, d'autant plus que l'établissement d'un camp sur la rive gauche se justifie dans la mesure où César s'attendait à l'arrivée de Cneius de ce côté. Par ailleurs, le côté ouest de la ville est le moins bien protégé par les collines (cf. A. Ibañez Castro, *op. cit.*, p. 307). Enfin, *Les Commentaires* décrivent une disposition analogue (*B.G.* 2, 5, 4-6).

5. 6. *Hoc cum Pompeius (...) uenisset* : Sur *hoc* à la place de *huc*, cf. Introduction, p. LXXVI. — Pompée put arriver devant Cordoue dans la soirée du 12 janvier, en empruntant la voie Corduba-Malaca, qui passait par Anticaria, Ipagro et Ulia (cf. P. Sillières, *Les voies de communication,* 1990, p. 412-420, et particulièrement p. 414 et 419).

5. 7. *ex aduerso (...) castra posuit* : Pompée n'avait pas intérêt à pénétrer dans Cordoue, au risque de s'y laisser enfermer et d'abandonner à César toute la région située au sud du Guadalquivir. Il installa donc son camp sur les hauteurs qui dominent la rive gauche du fleuve, à une distance d'environ 1 km du pont fixe (cf. Stoffel, 2, p. 174 et 309). Il assurait ainsi ses communications avec la place, où il pouvait envoyer des renforts et d'où il pouvait recevoir tout le ravitaillement nécessaire. Comme le souligne, en effet, J. Carcopino (*César,* 1968, p. 460-461) « son meilleur atout consistait dans la possession de villes abondamment approvisionnées, aux murs desquelles se heurterait César, et dans les difficultés de ravitaillement qu'en plein hiver éprouverait celui-ci. » Cf. M. Ferreiro, *César,* 1986, p. 302.

5. 8. *brachium* : Ce terme désigne une tranchée reliant deux endroits fortifiés. Il appartient au *sermo castrensis* (cf. C. De Meo, *Lingue techniche del Latino,* Bologne, 1983, p 191) et se rencontre ailleurs dans le *B.H.* (6, 3 ; 13, 1 ; 23, 1 ; 24, 1 ; 40, 1), ainsi que dans le *B. Al.* 30, 3 et le *B. Afr.* 38, 2 ; 49, 1 ; 51, 2 ; 56, 1. Au contraire, César lui substitue *munitio* (*B.C.* 3, 66, 6). Mais, par la suite, ce terme technique s'impose, comme l'atteste son emploi par Tite-Live (4, 9, 14 ; 22, 52, 1). G. Matherat (« Note sur l'emploi de *brachia* dans les fortifications de César », *BSAF,* 1941, p. 215) voit là une « technique caractéristique de César et qui équivaut presque à une signature ; elle garantit l'authenticité des ouvrages qu'on lui attribue » (cf. M. Rambaud, *op. cit.,* p. 68), mais tel n'est pas l'avis de J. Harmand, pour qui elle est antérieure (*L'Armée et le soldat,* 1967, p. 120). Nous retenons, ici, l'hypothèse d'A. Schulten (*FHA,* 5, 1940, p. 127), qui fait partir cette tranchée du camp de César situé sur la rive gauche, plutôt que celle de Stoffel, (2, p. 174 et 309 et 3, fig. 24) qui, plaçant tous les camps de César sur la rive droite (cf. *supra,* 5.5), ne peut que la faire partir du pont provisoire (cf. *supra*, 5. 4).

5. 9. *ad pontem* : L'objectif de César est de priver Pompée de l'avantage considérable que représente le libre accès à la place, et J. Carcopino a, semble t-il, tort de penser que « César ne s'intéressait guère à ce médiocre enjeu ». Le grand pont de la Calahorra, en face de la mosquée de Cordoue, est le seul pont de la Péninsule Ibérique édifié sous la République dont il subsiste quelques vestiges, près de la rive gauche. Mais le grand nombre de réfections intervenues au cours des siècles ne permet guère de se représenter l'ouvrage tel qu'il apparut aux soldats de César. « On peut néanmoins considérer que sa longueur atteignait 300 mètres environ et qu'il comptait assez vraisemblablement 17 arches de hauteur probablement peu différente, ce qui lui donnait un profil longitudinal à peu près horizontal. D'après les dimensions des arches actuelles et l'indication d'al-Idrîsî, leur ouverture était de l'ordre de 10 à 12 mètres. La largeur du tablier était de sept mètres environ, encore selon al-Idrîsî et d'après la dimension de l'ouvrage d'art actuel près de la rive gauche. Pour ce qui est de la largeur des piles, il est difficile de retenir les 11,85 mètres donnés par le chorographe arabe et il faut sans doute préférer les 7,10 mètres mesurés par Sainz (L. Sainz y Gutiérrez, « Datos históricos acerca de la construccíon del puente llamado de Córdoba », *Revista de Obras Públicas,* III, 1, Madrid, 1884, p. 25-129). Enfin, les murs et les voûtes étaient construits en blocs de grand appareil disposés en carreaux et boutisses » (P. Sillières, *Les voies de communication,* 1990, p. 662). Sa technique de construction, comparable à celle du Pont Milvius, et le rôle de ville-pont joué par Cordoue, relais entre la montagne, avec ses ressources minières, et la Campiña, laissent penser qu'il fut édifié peu après la fondation de la cité. Cf. P. Sillières, *op. cit.,* p. 659-664 ; idem, « El puente grande de Córdoba », *Actas del I Coloquio de Historia antigua de Andalucía,* 2, Cordoue, 1993, p. 137-141 ; A. Blázquez, « El puente romano de Córdoba », *BRAH,* 65, 1914, p. 457-465 ; N. Sentenach, « El puente romano de Córdoba y las campañas de Julio César », *BRAH,* 73, 1918, p. 207-211 ; A. Ibañez Castro, *Córdoba hispano-romana,* 1983, p. 364-372 ; R.C. Knapp, *Roman Córdoba,* Berkeley, 1984, p. 65.

5. 10. *ex qua contentione* : La répétition du mot auquel renvoie le relatif est souvent interprétée comme une maladresse de la langue populaire (cf. Löfstedt, *Komm. Per. Aeth.*, p. 81-84 ; G. Pascucci, *Bellum Hispaniense,* 1965, p. 170 ; idem, « Aspetti del latino giudirico », *SIFC,* n.s. 40, 1968, p. 12 ; C. De Meo, *Lingue techniche del Latino,* 1983, p. 87-89). Mais G. Calboli (« Latin vulgaire et latin juridique », *Latin vulgaire tardif,* 4, 1995, p. 623-625) pense que cette tournure admise par les meilleurs auteurs est « propre à la prose et peut-être à une langue parlée, mais soucieuse de la précision et de la clarté qui s'adapte bien à la langue juridique ».

5. 11. *non solum morti mortem aggerabant, sed tumulos tumulis exaequabant* : Cette phrase multiplie les références à la langue poétique : double répétition, chiasme, homéotéleutes, emploi métonymique de *mors* dans le sens de " cadavre " (cf. Acc. *Trag.*, 317R = *Epin.* 138 ; Prop. 2, 13, 22 ; Plin., *Nat.* 14, 119) ; quant à *aggerabant* de *SN*, il semble préférable au composé *exaggerabant* transmis par les autres manuscrits, en raison justement de sa coloration archaïque et poétique (cf. Virg., *Georg.* 3, 556 ; Tac., *Ann.* 1, 61, 2). La première expression, *morti mortem aggerabant* rappelle Lucrèce 3, 71 *caedem caede accumulantes* et 6, 1238 *cumulabat funere funus*. La seconde, *tumulos tumulis exaequabant* – contrairement à l'avis de A.G. Way (p. 319) et J. Castro Sánchez, *La guerra de Hispania,* 1992, p. 84, n. 19 – ne paraît pas signifier que les monceaux de cadavres sont égaux dans les deux camps, car cette traduction ne rend pas compte de la volonté de surenchérir exprimée par *non solum* (...) *sed* ; par un raffinement rhétorique *tumulos* semble être employé dans le sens de " tombeau, élévation de terrain recouvrant des cadavres " et *tumulis* dans celui de " tertre ". Une comparaison de César (*B.G.* 2, 27, 4) peut avoir influencé cette figure de style : *his deiectis et coaceruatis cadaueribus, qui superessent ut ex tumulo tela in nostros conicerent* (« quand ils tombaient à leur tour et que s'entassaient les cadavres, les survivants, comme du haut d'un tertre, lançaient des traits sur nos soldats »). Il est possible que l'ensemble de la phrase s'inspire d'Ennius, cité par deux fois dans le *B.H.* (23, 3, et 31,7). Cf. G. Pascucci, *Bellum Hispaniense,* 1965, p. 173-174.

6. 1. *Id cum animaduerteret... retraxerat* : A. Klotz attribue la proposition *id cum animaduerteret aduersarios minime uelle* à la fin du chapitre 5 et soupçonne, à la suite, une lacune. Il paraît cependant préférable de conserver la période transmise par les manuscrits en donnant à *quoniam* une valeur à la fois causale et comparative, annonçant la substitution dans le latin tardif de *quoniam* à *quomodo* (Löfstedt, *Verm. Stud.*, p. 19 ; cf. Introduction, p. LXXIII).

6. 2. *ut in aequum deduceret* : A en croire l'anonyme, César lève le camp dans le seul but d'attirer Cneius et de provoquer une bataille en terrain plat. En fait, il semble bien que César, d'une part, ait dû renoncer à investir Cordoue, qui s'avérait imprenable (cf. A. Ibañez Castro, *Córdoba hispano-romana,* 1983, p. 307-308), et, d'autre part, se soit trouvé confronté à des difficultés de ravitaillement. Dion Cassius, 43, 32, 7, est certainement plus près de la vérité en rapportant que les soldats, logés sous de méchantes tentes, souffraient beaucoup et manquaient de vivres, et que César, lui-même malade, fut contraint de faire une campagne d'hiver : « instruit qu'Ategua renfermait du blé en abondance, il tourna ses efforts contre cette ville, quoiqu'elle fût fortifiée, dans l'espoir que le nombre de ses soldats et la terreur dont la soudaineté de son attaque frapperait les habitants, l'en rendraient maître » (43, 33, 2). Ces problèmes de ravitaillement devaient être d'autant plus graves que les légions VI et X, comme la cavalerie d'Asprenas (10, 2), l'avaient probablement rejoint en cette mi-janvier (cf. M. Ferreiro, *op. cit.,* p. 304), ce qui suppose qu'elles auraient quitté Rome au début d'octobre, un mois avant César. Prévenues par des courriers, elles avaient probablement suivi depuis Castulo la rive droite du Guadalquivir, que n'occupait pas Pompée (cf. M. Ferreiro, *loc. cit.* et p. 691, n. 206 ; P. Sillières, *Les voies de communication,* 1990, p. 300-303).

6. 3. *copiis flumine traductis noctu* : César dut lever le camp dans la nuit du 20 janvier (cf. Stoffel, 2, p. 175).

6. 4. *iubet ignes fieri magnos* : Contrairement à l'avis du général Lammerer (*in* A. Klotz, *Kommentar zum B.H.*, 1927, p. 17, suivi par J. Harmand, *L'armée et le soldat...,* 1967, p. 134, n. 259), il ne semble pas que cette expression fasse allusion à l'incendie du camp. Du reste, *ignes facere* signifie bien " allumer des feux de camp " dans le *B.G.* 6, 29, 5 et le *B.C.* 3, 30, 5 et 50, 2. Toutefois, si, comme le pensent Stoffel (2, p. 175), A. Schulten (*FHA,* 5, 1940, p. 128), J. Carcopino (*César,* 1968, p. 462), ces feux avaient pour but de laisser croire à Pompée que son adversaire restait devant Cordoue, on ne voit pas pourquoi César les aurait fait allumer alors que ses troupes avaient déjà traversé le fleuve et donc surmonté la phase la plus critique de leur retraite. Il semble donc qu'ils furent allumés lorsque l'armée s'était déjà éloignée, afin de tromper l'ennemi sur la direction de la marche, dont Pompée fut informé un peu plus tard par des déserteurs (6, 2). Le passage du *B.C.* 3, 50, 2, malheureusement lacunaire, paraît évoquer un stratagème semblable. Cf. G. Pascucci, *Bellum Hispaniense,* 1965, p. 177-178 ; A.G. Way, *Appendix B,* p. 398 ; M. Ferreiro, *César,* 1986, p. 692, n. 217.

6. 5. *firmissimum eius praesidium Ateguam* : Malgré l'absence de témoignage épigraphique, la topographie et les découvertes archéologiques – vestiges d'importantes fortifications, projectiles de pierre et de plomb – permettent de situer avec certitude Ategua à Castillejo de Teba (ou Teba la Vieja), à une vingtaine de kilomètres au sud-est de Cordoue, sur la rive droite du Guadajoz, l'antique Salsum. Cf. E. Hübner, *RE,* II, 2, col. 1902 ; Stoffel, 2, p. 306 ; A. Schulten, *FHA,* 5, 1940, p. 128 ; R. Corzo, « Munda ... », 1973, p. 242 ; A. Tovar, *Baetica,* 1974, p. 101 ; A. Blanco, « Ategua », 1983, p. 103-105. Signalons toutefois l'hypothèse de C. Pemán (« Nuevo ensayo de interpretación de la topografía del *B.H.* », (1973), 1986, p. 53-56) : l'anonyme aurait mal transcrit le nom d'Astigi (Ecija) et il faudrait identifier le Salsum (7, 1), non avec le Guadajoz (cf. *infra,* 7. 2), mais avec le rio Salado de Gilena. La ville se dressait sur une colline granitique, particulièrement abrupte au nord et à l'est, protégée au sud par le fleuve qui coule à moins d'1 km, constituant « une forteresse naturelle beaucoup plus impressionnante de près que de loin » (A. Blanco, *loc. cit.*, p. 108). Cette forteresse naturelle avait été renforcée à une époque très ancienne (VIIIe-VIe siècle a. J.-C.) par une enceinte et, pendant la période des guerres civiles, par un triple système de défense : des tours (cf. *infra,* 13. 9), une muraille extérieure (cf. *infra,*

13. 5), et une muraille intérieure de 8 m d'épaisseur, séparée de la première par un chemin de ronde (cf. A. Blanco, *loc. cit.*, p. 108-114). De plus, la cité était bien approvisionnée en blé (Dio Cass. 43, 33, 2) – comme en témoigne la découverte de silos (cf. P.J. Lacort Navarro, « Cereales en Hispania Ulterior : silos de epoca ibero-romana en la Campiña de Córdoba », *Habis,* 16, 1985, p. 364) – et possédait une source encore visible aujourd'hui, et peut-être un château d'eau (cf. A. Blanco, *loc. cit.*, p. 107 et 109). Aujourd'hui le trajet de Cordoue à Castillejo de Teba est de 25 km. Mais il semble qu'un chemin, abandonné depuis longtemps, appelé le « Camino Viejo de Granada », réduisait la distance à 18 km (cf. A. Blanco, *loc. cit.*, p. 103 ; R. Corzo, *loc. cit.*). César put donc arriver devant Ategua le matin du 21 janvier et installer son camp probablement sur une hauteur appelée « Cerro del Agua » (cf. Stoffel, 2, p. 175 ; A. Schulten, *FHA, 5,* 1940, p. 128). Cf. carte 3.

6. 6. *qua die facultatem <est nactus, per montes> et angustias carra complura multosque lanistas retraxit* : Le texte, qui présente manifestement une lacune, n'est pas sûr ; cependant, il ne semble pas nécessaire de modifier *multosque lanistas*, la leçon de *N* et de tous les autres manuscrits (malgré quelques variantes graphiques). En effet, la présence de *complura* plaide en faveur de *multosque,* les deux termes se trouvant encore associés plus loin (9, 3 ; 15, 4), et *lanistas* peut avoir un sens voisin du *latrones* de 1, 4. Si le *B. Afr.* 71, 1 n'hésite pas à comparer César à un *lanista,* à un maître de gladiateurs qui entraîne des débutants, l'acception figurée et infamante du terme est attestée chez Cicéron (*Phil.* 13, 40) et Tite-Live (35, 33, 6) ; l'expression rappelle aussi que l'armée pompéienne est en partie constituée d'esclaves, comme le suggère la glose de *M seruos.* La correction proposée par Nipperdey et acceptée par les éditeurs modernes, excepté G. Pascucci, *mulosque onustos,* est donc d'autant moins convaincante que cette leçon assez banale à la suite de *carra* a peu de chance d'avoir produit la leçon plus rare *multosque lanistas.* Quant à la lacune, l'intégration proposée, à titre d'exemple, par G. Pascucci, *qua die facultatem <est nactus, per montes> et angustias,* nous semble restituer le sens de la phrase : dès que le départ de César lui en a donné la possibilité, Pompée rappelle les bandes irrégulières qu'il a envoyées dans l'arrière-pays, difficilement accessible, pour assurer son ravitaillement, compromis par le blocus du pont. En revanche, l'interprétation d'A. Klotz (*Kommentar zum B.H.*, 1927, p. 54), qui corrige arbitrairement *qua die* en *cum die,* équivalent de *prima luce*, conduit à une reconstitution des faits peu vraisemblable : *cum die facultatem <liberam sequendi nactus inter montes> et angustias carra complura mulosque onustos retraxit ;* on ne voit pas, en effet, pourquoi Pompée, déjà informé par des déserteurs, se serait lancé à la poursuite de César pour connaître sa destination – mission qui, du reste, nécessitait seulement un petit groupe d'éclaireurs –, puis, après s'être emparé d'une partie de son convoi, serait retourné vers Cordoue ; les autres sources ne mentionnent d'ailleurs rien de ces mouvements contradictoires. A. G. Way (*Appendix B*, p. 399-400) propose une interprétation voisine de celle d'A. Klotz, bien qu'il comble la lacune de façon différente, en s'inspirant de Th. Mommsen (« Zum *B.H.* », 1893, p. 609) : *qua die facultatem <nactus est, relinquens montis> et angustias...* Cf. G. Pascucci, *Bellum Hispaniense*, p. 177 et 180-181 ; idem, « Interpretazione di due *excursus* dell'*Hispaniense* », *Maia*, 1963, p. 326, n. 1.

6. 7. *ad Cordubam se recepit* : Pompée se retire avec ses troupes à Cordoue sans se préoccuper du sort d'Ategua. D'après Dion Cassius (43, 33, 3), il était convaincu que la place était suffisamment défendue et que les rigueurs de l'hiver, auxquelles lui-même ne voulait pas exposer ses troupes, empêcheraient son adversaire d'en maintenir longtemps le siège. C'était oublier que César avait plusieurs fois rompu avec la tradition et mené des opérations en hiver (cf. l'averse de grêle du *B. Afr.*, 47 ; il est vrai qu'on était alors en Afrique). Cf. M. Marín y Peña, *Instituciones militares romanas*, 1956, p. 68-69 et 455.

6. 8. *Caesar munitionibus Ateguam oppugnare et brachia circumducere coepit* : Sur l'emploi de *brachia*, cf. *supra*, 5. 8. Se fondant sur la topographie du lieu, le colonel Theodore A. Dodge a, en 1892, reconstitué le tracé vraisemblable de la circonvallation partant des petits côtés du camp pour entourer la place en s'appuyant sur le fleuve (Th. A. Dodge, *Caesar*, New York, 1892, réimpr. 1963, p. 704 ; cf. A. Blanco, « Ategua », 1983, p. 107 fig. 2). « Le circuit était assez vaste pour que les projectiles incendiaires des Pompéiens ne puissent atteindre les toits de paille des cabanes où s'abritaient les troupes et pour que celles-ci occupent des positions avantageuses en cas d'attaques simultanées par devant et par derrière » (A. Blanco, *loc. cit.*, p. 106). La circonvallation est visible sur certaines photographies aériennes publiées par R. Corzo, « Die Belagerung von Ategua durch Julius Caesar (45 v. Chr.) », *Studien zu des Militargrenzen Roms*, 3, 1986, p. 689-691. Cf. carte 3.

6. 9. *Caesar <cum> complura castella occupasset :* G. Pascucci (*Bellum Hispaniense*, 1965, p. 182-183), suivi par J. Castro Sánchez (*La guerra de Hispania*, 1992, p. 84, n. 22), voit là une brachylogie équivalent à *cum complures colles occupasset ibique castella constituisset.* Nous préférons l'interprétation d'A.G. Way, qui traduit : « Caesar had occupied several forts » (cf. aussi T.R. Holmes, *The Roman Republic*, 3, 1923, p. 301). En effet, dans son récit des guerres du début du IIe siècle, Tite-Live emploie plusieurs fois le terme *castella*, clairement distincts des *oppida* et des *uici*, pour désigner des fortins occupés par les *Hispani* (Liv. 34, 11, 2 et 19,8 ; 35, 22, 6 ; 40, 33, 8 ; cf. aussi Sall., *Hist.* 1, 112, à propos de la Lusitanie). Cf. A. García y Bellido, « Arte Ibérico », 1954, p. 415, 418 et 440, n. 65 (note correspondant à l'appel de note 64, p. 419) et M. Ferreiro, *César,* 1986, p. 307. Un grand nombre d'enceintes fortifiées ont été retrouvées en Espagne, en particulier dans la Campiña de Cordoue (cf. J. Fortea et J. Bernier, *Recintos ...*, 1970 ; J. Bernier Luque, C. Sánchez Romero, *Nuevos yacimentos arqueológicos en Córdoba y Jaén,* Cordoue, 1981). L'origine et la fonction de ces ouvrages restent controversées (cf. *infra,* 8. 4). Certains, d'origine ibérique, implantés sur des hauteurs, en interrelation visuelle, associaient des fonctions de guet et de défense avec un habitat permanent non strictement militaire ; ils étaient donc vraisemblablement « les organes d'un pouvoir politique, surveillant pour le compte d'une cité, d'un potentat ou d'une oligarchie un territoire agricole, des ressources naturelles, une voie de communication ou encore une frontière » (P. Moret, « Fortins, " tours d'Hannibal " et fermes fortifiées dans le monde ibérique », *MCV,* 26, 1990, p. 19 ; cf. P. Jacob, « Le rôle de la ville dans la formation des peuples ibères », *MCV,* 21, 1985, p. 49-52). J. Fortea et J. Bernier, qui attribuent la plupart de ces constructions aux oligarchies philopuniques (*op. cit.,* p. 138-140), leur donnent pour rôle essentiel de contrôler une grande route commerciale reliant Castulo à Malaga, (p. 131-136), ce que conteste P. Moret (*loc. cit.,* p. 31). D'autres, plus nombreux, des enceintes quadrangulaires, présentant un appareil mégalithique, voire cyclopéen, édifiées sur des sommets secondaires d'accès aisé ou peu ardu, ont fait l'objet récemment d'une nouvelle interprétation de P. Moret (*loc. cit.,* p. 25-43 ; et aussi « Les maisons fortes de la Bétique et de la Lusitanie romaines », *REA*, 97, 1995, p. 527-564) : il s'agirait de constructions rurales édifieés par les colons italiens au plus tôt à la fin du 1er s. av. J.-C., et dont l'architecture monumentale manifesterait l'opulence de leurs propriétaires, et non une vocation défensive. Dans ce passage du *B. H.,* où cette dernière hypothèse doit être écartée, les *castella* occupés par les détachements césariens peuvent donc être des fortins et/ou des tours. Cf. *infra*, 8.4.

6. 10. *in statione, in excubitu* : *Excubitus* est un terme rare qui reparaît seulement dans la langue tardive (Homer. 683 ; Firm., *Math.* 3, 12, 1 ; Veget., *Mil.* 3, 8, 2 ; Itala, *Reg.* 4, 11, 6). Mais l'emploi des deux termes peut s'expliquer dans la mesure où César utilise *excubare* à propos des missions de surveillance confiées aux fantassins (*B.G.* 7, 11, 6 ; 24, 5 ; *B.C.* 3, 50, 1 ; 63, 6) et préfère *statio* quand il s'agit de la cavalerie (*B.G.* 2, 18, 3 ; *B.C.* 1, 59, 2 ; 73, 3 ; 2, 26, 2). Quant à l'asyndète, elle est assez fréquente dans le *B.H. :* en 16, 2 *uirgulta crates* et *argentum uestimenta ;* en 35, 4 *praesidium uigiles ;* en 42, 6 *fasces imperium.* Cependant, il nous paraît plus vraisemblable que *statio* désigne les avant-postes et *excubitus* la mission de surveillance, *in excubitu* signifiant alors " en faction ".

6. 11. *castris* : Ici le mot *castra* semble s'appliquer « à autre chose qu'une enceinte limitée », comme le suggère J. Harmand (*Une cam-*

pagne césarienne, Alesia, Paris, 1967, p. 225). Cf. les *lunata castra* du siège de Thapsus (*B. Afr* 80, 2 ; cf. Gsell, 8, p. 97, n. 3).

6. 12. *in aduentu Pompei* : Pompée dut arriver devant Ategua au matin du 27 janvier (cf. Stoffel, 2, p. 177 et 304). Sur la maladresse de l'expression, cf. Introduction, p. LIX, n. 18.

6. 13. *incidit ut matutino tempore nebula esset crassissima* : Le passage illustre le procédé de la “ justification préalable ” : l'échec ne peut être imputé à la responsabilité de César, puisque toutes les précautions avaient été prises pour prévenir l'effet de surprise et que Pompée ne doit son succès qu'à un facteur impondérable. Cf. G. Pascucci, *Bellum Hispaniense,* 1965, p. 177 et 184.

7. 1. *Insequenti nocte castra sua incendit Pompeius* : Pompée installa un camp provisoire à l'ouest d'Ategua, pour rester en communication facile avec Cordoue, au nord du Guadajoz, probablement près du village de Santa Crucita (Stoffel, 2, p.176 ; cf. carte 3). Il n'y resta que quelques heures, puisqu'il l'abandonna la nuit même de son arrivée, le temps de porter secours aux habitants, contrairement à ce que laissse entendre l'anonyme (7, 3). Comme les assiégés n'avaient pas de chef, il leur envoya Munatius Flaccus (cf. *infra,* 19. 3), qui entra dans la ville grâce à un stratagème rapporté par Dion Cassius (43, 34, 1-2) : « Seul, la nuit, comme s'il eût été chargé par César de faire une ronde, il demanda à quelques gardes le mot d'ordre ; puis, après l'avoir appris (il n'était pas connu et, seul comme il l'était, on n'aurait jamais supposé qu'il fît cela sans être un ami), les quitta, et, se détournant vers un autre endroit du retranchement, rencontra d'autres gardes. Leur ayant, à son tour, donné le mot d'ordre, et feignant d'aller dans la ville pour la trahir, il y entra de leur consentement et sous leur escorte. » D'après Frontin (*Strat.* 3, 14,1), Pompée fit aussi entrer dans la place des renforts commandés par un certain Maurus, qui se fit passer pour un *cornicularius tribuni* de l'armée de César, pour, lui aussi, apprendre le mot de passe. L'anecdote peut n'être qu'une variante de l'entrée dans la ville de Munatius Flaccus, mais il peut s'agir également d'actions séparées, effectuées dans la même nuit mais à des moments différents, afin de diminuer les risques (cf. M. Ferreiro, *César,* 1986, p. 696, n. 272). Quoi qu'il en soit, le silence de l'auteur du *B.H.* semble bien être une omission volontaire (cf. G. Pascucci, *Bellum Hispaniense,* 1965, p. 185).

7. 2. *trans flumen Salsum* : Le nom antique du Guadajoz est dû aux nombreuses salines de la région ; aujourd'hui encore deux affluents du fleuve se nomment l'Arroyo del Salado et l'Arroyo del Saladillo. « Le Guadajoz est peu profond et n'a pas, en moyenne, plus de vingt mètres de largeur dans la partie de son cours comprise entre Castro del Rio et Santa Crucita, où il reçoit les eaux de la Carchena, qui n'est guère qu'un gros ruisseau » (Stoffel, 2, p. 176).

7. 3. *castra inter duo oppida Ateguam et Vcubim in monte constituit* : Pompée déplaça son camp probablement sur le Cerro de la Ventosilla, situé à l'ouest de Cabrillana et à 3 km d'Ategua (cf. *infra,* 7. 6) et à 5 km d'Ucubis, aujourd'hui Espejo. Cf. J. et M. Oliver, *Munda pompeiana,* Madrid, 1861, p. 56 ; Stoffel, 2, p. 177 ; A. Schulten, *FHA,* 5, 1940, p. 128. De là Pompée, décidé à mener une guerre de position, voyait à la fois les deux villes (cf. 8, 6) et pouvait observer les mouvements de son adversaire, tout en contrôlant les hauteurs. Cf. carte 3. L'identification d'Ucubis avec Espejo ne fait pas de doute (*CIL,* II, 1553 et 1559), sauf pour C. Pemán (« Nuevo ensayo de interpretación de la topografía del *B.H.* » (1973), 1988, p. 56-57), qui, identifiant Ategua à Astigi (cf. *supra,* 6. 5), situe Ucubis à El Rubio. Cf. *infra,* 27. 8.

7. 4. *aggerem* : A la suite de Th. A. Dodge (*Caesar,* 1963, 1892[1], p.704), A. Blanco place la rampe d'accès au sud-ouest de la cité, en contact avec la muraille, (« Ategua », 1983, p. 98, 106 et 108). Cf. carte 3.

7. 5. *natura edita ad rem militarem* : A la suite de Mommsen (« Zum *B.H.* », 1893, p. 609), A. Klotz adopte la correction *impedita* (cf. aussi A. Blanco, « Ategua », 1983, p. 132, n. 55). Cependant, comme G. Pascucci (*Bellum Hispaniense,* 1965, p. 188-189 ; idem, « Interpretazione di due *excursus* dell'*Hispaniense* », *Maia,* 1963, p. 331), nous préférons conserver la leçon de la tradition en considérant que l'expression *ad rem militarem* relativise le sens de *edita* : si les hauteurs de cette région sont modestes – guère plus de 300 mètres –, elles sont peu propices à la guerre de mouvements que César souhaitait imposer à Pompée. Stoffel (2, p. 176) fait une description évocatrice de cette région : « considéré sous le rapport de la guerre ancienne, ce pays présente un caractère des plus singuliers : il est presque entièrement composé de hauteurs mamelonnées, d'éminences ou de collines arrondies qu'aucune plaine ne sépare, car elles se joignent par leurs bases en ne laissant entre elles que des dépressions de terrain ou vallées très étroites. La comparaison suivante, bien qu'un peu forcée, permettra de se représenter l'aspect de la contrée dont il est question. Lorsqu'on se place sur une des hauteurs dominantes, celle de la petite ville d'Espejo, par exemple, et qu'on aperçoit tout autour de soi, les unes près des autres, ces nombreuses croupes sans arbres, arrondies comme des mamelons, on croirait contempler, d'un poste élevé, une immense cité dont tous les toits auraient la forme de coupoles. » Cf. M. Ferreiro, *César,* 1986, p. 697, n. 282 et 283.

7. 6. *Circiter passus duo milia* : T.R. Holmes, Du Pontet et, plus récemment, A.G. Way rattachent cette expression à la phrase précédente. Mais la topographie confirme qu'Hoffmann et Klotz ont eu raison de ponctuer après *flumen sit* ; Ategua, en effet, est éloignée du fleuve de 800 m et non pas de 3 km, et la profondeur de son lit interdit de supposer qu'il ait pu se déplacer. Le chiffre de *duo milia* ne peut donc que correspondre à la distance qui sépare de la ville le camp de Pompée. Cf. A. Blanco, « Ategua », 1983, p. 105-106 ; Stoffel, 2, p. 315.

7. 7. *ex ea regione oppidi* : C'est-à-dire le côté de la ville qui fait face au fleuve.

7. 8. *Aquilas et signa* : Le terme *signa* désigne les enseignes des manipules. Marius fit de l'aigle, à l'origine enseigne du premier manipule, l'enseigne de toute la légion (Sall., *Cat.* 59, 3 ; Plin., *Nat.* 10, 16).

7. 9. *XIII legionum* : Cicéron (*Fam.* 6, 18, 2), citant Vibius Paciaecus, mentionne seulement onze légions. Sur ce point et l'ensemble des effectifs de Pompée (particulièrement la légion Vernacula), voir Introduction, p. XXXIII-XLII.

7. 10. *Trebonio* : Né entre 91 et 88 (cf. G.V. Sumner, « The Lex annalis under Caesar », p. 250 et n. 16), C. Trebonius appartenait à la classe supérieure de l'ordre équestre, puisque Cicéron (*Phil.* 13, 23) fait allusion à son père comme à un « *splendidus eques Romanus* », bien connu des sénateurs (cf. P. A. Brunt, « The *equites* in the Late Republic », 1962 = *« The Fall of the RR »*, 1988, p. 147 ; R. Syme, *RR*, 1967, p. 97 ; E. S. Gruen, *The Last Generation*, 1974, p. 115). Questeur en 60 ou 58 (cf. Broughton, *MRR*, 3, p. 207), il fut élu tribun de la plèbe en 55 (cf. T. P. Wiseman, *New Men*, 1971, p. 161-162 ; E. S. Gruen, *op. cit.*, p. 188, n. 194) et fit passer la *Lex Trebonia,* qui accordait pour cinq ans le gouvernement de la Syrie à Crassus et celui des deux Espagnes à Pompée (cf. J. Carcopino, *César*, 1968, p. 275-276 et P. A. Brunt, *op. cit.*, p. 486). Légat de César de 5 4 à 49, il participa à l'expédition de Bretagne (*B.G.* 5, 17, 2) et à la campagne des Gaules. Au début de la guerre civile, César lui confia la charge de poursuivre le siège de Marseille jusqu'à sa reddition, fin octobre = fin septembre 49 (*B.C.* 1, 36, 4 ; 2, 1-16 et 22). Préteur urbain en 48, il servit la politique de César concernant les dettes et s'opposa à M. Caelius Rufus (*RE* 35). Cf. J. Carcopino, *op., cit.*, p. 505 ; T. P. Wiseman, *op., cit.*, 1971, p. 163. Des troubles ayant éclaté en Espagne Ultérieure à la fin de 48, il y partit en hâte pour remplacer le proconsul Q. Cassius Longinus (*B. Al.* 64, 2 ; Cic., *Fam.* 15, 21, 2), avant d'être luimême chassé par les Pompéiens pendant l'été 46 (cf. Introduction, p. XXII et XXV). Bien que le *B.H.* n'en fasse pas état, il retourna en Espagne, sans doute peu après César (cf. J. Beaujeu, *Cicéron, Correspondance,* 7, Paris, 1980, p. 203), à la fin de l'année 46 (Cic., *Fam.* 15, 21, 2). En octobre 45, il fut nommé consul suffect avec Q. Fabius Maximus (Dio Cass. 43, 46, 2 ; cf. Cic., *Phil.* 11, 5 ; Vell. 2, 69, 1 ; Suét., *Caes.* 76, 2). Enfin, César le désigna comme proconsul d'Asie pour 44 (App., *Ciu.* 3, 2 ; cf. Plut., *Brut.* 19, 2). Ce n'est donc pas l'ambition déçue qui poussa cet homme comblé d'honneurs à entrer dans le complot des libérateurs. Sans doute son amitié pour Cicéron (*Fam.* 15, 20 ; 21, 2 ; cf. J. Beaujeu, *op. cit.*, p. 296 ; D.R. Shackleton Bailey, *Ep. ad Fam.*, 2, Cambridge, 1977, p. 366 ; *Att.* 11, 6, 3) jouat-elle un certain rôle. Aux Ides de mars il eut pour mission de retenir Antoine à la porte de la curie. Cf. Cic., *Fam.* 10, 28,1 ; 12, 16, 3 ; cf.

P. Jal, *La guerre civile,* 1963, p. 204-205 ; D.R. Shackleton Bailey, *op. cit.*, p. 486 ; J. Beaujeu, *Cicéron, Correspondance,* 9, 1988, p. 84 ; *Phil.* 2, 27, 30 et 34 ; Liv., *Per.* 116, 3 ;Vell. 2, 56, 3 et 61, 1 ; Plut., *Caes.* 66, 2, qui confond Trebonius avec Decimus Brutus (cf. P.L. Martin, *Tuer César !,* Bruxelles, 1988, p. 17) ; *Ant.* 13, 4 ; App., *Ciu.* 2, 113 et 117 ; 3, 26 ; Dio Cass. 44, 14, 3-4 ; 19, 1 et 3. Ayant rejoint sa province d'Asie, il y fut mis à mort par Dolabella (Cic., *Phil.* 11, 4-5). Cf. R. Syme, *op. cit.*, p. 168-169 ; Münzer, *RE,* VI, A2 col. 2274-2282, n° 6 ; Broughton, *MRR*, 2, p. 184, 217, 226, 232, 239, 245, 253, 269-270, 273, 289, 299, 305, 330, 349-350, 627 ; 3, p. 207 ; R. Etienne, *Les Ides de mars,* Paris, 1973, p. 154-155.

7. 11. *cum leui armatura* : César n'emploie l'expression *leuis armatura* qu'au génitif, le plus souvent génitif de qualité, associé à des termes comme *pedites, equites, milites, Germani* (*B.G.* 2, 10, 1 ; 24, 1 ; 7, 65, 4 ; 80, 3 ; *B.C.* 1, 48, 7 ; 83, 5 ; 2, 34, 2 ; 3, 45, 3 ; 62, 2 ; cf. *B.G.* 8, 17, 3 ; 19, 2 ; *B.Al.* 17, 3 ; *B.Afr.* 48, 1), mais aussi génitif d'appartenance, désignant un corps d'armée (*B.C.* 2, 34, 3 ; 3, 45, 3 ; 62, 2). Parmi les continuateurs, seuls les auteurs du *B.Afr.* (51, 6 ; 59, 3 ; 61, 3 ; 69, 4 ; 71, 2 *hostium leuis armatura)* et du *B.H.* (7, 5 ; 14, 2 ; 21, 1 ; 22, 7 ; 23, 6 ; 24, 6 ; 26, 1) emploient cette formule comme un technicisme, dans le sens d'" infanterie légère ", en la déclinant comme un substantif. Toutefois, l'auteur du *B.H.* continue à l'utiliser parfois comme un déterminant, mais exclusivement à l'ablatif de qualité (15, 2 ; 20, 4 ; 30, 1). Cf. G. Pascucci, *op. cit.*, p. 224.

8. 1. *Accedebat hoc* : La stratégie de Pompée était motivée non seulement par l'infériorité de ses troupes mais par la nature du terrain. Sur cet *excursus* topographique, cf. Introduction, p. LXIV, n. 34 ; G. Pascucci, « Paralipomeni della esegesi e della critica al *Bellum Hispaniense* », *ANRW,* I, 3, 1973, p. 600-602.

8. 2. *propter terrae fecunditatem inopem difficilemque habet oppugnationem et non nimis copiosam aquationem* : A la suite de Nipperdey, A.G. Way conserve l'expression transmise par les manuscrits *et non minus copiosam aquationem* en la transposant, toutefois, après *fecunditatem* et traduit : « In fact, practically the whole region of Further Spain, fertile as it is and correspondingly well watered, makes a siege a fruitless and difficult task. » A. Blanco (« Ategua », 1983, p. 106-107) adopte cette version, invoquant l'existence d'une source, dont l'eau était recueillie dans un réservoir assez bien conservé. Cependant, cette interprétation oblige à faire de *inopem* un simple doublet de *difficilem,* alors que l'épithète implique plus précisement une notion de manque, de privation : l'auteur veut dire que les assiégeants rencontrent des difficultés particulières, non parce que les assiégés disposent de réserves abondantes et d'un approvisionnement facile en eau, mais parce que, en raison de la déforestation de cette région agricole (cf. *infra,* 27. 2 et 41. 8), eux-mêmes ont du mal à se procurer le bois nécessaire à la construction des machines et de l'*agger*. L'adjectif *inops,* dont la *iunctura* avec *oppugnatio* est unique dans la langue latine, a aussi suscité des tentatives de corrections *(longam* Nipperdey, qui s'appuie sur le *B.C.* 2, 1, 3, *longam et difficilem habet oppugnationem ; impeditam* Koch ; *operosam* Fleisher, *Quaestionum* de bello Hispaniensi *criticarum pars altera*, Progr. Meissen, 1895, p. 8*)* ; celles-ci ne s'imposent nullement : le choix de l'épithète semble obéir à une certaine recherche stylistique, dans la mesure où il s'oppose à la fois à *fecunditatem* et à *copiosam* (cf. G. Pascucci, *Bellum Hispaniense,* 1965, p. 195 ; idem, « Interpretazione di due *excursus* dell' *Hispaniense », Maia,* 1963, p. 333). Il paraît donc plus satisfaisant, et moins coûteux, de se limiter à adopter la correction de Davis, *nimis* au lieu de *minus* dans l'expression *et non nimis copiosam aquationem* et de comprendre que les besoins de l'agriculture, dans ces terres « cultivées avec un soin extrême » (Strab. 3, 2, 3 ; cf. J.J. Van Nostrand, *An Economic Survey of Ancient Rome*, 3, éd. T. Frank, New Jersey, 1959, p. 140), absorbent une grande partie des ressources en eau (sur l'irrigation de la péninsule ibérique antique, cf. P. Sillières, « La Péninsule Ibérique », 1993, p. 209-212). Sur la rareté des sources dans cette région, cf. M. Ponsich, *Implantation rurale antique sur le Bas-Guadalquivir,* 3, 1987, p.17-18. Quant au terme *aquatio,* on le rencontre une fois chez César (*B.G.* 4, 11, 4) et une fois dans le *B. Afr.* (51, 5).

8. 3. *propter barbarorum crebras excursiones* : Comme plus loin (14, 6 ; 35, 3), le terme *barbari* désigne particulièrement les Lusitaniens. Cf. *B.C.* 1, 44, 2 : *cum Lusitanis reliquisque barbaris* ; Diod. 5, 34, 6. Le brigandage des peuples indigènes de la péninsule ibérique est le plus souvent attribué à leur pauvreté (cf., entre autres, A. García y Bellido, « Bandas y guerrillas en las luchas contra Roma », *Hispania,* 5, 1945 = A. Prieto Arciniega, *Conflictos y Estructuras Sociales en la Hispania Antigua,* Madrid, 1986, p. 13-60 ; G. Chic García, « Consideraciones sobre las incursiones lusitanas en Andalucia », *Gades,* 5, 1980, p. 15 ; M. P. García-Gelabert Pérez et J.M. Blázquez Martínez, « Mercenarios hispanos en las fuentes literarias y en la arqueologiá », *Habis,* 18-19, 1987-1988, p. 257-270). Cette explication est contestée par M. V. García Quintela, qui propose de voir là, comme chez d'autres peuples indo-européens, une pratique institutionnalisée (« Les peuples indigènes et la conquête romaine de l'Hispanie. Essai de critique historiographique », *DHA,* 16, 1990, p. 181-210 ; idem, « Sources pour l'étude de la protohistoire d'Hispanie. Pour une nouvelle lecture », *DHA,* 17, 1991, p. 61-99).

8. 4. *Omnia loca quae sunt ab oppidis remota* : Comme le fait remarquer P. Moret (« Les maisons fortes ... [cf. *supra*, 6. 9] », p. 554-555), la traduction habituelle est ici illogique : « Car enfin, comment concevoir, " *tous* les lieux éloignés des villes » semés de tours et de fortins (...) ? Comment concevoir des fortifications couvrant, au-delà d'une certaine distance autour des villes, la totalité d'un territoire ? » *Loca* semble bien ici désigner des agglomérations secondaires, hameaux ou villages, dans une acception voisine du terme " lieu-dit " (cf. Cic., *Att.* 7, 3, 10, à propos du Pirée). Certes, on attendrait le pluriel masculin *loci* pour désigner un site habité précis, mais, en 20, 1, l'anonyme emploie bien le neutre *loca* à propos d'Ucubis.

8. 5. *turribus et munitionibus* : Ce passage pose la question des « tours d'Hannibal ». En fait, seul Pline l'Ancien mentionne allusivement les *turres Hannibalis* d'Afrique et d'Espagne, comme des édifices toujours debout à son époque (*Nat.* 2, 181 ; 35, 169 ; cf. note suivante). Pour P. Moret, le terme « ne relève que d'une nomenclature conventionnelle » (« Fortins, « tours d'Hannibal » et fermes fortifiées dans le monde ibérique », *MCV,* 26, 1990, p. 22) et pourrait même avoir été emprunté à un auteur plus ancien, dont Pline aurait résumé le texte (« Les maisons fortes ... [cf. *supra,* 6. 9] », p. 556). Toutefois, si ces tours n'étaient pas l'œuvre d'Hannibal, il est incontestable qu'existaient en Espagne au IIIe siècle des ouvrages d'origine ibérique, édifiés bien avant que les Barcides vinssent les occuper. Cf. A. García y Bellido, « Arte ibérico », 1954, p. 415-422 ; J. Fortea et J. Bernier, *Recintos* ..., 1970, p. 136-140 ; P. Jacob, « Le rôle de la ville dans la formation des peuples ibères », *MCV,* 21, 1985, p. 49-54 ; P. Moret, *loc. cit.,* p. 6-25. Pour la période de la seconde guerre punique, deux brefs passages de Tite-Live font état d'une *turris* où se réfugie Cn. Scipion (25, 36, 13) et des tours dominant l'embouchure de l'Èbre, où Hasdrubal avait posté des guetteurs (22, 19, 6) : *Multas et locis altis positas turris Hispania habet, quibus et speculis et propugnaculis aduersus latrones utuntur* (« L'Espagne possède de nombreuses tours, placées sur des hauteurs, qui servent à la fois de points d'observation et de places fortes contre les voleurs ») ; « la mention du *propugnaculum* est importante, car elle nous assure que ces tours étaient pourvues d'une enceinte puissante, que ce n'étaient pas de simples perchoirs bâtis en matériaux fragiles » (P. Moret, *loc. cit.,* p. 23). Le terme de *turris* désigne, en fait, non pas seulement une tour mais des hameaux fortifiés, comme l'indiquent un passage de Strabon (3, 4, 13), qui préfère appeler πύργοι les bourgades ibères, et l'existence de plusieurs toponymes de petites agglomérations incluant le mot *turris,* tels *Turris Lascutana* (cf. *infra,* 34. 3). C'est donc à ce type d'enceintes que peuvent renvoyer ce passage du *B.H.*, comme les *castella* occupés par César (6, 3) et la *turris* où se réfugie Pompée, après la défaite de Munda (38, 3 ; la même enceinte est désignée par le terme *munitio* en 39, 2). Cependant, il peut s'agir également de constructions plus petites et plus récentes : parmi les enceintes quadrangulaires étudiées par P. Moret, une dizaine, d'une superficie ne dépassant pas 100 m^2, correspondent aux dimensions d'une tour de guet et ne semblent pas antérieures à la République : les Romains, import่ant un modèle hellénistique déjà répandu dans l'Orient méditerranéen, auraient ainsi surveillé les riches territoires agricoles de la Bétique particulièrement vulnérables aux razzias des Lusitaniens (*loc. cit.*, p. 34-37).

8. 6. *sicut in Africa* : Cette comparaison permet de penser que l'auteur a participé à la campagne d'Afrique. Comme P. Moret (« Les maisons fortes ... [cf. *supra*, 6.9], » p. 553, n. 135), nous ne la rattachons pas à la mention des fortications, « donnée trop vague et générale qui ne justifie pas un parallèle géographique », alors que « les toits-terrasses étaient (et sont restés) un caractère traditionnel de l'architecture africaine » (cf. *B.Al.* 1,3). Les textes témoignent de l'existence de tours ou de guettes en Afrique, sans, pour autant, confirmer la thèse des " tours d'Hannibal ". Le *B. Afr.* 37, 5 mentionne bien, près de Ruspina, des *turres speculaeque perueteres,* mais rien ne prouve qu'elles remontaient à l'époque des Barcides. Quant aux observatoires *(speculae)* dressés par les Carthaginois sur leurs côtes en 204 av. J.-C. (Liv. 29, 23, 1), il s'agissait probablement de constructions provisoires. Si des fouilles ont permis de découvrir des fortins puniques en Tunisie, ils ne ressemblent en rien aux enceintes quadrangulaires de Bétique (cf. P. Moret, « Fortins », p. 36-37). Sur Pline, *Nat.* 2, 181, cf. note précédente.

8. 7. *rudere* : Le terme *rudus* désigne un mortier de chaux mêlé de fragments de briques et de cailloux (cf. Cato, *RR* 18 ; *B.Al.* 1,3 ; Vitr. 7, 1, 1, 3, et 6, cf. M. Th. Cam, éd. *CUF*, Paris, 1995, *ad loc.* ; Plin., *Nat.* 36, 186 et 188 ; Pall. 1, 9, 4 et 6, 11). Il est synonyme d'*opus signinum* (cf. J.P. Adam, *La construction romaine*, Paris, 1989, p. 215). Cf. P. Moret, « Les maisons fortes ... », p. 553, n. 138. J. Fortea et J. Bernier croient en avoir retrouvé dans les fouilles de l'enceinte de El Higuerón, au sud de Cordoue (*Recintos* ..., 1970, p. 137). Par ailleurs, ces tours n'étaient pas entièrement construites en pierre ; les assises mégalithiques conservées aujourd'hui supportaient une élévation en pisé, comme l'atteste la description de Pline (*Nat.* 35, 169), bien qu'il exagère l'ancienneté des édifices (cf. *supra* 8. 4) : *Quid ? non in Africa Hispaniaque e terra parietes, quos appellant formaceos (...) aeuis durant, incorrupti imbribus, uentis, ignibus omnique caemento firmiores ? Spectat etiam nunc speculas Hannibalis Hispania terrenasque turres iugis montium impositas* (« Et puis n'y a-t-il pas en Afrique et en Espagne des murs en terre appelés *formacei* (...) ? Ils durent des générations, inattaquables à la pluie, au vent, au feu et sont plus solides que toute espèce de moellons. L'Espagne peut encore voir les points d'observation d'Hannibal et ses tours de terre placées sur les chaînes de montagne. »)

8. 8. *grumus est excellens natura* : *Grumus* (cf. aussi 24, 3) est expliqué par P. Fest, 86, 4 comme *terrae collectio minor tumulo ;* ce terme, probablement archaïque (Acc., *Trag.* 506 R = *Oen.* 4) est limité à la langue technique (Vitr. 2, 1, 5 ; 8, 3, 2 ; Colum. 2, 17, 4) ou parlée (Itala *Ios.* 5, 3 ; *Reg.* 10, 8). Cf. G. Pascucci, *op. cit.*, p. 199. Quant à *excellens* (cf. 8, 4 ; 24, 3 ; 28, 4) employé dans le sens de *excelsus* (29, 1), et non pas dans le sens figuré s'appliquant aux qualités morales, c'est un vulgarisme. Cf. J. Compernass, « Vulgaria », *Glotta,* 1917, p. 110 ; G. Pascucci, *op. cit.*, p. 197.

8. 9. *Castra Postumiana* : Cette colline, située à environ 3,5 km du Cerro de la Ventosilla, tout près de la rive gauche du rio Guadajoz, a été identifiée avec la localité d'Harinillas. Elle devait probablement son nom à L. Postumius Albinus, propréteur de l'Espagne ultérieure en 180-179 (Liv. 40, 35, 9 ; 41, 7, 2). En l'occupant, César non seulement assurait sa protection mais menacait les liaisons de Pompée avec Cordoue. J. Harmand (L'*Armée et le soldat...,* 1967, p. 138, n. 11) remarque que c'est là un des rares passages du *corpus* césarien qui mentionnent la pratique consistant à établir des postes avancés (cf. *B.G.* 2, 9, 4 ; 10, 1). Cf. Stoffel, 2, p. 177, 306 et 310 ; Hubner, *RE,* III, 2, col. 1171, n° 40 ; A. Schulten, *FHA,* 5, 1940, p. 130 ; G. Pascucci, *Bellum Hispaniense,* 1965, p. 199 ; A. Tovar, *Baetica,* 1974, p. 100 ; M. Ferreiro, *César,* 1986, p. 698, n. 302. Cf. carte 3.

9. 1. *eodem iugo tegebatur loci natura* :Le narrateur conserve le point de vue d'un soldat de César. Nous dirions plutôt que le camp de Pompée, installé sur la même chaîne de collines que les *Castra Postumiana*, était caché à la vue de la garnison de César, condition de l'effet de surprise. Sur l'emploi de *mons, collis, iugum* par César, cf. M. Rambaud « L'espace dans le récit césarien », *Caesarodunum,* 9bis, 1974 = *Autour de César,* 1987, p. 281.

9. 2. *fretus opinione* : Cf. Introduction, p. LXIII. L'intention partisane est d'autant plus manifeste que les circonstances de l'action décidée par Pompée lui étaient objectivement favorables. Cf. G. Pascucci, « Interpretazione di due *excursus* dell' *Hispaniense* », *Maia,* 1963, p. 336-337 ; idem, *op. cit.,* p. 200.

9. 3. *tertia uigilia* : Les cohortes de Pompée quittèrent donc leur camp du Cerro de Ventosilla entre minuit et trois heures, probablement dans la nuit du 3 février. Elles pouvaient ainsi atteindre leur objectif avant l'aube, même si, pour rester à couvert, elles allongeaient leur trajet en contournant le Cerro de Montefrio et en passant par la vallée de l'Arroyo de Tejadilla, un affluent du Guadajoz. Cf. G. Pascucci, *Bellum Hispaniense,* 1965, p. 203.

9. 4. *cum... nuntius esset allatus* : Il est possible que *nuntius* désigne ici un signal optique, comme le suggère A. Schulten (*FHA,* 5, 1940, p. 136).

10. 1. *Arguetius* : Personnage inconnu. Il n'y a pas de raison de l'identifier avec le *Clodius Arquitius* mentionné plus loin (23, 8), comme le veut Broughton, *MRR,* 2, p. 313 (cf. Introduction, p. XV). Les cavaliers qui l'accompagnaient faisaient peut-être partie des troupes rassemblées par César en Italie, en prévision de sa campagne contre les Parthes (cf. G. Pascucci, *Bellum Hispaniense,* 1965, p. 207).

10. 2. *signa Saguntinorum* : Ces enseignes avaient sans doute été prises dans un combat livré aux habitants de la cité, qui avaient refusé d'ouvrir leurs portes à Arquetius. A. Schulten (*FHA,* 5, 1940, p. 130), suivi par A. Balil (« Riqueza y societad... », 1965, p. 353, n. 91), identifie cette cité avec *Saguntum* (Murviedro) en Citérieure, mais cette hypothèse est peu vraisemblable, dans la mesure où cette province ne comptait pas de foyers de résistance à César. Il s'agit, donc, plus probablement de *Saguntia,* mentionnée par Pline (*Nat.* 3, 15) parmi les cités stipendiaires du *conuentus,* de Gadès, ce qui concorde avec l'indication de Ptolémée (2, 4, 10) concernant une Σαγουντία proche d'Asido. On la situe aujourd'hui à Baños de Gigonza (ou Xigonza), sur la rive gauche du Guadalete, entre Paterna de Ribera et San José del Valle ; cf. carte 2 ; voir A. Schulten, *RE,* I, A2, col. 1755, n° 1 ; G. Pascucci, *Bellum Hispaniense,* 1965, p. 207 ; A. Tovar, *Baetica,* 1974, p. 54-55 ; M. Ferreiro, *César,* 1986, p. 313 et p. 699, n. 319 ; P. Sillières, *Les voies de communication...,* 1990, p. 433-434). Dans ce cas, Arquetius et ses troupes auraient effectué une grande partie du voyage par mer, débarquant soit à Gadès (M. Ferreiro, *loc. cit.*, p. 700, n. 319), soit, plutôt, à Baesippo, port bien abrité dans l'estuaire du Barbate, où aboutissait très probablement une voie venant d'Hispalis et passant justement par Saguntia (cf. P. Sillières, *loc. cit.*, p. 434-435). Une autre hypothèse consiste à voir dans ce passage l'indice de l'existence d'unités auxiliaires recrutées par communautés et arborant leurs propres enseignes, comme sous l'Empire (cf. J.M. Roldán, « El elemento indígena... », 1972, p. 117-118).

10. 3. *cum Asprenate* : L. Nonius Asprenas (*CIL* XII, 1748) était probablement le fils de L. Nonius T. f. Vel. et le neveu de T. Nonius T. f. Vel., membres du *consilium* de Pompeius Strabo en 89 (cf. C. Cichorius, *Römische Studien,* Leipzig, 1922, p. 170 ; L. R. Taylor, *The Voting Districts of the Roman Republic,* 1960, p. 237 ; N. Criniti, *L'epigrafe di Asculum di Gn. Pompeo Strabone,* Milan, 1970, p. 152-153). Il comptait donc parmi les partisans de César originaires du Picenum, où la richesse et la puissance des Pompeii leur suscitaient bien des ennemis (cf. R. Syme, *RR,* 1967, p. 92, 94 et p. 524, n. 80 ; T. P. Wiseman, *New Men...,* 1971, n° 274, p. 32, n. 4 ; L. Gasperini et G. Paci, « Ascesa al senato e rapporti con i territori d'origine. Italia : Regio V (Picenum) », *Epigrafia e Ordine Senatorio, Tituli,* 5, Rome, 1982, p. 239 ; C. Delplace, *La romanisation du Picenum. L'exemple d'Vrbs Saluia,* EFR 177, 1993, p. 50). Proconsul en Afrique, en 46, il fut chargé par César de la garde du camp à Thapsus (*B. Afr.* 80, 4 ; cf. Gsell, 8, p. 129 et 134 ; Broughton, *MRR,* 2, p. 298). Mais ceci ne prouve pas qu'il ait été préteur auparavant (cf. E. Badian, « Two more Roman Non-Entities », *Phoenix,* 25, 1971, p. 138-142 ; G. V. Sumner, « The Lex annalis... », p. 260 ; Broughton, *MRR,* 3, p. 147, corrigeant *MRR,* 2, p. 287). E. Badian (*loc. cit.),* se fondant sur une inscription de

Valence *(ILS* 884 ; *ILLRP* 432), pense qu'il fut propréteur en Gaule Transalpine, peut-être en 49, avant Decimus Brutus, et – contrairement à Münzer (*RE,* XVII, 1, col. 865, n° 13) et Broughton (*MRR,* 2, p. 325) – l'identifie avec le tribun de la plèbe de 44 qui tenta d'empêcher l'attribution de la province de Syrie à Dolabella en invoquant des présages funestes (App., *Ciu.* 3, 7). D'après C. Domergue (*Les mines de la Péninsule Ibérique dans l'antiquité romaine,* EFR 127, Paris, 1990, p. 328), il serait tentant de voir en lui un parent du C. Nonius Asprenas dont le nom a été retrouvé sur des lingots de plomb d'Espagne, « mais aucune certitude n'existe ». Il compte parmi les rares légats de César qui poursuivirent leur carrière après les guerres civiles : il fut consul suffect en 36 et *VIIuir epulonum* en 31 (R. Syme, *RR,* p. 193 et p. 544, n. 73 ; Broughton, *MRR,* 2, p. 428 ; 3, p. 43). Il serait le grand-père – ou, selon T. P. Wiseman (*op. cit.,* p. 244, n° 274), le père – du consul de 6 ap. J.-C., L. Nonius Asprenas (*RE* 15), le légat de Varus qui défendit Mayence lors du désastre de Teutoburg, ainsi que du consul de 8 ap. J.-C., Sex. Nonius Quinctilanius (cf. R. Syme, *RR, stemma* VII). Par le jeu des alliances les Nonii Asprenates perpétuèrent le sang de L. Calpurnius Pison en la personne de L. Nonius Calpurnius Torquatus Asprenas, deux fois consul, sous Domitien, puis sous Hadrien (R. Syme, *RR,* p. 476). Ajoutons que les éditeurs de Catulle identifient souvent le légat de César avec le *Struma Nonius* du poème 52 (*Sella in curuli Struma Nonius sedet* ; cf. L. Herrmann, *Les masques et les visages dans les Bucoliques de Virgile,* Bruxelles, 1930, p. 116), mais il s'agit probablement d'un autre personnage, peut-être N. Nonius Sufenas (*RE* 52), questeur en 59 (cf. Broughton, *MRR,* 3, p. 148-149). Cf. F. Münzer, *RE,* XVII, 1, 1936, col. 865, n° 14 ; R. Szramkiewicz, *Les gouverneurs de province à l'époque augustéenne,* 2, 1976, tableau p. 264.

10. 4. *ad Cordubam uersus iter facere coepit* : Comme Pompée n'a pu déloger le détachement césarien des Castra Postumiana, qui continue à couper ses communications avec sa base de ravitaillement, il rapproche son camp de Cordoue, le déplaçant plus à l'ouest du Guadajoz, en restant sur la rive gauche (cf. 13, 1 et 14, 1), probablement sur le Cerro de la Torecilla (Stoffel, 2, p. 178 ; A. Schulten, *FHA,* 5, 1940, p. 131). Il pouvait ainsi surveiller la cavalerie de César qui harcelait ses convois (cf. 11, 1), et s'approvisionner facilement en eau. Cf. carte 3.

10. 5. *Rex nomine Indo* : On retrouve le radical *Ind-* dans les noms d'autres chefs hispaniques comme *Indebilis* – ou *Indibilis* – (Liv. 22, 21, 3 ; 25, 34, 6 ; 28, 34, 3) et *Indortes* (Diod. 25, 10, 2) ; A. Schulten (*FHA,* 5, 1940, p. 131) y reconnaît un terme ibère, alors que M. L. Albertos Firmat (*La onomástica personal primitiva de Hispania Tarraconense y Bética,* Salamanque, 1966, p. 124-125) y voit une origine indo-européenne. La présence de ce roi atteste la persistance de certaines formes traditionnelles de la société hispanique jusqu'à la période des guerres civiles (cf. J. M. Blázquez, « ¿ Romanización o asimilación ? »

Nuevos estudios sobre la Romanización, Madrid, 1989, p. 104 ; A. Prieto Arciniega, « La pervivencia del elemento indígena en la Bética », *Faventia,* 2, 1980, p. 42, n. 11). Cf. F. Münzer, *RE,* IX, 2, col. 1369.

11. 1. *Q. Marcius, tribunus militum* : F. Münzer (*RE,* XIV, 2, col. 1546, n° 32) identifie ce personnage avec le Marcius (*ibid.*, col. 1542, n° 6) qui rejoignit Pompée et Cicéron à Dyrrachium en 48 (Plut., *Cic.* 38, 6). En revanche, il ne faut pas le confondre avec Q. Marcius Crispus, le proconsul de Bythinie-Pont de 45 (*ibid.*, col. 1555-1556, n° 52 ; Broughton, *MRR,* 2, p. 309). D'après J. Suolahti (*The Junior Officers,* 1955, p. 94 et 178) « [he] could also descend from some consular branch of the powerful Marcii, but probably Caesar in that case would have mentioned the fact. » Cf. Broughton, *MRR,* 2, p. 310, qui mentionne seulement ce passage du *B.H.* Il pourait aussi appartenir à une famille de notables de Carteia (J.S. Hernández Fernández, « Tito Livio XLIII, 3 y los *nomina* de los magistrados monetales de *Carteia* », *Faventia*, 16, 1994, p. 91).

11. 2. *in oppido* : La préposition *in* n'a pas ici sa valeur habituelle puisque la ville d'Ategua n'est pas encore prise (cf. 40, 5 *in castello*).

11. 3. *omne genus <telorum consumeretur> quibus ignis per iactus solitus est mitti* : Nous adoptons la conjecture de H. I. Müller (« Symbolae », *Festschrift zur 2. Säkularfeier des Friedrichs – Werderschen Gymnasium*, Berlin, 1881, p. 22), suivi par Klotz ; elle peut, en effet, s'autoriser de la rencontre avec un passage de César, *B.C.* 1, 46, 1 *consumptis omnibus telis*, et d'un autre de Sisenna, *Hist.* 70 *iaculis celeriter consumptis*. D'autres éditeurs tiennent *sic ut* pour une conjonction comparative, et non consécutive, comme Vahlen, qui conserve le texte en l'état, et Mommsen, qui supprime *quibus*, omis par *T*, et corrige *omne genus* en *omnigenus* (« Zum *B.H.* », 1893, p. 610) ; mais, dans ce cas, la précision apportée par la subordonnée paraît bien superflue. Quant à Hoffmann, il considère toute la proposition comme une glose, hypothèse qui semble peu convaincante tant l'emploi de *ignis* dans le sens de « brandon » est fréquent. Cf. G. Pascucci, *Bellum Hispaniense,* 1965, p. 210.

11. 4. *C. Fundanius eques Romanus* : P. Schmidt (*Die römischen Ritter von der Gracchen bis zum Tode Ciceros,* Inaug. Diss., Breslau, 1912, p. 28) propose de l'identifier avec le C. Fundanius, poète et auteur de comédies mentionné par Horace (*Sat.* 1, 10, 42 ; 2, 8, 10). Peut-être s'agit-il aussi du créancier d'un certain L. Octavius Naso, dont Cicéron parle avec amitié dans une lettre à son frère (*Q. Fr.* 1, 2, 10-11) ; cf. E. Deniaux, *Clientèles et pouvoir à l'époque de Cicéron,* Coll. EFR, 182, 1993, p. 501, n° 50) ? Le même personnage pourrait être le C. Fundanius défendu par Cicéron entre 67 et 64 (*Comm. Pet.* 19), probablement dans un procès *de ambitu* (cf. J.M. David, S. Demougin, E. Deniaux, D. Ferey, J.-M. Flambard et C. Nicolet, « Le *Commentariolum Petitionis* de Quintus Cicéron, état de la question et étude prosopographique », *ANRW,* I, 3, 1973, P. 271-273 ; D.R. Shackleton Bailey, *Cicero. Ep. ad Q. fr. et M. Brutum,* Cambridge, 1980, p. 162). Les sources citées dans la notice prosopographique établie par C. Nicolet (*L'Ordre équestre,* 2, 1974, p. 887-888, n° 159) mentionnent plusieurs fois ce nom. Outre un tribun de la plèbe en 195, on connaît le beau-père de Varron (*R.R.* 1, 2, 1), un questeur des années 100 av. J.-C., un sénateur de 81, un tribun de la plèbe de 72 ou 68 ; pour Münzer (*RE,* VII, 1, col. 292, n° 2) le questeur, le sénateur et le tribun seraient un seul et même personnage : l'*eques Romanus* du *B.H* ; pour une opinion différente, cf. R. Syme, « Ten Tribunes », *JRS,* 53, 1963, p. 58 = *RP,* 2, 1979, p. 563. « Quoi qu'il en soit, *l'eques Romanus* du *B.H.* est sans doute lié à cette famille de petite et récente noblesse » (C. Nicolet, *op. cit.*, p. 888 ; cf. aussi p. 300 et 314).

12. 1. *qui antea cum Fabio et Pedio fuerant* : Il s'agit donc de soldats à la fidélité éprouvée, qui se trouvaient en Espagne avant l'arrivée de César. Sur Fabius et Pedius, cf. *supra*, 2. 10 et 2. 9.

12. 2. <···> *et a Trebonio transfugerant* : Le passage qu'a fait disparaître la lacune signalée par Kübler devait indiquer que les anciens soldats de Fabius et Pedius dénoncèrent les prisonniers qui cherchaient à se faire passer pour des esclaves comme des renégats ayant appartenu aux régiments mutinés contre Cassius Longinus, puis contre Trebonius. Cf. Introduction, p. XXI et XXIV-XXV.

12. 3. *Hi* : Correction convaincante de Davis, à la place du *L.*, abréviation de *quinquaginta*, transmis par tous les manuscrits.

13. 1. *A. Valgius senatoris filius* : « Ce fils de sénateur est sans doute chevalier » (C. Nicolet, *L'Ordre équestre,* 1, 1966, p. 192, n. 8). Il appartenait peut-être à la *gens* qui apparaît au Sénat à la fin du IIe siècle av. J.-C. et qu'a étudiée P. Harvey (« Socer Valgus, Valgii and C. Quinctus Valgus », *Classics and Classical Tradition*, 1973, p. 79-94). Mais celui-ci se demande si, dans le passage du *B.H.*, il s'agit d'un *nomen* ou d'un *cognomen* (*loc. cit.*, p. 89). Cf. la notice consacrée par E. Deniaux à C. Valgius Hippanius, un *commendatus* de Cicéron (*Clientèles et pouvoir à l'époque de Cicéron,* Coll. EFR, 182, 1993, p. 569-570 n° 102). H. Gundel (*RE,* VIII, A1, *col.* 271, n° 2) et Broughton (*MRR,* 2, p. 497) mentionnent seulement le passage du *B.H.*

13. 2. *speculator de legione II Pompeiana* : L'appartenance de l'espion à une légion de déserteurs justifie le sort qui lui est réservé (cf. 20, 5). Après l'allusion de 7, 4, l'adjectif *Pompeiana* rappelle la défection de la deuxième légion, si souvent associée à la *legio Vernacula* (cf. Introduction, p. XXXVIII). Sur l'importance de l'espionnage dans les guerres civiles, cf. P. Jal (*La guerre civile à Rome*, 1963, p. 345-347) : « A lire le *Bellum Hispaniense*, par exemple, on a l'impression que les communications sont pratiquement ininterrompues entre les lignes adverses et, par suite, que les deux belligérants sont constamment tenus au courant de ce qui se passe chez l'ennemi. » Cf. 20, 5 ; 23, 3 ; 28. 1.

Sur le terme *speculator* (cf. 20, 5), dont l'emploi ne semble guère différent d'*explorator,* cf. J. Harmand, L'*Armée et le soldat...,* 1967, p. 140, n. 26.

13. 3. *glans* (···) *inscripta* : Ces balles de plomb servaient non seulement de projectiles mais aussi de moyen de communication et de propagande. Lors d'une brève campagne de fouilles, en 1933, don Samuel de los Santos aurait découvert à Ategua des *glandes* portant l'inscription *FERI CAESAR,* mais A. Blanco (« Ategua », 1983, p. 105) n'en a pas trouvé trace au Musée Arquéologique de Cordoue. On en a retrouvé aussi un grand nombre dans la région d'Urso (Osuna), certains portant l'inscription *Cn(eius) Mag(nus) Imp(erator)* (A. Engel et P. Paris, « Une forteresse ibérique à Osuna (fouilles de 1903) », *Nouv. Arch. des Miss. scient. et litt.*, XIII, 1906, p. 443-451). Ici il est probable que le message était écrit sur une feuille entourant la balle. Sur ces balles de fronde, voir M. Feugère, *Les armes des Romains de la République à l'antiquité tardive,* Paris, 1993, p. 209-211.

13. 4. *se scutum esse positurum* : Malgré l'emploi du singulier, il est peu vraisemblable que cette proposition de déposer les boucliers soit le fait d'un particulier : les Césariens ne pourraient concevoir l'espoir de s'emparer sans danger de la ville et d'y être accueillis amicalement (5 *acsi suarum partium essent*), s'il ne s'agissait pas là d'une initiative collective, prise par une grande partie des habitants. *Se* (...) *esse positurum* doit donc probablement être interprété comme une forme archaïque correspondant à *se* (...) *esse posituros*, dont on trouve d'autres exemples (ainsi, Cato., *Orig.* 104 : *illi polliciti sese facturum omnia*). Cf. Kühner — Stegmann I, 59 ; Löfstedt, *Synt.* II, p. 11 ; A. Tragalia, *La flessione verbale latina*, Torino, 1949, p. 150 ; G. Pascucci, *op. cit.*, p. 216-217. Nous n'en avons pas moins cru devoir traduire littéralement.

13. 5. *bene magna prioris muri parte deiecta* : Dion Cassius (43, 34, 4) mentionne également cet écroulement du rempart sous l'effet des sapes, qui dut se produire vers le 8 février (cf. M. Ferreiro, *César,* 1986, p. 315). L'expression *prioris muri* indique bien l'existence d'une double muraille,dont les vestiges sont encore visibles : « la muraille extérieure qui semble dessiner des méandres pour embrasser le pied des tours paraît plus étroite que la muraille intérieure et située sur un niveau plus bas, comme celle de Pompéi. » (A. Blanco, « Ategua », 1983, p. 112). Le passage du *B.H.* (19, 3) où l'on voit une femme franchir cette muraille pour rejoindre le camp de César laisse supposer qu'elle n'était pas très élevée.

13. 6. *conseruati* <···> *missos facere loricatos* : Il est clair que les soldats de César qui ont réussi à pénétrer dans la ville sont bien traités et que les habitants font des offres de reddition, mais, pour le déroulement exact des faits, la lacune laisse place à quelques divergences d'interprétation. Faut-il penser que les soldats reviennent librement auprès de leur chef, soit avec une lettre des habitants (A. Schulten, *FHA*, 5, 1940, p. 131), soit avec des représentants de la ville (G. Pascucci, *Bellum Hispaniense*, 1965, p. 218) ou bien qu'ils sont fait prisonniers, comme le veut M. Ferreiro (*César*, 1986, p. 315-316) ? Cette dernière hypothèse paraît plus vraisemblable : l'existence de prisonniers offrait aux habitants la possibilité de convaincre la garnison de se rendre en posant des conditions : avoir la vie sauve, mais aussi sans doute conserver leurs armes (Dio Cass. 43, 34, 5), ce que César ne pouvait accepter.

13. 7. *respondit Caesar se condiciones dare, non accipere consueuisse* : César prête une réponse semblable à Q. Cicéron, face aux Nerviens. (*B.G.* 5, 41, 7). Plutarque (*Caes.* 16, 9) rapporte aussi que le questeur Granius Petro, fait prisonnier en Afrique par Scipion, qui se proposait de l'épargner, « lui répondit que les soldats de César n'avaient pas coutume de recevoir la vie en grâce, mais de l'accorder aux autres, et se tua d'un coup d'épée. » Cf. A.J.L. Van Hoof, « The Caesar of the *Bellum Hispaniense* », *Mnemosyne*, 27, 1974, p. 129.

13. 8. *balista missa a nostris* : *Balista* désigne ici le projectile (cf. Plaut., *Poen.* 201 ; *Trin.* 668 ; Lucil. 776M = 28, 25 Charpin ; Sisenna, *Hist.* 92 ; Itala, *Num.* 24, 8), puis, dans la même phrase, la machine de jet. La graphie la plus fréquente, conformément à l'étymologie (<* βαλλίστης), comporte deux *l* (cf. *CIL* V 1045 et 1046), mais ici tous les manuscrits s'accordent sur l'orthographe *balista*, comme dans un passage du *B.C.* (2, 2, 2). Cf. G. P. Schipp, « Ballista », *Glotta*, 39, 1960, p. 149-152. Contrairement au scorpion (ou catapulte), qui est un lanceur de flèches, la baliste est un lanceur de pierres (Vitr. 10, 10, 1 et 11, 1 ; cf. L. Callebat, *Vitruve, De l'Architecture*, X, Paris, 1986, p. 199-201, 220-221). Sur ces problèmes de nomenclature, voir Ph. Fleury, « Vitruve et la nomenclature des machines de jet romaine », *REL*, 59, 1981, p. 216-242 ; idem, *La mécanique de Vitruve*, Caen, 1993, p. 226-239. La portée moyenne des pièces d'artillerie semble avoir été comprise entre 180 et 360 m (Ph. Fleury, *op. cit.*, p. 280). Des boulets de pierre ont été retrouvés à Ategua (cf. M. Blanco, « Ategua », 1983, p. 135, pl. III), comme à Osuna. Sur les machines de jet, voir Ph. Fleury, *op. cit.*, p. 223-280 ; M. Feugère, *op. cit.*, p. 215-223.

13. 9. *turrem deiecit* : M. Marin y Peña (*Instituciones militares romanas*, Madrid, 1956, p. 429) s'étonne que, l'artillerie antique n'étant pas capable d'ouvrir des brèches dans les remparts, une baliste ait pu causer un tel dommage, et pense qu'il s'agit là d'un cas exceptionnel et que la tour menaçait ruine. En fait, les tours étaient en bois, ce que confirme, plus loin, le passage où l'on voit César ordonner à un prisonnier d'en incendier une (18, 7). Cf. A. Blanco, « Ategua », 1983, p. 111 et 112 ; M. Ferreiro, *César*, 1986, p. 703, n. 365.

13. 10. *puer, qui balistam solitus erat obseruare* : G. Pascucci (*Bellum Hispaniense*, 1965, p. 215) pense que le jeune garçon « s'amusait à observer le fonctionnement de cet engin. » En fait, il était plus probablement chargé d'avertir les défenseurs au moment du tir, comme le rapporte Flavius Josèphe (*B.J.* 5, 269-273) à propos du siège de Jérusalem en 69 : « Des guetteurs postés sur les tours les avertissaient chaque fois que la machine se détendait et que la pierre était lancée, en criant dans leur langue maternelle : " Le fiston est en route ! ". Alors ceux vers qui la pierre se dirigeait se dispersaient et se couchaient ; le résultat de ces précautions, c'est que la pierre tombait sans avoir rien fait. Pour y remédier, les Romains imaginèrent de noircir la pierre, car alors, n'étant plus aussi visible de loin, elle atteignait son but et faisait d'un seul coup de nombreux morts. » Cf. J. Kromayer, et G. Veith, *Heerwesen und Kriegsführung der Griechen und Römer,* Munich, 1928, p. 445 ; E. W. Marsden, *Greek and Roman Artillery, Historical Development,* Oxford, 1969, p. 93.

14. 1. † *eius praeteriti temporis* † : A. Klotz considère *eius praeteriti temporis* comme un génitif absolu (*Berliner Philologische Wochenschrift,* 1919, p. 415 ; idem, *Kommentar zum B.H.*, 1927, p. 68 ; idem, *RE,* X, 1, col. 275, *s.u. Iulius* n° 131 ; cf. aussi Kroll, *Glotta,* 1921, p. 270 ; Kühner-Stegmann, I, p. 792). Mais les exemples produits à l'appui de cette interprétation ne sont pas sûrs, bien que retenus par Leumann-Hofmann-Szantyr, p. 142 (cf. G. Pascucci *op. cit.* p. 223). On ne peut notamment invoquer le *B.H.* 23, 5 (*huius concidentis temporis* codd.), dont le texte est corrompu. Nipperdey propose : *eius <diei> praeterito tempore* et Mommsen :*<opus continuans> praeteriti temporis* (« Zum *B.H.* », 1893, p. 611). L'erreur du scribe pourrait s'expliquer par une confusion entre *hoc praeterito tempore* (7, 1 ; 11, 3 ; 19, 4 ; 20, 3 ; 22, 1 et 7) et des formules impliquant un génitif comme *eius diei insequenti tempore* (15, 6) ou *huius diei extremo tempore* (16, 1).

14. 2. *castellum constituit* : Pompée installe un fortin sur la rive droite du Guadajoz, en face de son camp de Torrecilla, pour mieux assurer ses communications avec Cordoue et gêner les actions de César contre Ategua. Cf. carte 3.

14. 3. *longius quod[ue]* : Klotz conserve ici la leçon des manuscrits *MURTV,* en supposant une lacune : *<quod...> longiusque*. Nous préférons adopter la solution de G. Pascucci, qui se contente d'apporter une légère correction à la leçon de *SN* ; la syllabe supprimée pourrait représenter le début de *uertentibus* que le scribe aurait commencé à écrire, sous la suggestion de *cedentibus,* avant de s'apercevoir de son erreur. Cf. G. Pascucci, *Bellum Hispaniense,* 1965, p. 225.

14. 4. *qui cum aequo loco a nostris recepti essent* : Le détachement césarien peut recevoir le renfort de troupes venant d'autres avant-postes, ou même du camp, situé à environ 1 km. Cependant, il n'est pas nécessaire de supposer, comme le fait M. Ferreiro (*César,* 1986, p. 317), interprétant mal *proxime a vallo* de 15, 3 (cf. *infra* 15. 3), que les Pompéiens poursuivent leurs adversaires jusqu'à la palissade du camp.

15. 1. *id quod accidit in hoc proelio* : Cette digression tactique a pour but de justifier le revers que viennent de subir les cavaliers de César (14, 2). Elle trahit la partialité du rédacteur : la raison invoquée à la décharge des Césariens – la situation désavantageuse d'un cavalier aux prises avec un fantassin – pourrait aussi bien valoriser la victoire provisoire des Pompéiens, qui doivent, de leur côté, combattre l'infanterie légère de l'ennemi (14, 2). Cf. G. Pascucci, « Interpretazione di due *excursus* dell' *Hispaniense* », *Maia,* 1963, p. 337-341 ; idem, *op. cit.,* p. 227.

15. 2. *eques pedestre, pedes equestre* : Si l'expression *eques pedestre* décrit avec exactitude la situation des cavaliers, qui combattent alors à pied, la formule *pedes equestre* s'applique moins bien aux fantassins, qui ne font que combattre avec des cavaliers qui ont mis pied à terre, et semble avoir été appelée par un souci de symétrie. A. Klotz (*Kommentar zum B.H.,* 1927, p. 70) compare cette expression avec un passage de Thucydide (4, 14, 3) : οἱ.... Λακεδαιμόνιοι.... ἐκ γῆς ἐναυμάχουν, οἱ.... 'Αθηναῖοι.... ἀπὸ νεῶν ἐπεζομάχουν. Cette coutume de combattre aussi bien à pied qu'à cheval semble caractériser les cavaliers celtibères (Diod. 5, 33, 5 ; Liv. 29, 2, 13). Ils devaient donc faire partie de la cavalerie de César (cf. J.M. Blázquez, « Causas de la Romanización de Hispania », *Hispania,* 24, 1964, p. 497). Une sculpture d'Obulco (Porcuna) représentant un cavalier marchant près de son cheval peut illustrer cette coutume (cf. M.P. García-Gelaber Perez, « Estudio del armamento prerromano peninsular a través de la escultura y del relieve », *Homenaje a J.M. Blázquez,* 2, Madrid, 1994, p. 202).

15. 3. *proxime a uallo* : Il ne s'agit certainement pas de la palissade du camp de César, mais de celle du fortin (14, 1) où les Pompéiens se réfugient (cf. note suivante).

15. 4. *in castra* : Il ne peut s'agir du grand camp de Pompée, ce qui impliquerait que les fuyards prennent le risque de traverser le Guadajoz, mais du fortin occupé sur la rive droite. Quoi qu'en dise le narrateur, Pompée a bel et bien réussi à établir une position avancée, tout près des lignes de son adversaire (cf. M. Ferreiro, *César,* 1986, p. 317).

15. 5. *Nostri ceciderunt III, saucii XII pedites et equites V* : La faiblesse des pertes du côté des Césariens ne peut concerner que la phase finale du combat. Le narrateur a passé sous silence les pertes consécutives à l'attaque-surprise des troupes de Pompée (14, 2). Cf. A.G. Way, p. 334, n. 2 ; G. Pascucci, *Bellum Hispaniense,* 1965, p. 227 et 230.

15. 6. *iugulare* : Ce terme brutal, habituellement employé à propos des animaux (Cic., *Tusc.* 5, 116 ; Virg., *Aen.* 12, 214), est caractéristique de la langue de l'anonyme (18, 4 et 6 ; 19, 3 ; 20, 3 ; 22, 3 et 4 ; 27, 6 ; 35, 4 ; cf. aussi *iugulatio* 16, 4), qui le réserve aux massacres commis par les Pompéiens. Dans le *corpus* césarien, on ne le rencontre par ailleurs que dans le *B. Al.* 46, 5. Cf. G. Pascucci, *op. cit.,* p. 232 ;

L. Canali, « Osservazioni sul *corpus* cesariano », *Maia,* 18, 1966, p. 132 ; C. Grassi, « A proposito di una ricerca lessicale nel *corpus* cesariano », *Maia,* 20, 1968, p. 30. Cf. aussi I. Von Opelt, « " Töten " und " Sterben " in Caesars Sprache », *Glotta,* 58, 1980, p. 103-119.

15. 7. *hospites* : De même qu'il dénonçait l'*impietas* de Pompée (1, 4), le rédacteur s'indigne ici, avant tout, de la transgression des lois de l'hospitalité (cf. 16, 4). La cause du massacre (le 15 février) est à chercher dans la crainte des Pompéiens, commandés par Munatius Flaccus (cf. *infra* 19. 3), d'être trahis par une partie de la population (cf. 13, 3-5). Valère Maxime (9, 2, 4) développe plus longuement le récit : « Munatius Flaccus aussi, défenseur plus acharné qu'estimable du nom de Pompée, enfermé, en Espagne, entre les remparts d'Ategua, et assiégé par l'imperator César, se livra à une cruauté effrénée avec la plus folle sauvagerie. En effet, tous les citoyens de cette cité qu'il considérait comme des partisans de César, il les fit égorger et précipiter du haut des murailles. Les femmes aussi, après avoir appelé par leurs noms leur maris, qui se trouvaient dans le camp adverse, pour qu'ils assistent au massacre de leurs épouses, il les fit tuer, ainsi que les enfants dans les bras de leur mère. Quant aux jeunes enfants, il les fit s'écraser au sol sous les yeux de leurs parents ou bien il les fit jeter au-dessus des piques. Ces crimes insupportables même à entendre furent perpétrés sur l'ordre d'un Romain, par les mains de Lusitaniens. » Cette version pathétique doit beaucoup aux lieux communs de la *descriptio* des atrocités qui accompagnent la prise d'une ville (cf. *Rhet. Her.* 4, 51 *liberi partim e gremiis diripiuntur parentum, partim in sinu iugulantur, partim ante pedes constuprantur).* En fait, il est probable que seuls les partisans de la capitulation, ou du moins certains d'entre eux, furent massacrés (cf. Stoffel, 2, p. 180 ; A. Blanco, « Ategua », 1983, p. 103). Ce massacre est évoqué encore par la suite à plusieurs reprises (16, 4 ; 18, 9 ; 22,1).

16. 1. *culcitas* : Renonçant à la conjecture de Nipperdey *uirgulta crates* (cf. *B.G.* 3, 18, 8 *sarmentis uirgultisque collectis, quibus fossas Romanorum compleant* ; 7, 86, 5 *aggere et cratibus fossas explent*), accueillie par tous les éditeurs modernes, nous préférons adopter la suggestion de P. Jal, *culcitas*. Certes, ce terme, attesté chez Caton (*R.R.* 10,5 ; 11,5) et Varron (*L.* 5, 35, 46) n'est pas usité dans un contexte militaire, mais il est très vraisemblable paléographiquement. Peut-être s'agit-il ici, plutôt que de " matelas ", de sacs de sable.

16. 2. *dum nostri in praeda detinentur* : G. Cipriani (*Cesare et la retorica dell'assedio,* Amsterdam, 1986, p. 55, n. 21) compare le comportement des habitants d'Ategua à celui des femmes de Gergovie (*B.G.*, 7, 47, 5). M. Rambaud (*L'art de la déformation...,* 1953, p. 246), voit là un aveu naïf de la cupidité des Césariens (cf. aussi 22, 7 et 26, 2). On peut, au contraire, considérer l'épisode comme révélateur de la discipline imposée par César à des troupes que l'appât du butin risquait de désorganiser (cf. J. Harmand, *L'armée et le soldat...*, 1967, p. 413-414, 424). Mais il faut, bien sûr, faire la part de la discrétion des textes (cf. R. Combès, *Imperator*, 1966, p. 224).

16. 3. *ultra flumen Salsum* : Probablement sur la rive gauche du Salsum, contrairement à l'hypothèse de Stoffel (2, p. 180) : Pompée aurait trop exposé son armée en la faisant passer sur la rive droite (cf. G. Pascucci, *Bellum Hispaniense*, 1965, p. 236). Apparemment Pompée ne comptait pas attaquer par surprise les troupes de César, mais seulement protéger la fuite des soldats de la garnison, s'ils réussissaient leur sortie (cf. G. Pascucci, *op. cit.*, p. 233).

16. 4. *Iunium* : Contrairement à ce que suppose M. Ferreiro (*César*, 1986, p. 705), ce Junius n'était pas un habitant d'Ategua, mais faisait partie de la garnison pompéienne, comme l'atteste l'emploi du réfléchi *se*. Occupé, pendant le massacre des habitants, dans une galerie creusée par les assiégés pour incendier les ouvrages de siège, il n'avait pas pu s'y opposer. Ce personnage est inconnu par ailleurs (cf. Münzer, *RE*, X, 1, col. 962, n° 41). Sur la fréquence des Iunii en Bétique et en Lusitanie – due probablement aux activités de D. Iunius Brutus Callaicus (*RE* 57), consul en 138, proconsul en 137-136 –, voir C. Castillo, « Städte und Personen der Baetica », *ANRW*, II, 3, 1975, p. 644-645 ; S. L. Dyson, « The Distribution of Roman Republican Family Names in the Iberian Peninsula », *Anc. Soc.*, 11-12, 1980-1981, p. 276-280 ; C. González Román, « La Onomástica... », 1986, p.70.

17. 1. *postero die* : Le 17 février.

17. 2. *Tullius legatus* : Ti. Tullius – son prénom est donné en 18, 1 – seul a droit à l'appellation de *legatus*, dans la mesure où, appartenant à la garnison romaine, il est autorisé à prendre la parole devant César. Ce personnage est inconnu par ailleurs (Münzer, *RE*, VII, A, 1, col. 821, n° 20).

17. 3. *cum Catone Lusitano* : Cato Lusitanus est vraisemblablement le représentant des troupes indigènes. A. Schulten (*FHA*, 5, 1940, p. 133) attribue au *nomen Cato* une origine celtique (cf. les Caturiges de *B.G.* 1, 10, 4 ; Catuuolcus de *B.G.* 5, 24, 4), mais il est plus probablement lié aux activités des Porcii Catones dans la Péninsule Ibérique, en particulier aux campagnes de Caton l'Ancien (*cos.* 195), qui avait aussi, en 149, défendu les Lusitaniens contre Servius Sulpicius Galba (cf. C. Castillo, « Städte und Personen der Baetica », *ANRW*, II, 3, 1975, p. 648 ; S. L. Dyson, « The Distribution of Roman Republican Family Names in the Iberian Peninsule », *Anc. Soc.*, 11-12, 1980-1981, p. 258-263 ; C. González Román, « La Onomástica ... », 1986, p. 69). Le récit quelque peu déroutant de l'épilogue de cette ambassade (18, 1, 2) a conduit certains chercheurs à supposer la présence d'un troisième parlementaire, mais cette hypothèse ne nous paraît pas s'imposer (cf. *infra*, 18. 1).

17. 4. *tuus (...) miles* : Sur cette expression, cf. Introduction, p. LXVIII-LXIX.

17. 5. *ducimur hostium numero* : Sur ce terme d'*hostis* appliqué aux Pompéiens, cf. Introduction, p. LXVIII, et *supra*., l. 12.

17. 6. *Neque (...) primam fortunam neque (...) secundam obtinuimus* : Le sens de cette antithèse – associée elle-même au couple antithétique formé par *prospera acie* et *aduersa* – n'est pas certain ; l'expression *secunda fortuna* a normalement la signification de " bonheur ", " prospérité " ; or, ici, la phrase n'est compréhensible que si l'on considère *prima* et *secunda fortuna* comme des équivalents de *primae* et *secundae partes*. Tullius veut probablement dire que, si les soldats de Pompée n'ont pas obtenu leur juste part des avantages de la victoire, en revanche, ils n'ont pas été épargnés quand leur chef commença à connaître des revers. Cf. G. Pascucci, « Stile e lingua dell' *Hispaniense* », 1950, p. 197 ; idem, *Bellum Hispaniense,* 1965, p. 243-244 ; idem, « Paralipomeni della esegesi e della critica del *Bellum Hispaniense* », *ANRW,* I, 3, 1973, p. 614, n. 24.

17. 7. *a tua clementia* : Sur la notion de *clementia*, cf. Introduction, p. LXI-LXII.

17. 8. *gentibus* : L'emploi de *gentes* dans le sens de " peuples étrangers ", et même " barbares ", bien qu'attesté chez Naevius (*Com.* 109), ne devient fréquent que sous l'Empire (Flor. 1, 44, 3 ; 2, 1, 2 ; Lucain, 1, 465 ; Tac., *Germ.* 33). Cf. Löfstedt, *Synt.,* II, p. 464 ; idem, *Late Latin,* p. 74 ; C. Mohrmann, *Etudes sur le Latin des chrétiens,* I, Rome, 1958, p. 26 ; G. Pascucci, *op. cit.* p. 246. A.J.L. Van Hoof (« The Caesar of the *B.H.* », *Mnemosyne,* 27, 1974, p. 131) voit là un vulgarisme appartenant au style du narrateur et non au discours de César.

17. 9. *in ciuium deditione* : G. Pascucci (*op. cit.* p. 246) souligne le caractère exceptionnel de cette expression, proche d'un oxymore, et l'oppose à la formulation moins brutale du *B.C.* 3, 99, 4 *ex Pompeiano exercitu... in deditionem uenerunt amplius milia XXIV*. La recherche rhétorique a conduit l'auteur à commettre " una *gaffe* " (idem, " Paralipomeni... ", p. 617).

18. 1. *<constitit> Ti. Tullius (...) apprehendit* : Comme G. Pascucci (*Bellum Hispaniense,* 1965, p. 247-250), nous suivons ici A. Klotz, qui se borne à ajouter *constitit* et, comme Mommsen (« Zum *B.H.* », 1893, p. 611), corrige en *Catonem* la leçon des manuscrits *C. Antonius*, qui peut s'expliquer par le souci de donner un prénom au personnage, par analogie avec *Ti. Tullius*. De son côté, A.G. Way (*Appendix C.* p. 401-402), suivi par A. Blanco (« Ategua », 1983, p. 101), suppose la présence de trois envoyés, Tiberius Tullius, Caton – qui serait indiqué ici par la seule initiale C. – et Antonius : *<introiit> Ti. Tullius et cum introeuntem Catonem Antonius insecutus non esset...* La reconstitution des faits se présente alors ainsi : Antonius, partisan de la reddition comme Tullius, décide de ne pas rentrer dans la ville ; Caton retourne sur ses pas et veut l'entraîner ; ce que voyant Tullius vient au secours de son collègue, blesse Caton, et tous deux s'enfuient dans le camp de César. Cette version des faits a le mérite de résoudre certaines difficultés : la phrase *Quod Tiberius cum fieri animaduertit*, est, certes, plus naturelle quand on la rapporte à un témoin et non à un acteur de la scène, et la conclusion du récit décrit mieux, il est vrai, la désertion de deux camarades que la fuite d'un homme qui en entraîne un autre, qu'il vient de blesser (cf. *infra*, 18. 3). Cependant, l'interprétation de Way soulève d'autres difficultés essentielles : elle oblige à modifier le texte de 17, 1, en lisant *cum Catone et Antonio* au lieu de *cum Catone Lusitano*, afin de mentionner Antonius dès le début du récit et d'en assurer la cohérence ; par ailleurs, il n'est guère vraisemblable que le rédacteur n'explique pas les raisons du comportement d'Antonius, alors qu'on comprend fort bien, en revanche, que Tullius, compromis par le discours qu'il a tenu devant César, craigne d'être considéré comme un traître. C'est aux mêmes objections que se heurtent toutes les autres versions qui proposent d'introduire un troisième personnage dans le récit, celle de Fleischer (*Observationes criticae de* bello Hispaniensi, Progr. Meissen, 1876, 15 sq.), qui le découvre dans « *hominem* », celle de Mommsen, à qui on doit la correction de *C. Antonius* en *Catonem*, mais qui considère Tiberius comme un personnage distinct de Tullius (*loc. cit.*). M. Ferreiro (*César*, 1986, p. 319-320) suppose également l'existence d'un troisième député – en se résignant toutefois à ignorer son nom – au motif que la présence d'un représentant des habitants serait indispensable. Mais, les habitants ayant déjà envoyé des émissaires à César (13, 5), il se peut que cette ambassade concerne uniquement la garnison, comme il ressort du discours de Ti. Tullius ; d'autre part, s'il s'adressait à une députation comprenant un représentant d'Ategua, César pourrait-il utiliser l'expression *in ciuium deditione* (17, 3), les *oppidani* n'étant certainement pas tous des *ciues Romani* ?. Quant à R.G. Boehm (*Vigiliae Hibericae. Emendationem zum Text des Bellum Hispaniense*, I, Fribourg, 1988, p. 484-485), il veut que *uenissent* recouvre, en fait, *ueniss(ent) en(it) it(ur)* et que *Tiberius* soit une mauvaise lecture de *tribunus*, supposant qu'un tribun de César vient au secours de Tullius retenu par Caton ; mais cette lecture paraît arbitraire (cf. aussi idem, « Zur Enträtselung des Locus desperatus *fune crure de ligno cum propius accessisset* und anderen desperata im *Bellum Hispaniense* 18 », *Faventia*, 11, 1989, p. 121-133, qui intervient beaucoup trop lourdement sur le texte).

18. 2. *Quod Tiberius cum fieri animaduertit* : Comme on l'a vu, cette phrase paraît maladroite. Néanmoins, elle peut signifier que Tullius ne s'est pas rendu compte tout de suite que Caton était prêt à le retenir de force et a mis quelque temps avant de réagir violemment.

18. 3. *pugionem* : Contrairement à Veith (Kromayer-Veith, *Heerwesen und Kriegsführung der Griechen und Römer*, 1963, 1928[1], p. 410), qui conclut de ce passage que le poignard faisait partie de l'équipement habituel des officiers, J. Harmand (*L'armée et le soldat*, 1967, p. 400

et aussi 79) voit plutôt là une influence du milieu ibérique (cf. Front., *Strat.* 2, 7, 5, à propos de Sertorius).

18. 4. *Ita refugerunt ad Caesarem* : Dans la version des faits retenue, cette dernière phrase constitue la difficulté principale. Elle peut apparaître comme un euphémisme tendant à atténuer la brutalité de Tullius. Il reste que le récit n'explique pas pourquoi Tullius entraîne dans le camp de César un adversaire dont il n'a plus rien à craindre ; peut-être espère-t-il s'attirer la faveur de César en faisant prisonnier un des chefs de la résistance ? Cf. G. Pascucci, *op. cit.* p. 249-250 ; idem, « Paralipomeni... », p. 613, n. 23.

18. 5. *suo signo perisse homines XXXV* : *Signum*, employé dans le sens d'" enseigne " en 7, 4, désigne ici, par métonymie, le manipule. Sur la question des effectifs, J. Harmand (*L'armée et le soldat ...*, 1967, p. 27-30), s'appuyant en particulier sur un passage du *B.G.* (5, 49, 7) et sur le récit de la bataille de Pharsale (*B.C.* 3, 88, 4-5), estime que l'effectif régulier de la légion de César ne devait guère dépasser 4000 hommes (cf. aussi Introd., p. XLI, n. 85). Chaque légion étant divisée en 10 cohortes comprenant chacune 3 manipules, on peut penser qu'un manipule comptait environ 130 hommes ; la perte de 35 hommes doit donc représenter près du quart du manipule. Le total des pertes rapporté en 15, 4 *(CXXIII)* laisserait supposer qu'environ quatre manipules ont participé à cette action.

18. 6. *seruus in Pompei castra discessit* : Un peu plus loin (20, 3) l'auteur dément cette version des faits : on retrouve l'esclave dans la ville. Ceci laisse supposer que le texte définitif s'appuie sur des notes prises quotidiennement.

18. 7. <...> *et indicium glande scriptum misit* : La lacune a été signalée par Klotz. Elle s'impose, en effet, puisque le fait rapporté ne peut être que l'initiative d'un partisan de César et non pas de l'esclave qui a tué son maître, et que l'auteur croit réfugié dans le camp de Pompée.

18. 8. *qui mittere glandem inscriptam solebat* : Cet assiégé avait donc déjà fait parvenir des messages aux troupes de César, mais le texte n'y fait aucune allusion précédemment.

18. 9. *cum in oppidum reuertisset* : L'homme est probablement sorti de la ville pour être plus sûr que son message atteindrait les lignes de César. Les lacunes ne permettent pas de connaître son sort (cf. G. Pascucci, *Bellum Hispaniense*, 1965, p. 252).

18. 10. *transfugae nuntiarunt* : Cette correction est due à R. Helm (*Philologische Wochenschrift*, 1928, p. 326). A. Klotz, (*Kommentar zum B.H.*, 1927, p. 76), suivi par R.G. Bœhm (*Vigiliae Hibericae*, 1988, p. 489 ; idem, « Zur Enträtselung... », 1992, p. 135) conserve *nuntiaruntque*, transmis par tous les manuscrits, sauf *N* (qui tente une correction *nuntiauerunt, quam Pompeius contionem habuisset*), en supposant que *transfugae* est une mauvaise lecture de *transfuge*, équivalent de *transfugerunt*. En effet, quand deux termes de même formation grammaticale se suivent, le premier peut être privé de sa désinence (A. Klotz,« Ersparung in Schrift und Wort im Lateinischen », *Rh. M.*, 75, 1926, p. 98 sq.). Ce phénomène est mentionné par Cicéron (*Orat.* 153) comme une caractéristique de la prononciation archaïque. Cependant, bien que cette suppression d'une désinence permette de normaliser le rythme de certains vers de Plaute (*Men.* 308 ; *Poen.* 1165 ; *Trin.* 601 et 920 ; *Curc.* 90 ; *Merc.* 192), la prose latine n'en offre pas d'exemples sûrs (cf. G. Pascucci, *Bellum Hispaniense*, 1965, p. 252-253).

18. 11. *quorum litteras Caesar oppidanis obiecit* : Le message informe probablement Munatius Flaccus de la décision de Pompée d'abandonner la ville. César a donc intérêt à le faire connaître aux assiégés.

18. 12. *fune turri religato* : Le texte de la tradition, *fune crure de ligno,* est manifestement corrompu. A. Klotz (*Kommentar zum B.H.*, 1927, p. 77) propose la correction *fine <diei> turrem ligneam* peu convaincante, dans la mesure où il n'est guère vraisemblable qu'un texte facilement compréhensible donne lieu à un *locus desperatus*. L'hypothèse de Schneider *fune crure deligato* laisse perplexe : le prisonnier aurait été attaché, par une jambe, à une longue corde, afin de prévenir toute tentative d'évasion. Un passage du *B.C.* (2, 9, 5) relatant le siège de Marseille peut suggérer une autre lecture : « D'autre part, on fit trois nattes en câble d'ancre (*ex funibus ancorariis)*, de la même longueur que les murs de la tour, et d'une hauteur de quatre pieds, que l'on fit pendre autour de l'ouvrage des trois côtés qui regardaient l'ennemi, en les attachant aux poutrelles en saillie : cette sorte de protection-là, on l'avait déjà expérimenté dans d'autres cas, était seule à l'épreuve de tout projectile d'infanterie ou d'artillerie. » Même s'il ne s'agit pas à Ategua de cordages de marine, en donnant à *fune* une valeur de singulier collectif, on peut donc proposer la conjecture *fune turri religato* (« comme on avait attaché des cordages à la tour ») ; cette protection pourrait expliquer que le prisonnier soit contraint d'approcher trop près (*propius*) et se fasse tuer.

18. 13. *Labienus* : Comme Nonius Asprenas (cf. *supra,* 10. 3), Labienus appartenait à une famille de rang équestre du Picenum, plus précisément de Cingulum (*B.C.* 1, 15, 2 ; Sil. 10, 34). En 101, son oncle, Q. Labienus prit part à la sédition de Saturninus et Glaucia et y trouva la mort, tandis que son père, T. Labienus se rangeait aux côtés des consuls (Cic. *Rab.* 8, 22). Cf. Gabba, « Ricerche sull'esercito professionale romano da Mario ad Augusto », *Athenaeum,* 29, 1951, p. 182 = *Esercito e società...*, 1973, p. 64-65 ; L. R. Taylor, *The Voting Districts of the R.R.,* 1960, p. 223 ; E. Badian, *Foreign Clientelae,* 1958, p. 201 ; T. P. Wiseman, *New Men...*, 1971, p. 236, n° 220 ; C. Nicolet, *L'Ordre équestre,* 2, 1974, p. 921-922, n° 192 ; L. Gasperini et G. Paci, « Italia : Regio V (Picenum) » *Epigrafia e ordine senatorio, Tituli 5,* Rome, 1992, p. 234-235 ; Ch. Delplace, *La Romanisation du Picenum. L'exemple d'Vrbs Saluia*, coll. EFR, 177, Paris-Rome, 1993, p. 44 et 48. Tribun de la plèbe en 63, il fit restituer au peuple la désignation du grand pontife, permettant ainsi l'élection de César, et, à la fois pour servir les intentions de ce dernier et par rancune personnelle, il intenta un procès de *perduellio* à Rabirius, accusé d'avoir tué Saturninus (cf. L.R. Taylor, *La politique des partis à Rome au temps de César,* 1977, 1949 [1], p. 224 ; J. Carcopino, *César,* 1968, p. 151-157 ; W.B. Tyrell, « The Trial of C. Rabirius in 63 B.C. », *Latomus,* 32, 1973, p. 285-300 ; E.S. Gruen, *The Last Generation...*, 1974, p. 278-279 ; D.F. Epstein, *Personal Enmity,* 1987, p. 141, n. 94 ; P.M. Martin, *L'idée de royauté à Rome,* 2, Clermont-Ferrand, 1994, p. 369, n. 298). L'année suivante il fit voter des honneurs extraordinaires à Pompée (cf. J. Carcopino, *op. cit.*, p. 187). Probablement préteur en 59 (Broughton, *MRR,* 3, p. 116), il fut *legatus pro praetore* de César de 58 à 50 et joua un rôle important pendant la campagne des Gaules (cf. Broughton, MRR, 2, p. 198, 204, 212, 219, 225-226, 231, 238, 244), assurant l'intérim pendant les absences de César, notamment pendant l'expédition de Bretagne. Vainqueur d'Indutiomar il soumit les Trévires et les Ménapes en 53 et, l'année suivante, pendant que César était retenu à Gergovie, il écrasa les tribus de la vallée de la Seine (cf. J. Carcopino, *op. cit.*, p. 302-303, 312-313, 334). Il accrut considérablement sa fortune (cf. I. Shatzman, *Senatorial Wealth,* 1975, p. 375, n° 158) et, en 50, César lui confia le commandement de la Gaule Cisalpine (Broughton, *op. cit.* p. 252). En janvier 49 il rejoignit Pompée (Broughton, *op. cit.*, p. 268). Si les *Commentaires* de César ne fournissent aucune explication de cette défection, Cicéron l'attribue au civisme républicain (*Att.* 7, 13a, 1, *Labienum ἥρωα iudico. Facinus iam diu nullum ciuile praeclarius* ; cf. P. A. Brunt, « Cicero's *officium* in the Civil War », *JRS*, 76, 1986, p. 31) et Dion Cassius (41, 4, 2-4) au ressentiment personnel. Bien plus tard, R. Syme a avancé une autre explication : au moment où César et Pompée rompaient leur alliance, ce natif du Picenum aurait suivi le chef auquel l'attachaient d'anciennes relations de clientèle (R. Syme, « The Allegiance of Labienus », *JRS,* 28, 1938, p. 113-125 = *RP,* 1, 1979, p. 62-75 ; cf. L. R. Taylor, « Caesar and the Roman Nobility », *TAPhA,* 73, 1942, p. 19 ; eadem, *op. cit.*, p. 104 ; M. Gelzer, *Pompeius,* Munich, 1949, p. 294, n. 142 ; J. Van Ooteghem, *Pompée Le Grand,* 1954, p. 516-517 ; T. P. Wiseman, *New Men...*, 1971, p. 176). W. B. Tyrell (« Labienus' Departure from Caesar in january 49 B.C. », *Historia,* 21, 3, 1972, p. 424-440), rejoignant Dion, pense plutôt que Labienus, malgré l'éloge du *B.G.* 7, 59, 6, ne supporta pas de voir ses mérites trop peu reconnus (cf. M. Rambaud, *L'art de la déformation...*, 1953, p. 297) et de voir César avancer la carrière d'Antoine, élu à l'augurat, plus vite que la sienne, même si César avait pu envisager pour lui le consulat (*B.G.*, 8, 52, 2 ; sur ce passage controversé, cf. R. Syme, *loc. cit.*, p. 121-123). D.F. Epstein (*op. cit.*, p. 42) et P. A. Brunt (*The Fall of the R.R.*, 1988, p. 497-498) invoquent eux aussi l'inimitié. Quant à J. Harmand (*L'armée et le soldat à Rome,* 1967, p. 383 ; idem, « Des Gaulois autour de César », *Rivista Storica dell'Antichità,* 2, 1972, p. 131-142 ; idem « Encore Labienus. A propos d'un article récent » [sur Tyrell], *ibid.*, 3, 1973, p. 197-200), il attribue la disgrâce de Labienus au fait qu'il aurait gêné les projets de César en tentant d'assassiner Commios l'Atrébate (*B.G.* 8, 23, 2-6) pour des motifs personnels. Cf. aussi N. Alfieri, « Labieno, Cingoli e l'inizio della guerra civile nel 49 a. C. », *Studi Maceratesi,* 19, 1986, *Cingoli dalle origini al sec. XVI. Contributi e ricerche 15-16 ottobre 1983,* p. 111-130. Ayant rejoint Pompée, il prit part aux opérations de Dyrrachium, où il se serait rendu responsable du massacre des prisonniers (*B.C.* 3, 71, 4) et combattit à Pharsale (J. Carcopino, *op. cit.,* p. 413-414 ; Broughton, *op. cit.*, p. 281). Venu en Afrique avec Caton, il fut l'un des principaux chefs de l'armée de Scipion, où il se montra un adversaire acharné et redoutable, entre autres à Ruspina (*B. Afr.* 13-19 ; les chapitres 16 et 19 soulignent sa jactance ; cf. Gsell, 8, p. 70-71), et, après Thapsus, passa en Espagne. Il trouva la mort à Munda (cf. *infra,* 31. 8). Sur son rôle dans la bataille, cf. *infra,* 31. 4. Cf. Münzer, *RE,* XII, 1, col. 260-270, n° 6 ; P. Willems, *Le Sénat...*, 1, p. 469, n° 110. Son fils, après l'assassinat de César, rejoignit Cassius et Brutus, puis, après Philippes, envahit la Syrie à la tête d'une armée parthe, prenant le titre de *Parthicus imperator,* avant d'être tué en 39. Cf. Munzer, *RE,* XII, 1, col.258-260, n° 5 ; T.R. Holmes, *The Architect of the Roman Empire,* 1928, p. 80, 121 ; P. Jal, « Le rôle des Barbares dans les guerres civiles de Rome, de Sylla à Vespasien », *Latomus,* 21, 1962, p. 38-39 ; F. Hinard, *Les proscriptions de la Rome républicaine,* EFR 83, Rome, 1985, p. 481-482, n° 70.

19. 1. *usque ad tabulatum secundum et tertium* : Les tours pouvaient comporter quatre étages (*B.G.* 6, 29, 3), six (*B.C.* 2, 9, 9) ou même dix (*B.G.* 8, 41, 5 ; *B. Al.* 2, 4).

19. 2. *mater familias de muro se deiecit* : Le génitif archaïque est rigoureusement évité par César (*B.G.* 1, 50, 4 ; 6, 19, 3 ; 7, 26, 3 ; 47, 5 ; 48, 3 ; *B.C.* 2, 4, 3 et 44, 1), même s'il n'a pas adopté la forme *matres familiarium* préconisée par Sisenna (Varr., *L.* 8, 73). Cf. G. Pascucci, *op. cit.,* p. 257 ; idem, « Interpretazione linguistica del Cesare autentico », *ANRW,* I, 3, 1973, p. 489-490. Quant au verbe, il ne peut signifier " sauter " – pas plus que dans le *B.C.* 1, 18, 3 – mais doit s'entendre comme équivalent de *se demisit.* Sur l'emploi de *iacere* à la place de *ferre* ou *mittere* dans la langue vulgaire, cf. Hofmann, *Komm. Per. Aeth.*, p. 264 sq. ; id, *Synt.*, II, p. 445 sq. ; P.B. Corbett, « On Two Items of Colloquial Usage in the *B.H.* », *Eranos,* 60, 1962, p. 78 ; G. Pascucci, *op. cit.*, p. 257.

19. 3. *L. Munatius* : L. Munatius Flaccus, avec d'autres notables d'Italica, participa activement à la conjuration contre Cassius Longinus (cf. Introduction, p. XX, n. 11 ; cf. A. García y Bellido, *Colonia Aelia Augusta Italica,* Madrid, 1960, p. 41 ; E. Gabba, *Esercito e società,* 1973, p. 294, n. 253). C. Nicolet (*L'Ordre équestre,* 1, 1966, p. 205) conteste toutefois qu'il ait été chevalier. Sur la ruse qui lui a permis de s'introduire dans Ategua, cf. *supra,* 7. 1. On ne sait ce qu'il advint de lui après la reddition de la ville. Cf. Münzer, *RE,* XVI, 1, col. 538, n° 19 ; W. Schulze, p. 301 ; Broughton, *MRR,* 2, p. 313 ; C. González Román, « La Onomástica del *corpus* cesariano », 1986, p. 71-72.

19. 4. *tali uirtute et constantia futurum me in te esse praestabo* : Comme le discours de Tullius (17), le message de Munatius Flaccus (voir Introduction, p. LXIX) est révélateur de l'extension des rapports de clientèle au domaine militaire. La phrase est une contamination de *tali uirtute et constantia me in te praestabo* (cf. 17, 3) et de *tali constantia et uirtute me futurum esse praestabo* (cf. Cic., *Flacc.* 28 ; *Tusc.* 5, 29), *praestare* pouvant signifier " montrer " comme " s'engager à ". Cf. G. Pascucci, *op. cit.*, p. 259 ; idem, « Paralipomeni… », p. 615.

19. 5. *Quibus respondit se Caesarem esse* : Cette orgueilleuse réponse est à rapprocher d'un passage de Suétone (*Caes.* 79, 3) : « Un jour que la plèbe le saluait du nom de roi, César répondit qu'il était César et non pas roi. » La correction proposée par R.G. Boehm *se gratia usurum esse* ne s'impose nullement (*Faventia,* 12-13, 1990-1991, p. 240).

19. 6. *fidemque praestaturum* : L'expression *fidem praestare* appartient à la langue juridique et suppose que César accorde aux habitants d'Ategua la *deditio in fidem* qui protège les vaincus de toute exaction (cf. Liv. 37, 32, 10 : *ne quid hostile paterentur).* Cf. G. Freyburger, *Fides,* 1986, p. 63. R. Combès (*Imperator,* 1966, p. 366) fait remarquer que César « n'emploie presque jamais l'expression *fides populi Romani* » (*B.G.* 2, 3, 2 ; 4, 21, 8 ; et *B. Al.* 24, 2) ; « c'est lui ou quelquefois l'un de ses officiers qui reçoit la reddition et la garantit de sa parole. » (*Fides* de César : *B.G.* 2, 13, 2 ; 15, 1 ; 4, 22, 2 ; 5, 3, 5 ; *B.C.* 1, 74, 2-3 ; *B. Afr.* 85, 9 ; *Fides* de Q. Cicéron : *B.G.*, 5 ; 45, 2 ; de Fabius : *B.G.* 8, 27, 1).

19. 7. *imperator est appellatus* : Le *B. Afr.* 4, 3-4 laisse entendre que même les soldats ennemis accordaient à César le titre d'*imperator.* Cependant, nous ne possédons pas d'indication quant à des salutations de César comme *imperator* durant les campagnes de 58-51, alors même que ses victoires présentaient tous les critères requis, mentionnés par Diodore, 36, 14 (Cf. J. Harmand, *L'armée et le soldat,* 1967, p. 449 n. 71). Faut-il en déduire, comme le fait G.-Ch. Picard, que le proconsul des Gaules n'avait pas reçu à cette époque cette distinction honorifique (G.-Ch. Picard, *Les trophées romains,* 1957, p. 189-190) ? Cette hypothèse paraît d'autant moins vraisemblable que, d'après Plutarque (*Caes.* 12, 2), César, propréteur en Espagne fut salué *imperator* par ses troupes. Comme le suppose J. Harmand, le titre d'*imperator* a pu se trouver originellement dans les *tituli* des bulletins qui devaient plus tard constituer le *B.G.*. Par ailleurs, la discrétion de César peut s'expliquer par la dégradation de l'institution : les troupes accordaient cette marque d'honneur à tout propos, dans l'espoir de gratifications (cf. *B. Al.* 48, 2, à propos de Cassius Longinus), et César lui-même évoque avec ironie la façon dont Scipion s'était décerné le titre d'*imperator* (*B.C.* 3, 31, 1). Cf. P. Jal, *La guerre civile,* 1963, p. 96-99, qui souligne que le titre garde néanmoins son importance, bien qu'il fût en principe interdit pendant les guerres civiles (p. 436-437) ; J. Harmand, *op. cit.*, p. 444-445 ; R. Combès, *Imperator,* 1966, p. 76, n. 9, 148. Quant à plusieurs passages du *B.G.* (2, 26, 5 ; 3, 21, 1 ; 4, 25, 3 ; 6, 8, 4 et 37, 7 ; 7, 52, 3) où César est désigné comme *imperator* à titre de détenteur de l'*imperium* proconsulaire, on ne peut en tirer de conclusion. Cependant, on peut penser que César fut acclamé pour la deuxième fois *Imperator* en 55, avant les supplications décrétées par le Sénat (*B.G.* 4, 38, 5 ; cf. aussi Cic., *Fam.* 7, 5, qui donne à César ce titre). Cf. R. Combès, *op. cit.,* p. 455-456. Sur l'utilisation faite par César du titre d'*Imperator,* cf. R. Combès, *op. cit.,* p. 103-110 ; 123-130 ; celui-ci souligne (p. 126) que « César innove à la fois en prolongeant la validité de l'acclamation qu'il a reçue le 19 février 45, et en gravant son titre, de son vivant, sur des émissions officielles, où il accompagne son portrait. » Cf. aussi S. Weinstock, *Divus Julius,* 1971, p. 60-61, 103-104 (en Gaule, César aurait été acclamé trois fois, en 57, 55 et 52), 106 (il n'est pas impossible que César ait fait d'*Imperator* un *praenomen*) ; P.M. Martin, *L'idée de royauté à Rome,* 2, 1994, p. 310.

20. 1. *castra mouit Vcubim uersus* : Craignant que César n'assiège Ucubis, Pompée se rapprocha de cette ville et installa son camp dans un site favorable : soit à l'endroit où le Guadajoz coule le plus près de la ville, non loin de la ferme del Molino Bajo (Stoffel, 2, p. 181 et 311, 3, *planche* 24), soit, plutôt, sur la hauteur située entre l'Arroyo del Aljibe et l'Arroyo del Malperdido, afin de contrôler les vallées permettant un accès facile à la place (cf. A. Schulten, *FHA,* 5, 1940, carte III, p. 116 ; G. Pascucci, *Bellum Hispaniense,* 1965, p. 261 ; M. Ferreiro, *César,* 1986, p. 323). A. Schulten (*op. cit.,* p. 133) pense que Pompée avait déjà à ce moment décidé de se diriger vers Carteia et G. Pascucci (*op. cit.,* p. 260) qu'il cherchait à maintenir ses liaisons avec ce port, au risque de rompre le contact avec Cordoue. Mais, comme le fait remarquer M. Ferreiro (*op. cit.,* p. 709, n. 462), on ne voit pas quelle aurait été sa stratégie ; certainement pas de s'embarquer avec 50 000 hommes. Il est donc plus probable que Pompée avait l'intention de poursuivre sa guerre de position, tout en restant en relation avec Cordoue. Cf. carte 4.

20. 2. *Caesar mouit et propius castra castris contulit* : César déplaça son camp en restant sur la rive droite du Guadajoz (cf. 23, 1), peut-être sur le Cerro del Peñasco (A. Schulten, *FHA,* 5, 1940, p. 134) ou aux environs de la ferme de Bauseco (Stoffel, 2, p. 182 ; M. Ferreiro, *César,* 1986, p. 323). Ainsi, tout en restant au contact de son adversaire, il pouvait, en cas de besoin, se porter au secours d'Ategua. Cf. carte 4.

20. 3. *Eodem tempore mane* : Cette précision indique que César déplace son camp le 20 février et non pas le 19, comme le veut Stoffel (2, p. 182).

20. 4. *qui essent suarum partium itemque aduersariorum uictoriae fautores* : On rencontre ailleurs dans le *B.H.* ce lexique caractéristique de la période des guerres civiles : 13, 5 et 25, 6 *suarum partium ;* 32, 8 *qui illarum partium fautores essent* ; 37, 1 *pars erat quae Pompeianarum partium fautores essent.* Cf. J. Hellegouarc'h, *Le vocabulaire latin des relations et des partis politiques,* 1972, p. 110-115, 178 ; idem, « Armée et parti politique sous la république romaine », *Problèmes de la guerre à Rome,* dir. J.P. Brisson, 1969, p. 162-165.

20. 5. *in oppido quod fuit captum* : Il s'agit d'Ategua.

20. 6. *quem supra demonstrauimus* : Cf. 18, 4, qui impose la correction de *dominam,* transmis par les manuscrits, en *dominum.*

20. 7. *is uiuus est combustus* : C'est le châtiment réservé aux déserteurs. *Cf.* Ulp., *Dig.* 48, 19, 8, 2 : *hostes autem, item transfugae, ea poena adficiuntur ut uiui exurantur.*

20. 8. *centuriones loricati VIII... ex legione Vernacula* : A.T. Fear (« The Vernacular Legion of Hispania Ulterior », *Latomus,* 50, 1991, p. 817-818) considère que ce passage (de même que, plus haut, en 20, 2 *loricatus unus ex legione Vernacula*) plaide en faveur du recrutement indigène de la *legio Vernacula* (cf. Introduction, p. XXXIV-XXXVIII) : « A deserter from the legion to the Caesarian forces is described as *loricatus,* as are a further eight centurions of the legions who deserted. The *lorica* was the standard armour of the legions and this detail would be meaningless unless the legion concerned, the Vernacular, was not equipped in the standard way. It appears, therefore, that the legion was not even equipped as a normal legion with at least a part of its men being more lighly armed than normal, presumably in the native Iberian fashion. The fact that the majority of those described as *loricati* are centurions may also be significant, as these, as officers, are likely to have been Italian. The divide in equipment between officers and men may therefore also mark a racial divide. » Il semble pourtant difficile d'en tirer des conclusions, dans la mesure où la *lorica* peut correspondre à un rang particulier dans la hiérarchie des centurions (cf. J. Harmand, *L'armée et le soldat,* 1967, p. 325), dont l'équipement est, du reste, mal connu (*ibid.* p. 329-330). Par ailleurs, l'auteur employant *loricatus* (4, 2 ; 13, 5 ; 20, 2 ; cf. J. Harmand, *op. cit.,* p. 66) comme équivalent de *miles,* l'adjectif peut, ici, avoir une valeur pléonastique.

21. 1. *Insequenti die Pompeius securi percussit homines LXXIV* : Cette exécution, qu'on peut placer le 23 février (M. Ferreiro, *César,* 1986, p. 325), fait suite aux dénonciations qu'a suscitées le discours de Cn. Pompée à Ucubis (20, 2). Le comportement de celui-ci paraît d'autant plus brutal que l'accusation ne semble pas prouvée (*qui dicebantur*). R. Thouvenot (*Essai...,* 1973, p. 148, n. 1) croit que Cicéron (*Fam.* 6, 18, 2) fait allusion à ces événements : « Il y avait eu aussi une lettre de Messalla à Q. Salassus, informant celui-ci que son cousin P. Curtius avait été tué par ordre de Pompée, sous les yeux de l'armée, parce qu'il se serait entendu avec certains Espagnols pour s'emparer de Pompée, si celui-ci venait dans je ne sais quelle ville s'occuper du ravitaillement, et pour l'amener à César » (cf. aussi A. Caballos, « Colonia Claritas Iulia Vcubi », *Habis,* 9, 1978, p. 278). Mais la date de la lettre, qu'une allusion à l'accouchement de Tullia (5) place vers la fin de janvier ou le début de février 45 (cf. J. Beaujeu, *Cicéron, Correspondance,* 7, Paris, 1980, p. 219), exclut cette hypothèse. Sur Curtius Salassus, cf. Stein, *RE,* IV, 2, col. 1891, n° 32 ; C. Nicolet, *L'Ordre équestre,* 2, 1974, p. 864.

21. 2. *reliquos uersum oppidum iussit deduci* : L'exécution a donc eu lieu dans le camp de Pompée, et non dans la ville. *Versum* est un vulgarisme (cf. L.-H.-S. p. 221 ; G. Pascucci, *op. cit.,* p. 208).

22. 1. *Bursauonenses* : *Bursauonenses,* transmis par les manuscrits (avec une variante orthographique dans *SN*) a été corrigé en *Vrsauonenses* par Glandorp et Madvig, au motif que le toponyme *Bursauo* (ou *Bursao*) apparaît seulement chez Pline (*Nat.* 3, 24) et Tite-Live (*fr.* 22 W.-M. = *fr.* 21, 12 Jal), qui situe cette ville en Espagne citérieure (aujourd'hui Borja). Pourtant, cette correction — bien qu'acceptée, entre autres, par A.G. Way (*Appendix D,* p. 403-404), B.D. Hoyos, (« *Civitas* and *Latium* in Provincial Communities », *RIDA,* 22, 1975, p. 255, n. 32), R. Corzo (*Osuna de Pompeyo a César,* 1977, p. 58), A. Caruz (« La última campaña... », 1978, p. 151), C. Pemán (« Nuevo ensayo... » (1973), 1988, p. 49) —, ne paraît pas recevable : Urso (Osuna), mentionnée plus loin (26, 3 ; 28, 2 ; 41, 3 ; 42, 1) est distante d'une soixantaine de kilomètres du théâtre des opérations ; d'autre part, ses habitants ne semblent pas divisés en factions rivales et sont présentés comme des partisans fidèles de Pompée (28, 2) ; enfin, la lettre envoyée un peu plus tard par Pompée aux habitants d'Urso (26, 3) n'aurait pas de sens si ceux-ci avaient été informés du massacre commis par Munatius Flaccus à Ategua. On est donc conduit à supposer l'existence d'une ville de Bétique portant le même nom que la ville de Citérieure, sans doute dans les environs d'Ategua. Cf. J. et M. Oliver, *Munda pompeiana,* Madrid, 1869, p. 69 ; A. Schulten *FHA,* 5, 1940, p. 314 ; G. Pascucci, *Bellum Hispaniense,* 1965, p. 267 ; A. Tovar, *Baetica,* 1974, p. 101 ; M. Ferreiro, *César,* 1986, p. 325 et 711, n. 492. On ne sait pour quelle raison ces habitants de Bursavo se trouvaient à Ategua. Peut-être faisaient-ils partie de la garnison (J.M. Roldán, « El elemento indígena », 1972, p. 118, voit là une unité d'auxiliaire comme les Saguntini de 10, 2), ou assuraient-ils une mission d'observateurs, comme peut le laisser supposer le fait qu'ils sont tous envoyés en ambassade et non pas seulement certains d'entre eux, comme on l'attendrait s'ils étaient nombreux (G. Pascucci, *loc. cit.*) ? M. Ferreiro (*op. cit.*, p. 711, n. 490) pense que César envoya des émissaires dans d'autres villes, mais que l'anonyme a mentionné uniquement ce cas en raison de son déroulement dramatique.

22. 2. *multa scelera ab iis fieri qui praesidii causa ab iis reciperentur* : Cf. les protestations de Junius (16, 4).

22. 3. *senatores :* On connaît le nom d'un certain L. Fabius Hispaniensis, qui entra au Sénat à l'époque de Sylla (Münzer, *RE,* VI, col 1771, n° 84 ; Broughton, *MRR,* 2, p. 77 ; C. Nicolet, *L'Ordre équestre,* 1, 1966, p. 417 ; T.P. Wiseman, *New Men...,* 1971, p. 230, n° 168 ; A. Caballos, « Los senadores de origen Hispano », 1989, p. 246). D'autres – *Hispanienses* sans doute plutôt qu'*Hispani* – durent leur promotion à César : Balbus le jeune (Groag, *RE,* IV, col. 1268, *s.u. Cornelius* n° 70 ; *PIR* 2, II, p. 310, n° 1331 ; P. Willems, *Le Sénat...,* p. 597 ; R. Syme, « Caesar, the Senate and Italy », *PBSR,* 14, 1938 p. 14 = *RP,* 1, 1979, p. 102 ; T.P. Wiseman, *op. cit.,* p. 226, n° 138 ; J.F. Rodríguez Neila, *Los Balbos de Cádiz. Dos españoles en la Roma de César e Augusto,* Séville, 1973 ; C. Castillo, « Los senadores Beticos... », 1982, p. 498, n° 37 ; A. Caballos, *loc. cit.,* p. 253-256), L. Decidius Saxa, son *castrorum metator* de 49 (Cic., *Phil.* 11, 12 ; *B.C.* 1, 66, 3), qui participa probablement aussi à la campagne de 45 (Münzer, *RE,* IV, col. 2271, n° 4 ; P. Willems, *Le Sénat,* 1, p. 594, 596, n. 7, 597, n. 2 ; R. Syme, « Who was Decidius Saxa », *JRS,* 27, 1937, p. 127-137 = *RP,* 1, 1979, p. 31-41 ; idem, « Caesar, the Senate... », p. 14 ; Broughton, *MRR,* 2, p. 324, 332, 365, 376, 384, 559 ; C. Nicolet, *op. cit.,* p. 416 ; T.P. Wiseman, *op. cit.,* p. 228, n° 153 ; A. Caballos, *loc. cit.,* p. 256-258), et L. Titius, dont les deux fils furent exécutés pendant la guerre d'Afrique (*B. Afr.* 28, 2), sur l'ordre de Scipion (Münzer, *RE,* VI, A, col. 1556, n° 13 ; Broughton, *MRR,* 2, p. 279 et 299 ; 3, p. 63 ; R. Syme, « Caesar, the Senate... », *loc. cit. ;* idem, « Missing Senators », *Historia,* 4, 1955, p. 70 = *RP*, 1, 1979, p. 290 ; C. Nicolet, *op. cit.,* p. 204 et 1042, n° 348 ; T.P. Wiseman, *op. cit.,* p. 22 et 266, n° 436 ; C. Castillo, *loc. cit.,* p. 514, n° 90 ; A. Caballos, *loc. cit.,* p. 259, n° 9). Sur cette question du recrutement du sénat sous la dictature de César, cf. aussi J. Harmand (« Le soldat prolétarien et le Barbare dans le sénat à la fin de la République », *Recherches sur les structures sociales dans l'Antiquité classique,* Colloques du *CNRS,* Caen (1969), Paris, 1970, p. 117-131), qui estime que nombre d'historiens, comme R. Syme, minimisent à l'excès l'élargissement de ce nouveau recrutement, qui suscita beaucoup d'hostilité (cf. Suét., *Caes.* 80, 3 ; Dio Cass. 42, 51, 5).

22. 4. *ex auersione* : Cette correction de l'édition aldine (*ex aduersione* codd.) a été rejetée par A. Klotz et ses successeurs (cf. G. Pascucci, *op. cit.*, p. 268), lui préférant *ex Bursauone,* au motif que l'expression n'est pas attestée. En fait, comme l'a montré A. Grilli (« *Bell. Hisp.* 22, 3 e Asterio 1, 6 », *Maia,* 31, 1979, p. 129-130), on la rencontre dans un texte de l'évêque Astérius ; bien que tardif, il peut légitimer cette leçon, qui convient au contexte, alors qu'en revanche, la mention du nom de l'*oppidum,* qui se déduit de *Bursauonenses,* paraît inutile.

22. 5. *<...> et speculatores ad oppidum Ateguam miserunt* : Malgré la lacune, reconnue par Nipperdey, il est clair que les habitants de Bursavo, à l'instigation des partisans de César, envoient une mission d'enquête à Ategua.

22. 6. *oppidanorum bona uendere* : Pompée fait vendre les biens des habitants d'Ucubis favorables à César. Le texte ne permet pas de savoir s'il s'agit seulement de ceux qui ont été exécutés (21, 3). Quant au brusque changement de lieu qui fait passer de Bursavo à Ucubis, on en trouve un équivalent au chapitre 34, qui passe de Cordoue (5) à Munda (6). Cf. A.G. Way, *Appendix* D, p. 404-405.

22. 7. *Discinctum* : Les soldats sont désarmés pour éviter les désertions.

22. 8. *Baeturiam* : La Béturie (cf. carte 1) est une région montagneuse qui comprend le nord-ouest de l'Ultérieure et le sud-est de la Lusitanie, entre le cours du Bétis et du haut Anas (Guadiana). Cf. Strab. 2-3 ; Plin., *Nat.* 3, 13-14 ; R. Thouvenot, *Essai...*, 1973, p. 12-13. Cependant, ses limites sont imprécises (cf. L. García Iglesias, « La Beturia, un problema geográfico de la Hispania Antigua », *AEA,* 44, 1971, p. 86-106 ; R. Corzo et A. Jímenez, « Organización... », 1980, p. 27). B.D. Hoyos (« Pliny... », 1979, p. 466, n. 117) commente ainsi ce passage : « Baeturia was apparently regarded as a safe area for refugees. It is not clear to me from the context whether these were Caesarians or Pompeians (probably they were neither), but in any case there must have been communities in Baeturia which favoured either side. The titled places there number only a few of the towns known. » Les villes qui reçurent plus tard le *cognomen* de *Iulia* prirent probablement le parti de César : Seria Fama Iulia, Nertobriga Concordia Iulia, Segida Restituta Iulia, Contributa Iulia Ugultunia, Lacimurga Constantia Iulia (L. García Iglesias, *loc. cit.*, p. 89-91 et 93 ; A. Tovar, *Baetica,* 1974, p. 33 ; B.D. Hoyos, *loc. cit.*, p. 465 ; M. Ferreiro, *César,* 1986, p. 373-374 ; A. Canto, « Noticias arqueológicas y epigráficas de la Beturia céltica », *CPAM,* 18, 1991, 275-298). Les relations entre les habitants d'Ucubis et la Béturie se révèlent aussi dans le fait que la cité, élevée au rang de colonie, reçut des terres dans cette région, près de Valdecaballeros (*CIL,* II, 656), dans la province de Badajoz (cf. A. Caballos, « Colonia Claritas Iulia Vcubi », *Habis,* 9, 1978, p. 286-289).

22. 9. *non amplius ·X·VII accipere* : Les manuscrits *SNTV* donnent la leçon *XVII*. Th. Mommsen (« Zum *B.H.* », 1893, p. 612) a proposé la correction suivante : *A(sses) VII* (*in diem*), ce qui représenterait une solde de 255 deniers par an, alors que la solde des légionnaires, doublée par César (Suét., *Caes.* 26, 5), se montait à 225 deniers par an. La correction d'A. Klotz (*Kommentar zum B.H.*, 1927, p. 82), qui suppose une solde de 84 deniers par an, semble donc beaucoup plus recevable (cf. G. Pascucci *Bellum Hispaniense,* 1965, p. 273). Cf. G. Veith *in* Kromayer-Veith, *Heerwesen und Kriegsführung der Griechen und Römer,* 1963, 1928 [1], p. 412 ; G.R. Watson, « The Pay of the Roman Army », *Historia,* 7, 1958, p. 117 ; P.A. Brunt, « The Army and the Land in the Roman Revolution », *JRS,* 52, 1962, p. 77 = *The Fall of the RR,* 1988, p. 262 ; idem, *Italian Manpower,* 1971, p. 411 ; J. Harmand, *L'armée et le soldat,* 1967, p. 263, 266-269 (le doublement de la solde daterait de 51-50) ; idem, « Le prolétariat dans la légion de Marius à la veille du second *Bellum Civile* », 1969, p. 70 ; idem, « Les origines de l'armée impériale », *ANRW,* II, 1, 1974, p. 271 : « la solde (...) fut portée au niveau des bons salaires ouvriers contemporains » ; I. Shatzman, « Caesar : an economic biography and its political significance », *Scripta Hierosolymitana,* 1972, p. 32 ; C. Nicolet, *Le métier de citoyen dans la Rome républicaine,* Paris, 1979, p. 181 ; N. Rouland, *Pouvoir politique et dépendance personnelle dans l'antiquité romaine,* Bruxelles, 1979, p. 361-363, qui estime que cette solde doublée restait une très faible somme, qui ne dispensait pas César de se livrer à des prodigalités envers ses soldats.

23. 1. *Insequenti tempore* : L'ambassade à Bursavo pouvant être placée le 25 février et, les événements qui la suivirent ayant occupé trois ou quatre jours, César dut décamper le 1er ou le 2 Mars (M. Ferreiro, *César,* 1986, p. 713, n. 508).

23. 2. *Caesar castris castra contulit* : César déplace son camp vers le sud-est, en restant sur la rive droite du Guadajoz, pour se rapprocher de Pompée, sans doute dans l'intention de le contraindre à la rencontre décisive. Stoffel (3, *planche* 24) situe ce camp aux environs de Los Charcos, mais l'emplacement proposé par A. Schulten (*FHA*, 5, 1940, *mapa* III), les hauteurs de Casa de Lerma, semble préférable : à cet endroit le cours du fleuve se rapproche de la colline, permettant de raccourcir le tracé de la tranchée destinée à faciliter l'approvisionnement en eau et, en cas d'attaque de l'ennemi, offrait la possibilité de l'enfermer dans une sorte de sac (G. Pascucci, *Bellum Hispaniense,* 1965, p. 273-2774 ; M. Ferreiro, *César,* 1986, p. 713, n. 510). Cf. carte 4.

23. 3. *brachium ad flumen Salsum ducere coepit* : Il s'agit d'assurer l'approvisionnement en eau.

23. 4. *ut ait Ennius* : Cette formule qui introduit la citation, comme en 31, 7, relève de la tradition scolastique (cf. Char., *Gram.* 1, 233, 12 et 20 *ut ait poeta*). Les références à Ennius dans le *B.H.* (cf. 31, 6) sont d'autant moins inattendues que les *Annales* étaient le texte le plus utilisé par les grammairiens jusqu'à ce que Remmius Palemon leur substitue l'*Enéide* (cf. Suét., *Gram.* 23). Cf. G. Pascucci, « Una reminiscenza Enniana in Caesare ? », *SIFC,* 29, 1957, p. 123, sur *B.G.* 2, 4, 1 ; idem, *op. cit.,* p. 277.

23. 5. *nostri « cessere parumper »* : Il est douteux que *nostri* appartienne au texte d'Ennius, dans la mesure où l'emploi de ce pronom pour désigner les Romains semble étranger à l'*usus scribendi* du poète (cf. Heubner, *De belli Hispaniensis commentario quaestiones*, Diss. Berlin, 1916, p. 8 ; A. Klotz, *Kommentar zum B.H.,* 1927, p. 83). On rencontre un rappel de ce vers d'Ennius dans le *B. Afr.* 52, 2 *equites Caesariani ui uniuersae subitaeque hostium multitudinis pulsi parumper cesserunt,* et chez Tite-Live, 26, 44, 3 *Romani, duce ipso praecipiente, parumper cessere* ; dans ce dernier cas, le souci d'éviter la clausule héroïque peut expliquer l'interversion des deux derniers mots. Chez les trois auteurs la référence à un vers emprunté à l'épopée paraît avoir pour fonction d'atténuer et d'ennoblir un échec provisoire. Cf. O. Skutsch, *The Annals of Q. Ennius,* Oxford, 1986[2], 1985[1], p. 640, n° 480. Notons que le parfait en *-ere,* archaïque, rarissime dans les *Commentaires* authentiques (*B.C.* 1, 51, 5 ; 3, 63, 6), apparaît dans ce contexte épique (23, 2 *adfecere ;* 24, 1 *conuenere*), comme en écho à la citation d'Ennius. Cf. G. Pascucci, *op. cit.,* p. 276.

23. 6. *compar* : *Compar* est un terme ancien mais non classique, de couleur populaire, qui, à l'origine, désigne l'un des partenaires d'un couple, c'est-à-dire « une des deux personnes ou animaux liés par des rapports de réciprocité » (G. Pascucci, *Bellum Hispaniense,* 1965, p. 278-279). Bien qu'il puisse avoir le sens général de « compagnon » (Plaut., *Cas.* 797 *meus socius, compar, commaritus uilicus*), chez les poètes et dans les inscriptions funéraires, il a souvent le sens plus spécifique de *coniux* (Catul. 68, 126 ; Hor., *O.* 2, 5, 2 ; Ov. *Ars* 3, 359 ; *Am.* 3, 5, 38 ; *CIL* III, 1895, 4 ; 4185, 2 ; 8742, 1). Dans la langue militaire, comme ici, le terme est synonyme de *commilito :* cf. Liv. 8, 6, 15 *compares collegaeque* ; *CIL* VIII 18042 *Ad cohortem* (...) *in supplementum comparum tertianorum* (*i.e.* " de la troisième légion ") *dedistis*, dans une allocution à l'armée de l'empereur Hadrien ; *CGL* II 575, 14 ; déjà dans un passage de Plaute (*Pseud.* 1026-1027) *compar* possède une connotation guerrière : *primum omnium iam hunc comparem metuo meum / Ne deserat med atque ad hostis transeat.* Dans une paire de gladiateurs le mot *compar* peut désigner chacun des adversaires (Lact., *Inst.* 6, 20, 13). Cf. C. De Meo, *Lingue Tecniche del Latino,* Bologne, 1983, p. 195-196.

23. 7. *huius concidentis comparis ad uiri fortis insignia cum complures aduersariorum concursum facerent* : G. Pascucci (*Bellum Hispaniense,* 1965, p. 279-280) corrige ainsi le texte transmis par les manuscrits *huius concidentis temporis aquari fortis*, en empruntant *comparis* à Koch (« Zum Hirtius und zum *B.H.* », *Rh M.*, 1862, p. 476) et *ad uiri* à Fleischer (*Quaestionum de* bello Hispaniensi *criticarum pars altera*, Progr. Meissen, 1895, p. 13s). Cette correction répond de façon satisfaisante à l'exigence d'expliquer les circonstances de la mort du deuxième centurion, que supposent la mention des pertes (23, 8 *duos centuriones*) et, en 24, 6, l'allusion au fait que les deux centurions furent vengés. De plus, la conjecture *ad uiri* est plus convaincante que *ac uiri* proposé par Nipperdey et, dans un premier temps, par Fleischer (*Kritisches und Exegetisches zum* B.G. *u.* B.H., Progr. Meissen, 1879, p. 68), car l'auteur n'emploie pas ailleurs la coordination *ac* ou *atque* ; d'autre part, la place de *ad* séparant les deux génitifs compléments de *insignia* s'explique dans la mesure où le premier, *huius concidentis comparis*, est un génitif possessif, tandis que le second, *uiri fortis*, a valeur de caractérisation, comme dans un passage du *B.C.* (96, 3) *Pompeius (...) equum nactus, detractis insignibus imperatoris, decumana porta se ex castris eiecit* (cf. *B.H.* 25, 7 *laudis insignia* ; 32, 2 *uirtutisque insignia*). Quant à la construction *concursum facere ad*, on la rencontre chez César (*B.C.* 1, 53, 2 ; 3, 106, 4).

23. 8. *ex utroque genere pugnae* : Les cavaliers de César doivent affronter à la fois des cavaliers et des fantassins. Une fois encore le narrateur use de la " justification préalable ".

23. 9. *Clodius Arquitius* : Broughton (*MRR*, 2, p. 313) voit en lui le même personnage que l'*Arguetius* de 10, 1, mais rien ne prouve cette identification (cf. C. González Román, « La Onomástica del *corpus* cesariano », 1986, p. 87).

24. 1. *Postero die* : Le 5 mars, suivant l'indication de 27, 2 : *a. d. III Non. Mart. proelium ad Soricariam quod factum est.*

24. 2. *utrorumque conuenere copiae* : L'expression suppose que les deux armées déplacent leurs camps, bien que le texte ne mentionne pas le mouvement de Pompée. Il est possible, comme le pensent Stoffel (2, p. 183) et G. Pascucci (*Bellum Hispaniense*, 1965, p. 282), que César, « toujours désireux d'en arriver à la bataille », ait pris l'initiative de ce changement de position, afin de menacer par l'est le dispositif de sécurité de son adversaire compromis par la prise d'Ategua et, à l'ouest, par la résistance d'Ulia, toujours fidèle à César. Cependant, comme jusqu'alors c'est toujours Pompée qui a déplacé son camp le premier, on peut trouver étrange que le narrateur ne signale pas qu'il n'en fut pas de même cette fois. N'ayant pu interdire à ses adversaires l'accès au fleuve (23, 3) et constatant qu'ils pouvaient même arriver jusqu'à son camp (23, 5-7), Pompée a pu décider de le déplacer vers le sud, peut-être sur les hauteurs dominant l'Arroyo del Montecillo, non sans avoir laissé une garnison à Ucubis (27, 4). F. Valverde (« El emplaziamento de Munda », 1985, p. 32) situe à tort ce camp à Ipagrum, ce qui correspond à la position ultérieure de Pompée (27, 3 ; cf. *infra,* 27. 6). De son côté, César, bien que l'auteur n'en dise rien, dut faire passer son armée sur la rive gauche du Guadajoz, peut-être aux environs de Castro del Rio, – sans quoi il n'aurait pu menacer les communications de Pompée avec le fortin d'Aspavia (cf. *infra,* 24. 4). Suivant le chemin de Soricaria, il put s'arrêter avant l'Arroyo del Carabato et s'installer sur les hauteurs situées au nord du Cortijo del Duende (cf. M. Ferreiro, *César,* 1986, p. 328 et 714-715). Cf. carte 4.

24. 3. *ad Soricariam* : La localisation de Soricaria est controversée, comme celle de la plupart des sites qui furent le théâtre des opérations jusqu'à la bataille de Munda. A la suite de J. et M. Oliver (*Munda pompeiana,* 1861, p. 73) et A. Fernández-Guerra (*Munda pompeyana,* 1866, p. 6), A. Caruz (« La última campaña... », 1978, p. 43 et 45) pense que le nom de Soricaria s'est conservé dans celui du Cortijo de Dos Hermanas (" Les deux Sœurs "), situé à 5 km de Montilla, à l'ouest d'Espejo. Cependant, la plupart la placent à Castro del Rio, sur la rive droite du Guadajoz, tels Stoffel (2, p. 183, 306 et 311), A. Schulten (*FHA,* 5, 1940, p. 135 ; *RE,* III, A1, col. 1135), Kromayer-Veith (*Schlachtenatlas,* Röm. Ab[t]. Nr 23), T. R. Holmes (*The Roman Republic,* 3, 1923, p. 543-544), G. Pascucci (*Bellum Hispaniense,* 1965, p. 187 et 282), A. Tovar (*Baetica,* 1974, p. 102). Nous préférons toutefois suivre les conclusions de M. Ferreiro (*César,* 1986, p. 715, n. 533) qui, s'appuyant sur les travaux de J. Fortea et J. Bernier (*Recintos ...,* 1970, p. 40), identifie cette cité avec la grande enceinte fortifiée de Plaza de Armas, située près de Nueva Carteya et entourée d'une série d'enceintes plus petites ; elle s'élevait en un lieu stratégique sur une hauteur de 750 m dans la chaîne du Monte Horquera, qui pourrait avoir conservé le toponyme de Soricaria : Soricaria> Sorcaria> Sorcaira> Sorqueira> Sorquera> Xorquera> Jorquera> Horquera (M. Ferreiro, *loc. cit.*). De plus, dans cette région où l'eau était rare (8, 2), elle offrait une source, qui devint le *caput aquae* de l'aqueduc d'Ucubis, construit probablement après la guerre (cf. P.J. Lacort Navarro, « Colonia Claritas Iulia Vcubi, actual Espejo (Córdoba) », *DArch,* 3s., anno 10, 1-2, 1992, p. 198-209). Cf. carte 4.

24. 4. *castello... Aspauia* : Le fortin d'Aspavia n'est mentionné que par l'auteur du *BH* (cf. Hübner, *RE,* II, 2, col. 1724) — à moins qu'on ne corrige en 'Ασπαουία l'Αἴγουα des manuscrits de Strabon 3, 2, 2, comme A. Klotz et A. Schulten (*FHA,* 6, 1954, p. 156) —. A la suite de M. Cortés y López (*Diccionario geográfico-histórico de la España antigua, 2,* Madrid, 1886, p. 6), P. Palop (« Córdoba en la encrucijada de la batalla de Munda », 1978, p. 160), et A. Caruz (« La última campaña... », 1978, p. 145) situent Aspavia à l'ouest d'Espejo, aux environs de Castillo de Duernas. D'autres, comme J. et M. Olivier (*Munda pompeiana,* Madrid, 1861, p. 75), Stoffel (2, p. 306 et 312), A. Schulten (*FHA,* 5, 1940, p. 135) et G. Pascucci (*Bellum Hispaniense,* 1965,

p. 282), la placent au sud du Guadajoz et de Castro del Rio, comme le fait M. Ferreiro (*César,* 1986, p. 717-718, n. 539), qui propose de l'identifier avec l'enceinte du Cortijo de Calderón, la seule qui, conformément à l'indication du *BH (quod est ab Vcubi milia passuum V),* se trouve dans un rayon de 7,5 km autour d'Espejo (cf. J. Fortea et J. Bernier, *Recintos ...,* 1970, p. 35). Ce bastion défensif, à 440 m de cote, le premier qu'on rencontre sur les contreforts ouest du Monte Horquera, qui domine la plaine, était certainement l'un de ceux que Pompée avait établis quand il avait déplacé son camp au nord d'Ucubis, et qu'il avait confiés au commandement d'Attius Varus (27, 2), chargé de protéger le gros de l'armée. Il était important pour lui, car il le mettait en relation avec les places situées sur cette chaîne de montagnes, bien défendues par leurs murailles et divers fortins et renfermant certainement des dépôts de provisions (M. Ferreiro, *op. cit.,* p. 329). Cf. carte 4. Notons que pour C. Pemán, " Nuevo ensayo de interpretación de la topografía del *B.H.* " (1973), 1988, p. 61), de même qu'Ategua n'est autre qu'Astigi, Aspavia n'est autre qu'Astapa, souvent identifiée avec Ostippo, bien que la question soit controversée (cf. A. Tovar, *Baetica,* 1974, p. 126-127).

24. 5. *aequo loco* : Cf. 24, 3 (*planitie) ;* 25, 1 et 7 *(in platiniem).* Il s'agirait des Llanos de Vanda.

24. 6. *ex grumo excelsum tumulum capiebant* : Il n'est pas nécessaire de supposer une lacune après *grumo,* comme le font Nipperdey et Klotz ; l'expression *ex grumo* désigne probablement une colline occupée par les Pompéiens et d'où ils lancent leur attaque contre le *tumulus* (cf. G. Pascucci, *Bellum Hispaniense,* 1965, p. 283). M. Ferreiro (*César,* 1986, p. 329 et 719, n. 546) propose d'identifier cette colline avec celle de Piedras del Ruedillo, où subsistent les ruines d'un fortin (cf. J. Fortea et J. Bernier, *op. cit.,* p. 35), situé juste en face du Recinto de Calderón (identifié avec Aspavia ; cf. *supra,* 24. 4). Quant au *tumulus,* il pourrait correspondre au Cerro de las Vegas (M. Ferreiro, *op. cit.,* p. 329 et 719, n. 549), où Stoffel (3, pl. 24) et A. Schulten (*FHA,* 5, 1940, *mapa* III) ont situé le camp de César avant la bataille de Munda, croyant la reconnaître en Montilla (cf. *infra,* 27. 15). Cf. carte 4.

24. 7. *praeterquam quorum arma et spolia sunt ablata* : Le décompte des pertes s'effectuait apparemment, non sur le champ de bataille, mais d'après le nombre d'armes rapportées au camp. Il est probable qu'une partie des armes était soustraite au compte, emportées par des camarades des soldats tués ou par leurs adversaires, à titre de butin personnel. Le chiffre officiel des pertes pouvait donc être inférieur à la réalité.

25. 1. *ad eumdem locum* : Bien que l'expression soit imprécise, on peut penser qu'il s'agit du *grumus* de 24, 2, la colline de Piedras de Ruedillo.

25. 2. *Cum nostri in opere essent* : Les troupes de César fortifient la position conquise la veille (cf. G. Pascucci, *Bellum Hispaniense,* 1965, p. 290), c'est-à-dire, dans l'hypothèse retenue, le Cerro de las Vegas. Il n'est pas vraisemblable qu'il s'agisse des fortifications du camp de César, comme le veut Stoffel (2, p. 183).

25. 3. *Nostri ex humili conualle bene longe sunt egressi* : Un détachement descend du camp de César et remonte une vallée peu profonde, probablement celle de l'arroyo del Carabato (M. Ferreiro, *César,* 1986, p. 330). Stoffel (2, p. 183) pense que César, désireux de livrer bataille, marche avec toutes ses troupes contre l'armée de Pompée au complet, mais, dans ce cas, le récit le préciserait.

25. 4. *Antistium Turpionem* : Ce personnage n'est pas autrement connu (cf. Klebs, *RE,* I, 2, col. 2558, n° 43). C. Nicolet (*L'Ordre équestre,* 2, 1974, p. 776) pense que s'il avait été chevalier, comme son adversaire, le texte le préciserait sans doute. La *gens* Antistia est sénatoriale depuis le IVe siècle au moins, mais rien ne prouve que le Pompéien du *B.H.* en fasse partie, d'autant plus que le *cognomen* Turpio semble avoir parfois une connotation servile (cf. C. Nicolet, *op. cit.,* p. 776, n. 3 et p. 369).

25. 5. *fidens uiribus* : Cf. *B.C.* 3, 111, 1 *his copiis fidens* ; Cic., *Att.* 10, 8, 2 ; Liv. 22, 26, 2 *neutri parti uirium satis fidens* ; 46, 10 *nihil admodum uiribus suis fidentes*. Ici il s'agit de la confiance en sa propre supériorité physique, τόπος des récits de duels : cf. Quadrig., *Hist.* 10b et 12 (H. Peter, *Historicorum Romanorum Reliquiae*, Stuttgart, 1993, 1914[1]) ; Liv. 7, 9, 8 ; 26, 1 ; 23, 46, 12.

25. 6. *ut fertur Achillis Memnonisque congressus* : Ce duel est relaté dans l'*Ethiopide* (*Epic. gr. fr.,* éd. Kinkel, p. 33 sq.) : Memnon, le roi des Ethiopiens, a tué Antiloque, que son père, Nestor, avait appelé à son secours ; Achille accourt venger son ami et ne tarde pas à remporter la victoire, mais l'Aurore obtient de Zeus l'immortalité pour son fils, Memnon. Or, Memnon avait fourni un sujet d'inspiration à un certain Furius, dont Horace, qui le surnomme *Alpinus*, moque le style emphatique : *Sat.* 1, 10, 36-37 *Turgidus Alpinus iugulat dum Memnona dumque / Diffingit Rheni luteum caput* (« Pendant que, dans son style ampoulé, Alpinus étrangle Memnon et fait une vraie caricature de la tête limoneuse du Rhin... ») et *Sat.* 2, 5, 40-41 *seu pingui tentus omaso / Furius hibernas cana niue conspuet Alpis* (« ou, comme dit Furius, dont l'énorme panse est près d'éclater, que les Alpes hivernales soient couvertes des crachats de la neige blanche. ») Ce poète, contemporain de Catulle — qui n'est pas Furius Antias (cf. W.W. Badstone, « The Fragments of Furius Antias », *CQ,* 46, 2, 1996, p. 389), — est identifié par les scholiastes avec Furius Bibaculus, partisan de Pompée rallié à César, à qui on attribue la composition d'hexamètres sur Memnon (Porph. *ad loc.*) et d'une épopée sur la guerre des Gaules, intitulée *Pragmatia* (Schol. Hor. *ad. loc.*) ou *Annales belli Gallici* (Schol. Virg.

Veron. *ad. Aen.* 9, 379). Cf. O. Skutsh, *RE,* VII, 1, col. 318-322, n° 32 et n° 37 ; H. Bardon, *La littérature latine inconnue,* 1, 1952, p. 347-352 ; O. Seel, « Trogus, Caesar and Livius bei Polyainos », *RhM,* 1960, p. 266-267 ; W.S. Anderson, *Pompey and his Friends,* Berkeley-Los Angeles, 1963, p. 64-67 ; J. Granarolo, « L'époque néotérique ou la poésie romaine d'avant-garde au dernier siècle de la République (Catulle excepté) », *ANRW,* I, 3, 1973, p. 304-307, 348-351. Il se peut que l'auteur du *B.H.* en ait eu connaissance et en ait tiré cette allusion mythologique. Mais, ici, la comparaison entre les deux héros et les deux guerriers ne repose sur aucune analogie précise et a seulement pour but de donner une dimension épique au combat. Tout au plus peut-on rapprocher le surnom de *Niger* et la couleur de peau du héros éthiopien (Virg., *Aen.* 1, 489 *nigri Memnonis arma* ; Ov., *Am.* 1, 8, 4 *nigri non illa parentem Memnonis* (...) *uidit*) ; mais, si ce rapprochement est délibéré, il est pour le moins maladroit, puisqu'il identifie le champion césarien, Pompeius Niger, avec Memnon, le vaincu. Cf. G. Pascucci, *Bellum Hispaniense,* 1965, p. 292-293 ; idem, « Paralipomeni della esegesi e della critica al *Bellum Hispaniense* », *ANRW,* I, 3, 1973, p. 625-628.

25. 7. *Q. Pompeius Niger eques Romanus Italicensis* : Ce personnage est inconnu par ailleurs (cf. F. Miltner, *RE,* XXI, 2, col. 2250, n° 34 ; A. García y Bellido, *Colonia Aelia Augusta Italica,* Madrid, 1960, p. 45 ; C. Castillo, *Prosopographia Baetica,* Pampelune, 1965, p. 141 ; E. Gabba, *Esercito e società...,* 1973, p. 294, n. 253 ; C. Nicolet, *L'Ordre équestre...,* p. 204, 411, 419, 776, 802, 987 ; J. M. Roldán, « El elemento indígena... », 1972, p. 32 ; C. González Román, *Imperialismo y romanización en la Provincia Hispania Ulterior,* Grenade, 1981, p. 203 ; idem, « La Onomástica del *corpus* cesariano », 1986, p. 72). Comme le souligne S. L. Dyson (« The Distribution of Roman Republican Family Names in the Iberian Peninsula », 1980/1981, p. 289), les *Pompeii* sont moins nombreux en Espagne qu'on ne pouvait s'y attendre, compte tenu des liens de clientèle unissant la famille de Pompée à le Péninsule (cf. Introduction, p. XXVII-XXX) ; on peut donc penser que les clients des *Pompeii* se comptaient surtout parmi les émigrés romains ou italiens, ou encore les indigènes romanisés, tous possédant déjà les *tria nomina,* ou bien qu'après la fin des guerres civiles ils préférèrent dissimuler leurs liens avec les vaincus. Cf. E. Badian, *Foreign Clientelae,* 1958, p. 310, dont les chiffres sont un peu différents de ceux de S. L. Dyson – 132 *Pompeii* contre 103 – mais conservent la même proportion par rapport aux autres *gentes ;* cf. aussi R. C. Knapp, « The Origins of Provincial Prosopography in the West », *AncSoc,* 9, 1987, p. 212-214. En tout cas, ce personnage n'appartient certainement pas à la grande Famille romaine (cf. G.V. Sumner, « The Pompeii in their Families », *AJAH,* 2, 1977, p. 23).

25. 8. *Italicensis* : Italica (Santiponce, à une dizaine de kilomètres de Séville) fut fondée en 206 par Scipion pour ses soldats blessés au lendemain de la victoire d'Ilipa (App. *Iber.* 38). Au début de la guerre civile en 49, la ville avait fermé ses portes à Varron (*B.C.*, 2, 20, 6), mais en 48 ce sont des *Italicenses* qui tentèrent d'assassiner Cassius Longinus (*B.Al.* 52, 4 ; cf. Introduction, p. XX). Les savants étant partagés sur le sens de l'expression *Flaccum municipem suum* du *B. Al.* 52, 4, on ne sait quand elle fut élevée au rang de *municipium* : avant 47 pour H. Galsterer (*Untersuchungen...*, 1971, p. 12), sous le principat d'Auguste pour la plupart des autres savants (R. Thouvenot, *Essai...*, 1940, p. 191 ; M. I. Henderson, « Julius Caesar and Latium in Spain », *JRS*, 32, 1942, p. 11 ; M. Grant, *From Imperium to Auctoritas*, 1946, p. 171, 220 ; F. Vittinghoff, *Römische Kolonization*, 1951, p. 72, n. 5, 105, 149 ; A.J.N. Wilson, *Emigration from Italy*, 1966, p. 38, n. 9 ; A. Tovar, *Baetica*, 1974, p. 163). A. García y Bellido (« Las colonias... », 1959, p. 509 ; idem, *Colonia Aelia Augusta Italica*, Madrid, 1960, p. 33) ne se prononce pas. Se fondant sur un texte d'Aulu-Gelle (16, 13, 4), qui rapporte l'étonnement manifesté par Hadrien lorsque sa ville natale demanda à changer son statut en celui, apparemment moins avantageux de colonie, la plupart en font un *municipium ciuium Romanorum*. Mais Ch. Saumagne, qui, du reste, conteste l'existence dans les provinces de *municipia ciuium Romanorum* (*Le droit latin et les cités romaines sous l'Empire*, Paris, 1965, p. 49-54), conclut d'une inscription (R. Cagnat, *C. Rendus de l'Acad. Inscript.*, 1904, p. 177) qu'Italica était un *municipium iuris Latini*. Quant à J. González Fernández (« Italica, *municipium iuris Latini* », *MCV*, 20, 1984, p. 17-26, 41 ; idem, « Urso ¿ tribu Sergia o Galeria ? », *Estudios sobre Urso*, 1989, p. 144), il partage ce point de vue et pense qu'avant d'être promue, en 15-14 av. J.-C., par Auguste, la cité devait faire partie des *oppida ciuium Romanorum* mentionnés par Pline (*Nat.*, 3, 7), conçus par Ch. Saumagne (*op. cit.*, p. 81 sq) comme des communautés d'émigrants italiens excluant les indigènes. Cf. aussi P. Le Roux, *Romains d'Espagne*, 1995, p. 56, n. 148 : « Le statut d'*Italica* n'est pas celui d'une ville romaine en 45 a. C., autant qu'on puisse le savoir. En revanche, il est probable qu'elle ait reçu le droit latin et ait ainsi compris un certain nombre de citoyens romains » ; P. Grimal, *Roman cities*, éd. M. Woloch, Londres, 1983, p. 158-163 ; A. T. Fear, *Rome and Baetica*, 1996, p. 111.

25. 9. *ferocitas* : Le comportement arrogant est un τόπος des scènes de défi. Cf. Quadrig., *Hist.* 12 *grandia ingrediens* (...) *incedebat perque contemptum et superbiam circumspiciens despiciensque omnia* ; Liv. 23, 47, 6 *Taurea uerbis ferocior quam re* ; 25, 18, 8 *ferocius tum Campanus increpare*.

25. 10. *omnium mentes conuerterat ab opere ad spectandum* : Cf. Quadrig., *Hist.* 10^b et 12 *utroque exercitu inspectante* ; Liv. 23, 47, 3 *hinc Romani ad spectaculum pugnae eius frequentes exierant et Campani non uallum modo castrorum, sed moenia etiam urbis prospectantes repleuerunt.* Le récit du *B.H.* présente de nombreuses similitudes avec d'autres descriptions de combats singuliers, qui font partie de la tradition annalistique romaine : le combat entre Titus Manlius Torquatus et un Gaulois rapporté par Claudius Quadrigarius (*ap.* Gell. 9, 13, 7 = fr. 10[b] Peter) – et commenté par A. D. Leeman (*Orationis ratio,* 1963, p. 78-81) – et par Tite-Live (7, 9, 7 ; 10), le duel de M. Valerius Corvinus et d'un autre Gaulois relaté par les mêmes auteurs (*ap.* Gell. 9, 11, 3 = fr. 12 ; Liv. 7, 26, 1-8 ; cf. Val. Max. 3, 2, 21), celui de Claudius Asellus et de Taurea (Liv. 23, 47 ; cf. Sil. 13, 142-178), celui de T. Quintius Crispinus et de Badius (Liv. 25, 18, 4). Ces récits présentent souvent des caractéristiques communes : le Barbare, sûr de sa force, défie l'adversaire avec arrogance jusqu'à ce qu'un Romain s'avance hors des rangs et que le duel s'engage devant les deux armées anxieuses. Bien qu'ici un Pompéien remplace un Barbare, l'anonyme se souvient manifestement d'un recueil d'*exempla* à l'usage des écoles. Cf. G. Pascucci, *op. cit.* p. 288-289 ; idem, « Paralipomeni... », 1973, p. 628.

25. 11. *ut prope uideretur finem bellandi duorum dirimere pugna* : L'expression est une contamination de *finem bellandi (facere),* comme dans le *B.G.* 7, 66, 4, et de *proelium dirimere* (cf *B.C.* 1, 40, 7 ; Liv. 27, 30, 4 ; 40, 52, 5 *bellum dirimere*). Cf. G. Pascucci, *op. cit.*, p. 294. La phrase, dont la portée est du reste atténuée par *prope videretur,* est moins hyperbolique qu'il n'y paraît. En effet, l'idée qu'un duel puisse mettre fin au conflit n'était pas rare dans le contexte des guerres civiles. « Ainsi à une époque où l'usage du duel entre les chefs d'armées adverses était virtuellement périmé, on en voit revivre, sinon toujours la pratique, du moins l'idée, pendant les guerres civiles », écrit P. Jal (*La guerre civile à Rome,* 1963, p. 339), qui en mentionne plusieurs exemples : Sertorius lance à Metellus un défi pris très au sérieux par ses hommes : « ils pressèrent celui-ci, écrit Plutarque (*Sert.* 13, 3-4) de relever le défi en criant qu'il fallait combattre général contre général et Romain contre Romain » ; déçus par son refus, ils ne lui ménagent pas leurs railleries. Antoine, par deux fois, propose un combat singulier à Octave (Plut., *Ant.* 62, 4 et 75, 1). Ou bien c'est un centurion césarien capturé par Scipion en Afrique qui lui demande de l'opposer, avec dix de ses camarades, à la cohorte pompéienne la plus solide (*B. Afr.* 45, 5). Parfois ce sont des fractions des deux armées ennemies qui s'affrontent : les deux cohortes prétoriennes d'Antoine et d'Octave se rencontrent, devant Modène, « dans l'espoir de régler le sort de la guerre en un seul combat », tenant à l'écart les jeunes recrues, « qui observent avec attention (...) dans un profond silence » (App., *Ciu.* 3, 67-68 ; cf. aussi P. Jal, *op. cit.*, p. 343 et 475). Plus tard, en 69, les Vitelliens, assiégeant Plaisance somment les Othoniens de « descendre dans la lice pour y combattre *entre hommes* » (Plut., *Oth.*

6, 2-3), et, devant Crémone, « sous les yeux du reste de l'armée », deux de leurs légions « luttent pour décider du sort de toute la guerre » (Tac., *Hist.* 2, 42, 6). P. Jal (*op. cit.*, p. 344) conclut : « La " convention mutuelle " par laquelle les combattants des deux camps arrêtaient ainsi provisoirement la lutte pour en confier le soin à leurs " mandants " n'était pas le seul élément à faire de la guerre civile – même du point de vue militaire – une " guerre pas comme les autres ". Le sentiment, partagé par tous, que, tôt ou tard, cette trêve inattendue allait se changer en une fraternisation définitive contribue, lui aussi, à convaincre quiconque y réfléchit, que la guerre civile avait tout naturellement tendance à se créer, pour ainsi dire, ses propres conditions de déroulement, une sorte d'autonomie d'existence, comme si les règles stratégiques élémentaires, qui visaient à anéantir l'adversaire le plus tôt possible et par tous les moyens, cessaient brusquement d'être de mise et faisaient parfois place à des *rites* ou à un cérémonial aussi conventionnel que celui du duel, comme si elles pouvaient souffrir d'étonnantes exceptions, des accommodements inattendus. » Apparemment, dans le cas du duel de Q. Pompeius Niger et d'Antistius Turpion, la cavalerie pompéienne n'a pas respecté la trêve.

25. 12. *uirorum fautorumque* : Comme *bellatores principesque* du paragraphe précédent, ces termes coordonnés désignent probablement tous deux les combattants qui défendent chacun leur parti. Cf. G. Pascucci, « Paralipomeni… », p. 626, n. 46, revenant sur sa lecture précédente (*Bellum Hispaniense,* 1965, p. 295), qui proposait d'interpréter *fautorum* comme une sorte de " claque ", comparable aux *turmales* de Liv. 25, 18, 11.

25. 13. *scutorumque, laudis insignia, praefulgens opus caelatum* : Cf. Quadrig., *Hist.* 12 *armisque auro praefulgentibus* et Liv. 7, 10, 7 *uersicolori ueste pictisque et auro caelatis refulgens armis* ; *praefulgere* est un terme archaïque survivant dans la langue populaire (*Rhet. Her.* 3, 32 ; Phaedr. 3, 18, 7) et poétique (Virg., *Aen.* 8, 553), ou chez des auteurs au goût archaïsant (Tac., *Ann.* 3, 76, 2 et 13, 45 ; Gell. 5, 5, 3 ; 12, 5, 7). La phrase est interrompue par une lacune, qui a fait disparaître le récit du combat.

25. 14. *quorum pugna* <*non*> *esset prope profecto dirempta, nisi propter equitum concursum…* : L'addition proposée par Klotz *quorum* <*certamine*> *pugna…* ne nous paraît pas recevable, dans la mesure où elle suppose que *pugna* n'a pas le sens de " duel ", comme en 5, et, que les deux armées se seraient affrontées avant le combat singulier, ce qui est en contradiction avec le texte. En revanche, il nous paraît possible de restituer, du moins en partie, le sens de la phrase au prix de l'intégration de *non :* l'auteur a pu vouloir dire que les légionnaires n'auraient pas songé à violer cette " convention mutuelle " par laquelle ils s'en remettaient à leurs champions (cf. *supra*, 25. 10), mais que la cavalerie, composée d'indigènes, n'a pas observé le même respect des " règles ".

25. 15. *nisi propter equitum concursum :* A la place de la leçon des manuscrits *concessum*, nous adoptons la suggestion de Pascucci (*Bellum Hispaniense*, 1965, p. 296), *concursum*, qui reprend le terme de 2 (*equitum copiae concursus facere coeperunt).*

25. 16. *ut supra demonstrauimus* <...> : Cette formule peut se rattacher au texte qu'a fait disparaître la lacune, mais elle peut aussi fort bien renvoyer à 2, tant il est fréquent que l'auteur rappelle un fait quelques lignes après l'avoir rapporté (cf. 4, 2 ; 5, 2 ; 20, 3 ; 25, 7 ; 28, 4 ; 31, 4 ; 34, 6 ; 39, 1 ; 40, 1). La lacune qui interrompt le récit après la mention de l'attaque de la cavalerie pouvait exprimer l'idée que le combat devint alors général : <*omnibus locis pugnatum esset*>.

26. 1. *turmae Cassianae* : Comme ce sera le cas sous l'Empire, l'escadron porte le nom de son commandant, Cassius, personnage inconnu par ailleurs. Cf. D.B. Saddington, « The Development of the Roman Auxiliary Force from Augustus to Trajan », *ANRW,* II, 3, 1975, p. 178.

26. 2. *torques aureos quinque* : Il est probable que le *praefectus equitum* doit distribuer les torques à cinq cavaliers qui se sont particulièrement distingués. Le fait que Q. Pompeius Niger ne soit pas cité laisse supposer qu'il est mort. Sur les récompenses honorifiques, cf. G. Veith, *in* Kromayer, Veith, *Heerwesen und Kriegführung der Griechen und Römer,* 1963, 1928 [1], p. 416 ; M. Marin y Peña, *Instituciones militares romanas,* 1956, p. 248-250. J. Harmand (*L'armée et le soldat,* 1967, p. 466-467) juge qu'elles devaient paraître dérisoires aux combattants, mais, ici, ces *torques aurei* etaient aussi une récompense lucrative.

26. 3. *A. Baebius et C. Flauius et A. Trebellius, equites Romani Hastenses* : Ces trois personnages, dont le texte souligne la richesse – due peut-être aux *donatiua* de Pompée – *(argento prope tecti),* « sont certainement des chevaliers de plein droit, tels qu'il devait en exister un nombre assez important dans une province dont le peuplement romain était si ancien (...) et si dense. » (C. Nicolet, *L'Ordre équestre,* 1974, p. 802 ; cf. aussi p. 204, 209 et 879, n. 2). Ils étaient tous originaires d'Hasta (ou Asta) Regia, près de Cadix, dont le statut de colonie est peut-être dû à César (cf. *infra,* 36. 4)

a. *A. Baebius* : La *gens Baebia,* plébéienne, peut-être d'origine étrusque, est largement représentée en Italie (cf. R. S. Conway, *The Italic Dialects,* Darmstadt, 1967, p. 561) et comptait de nombreux magistrats et sénateurs à la fin du IIIe siècle. C'est ainsi que, sous la République, Baebius Tamphilus fut préteur en Espagne Citérieure en 192, comme L. Baebius Dives en 189 (cf. C. Nicolet, *op. cit.* p. 803 ; C. González Román, « La Onomástica... », 1986, p. 69). C. Nicolet (*op. cit.,* p. 802) est enclin à penser que les *Baebii* d'Espagne doivent leur nom au préteur de 192, tandis que C. González Román voit plutôt en eux les descendants d'un L. Baebius, *negotatior* de Carthagène (*loc.*

cit., et p. 76-77 ; idem, *Imperialismo y romanización en la P. H. U.*, Madrid, 1981, p. 203 ; cf. C. Nicolet, *loc. cit.*). Cf. ausi Klebs, *RE*, III, 1, col. 608, n° 2 ; C. Castillo, *Prosopographia Baetica*, 1965, p. 176 ; eadem, « Städte und Personen der Baetica », *ANRW*, II, 3, 1975, p. 636 ; J. M. Roldán, « El elemento indígena... », 1972, p. 32 ; E. Gabba, *Esercito e società...*, 1973, p. 294, n. 253.

b. *C. Flauius* : Les *Fasti Hispanienses* ne mentionnent aucun Flavius à l'époque républicaine (cf. C. Nicolet, *op. cit.*, p. 879, n° 147 ; C. González Román, « La Onomástica... », p. 70).

c. *A. Trebellius* : Le nom est peut-être d'origine étrusque (cf. W. Schulze, p. 246 ; C. Nicolet, *op. cit.*, p. 1044). En Espagne, il apparaît rarement dans l'épigraphie républicaine et il est totalement inconnu des *Fasti Hispanienses* de cette époque (cf. R. S. Conway, *op. cit.*, p. 587-588 ; C. González Román,, *loc. cit.*, p. 73). Cf. Münzer, *RE*, VI, A2, col. 2262, n°1.

26. 4. *omnis, qui in castris Pompei essent* : Cette désertion ne peut concerner que les chevaliers romains d'Hasta, puisque trois mille chevaliers romains partisans de Pompée tombèrent à Munda (31, 9 ; cf. *infra* 31. 9).

26. 5. *Vrsaonem* : Il s'agit de la ville d'Osuna. Cf. *infra*, 41. 5. Il est probable que Pompée avait envoyé le même message rassurant à d'autres cités (cf. Stoffel, 2, p. 184).

26. 6. *prout nostra felicitas* : Comme il usurpe le surnom de *Magnus*, Cneius s'approprie la *felicitas* de son père, célébrée notamment par Cicéron (*Pomp.* 28 ; 47-48). Cf.-G. Pascucci, « Paralipomeni... », 1973, p. 624. L'expression *ex sententia* elle-même n'est pas dépourvue de connotation religieuse (cf. Liv. 23, 11, 2). Quant à César, bien qu'il recourre à la propagande religieuse à partir de la guerre civile et fasse de *Felicitas* le mot d'ordre de Thapsus (*B. Afr.*, 83, 1), lui-même, et, en général, ses continuateurs, font peu appel aux notions de *Fortuna* et de *Felicitas*, qui tendraient à diminuer la part de la *uirtus* et du *consilium* du chef, et qui sont, de plus, étrangères au public cultivé et sceptique auquel ils s'adressent (cf. P. Jal, « La propagande religieuse à Rome au cours des guerres civiles de la fin de la République », *AC*, 30, 1961, p. 397-398). Sur cette question, cf. aussi, entre autres, M. Rambaud, *L'art de la déformation historique*, 1953, p. 256-264, particulièrement p. 261 et 266 ; H. Wagenvoort, « Felicitas Imperatoria », *Mnemosyne*, 7, 1954, p. 300-322 ; G.-Ch. Picard, *Les trophées romains*, 1957, p. 190-191 ;C. Brutscher, « Caesar und sein Glück », *MH*, 15, 1958, p. 75-83 ; L. Canali, *Personalità e stile di Cesare*, 1963, p. 61-118 ; R. Combès, *Imperator*, 1966, p. 209-222, 408-434, particulièrement p. 431-432 ; J. Hellegouarc'h, « La fortune du Prince », *Hommages à M. Renard*, 1, Coll. Latomus, 101, 1969, p. 421-430 ; S. Weinstock, *Divus Julius*, 1971, p. 112-127 ; J.R. Fears, « The Theology of Victory at Rome : Approches and problems »,

ANRW, II, 17, 2, 1981, p. 736-826, particulièrement p. 746-804 ; I. Kajanto, « Fortuna », *ibid.,* p. 502-558, p. 537 sur César ; P.R. Murphy, « Caesar's Continuators and Caesar's *Felicitas* », *CW,* 79, 5, 1986, p. 307-317, p. 315-316 sur le *B.H.* ; U. Pizzani, « La cultura filosofica di Cesare », 1993, p. 176-181 ; P.M. Martin, *L'idée de royauté à Rome,* 2, 1994, p. 325-326. Cf. aussi R. Combès, *Imperator,* 1966, p. 291, n. 154, qui juge maladroite, ici, l'association de *felicitas* et de *celerius,* rappellant la formule *celeriter feliciter* : mais n'y a-t-il pas là une intention ironique ?

26. 7. *propulsos* <...> *qui* : La lacune a fait disparaître le verbe de la subordonnée et la principale, qui exprimait peut-être l'idée que les Césariens continuent à se refuser au combat.

26. 8. *exercitum tironem non audent in campum deducere :* Dans cette lettre de Pompée cette assertion pourrait paraître tendancieuse, mais, plus loin (31, 6), une remarque sur la peur des jeunes recrues lui donne quelque crédit. Cf. Introduction, p. XLIV.

26. 9. *nostrisque adhuc freti praesidiis* (...) *commeatus capiunt :* Pompée laisse entendre que la stratégie de César se limite à conquérir les centres de ravitaillement de l'adversaire, sans oser l'affronter, alors que, selon l'auteur du *B. H.,* César a pour but d'enlever à Pompée ses principales bases de ravitaillement, et en particulier Ategua (6, 1), pour le forcer à combattre. Pompée évite, bien entendu, de mentionner clairement la prise de cette cité. L'emploi de *praesidia* dans le sens de base militaire, comme celui de *ciuitates* dans celui d'*oppida,* caractéristique de la langue de l'anonyme laisse penser qu'il ne transcrit pas littéralement le message. Cf. G. Pascucci, « Paralipomeni... », p. 623-624.

26. 10. *cohortes* <...> : La lacune a dû faire disparaître la mention du nombre de cohortes.

27. 1. *Insequenti tempore* : L'expression laisse supposer que quelques jours se sont écoulés depuis le combat du 6 mars (25) et que les événements relatés au début de ce chapitre, dont le décampement de Pompée (27, 3 *eo die*), se situent vers le 10 mars (cf. Stoffel, 2, p. 312).

27. 2. *in olueto* : Cf. §3 et *B.Afr.* 50, 1 et 2. La culture de l'olivier prendra une importance considérable dans cette région. Cf. J.J. Van Nostrand, « Roman Spain » dans *An Economic Survey of Ancient Rome*, 3, éd. T. Frank, New Jersey, 1959, p. 140 ; J.M. Blázquez, « Estructura económica de la Bética », 1967, p. 17 ; idem, « Economia... », 1973, p. 236 ; P. Sillières, « La Péninsule ibérique », 1993, p. 227.

27. 3. *Attium Varum* : P. Attius Varus, au sortir de sa préture, fut propréteur en Afrique, probablement en 54 (*B.C.* 1, 31, 2 ; cf. Broughton, *MRR,* 3, p. 29 ; G.V. Sumner, « The Lex Annalis under Caesar », 1971, p. 268, n. 41). Au début de 49, chargé d'arrêter la marche de César dans le Picenum, il dut quitter Auximum, dont la population se rallia à César, et fut abandonné par ses troupes dès l'arrivée de l'avant-garde césarienne (*B.C.* 1, 12-13 ; cf. Ch. Delplace, *La Romanisation du Picenum,* coll. EFR, 177, Paris-Rome, 1993, p. 55). Peu après, dans des conditions d'une légalité douteuse, il se fit remettre le gouvernement de la province d'Afrique (*B.C.* 1, 31, 2 : *Africam sua sponte uacuam occupauerat* ; Cic., *Lig.*, 1,3 ;7, 21-22 ; cf. Gsell, 8, p. 2-4 ; Broughton, *MRR,* 2, p. 260 ; J. Carcopino, *César,* 1968, p. 439). En août (= juilllet) 49, au cours d'une bataille où un soldat césarien faillit le tuer, Curion lui infligea, aux portes d'Utique, une défaite si sévère que la ville fut sur le point de se rendre (*B.C.* 2˙, 23-26 et 33-36 ; App., *Ciu.* 2, 44 ; Dio Cass. 41, 41, 2). Peu après, quand Juba eut écrasé le légat de César, Varus ne put empêcher le massacre des prisonniers, à qui il avait promis la vie sauve (*B.C.* 2, 41-44 ; App., *Ciu.* 2, 46 ; Dio Cass. 41, 42, 6). Cf. Stoffel, 1, p. 101-111, 304-314 ; G. Veith, *in* J. Kromayer, *Antike Schlachtfelder,* 3, 2, 1912, p. 730-760 ; T. R. Holmes, *The Roman Republic,* 3, 1923, p. 95-108, 421-429 ; Gsell, 8, p. 7-24 ; J. Carcopino, *op. cit.*, p. 441-443. Ayant cédé le commandement en chef à Metellus Scipion et le gouvernement d'Utique à Caton (Liv., *Per.* 113, 1 ; Vell. 2, 54, 3 ; Dio Cass. 42, 57, 1), il commanda une partie de la flotte pompéienne et brûla quelques navires de César à Leptis (*B. Afr.* 62-64). Cf. Gsell, 8, p. 33-34, 104-105. Ayant rejoint Cneius Pompée en Espagne après Thapsus, il fut battu par C. Didius dans un combat naval près de Carteia (Dio Cass. 43, 31,3 : « si, après s'être réfugié à terre avec les autres, il n'eût jeté à l'entrée du port des ancres enchaînées contre lesquelles les premiers de ceux qui le poursuivaient vinrent se heurter comme contre une digue, c'en était fait de la flotte entière. ») Sur sa mort à Munda, voir *infra*, 31. 8. Cf. Willems, *Le Sénat,* 1, p. 483, n° 153 ; Klebs, *RE,* II, 2, col. 2256-57, n° 32 ; Broughton, *MRR,* 2, p. 228, 237, 260, 275, 290, 300, 310 ; 3, p. 29.

27. 4. *castella* : Les fortins établis par Pompée autour d'Ucubis (cf. 20, 1).

27. 5. *Pompeius castra mouit* : Pompée est menacé d'être encerclé par les garnisons d'Ulia et d'Ategua et par le gros de l'armée de César, à l'est. Il ne lui reste plus qu'à se diriger vers le sud-ouest, où se trouvaient des places fortes bien approvisionnées, comme Urso et Munda. (cf. M. Ferreiro, *César,* 1986, p. 332).

27. 6. *castra ... contra Spalim in olivueto constituit* : A moins d'identifier Ucubis avec El Rubio, comme C. Pemán, (« Nuevo ensayo ... » (1973), 1988, p. 50 ; cf. *supra,* 7. 3), Spalis ne peut être confondue avec l'actuelle Séville, située à environ cinq jours de marche d'Espejo (Ucubis). Certains pensent, comme Th. Mommsen (« Zum *B.H.* », 1893, p. 612-613), que le nom de la cité a été altéré et proposent de lire *Ipagrum* (ou *Ipagrim*) à la place de *Spalim* (J. et M. Oliver, *Munda pompeiana,* 1861, p. 81 ; A. Fernandez-Guerra, *Munda pompeyana,*

1866, p. 6 ; A. Caruz, « La última campaña... », 1978, p. 144 ; F. Valverde, « El emplaziamento de Munda », 1985, p. 27 et 31). Sur Ipagrum (Cerro del Castillo de Aguilar de la Frontera), étape de la voie Malaca-Corduba, voir A. Schulten, *RE,* IX, 2, col. 2016 ; A. Tovar, *Baetica,* 1974, p. 121 ; P. Sillières, *Les voies de communication...,* 1990, p. 414. En fait, *Spalis* est plus probablement une cité homonyme d'*Hispalis,* à chercher dans les environs d'Ucubis. Telle est l'opinion de Stoffel (2, p. 306), qui la situe entre le Guadajoz et le rio Cabra et d'A. Schulten (*op. cit.*, p. 116, Carte III), qui la place à Cornicabra, au nord de Nueva Carteya ; cette dernière hypothèse, envisagée aussi par G. Pascucci (*Bellum Hispaniense,* 1965, p. 302), ne peut être retenue, l'enceinte de Cornicabra, étudiée par J. Fortea et J. Bernier (*Recintos* ..., 1970, p. 36), n'étant pas assez vaste pour abriter une population. Nous préférons donc, comme A. Tovar *(loc. cit.)* et M. Ferreiro (*César,* 1986, p. 332 et 722, n. 588) suivre S. Santos Gener (*Memorias de las excavaciones...,* 31, 1955, p. 54), qui identifie Spalis avec l'actuelle Monturque. Dans cette hypothèse, Ipagrum n'aurait été qu'une étape sur la route de Pompée.

27. 7. *luna hora circiter sexta uisa est* : Julius Obsequens (103) mentionne aussi ce phénomène parmi les prodiges : *luna interdiu cum stella ab hora tertia usque ad horam septimam apparuit.* Dion Cassius (43, 35, 3) rapporte des présages plus extraordinaires annonçant la défaite de Pompée : les statues des dieux couvertes de sueur, la naissance d'animaux monstrueux, les aigles de ses légions qui s'envolent vers César.

27. 8. *Vcubim (...) iussit incendre* : Après la guerre, Ucubis (Espejo ; cf. *supra,* 7. 3) prit le nom de Colonia Claritas Iulia Vcubi (Plin. *Nat.* 3, 12 ; *CIL,* II, 656, 1404, 1553, 1572, 4696). La plupart des savants attribuent sa promotion à César (M. I. Henderson, « Iulius Caesar and Latium in Spain », *JRS,* 32, 1942, p. 5 et 12 ; F. Vittinghoff, *Romische Kolonization,* 1952, p. 74 ; A. García y Bellido, « Las colonias... », 1959, p. 466 ; M. Marchetti, « Hispania », *Diz. Epig.*, 1962, p. 878 ; J. M. Blázquez, « Estado... », 1962, p. 74 ; E.T. Salmon, *Roman Colonization...,* 1969, p. 164 ; H. Galsterer, *Untersuchungen...,* 1971, p. 68 ; C.H.V. Sutherland, *The Roman in Spain 217 B.C.-A.D. 117,* 1971, p. 121 ; G. Dispersia ; « La concessione.... », 1972, p. 114 ; B. Galsterer Kröll, « Zu den Spanischen Städtelisten des Plinius », *AEA,* 48, 1975, p. 122 ; A. Tovar, *Baetica,* 1976, p. 114 ; F. E. Adcock, « Caesar's Dictatorship », *CAH,* 1977, p. 708 ; A. Caballos, « Colonia Claritas Iulia Vcubi », *Habis,* 9, 1978, p. 284). On ne sait si César y installa des vétérans, comme le pense E. Gabba (« Aspetti... », 1970, p. 150 = *Esercito et Societá,* 1973, p. 511), ou si, comme Ituci et Urso, la colonie était essentiellement civile (P.A. Brunt, *Italian Manpower,* 1971, p. 586 ; C.H.V. Sutherland, *loc. cit. ;* M. Ferreiro, *César,* 1986 p. 370 et 794, n. 177). P.J. Lacort Navarro (« Colonia Claritas

Iulia Vcubi, Actual Espejo (Córdoba) », *DArch,* 1992, 1-2, p. 196) ne se prononce pas.

27. 9. *Ventiponem oppidum* : L'épigraphie situe Ventipo à Atalaya de Casariche, ou du moins dans les environs : aux deux inscriptions trouvées près de Casariche (*CIL,* II, 1467 et 1468) s'en sont ajoutées trois autres, publiées par P. A. Recio Vagazones, entre 1982 et 1985, dans les « Programas de Feria et Fiesta de Estepa » ; il s'agit de trois inscriptions funéraires d'habitants de Ventipo, découvertes dans les localités situées à une dizaine de kilomètres de Casariche, Gilena, La Roda de Andalucia et Lora de Estepa (cf. M. Ferreiro, « Acerca del emplazamiento de la antigua ciudad de Carruca », *Habis,* 17, 1986, p. 267, n. 20 ; idem, « Munda y el campus Mundensis », *Homenaje al profesor A. Blanco Freijeiro,* vol. 3, Madrid, 1989, p. 190, n. 38). De plus, l'emplacement de Ventipo dans cette zone a été confirmé par la découverte, non loin de Casariche, entre Badolatosa et Puente Genil, d'une autre inscription funéraire fixant la localisation d'Oningi, citée par Pline (*Nat.* 3, 12) avec Ventipo parmi les cités stipendiaires du *conuentus* d'Astigi (Ecija) (cf. J. M. Luzón, « El municipio Flauio Oningitano y la genesis de un epigrafe », *AEA.*, 41, 1968, p. 150-155). Bien que la localisation de Ventipo à Casariche eût déjà été proposée par J. et M. Oliver (*Munda pompeiana,* Madrid, 1861, p. 84), vingt-cinq ans plus tard, le colonel Stoffel n'en fait pas mention et, identifiant Munda à Montilla (cf. *infra,* 27. 15), propose de chercher la cité entre les rios Guadajoz et Cabra, dans los Llanos de Vanda (2, p. 185 et 307 ; 3, pl. 24). Plus tard, A. Schulten, qui lui aussi situe Munda à Montilla, tout en admettant l'identification de Ventipo avec Atalaya de Casariche (*RE,* VIII A, col. 819), suppose l'existence d'une cité homonyme à l'est de los Llanos de Vanda (*FHA* 5, 1940, p. 136). Bien que dénuée de fondement, cette opinion a été suivie, entre autres, par J. Carcopino (*César,* 1968, p. 465, n. 3) et G. Pascucci (*Bellum Hispaniense,* 1965, p. 303). Comme J. M. Luzón (*loc. cit.,* p. 152, n. 9), R. Corzo (« Munda... », 1973, p. 243), M. Ferreiro (*loc. cit.* et *César,* 1986, p. 333 et 724, n. 592), V. Durán – qui, dans un article écrit en collaboration avec ce dernier (« Acerca del lugar donde se dio la batalla de Munda », *Habis,* 15, 1984, p. 232-233), ne retient plus la localisation de Ventipo au Cortijo de los Cosmes (cf. note suivante, sur Carruca) proposée dans un ouvrage précédent (*La batalla de Munda,* Cordoue, 1984, p. 14 et 30) – et C. Pemán (« Nuevo ensayo... », (1973), 1988, p. 47), nous ne voyons donc pas de raison de situer la Ventipo du *B.H.* ailleurs que dans la zone de Casariche. Pour s'y rendre, les deux armées devaient emprunter la route de Corduba à Anticaria, traverser le rio Genil à la hauteur de l'actuelle Badalatosa (A. Caruz, « La última campaña de César en la Bética : Munda », 1978, p. 145 et 152 ; M. Ferreiro, *César,* 1986, p. 333 et 723, n. 591) ou de Benameji (R. Corzo, *loc. cit.* p. 243 et 245 ; M. Ferreiro, *loc. cit.* ;

sur l'identification de Benameji avec la station *Ad Gemellas* (ou *Angellas*) de l'*Itinéraire d'Antonin,* voir P. Sillières, *Les voies de communication...*, 1990, p. 417-418), et suivre une route correspondant au tracé d'un chemin qui passe aujourd'hui par Corcoya, Casariche, La Salada et Estepa (R. Corzo, *loc. cit.*, et carte 2 ; cf. note suivante). Pompée dut ainsi parcourir en une journée et demie environ la trentaine de kilomètres qui sépare Spalis (Monturque) de Ventipo et parvenir à cette place le 12 mars ; un peu plus tard, il y laissa probablement une garnison, mais la ville se rendit à César apparemment sans beaucoup de résistance.

27. 10. *in Carrucam* : La Carruca du *B.H.* est probablement la Marruca citée par Pline (*Nat.* 3, 12) parmi les cités stipendiaires du *conuentus* d'Astigi (Hübner, *RE,* III, 2, col. 1614 ; A. Tovar, *Baetica,* 1974, p. 117-118 ; cependant, A. Schulten, *RE,* XIV, col. 1918, *s. u. Marucca,* distingue les deux villes). Sa localisation est étroitement dépendante de celle de Munda ; si, par conséquent, Stoffel (2, p. 185 et 307) et A. Schulten (*FHA,* 5, 1940 p. 136 et p. 166, carte III) la situent près de Montilla, à la suite des chercheurs qui invoquent la proximité de Munda et d'Urso (cf. *infra,* 27. 15), nous pensons qu'il faut la chercher entre le rio Genil et le rio Corbones, et non loin d'Osuna. Plusieurs sites ont été proposés. Au siècle dernier A. Fernández-Guerra (*Munda pompeyana,* Madrid, 1866, p. 14), suivi par J. Oliver *(Viaje arqueológico emprendido en el mes de mayo de 1864 de orden de la Real Academia de la Historia,* Madrid, 1866, p. 55), qui abandonnait alors une hypothèse précédente (le site de Los Corrales *in* J. et M. Oliver, *Munda pompeiana,* Madrid, 1861, p. 95), propose de placer Carruca à Los Villares de Corito, près de Aguadulce, à mi-chemin de l'actuelle route d'Estepa à Osuna. Mais, dans ce cas, les deux armées auraient dû passer par Urso pour se rendre à Munda, ce qu'a pu faire Pompée, mais non César, car l'anonyme, s'il pouvait ignorer l'itinéraire de Pompée, n'aurait pas manqué de signaler le passage de l'armée de César devant cette place importante. La même raison conduit à écarter le site de Pajares, découvert en 1981, où les photographies aériennes révèlent une enceinte à courtines concaves (F. Didierjean, « Enceintes... », 1983, p. 74-76 et 79, fig. 36 et 38). D'autre part, dans la mesure où nous l'identifions avec Munda (cf. *infra,* 27. 15), nous écartons également le Cerro de la Camorra (R. Corzo, « Munda... », 1973, p. 247, et fig. 3 ; idem, « Arqueología de Osuna », *Archivo Hispalense,* 189, 1980, p. 124 ; F. Didierjean, *loc. cit.,* p. 79), et, par conséquent, le Cerro de la Atalaya, appelé également Cerro de la Balas à cause des *glandes* qu'on y trouve en abondance (F. Didierjean, *loc. cit.* ; V. Durán, *La batalla de Munda,* 1984, p. 30-32 ; cf. P. Sillières, *Les voies de communication...,* 1990, p. 427). La proximité de ces deux collines est, en effet, incompatible avec l'indication du *B.H.* 27, 6, qui suppose qu'au moins une étape *(iti-*

nere facto) sépare Carruca du *campus Mundensis*. Quant à la localisation de Carruca à Villar de Fuentes Alamos, à quatre kilomètres au nord de Puente Genil, avancée par A. Caruz (« La última campaña... », 1978, p. 145-146), elle est liée à celle de Munda à Villar de Alhonoz, que nous ne retenons pas (cf. *infra,* 27. 15). Le choix de Carula, située souvent, mais sans certitude, près de Puebla de Cazalla (A. Tovar, *Baetica,* 1974, p. 129 ; P. Sillières, *op. cit*., p. 403, 407, 410) proposé par C. Pemán (« Nuevo ensayo... » (1973), 1988, p. 51), dépend de l'identification de Spalis avec Hispalis, que nous écartons (cf. *supra,* 27. 6). L'hypothèse la plus convaincante nous paraît être celle de M. Ferreiro qui propose de placer Carruca à mi-chemin de la voie antique Astigi-Ostipo au Cortijo de los Cosmes, " despoblado " où de nombreux vestiges ibériques et romains semblent témoigner de l'existence d'une agglomération antique et non d'une simple exploitation rurale (M. Ferreiro, *César,* 1986,, p. 726-729, n. 604 ; idem, « Acerca del emplaziamento de la antigua ciudad de Carruca », *Habis,* 17, 1986, p. 265-270 ; cf. Hernández,-Sancho,-Collantes, *Catálogo...,* 4, 1954, p. 80 ; cf. carte 2. Ce site important a été précédemment identifié par R. Corzo (« Munda... », p. 251) avec Ilipa (cité connue aussi sous le nom d'Ilipula Minor), que la plupart des autres savants reconnaissent dans le Cortijo de Repla (cf. A. Tovar, *op. cit.,* p. 129 ; P. Sillières, *op. cit.,* p. 401 et 407, contre l'avis de R. Corzo), et par V. Durán (*op. cit.* p. 14 et 30) avec Ventipo, suggestion qui n'est pas retenue dans ses publications ultérieures. Malgré les incertitudes qui demeurent, on peut donc reconstituer l'itinéraire vraisemblable des armées. Pompée dut quitter Ventipo le 13 mars, après s'être assuré la fidélité de la ville et y avoir laissé une garnison, pour se diriger vers Ostippo (Estepa ; *CIL,* II, 1438, 1449, 5049 ; cf. P. Sillières, *op. cit.,* p. 405) par un chemin passant par la Salada, dont l'antiquité est indubitable (R. Corzo, *loc. cit.,* p. 243-245 et fig. 2 ; cf. Hernández-Sancho-Collantes, *Catálogo...,* 4, 1954, p. 40 ; cf. aussi P. Sillières, *op. cit.,* p. 522 : « Une voie longeait aussi très probablement le pied septentrional des sierras subbétiques depuis Tucci (Martos) jusqu'à Ostippo et la Campiña »). D'Ostippo une voie conduisait à Astigi (Ecija), dont subsistent encore aujourd'hui des vestiges, et qui porte le nom d'*arrecife,* dérivé du terme *al-rasif* (" la grande chaussée "), que les Arabes appliquèrent aux grandes voies antiques de l'Andalousie (R. Corzo, *loc. cit.,* p. 249 et fig. 3 ; P. Sillières, *op. cit.,* p. 217, 506-508, et n. 22). Pompée dut camper aux environs de Marinaleda, d'où il pouvait communiquer facilement avec Munda, Urso et Astigi (M. Ferreiro, *César,* 1986, p. 333 et 725, n. 598 et 599). A Urso il installa sans doute une garnison comme le laissent supposer le message envoyé précédemment à la ville (26, 5) et sa résistance ultérieure (41, 5). Quant à Astigi, elle prit probablement part au conflit, plutôt du côté des Césariens, puisqu'elle devint la *Colonia Augusta Firma Astigitana* ; toutefois, les inscriptions que V. Durán (*La batalla de Munda,* 1984, p. 15-16) invoque à ce propos sont considérées comme fausses par Hübner (*CIL,* II, p. 12 *, nº 83 * ; p. 17 *, nº 138 *).

27. 11. *contra Pompeium castra posuit* : César put quitter Ventipo, après s'y être approvisionné, au matin du 14 mars, et, sans assiéger Urso, comme l'avait sans doute espéré son adversaire, camper le lendemain non loin de Pompée, peut-être au Cerro de Esparragosa (M. Ferreiro, *César,* 1986, p. 337 et 729, n. 614).

27. 12. *quod contra sua praesidia portas clausisset* : L'emploi du subjonctif laisse entendre que le motif invoqué n'était qu'un prétexte et qu'il s'agissait, comme dans le cas d'Ucubis, d'empêcher César d'entrer en possession des réserves des Pompéiens.

27. 13. *Milesque qui fratrem suum in castris iugulasset* : Malgré la coordination (*milesque*), ce fait n'a aucun rapport logique avec le précédent. Bien que l'auteur ne précise pas la cause du meurtre, il se peut qu'on ait affaire ici à un de ces fratricides qui faisaient déplorer les guerres civiles. Cf. P. Jal, *La guerre civile à Rome,* 1963, p. 415-417.

27. 14. *fusti percussus :* Il s'agit du châtiment militaire décrit par Polybe (6, 37, 1).

27. 15. *in campum Mundensem* : Tite-Live mentionne pour la première fois Munda à l'occasion d'une victoire des Scipions sur Hasdrubal, en 214 (24, 42, 1), puis en rapporte la prise par Ti. Sempronius Gracchus en 180-179 (40, 47, 2). Sa localisation a suscité maintes controverses et on ne compte plus les sites d'Andalousie où l'on a placé la célèbre bataille (cf. J. et M. Oliver, *Munda pompeiana,* 1861, p. 341 et sq. *;* A. Tovar, *Baetica,* 1974, p. 116-117 ; A. Caruz, « La última campaña... », 1978, carte p. 153). Les savants ont écarté depuis longtemps deux sites, qui, bien que trop éloignés du théâtre des opérations, eurent pourtant d'illustres partisans : Ronda la Vieja (15 km au nord de Ronda), élue par J. et M. Oliver Hurtado (*op. cit.*, p. 282), dont l'ouvrage fut primé par la Real Academia de la Historia (cf. P. Bosch Gimpera et P. Aguado Bleye, « La conquista de España por Roma », 1935, p. 254 et A. Blanco, « Ategua », 1983, p. 131) et salué par E. Hübner (« Wo lag Munda », *Jahrbücher für class. Philologie,* 85, 1862, p. 34-40). Et, d'autre part, la moderne Monda, à une trentaine de km au sud-est de Ronda, non loin de Marbella, défendue par plusieurs érudits espagnols du XVIIIᵉ siècle, tels J. F. de Masdeu (*Historia de España,* IV, Madrid, 1787) et, plus tard, par Th. Mommsen (« Zum *B.H.* », 1893, p. 613-614). Deux autres solutions retiennent plus particulièrement l'attention. La première consiste à identifier Munda avec l'actuelle Montilla et le *campus Mundensis* avec los Llanos de Vanda (cf. carte 2). Elle a été défendue, entrez autres, par J. A. Céan-Bermudez (*Sumario de las Antigüedades Romanas que hay en España,* Madrid, 1832, p. 321), M. Cortés y López (*Diccionario geográfico-histórico de la España antigua,* 2, Madrid, 1835, p. 203 et sq.),

P. Madoz (*Diccionario Geográfico-estadístico de España y sus posesiones de Ultramar,* 11, Madrid, 1848, p. 50), et surtout par Stoffel, peut-être influencé par Mérimée qui, dans la première page de *Carmen* (1845), évoque les recherches menées à l'automne 1830, aux environs de Montilla, et annonce la publication d'un mémoire, qui n'a pas été rédigé, ou du moins retrouvé (cf. A. Blanco López-Brea, « Mérimée historiador », *Historia 16,* 104, 1984, p. 86 sq.). Le colonel français, à la demande de Napoléon III, étudia le terrain en 1861-1862, en gardant toujours présente à l'esprit l'idée que Cn. Pompée ne pouvait s'être éloigné de Cordoue, sa base d'opérations (*Histoire de Jules César, Guerre Civile,* 2, Paris, 1887, p. 307 et 312-313 ; cf. J. Le Gall, « Un exemple de collaboration franco-espagnole en archéologie au siècle dernier : Napoléon III fait rechercher les traces des campagnes de César en Espagne », *Gerión*, 5, 1987, p. 9-14 ; J. Gómez-Pantoja, « Stoffel en España. Una respuesta a Joël Le Gall », *Gerión*, 13, 1995, p. 17-26 ; idem, « A la recherche de César, Stoffel en Espagne », *Pyrénées-Terres-Frontières, Actes du 118e congrès national des sociétés historiques et scientifiques, Pau, 25-29 octobre 1993*, Paris, 1996, p. 267-276). La thèse fut reprise ensuite par nombre de savants : W. Drumann et P. Groebe (3, p. 572, n. 5), A. Klotz, en 1909 (« Die Schlacht von Munda », *Neue Jahrbücher für das Klassischen Altertum,* 1909, p. 560-573), et en 1927 dans son *Kommentar zum Bellum Hispaniense,* précédé de la préface du général Lammerer (sur l'emplacement de Munda, p. 27-30) ; celui-ci visita le site en 1921 avec A. Schulten, qui partage le même point de vue (A. Schulten *in* Kromayer-Veith, *Schlachtenatlas, Röm. Abt.*, 3, 1924, Bl. 23, et p. 114 ; idem, *RE,* XVI, 1, 1933, col. 557-558, nº 1 ; idem, « Die Schlacht bei Munda », *Rh. M,* 84, 1935, p. 391-400 ; idem, *FHA,* 5, 1940, p. 124-125 et 136). Il en va de même pour J. Carcopino (*Jules César,* 1968, 1935¹, p. 465), R. Thouvenot (*Essai...,* 1940¹, p. 146 et p. 770 de l'édition augmentée de 1973), G. Pascucci (*Bellum Hispaniense,* 1965, p. 302), P. Palop (« Córdoba en la encrucijada de la batalla de Munda », 1978, p. 160), F. Valverde (« El emplazamiento de Munda », *Boletin de la Real Academia de Córdoba,* 87, 1985, p. 26), et A. Marín Díaz (« Hispania, campo de batalla », *Historia 16,* 103, 1984, p. 82-83). Ajoutons que le choix de Montilla a parfois conduit les chercheurs à considérer que la Munda des guerres puniques et la Munda de la guerre civile étaient deux cités différentes (A. Schulten, *RE, ibid,* nº 2 ; Ch. Gouillart, Tite-Live, *Histoire Romaine*, t. XXX, Paris, CUF, 1986, p. 126, n. 5 ; pour un avis contraire, cf. R. Corzo, « La segunda guerra púnica en la Bética », *Habis*, 6, 1975, p. 221-223). La seconde hypothèse consiste à chercher Munda aux environs, non pas de Montilla, mais d'Osuna, l'antique Urso, comme le veulent A. Fernández-Guerra (*Munda pompeyana,* Madrid, 1866, p. 28), J. Oliver (*Viaje arqueológico emprendido en el mes de mayo de 1864 de orden de la Real Academia de la*

Historia, Madrid, 1866, p. 70), qui corrige l'erreur commise dans *Munda pompeiana* et reconnaît que les ruines voisines de Ronda la Vieja sont celles d'Acinippo (cf. A. Tovar, *op. cit.,* p. 153-154 ; P. Sillières, *Les voies de communication,* 1990, p. 561), A. Engel (« Rapport sur une mission archéologique en Espagne (1891) », *Nouvelles Archives des Missions scientifiques,* 3, 1892, p. 148), T. R. Holmes (*The Roman Republic,* 3, 1923, p. 306 et 544-547), G. Veith (*in* J. Kromayer-G. Veith, *Antike Schlachtfelder,* 4, 1924, p. 552-564), M. Gelzer (*Caesar,* Oxford, 1968, p. 295, n. 1 = édition remaniée et augmentée, Munich, 1941), F. E. Adcock (« Caesar's Dictatorship », *CAH,* 9, 1955, p. 703, n. 1 ; toutefois, dans l'édition 1994 de la *Cambridge Ancient History,* 9, p. 437, E. Rawson ne propose aucune localisation de Munda), J. Harmand (« César et l'Espagne durant le second *Bellum ciuile* », 1970, p. 201-202), R. Corzo (« Munda... », 1973), A. Caruz (« La última campaña... », 1978), F. Didierjean (« Enceintes... », 1983), V. Durán (*La batalla de Munda,* 1984, p. 12-16 et 32-35), M. Ferreiro (*César,* 1986, p. 337 et 730-735, n. 622), C. Pemán, (« Nuevo ensayo... » (1973), 1988, p. 37, 48, 66), P. Sillières (*op. cit.,* p. 426-428), Y. Le Bohec (*César,* 1994, p. 110), qui hésite entre les deux solutions, comme H. Zehnacker (*Pline l'Ancien, Histoire Naturelle, Livre III*, Paris, CUF, 1998, p. 128). Les raisons invoquées par les partisans de cette seconde thèse ont été fort bien résumées par M. Ferreiro et V. Durán (M. Ferreiro, *loc. cit. ;* idem, « El emplazamiento de Munda », *Bimilenario de la Colonia Augusta Firma Astigi. I congresso sobre historia de Ecija,* Ecija, 1986 ; idem, « Munda y el *Campus Mundensis* », 1989, p. 189-190 ; V. Durán et M. Ferreiro, « Acerca del lugar donde se dio la batalla de Munda », 1984).

1°. La cité était située dans un territoire qui, sous l'Empire, constituait le *conuentus* d'Astigi (Plin., *Nat.* 3, 12).

2°. Munda ne peut être éloignée d'Urso : d'une part, le *B.H.* 28, 2 présente le déploiement des forces de Pompée devant Munda comme une manœuvre destinée à rassurer les habitants d'Urso ; d'autre part, lors du siège d'Urso, Fabius Maximus fait venir de Munda le bois nécessaire aux travaux, car on ne pouvait en trouver à moins de 6 milles (*B.H.* 41, 5-6) : quoi qu'en pensent Th. A. Dodge (*op. cit.,* p. 718) et A. Schulten (*FHA,* 5, 1940, p. 140), il ne paraît pas vraisemblable que l'on ait transporté ce bois depuis Montilla, sur une distance de 66 km !

3°. Montilla est trop rapprochée d'Espejo (l'antique Ucubis) « pour que l'on puisse intercaler entre les deux agglomérations le processus stratégique impliqué par *B.H.* 27 » (J. Harmand, *loc. cit.*).

4°. César ayant pris Ventipo la veille de la bataille, Munda ne peut être éloignée de cette cité, identifiée depuis longtemps avec Atalaya de Casariche (cf. *supra,* 27. 9). Or, contrairement à ce que suggère A. Tovar (*op. cit.,* p. 226), il ne semble pas possible de concilier cette localisation de Ventipo avec celle de Munda à Montilla, située à 40 km de Casariche.

Ces arguments nous paraissent convaincants et il semble préférable de chercher Munda non loin d'Urso et d'éliminer tous les sites qui se trouvent à plus d'une trentaine de km d'Osuna. Après Maestre (Veith et Holmes suivis par Gelzer et Adcock), Villar de Alhonoz (Caruz, qui place Carruca à Villar de Fuente Alamos, *loc. cit.*, p. 146-147) et le Cerro de la Atalaya, appelé aussi Cerro de la Balas à cause des *glandes* qu'on y trouve en quantité, (R. Corzo), le meilleur candidat paraît être le Cerro de la Camorra, où nous proposons donc de situer Munda, à la suite de M. Ferreiro, V. Durán, F. Didierjean et P. Sillières, et, comme l'avait déjà pensé il y a plus d'un siècle A. Engel *(loc. cit.)*. De plus, le Cerro de la Camorra se trouve à 17 km d'Osuna, assez près pour que Fabius Maximus en fasse venir le bois destiné au siège d'Urso (*B.H.* 41, 6), mais à plus de 8 milles, la distance que les assiégeants d'Urso devaient parcourir pour se procurer de l'eau (*B.H.* 41, 4) : si Munda avait été située à moins de 12 km d'Urso, les Césariens auraient pu s'y approvisionner, après sa reddition (cf. M. Ferreiro, *César,* 1986, p. 734 ; idem, « Munda y el *Campus Mundensis* », 1989, p. 194 et 196). Enfin, une découverte récente tend à confirmer cette localisation du champ de bataille : en 1983, V. Durán a trouvé aux Llanos del Aguila, à environ 800 m du Cerro de la Camorra, à 500 m de l'Arroyo Salado, un bouton d'argent *(pasador)* portant l'inscription redoublée A VARO, qui a pu appartenir à Attius Varus, tué au cours de la bataille (*B.H.* 31, 9). Cf. V. Durán, *op. cit.,* p. 14, 17 et 36 ; idem, « Muerte de Attius Varus en Munda », *Estudios sobre Urso,* 1989, p. 372 ; idem et M. Ferreiro, *loc. cit.,* p. 233-234 ; M. Ferreiro, *César,* 1986, p. 733 ; idem, « Munda y el *Campus Mundensis »,* p. 190-191. C'est là un indice de plus en faveur de la localisation de Munda au Cerro de la Camorra, dont, par ailleurs, l'accès est facilité par les voies de communication. En effet, à partir du Cortijo de Los Cosmes, où nous plaçons Carruca (cf. *supra,* 27. 10), un chemin traverse l'Arroyo Salado de Gilena par un pont, dont les vestiges sont encore visibles, et, longeant la lagune de Ruiz Sanchez, rejoint l'actuelle Cañada de D. Francisco, pour conduire à Marchena en passant par le Cerro de la Camorra (cf. Corzo, *loc. cit.,* p. 250-251, qui voit là un tronçon de la voie Anticaria-Hispalis, contre l'avis de P. Sillières, *op. cit.,* p. 407). Par ailleurs, ce site se trouve sur la voie menant à Carteia, où Cneius se réfugia après sa défaite (cf. *infra,* 32. 8). Notons que C. Pemán (*loc. cit.,* p. 69, n. 4) envisage, lui aussi, le site de La Camorra, bien qu'il situe le *Campus Mundensis* plus à l'ouest, dans la plaine du Corbones, et retienne plutôt le site de Marchena.

27. 16. *castra contra Pompeium constituit* : Le 16 mars, Pompée installa son camp sur le Cerro de la Camorra, sous les remparts de Munda et César probablement sur le Cerro del Aguila, à 5 milles du camp de son adversaire (cf. *B.H.* 29, 1). Cf. M. Ferreiro, *César,* 1986, p. 337 et 735, n. 625.

28. 1. *Sequentique die* : Le 17 mars, le jour même de la bataille de Munda (cf. 31, 8).

28. 2. *cum iter facere Caesar cum copiis uellet* : G. Pascucci (*Bellum Hispaniense,* 1965, p. 306) pense que César avait l'intention de couper Pompée de ses communications avec la mer. Il est plus probable que César s'apprêtait à reprendre sa marche, pensant que son adveraire ferait de même (cf. M. Ferreiro, *César,* 1986, p. 736, n. 634).

28. 3. *uexillum proposuit* : Contrairement à l'auteur du *B. H.*, César ne manque pas d'expliquer l'expression technique *uexillum proponere* : *quod erat insigne cum ad arma concurri oporteret* (*B. G.* 2, 20, 1). Bien qu'on attribuât plus tard à César une allocution prononcée en cette occasion, Asinius Pollion, aux dires de Suétone (*Caes.* 55, 7), rapporte que César n'eut pas le temps de haranguer ses troupes (cf. Dio Cass. 43, 36, 4).

28. 4. *Hae litterae uehementer confirmabant mentes oppidanorum* : Une copie de la lettre interceptée par les Césariens (26, 3) est donc parvenue à Urso. Bien que l'auteur, utilisant les seules informations dont il dispose, à savoir ce message, ne parle que d'Urso, il est évident que Pompée cherchait à rassurer bien d'autres cités, dont la fidélité était ébranlée, comme l'indique Dion Cassius, 43, 35, 1-2 (cf. Stoffel, 2, p. 186 ; G. Pascucci, *Bellum Hipaniense,* 1965, p. 306 ; J. Harmand, « César et l'Espagne durant le second *Bellum ciuile* », 1970, p. 201). Certains pensent que Pompée s'est exposé à livrer bataille pour d'autres raisons, par crainte d'être coupé de ses communications avec Carteia (A. Schulten, *FHA,* 5, 1940, p. 136), ou pour éviter de traverser les vastes étendues de la région de Séville, où son armée risquait d'être taillée en pièces par la cavalerie de César (A. Fernández-Guerra, *Munda pompeyana,* 1866, p. 7 ; A. Caruz, « La última campaña de César en la Bética : Munda », 1978, p. 152). Mais, comme le fait remarquer M. Ferreiro (*César,* 1986, p. 738), si Pompée avait eu l'intention d'abandonner sa tactique d'usure, depuis son départ d'Ucubis le 10 mars, il aurait eu le temps de conduire son armée dans un autre secteur d'opérations. Il est donc probable que, disposant d'une position aussi forte, il espérait que César n'oserait accepter le combat et que dans le cas contraire, il aurait les meilleures chances de remporter la victoire (cf. J. Carcopino, *César,* 1968, p. 465 ; G. Pascucci, *ibid.*).

28. 5. *hac opinione fretus* : L'expression *opinione fretus,* comme en 9, 2, dénonce la présomption de Pompée, qui s'abandonne à l'illusion que César ne relèvera pas le défi. Cf. Introduction, p. LXIII.

28. 6. *tuto se facere posse* : La manœuvre de Pompée est présentée comme une démonstration destinée à prouver que César refuse le combat et donc à rassurer ses alliés.

28. 7. *ut superius demonstrauimus loca excellentia tumulis contineri* : La formule rappelle les précisions topographiques de 7, 3 et de 8, 3-5.

L'emploi de la forme intensive *superius* se retrouve en 34, 6 (cf. Phaedr. 4, 25, 2 ; Gaius, *Inst.* 1, 87 ; *Per. Aeth.* 5, 10 ; 27, 1). Comme en 31, 4 (*dextrum ut demonstrauimus decumanos cornum tenuisse*), la fonction de l'incise *ut superius demonstrauimus* est oubliée et le verbe est suivi d'une proposition infinitive. Plusieurs exemples de ce phénomène sont relevés dans Kühner-Stegmann, II, p. 582 sq. (Ter., *Ad.* 648 ; *Phorm.* 480 ; Varr., *R.R.* 2, 10, 8 ; 3, 6, 6 ; Cic., *Nat.* 2, 94 ; *Off.* 1, 22 ; *Rep.* 1, 58 ; *De Or.* 3, 3 ; *ad Q. fr.* 2, 13, 2). Cf. Löfstedt, *Synt.* II, p. 165 sq.

28. 8. *interim nonnulla planitie diuidi* : La leçon *nulla* des manuscrits est incompatible avec la topographie décrite dans le chapitre suivant, qui, justement, insiste sur l'importance de cette *planities*. Nipperdey a proposé la correction *interuallo planitie* (gén.) *diuidi* et Klotz *interim media planitie diuidi*. Il est possible d'admettre *interim* en lui donnant le sens de *interdum,* fréquent dans la prose impériale (cf. G. Pascucci, *op. cit.*, p. 309). Quant à *nonnullus*, au singulier, on le rencontre chez César (*B.C.* 1, 78, 1 *non nullam copiam ;* 1, 13, 4 et 46, 2 *non nulla pars ;* surtout *B.G.* 7, 37, 4 *non nullo beneficio*).

29. 1. *Cuius decursum antecedebat riuus* : L'emploi de *decursus* dans le sens de *decliuitas* est un hapax ; de même, l'emploi de *antecedere* avec l'acception de *praefluere* ou *praeterfluere* est inusité et paraît renvoyer au point de vue des Césariens, pour qui le ruisseau constitue un obstacle (G. Pascucci, *Bellum Hispaniense,* 1965, p. 313). D'après Orose, *Hist.* 6, 16, 7 *(ultimum bellum apud Mundam flumen gestum est),* ce ruisseau portait le même nom que la cité, comme la région en présente d'autres exemples (Singilis, Maenoba, Malaca ; cf. A. Schulten, *FHA,* 5, 1940, p. 137 et 152). Ce ruisseau ne doit pas être confondu avec un autre Munda, affluent du Tage (aujourd'hui le rio Mondego) mentionné par Strabon, 3, 3, 4, Pomponius Mela, 3, 8, Pline, *Nat.* 4, 115 et Ptolémée, 2, 5, 3 (cf. A. Schulten, *FHA,* 6, 1952, p. 203-204). Cf. Grosse, *RE,* Suppl. IX, col. 411, *s.u. Munda* ; A. Tovar, *Baetica,* 1974, p.117. Si les partisans de la localisation de Munda à Montilla l'identifient avec le Carchena, nous pensons qu'il s'agit de l'Arroyo de Calderón, dont les rives peuvent devenir marécageuses par temps de pluie (M. Ferreiro, *César,* 1986, p. 737, n. 650).

29. 2. *currens erat ad dextrum* : La substitution de la périphrase *currens erat* à l'imparfait *currebat*, qui aurait décrit une situation habituelle, suppose qu'on n'a pas affaire à une simple indication de la direction du cours du ruisseau gonflé par le dégel ; il déborde sur la droite, par rapport à l'armée de César ; or c'est justement ce secteur qui jouera un rôle important dans le déroulement de la bataille (cf. 30, 7 et 31, 4).

29. 3. *palustri et uoraginoso solo* : Dans son édition (1887) de Sidoine Apollinaire, Luetjohann rapproche cette expression du passage suivant : *is quidem (*i. e. *lacus) sane circa principia sui solo palustri uoraginosus* (*Epist.* 2, 2, 16). C'est là l'unique exemple de tradition indirecte du *B.H.* Quant à l'épithète *uoraginosus*, il est évité par la langue littéraire et apparaît dans la la langue technique et tardive (Front., *Strat.* 2, 5, 7 ; Apul., *Met.* 9, 9, 1 ; Amm. 24, 6, 7). Cf. G. Pascucci, *Bellum Hispaniense*, 1965, p. 313.

29. 4. *Hoc accedebat ut* (...) *tributum esset* : La première subordonnée n'est qu'un rappel de 29, 1 ; seule la seconde (*et diei* (...) *tributum esset)* introduit une nouvelle circonstance favorable pour livrer combat : les conditions météorologiques.

29. 5. *et diei solisque serenitate ut mirificum, ut optandum tempus prope ab diis immortalibus illud tributum esset* : Le texte trahit une solennité inhabituelle dans le *B.H.*, « comme si, l'ancien combattant, au souvenir de cette journée mémorable, s'efforçait d'adapter son style au caractère dramatique du moment » (G. Pascucci, *Bellum Hispaniense*, 1965, p. 310 -311) : groupes binaires, anaphore, succession de deux épithètes de sens voisin avec ἀντικλῖμαξ (*diei solisque* (...) *ut mirificum, ut optandum)*, disjonction de *tempus* et de *illud*, référence à l'intervention divine par l'intermédiaire de la formule rituelle (cf. 17, 1). Toutefois, la présence de *prope* devant *ab diis immortalibus* ne permet guère de prêter un sentiment authentiquement religieux à l'auteur, comme le fait remarquer M. Rambaud (*L'art de la déformation*, 1953, p. 267) : « Le *Bellum Hispaniense* ne fait pas aux dieux la part la plus belle : une figure de rhétorique et le beau temps qui favorise la rencontre de Munda. Encore l'affirmation est-elle tempérée, l'auteur remarquant la coïncidence de la bataille avec les *Liberalia* (cf. *infra*, 31. 7) et songeant sans trop y croire à une protection conjuguée de Jupiter et de Dionysos. » Il n'est bien sûr pas question ici du palmier qui aurait poussé un rejeton, après la victoire, présage de la gloire future d'Auguste (Suét., *Aug.* 94, 16 ; Dio Cass. 43, 41, 2 ; cf. A. Schulten, *FHA*, 5, 1940, p. 149). Sur le " positivisme " de César, cf. M. Rambaud, « César et l'épicurisme à travers les *Commentaires* », 1968, p. 422 (= *Autour de César*, 1987, p. 118) ; A. La Penna, « Tendenze e arte del *Bellum ciuile* di Cesare », *Maia*, 5, 1952, p. 218 ; G. Pascucci, *op. cit.*, p. 43 ; U. Pizzani, « La cultura filosofica di Cesare », 1993, p. 176-181. Cf. aussi les références données *supra*, 26. 6. On peut même se demander si cette phrase évoque le climat de l'Andalousie au printemps (cf. A. Schulten, *FHA*, 5, 1940, p. 137) et renvoie à l'expérience du narrateur, ou bien si on a affaire à un simple lieu commun rhétorique, comme le pense J. Mártinez Gázquez (« *Bellum Hispaniense* 29, 4 ¿ Rasgo retórico o constatación real ? », *AFB*, 3, 1977, p. 117-122), qui compare ce texte avec un passage de Polybe (11, 24, 7-9) et un passage de Tite-Live (28, 15, 10-11).

29. 6. *prope murum* : Il peut s'agir d'une barricade destinée à renforcer les défenses de la ville, dont les Pompéiens avaient voulu faire un bastion inexpugnable (cf. 32, 1 : *qui oppidum Mundam sibi constituissent praesidium)*.

29. 7. *patrocinari loco iniquo non desinunt* : Comme le souligne G. Pascucci (*Bellum Hispaniense*, 1965, p. 320), *loco iniquo* doit être entendu du point de vue des troupes de César. Cependant, il semble possible de conserver le sens actif de *patrocinari*, " protéger " (cf. Ter., *Phorm.* 939 ; Plin., *Nat.* 14, 148 ; Quint., *Inst.* 2, 4, 23 ; Tac., *Dial.* 10, 5), en lui donnant une valeur ironique, proche de celle qu'on rencontre dans un vers que Plaute (*Truc.* 822) prête à une servante s'adressant au séducteur d'une jeune fille qui essaye de se cacher contre un mur : *uideo ego te, propter male facta qui es patronus parieti.* Cf. G. Pascucci, « Stile e lingua dell'*Hispaniense* », *StudUrb*, 24, 1950, p. 206, n. 58 ; idem, *op. cit.*, p. 320.

30. 1. *equitatu* : D'après Dion Cassius (43, 36, 1), la cavalerie de Pompée aurait été constituée en grande partie des Numides envoyés par Bocchus, avec ses propres fils, ce que conteste H. Gsell (8, p. 157), à la suite de Th. Mommsen (*Hist. Rom.*, XI, p. 260, n. 1) : « Quoi qu'en dise Dion Cassius, il n'y a pas lieu d'admettre que Bocchus ait envoyé ses fils à l'armée de Gnæus Pompée : un tel acte d'ingratitude envers César eût été insensé et lui eût certainement coûté son royaume. Dion a commis une confusion. C'est Arabion, l'ennemi de Bocchus, qui se trouvait du côté des Pompéiens (App. *Ciu.*, 4, 54) ; quant aux fils de Bocchus, s'ils allèrent vraiment en Espagne, ils durent se mettre, comme Bogud, sous les ordres du dictateur. » Cf. aussi Klebs, *RE*, III, 2, col. 578-579, *s.u. Bocchus*, n° 2.

30. 2. *prope alterum tantum* : C'est-à-dire six mille hommes. Si le nombre des auxiliaires égalait celui de toutes les autres forces de Pompée, le déséquilibre numérique serait trop important.

30. 3. *LXXX cohortibus* : On peut rapprocher ces effectifs de ceux de Pharsale : *numeroque cohortes CX expleuerat* (*Pompeius*). *Haec erant milia XLV* (*B. C.* 3, 88, 4). Ce qui, rapporté aux cent trente cohortes de Cn. Pompée à Munda, donnerait un total d'environ cinquante mille hommes, plus du double des légionnaires de César, qui, à Pharsale, alignait déjà huit légions, soit vingt-deux mille hommes (*B. C.* 89, 2). Ces chiffres contredisent l'assertion de Dion Cassius (43, 36, 2), qui présente les soldats de César comme « pleins de confiance dans leur nombre ». Parmi les huit légions de César, quatre (la III, la V, la VI, la X) étaient composées, au moins en partie, de vétérans et quatre de recrues (la XXVIII, la XXX et deux autres) ; cf. Drumann-Groebe, 3, p. 719. Cf. Introduction, p. XLII-XLIV.

30. 4. *octo milibus equitum* : Parmi ces cavaliers figure le contingent de Numides amenés d'Afrique par le roi Bogud, (Dio Cass. 43, 36, 1). Cf. *infra*, 31. 4.

30. 5. *in extrema planitie* : Bien que le fait ne soit pas mentionné, les troupes de César ont donc traversé le torrent et se trouvent au pied des versants qui descendent de Munda.

30. 6. *eum locum definire coepit* : *Definire* n'a pas ici le sens de

“ délimiter par des piquets ” le terrain où les soldats vont établir le camp, mais celui de “ délimiter une zone au-delà de laquelle il est interdit d'avancer ”. En revanche, il est peu probable que l'expression signifie, comme le suggère A.J.L. Van Hoof (« The Caesar of the *B.H.* », *Mnemosyne,* 27, 1974, p. 127, n. 13), « to mitigate the danger of the place occupied by the enemies by placing some detachments opposite it ». Le texte souligne à la fois la *prudentia* du chef et l'enthousiasme des troupes (30, 4), ce qui tend à excuser la témérité de la décision prise par César d'accepter le combat dans des conditions aussi défavorables. Cf. M. Rambaud, *L'Art de la déformation...,* 1953, p. 276 ; R. Combès, *Imperator,* 1966, p. 316.

30. 7. *iniquo loco* : Peut-être dans l'intention de provoquer l'attaque de César (Stoffel, 2, p. 187), Pompée fait descendre ses troupes de quelques mètres, sans pour autant perdre l'avantage de sa position.

30. 8. *Hic* : G. Pascucci (*Bellum Hispaniense,* 1965, p. 324) pense que c'est pendant la halte que l'armée de César est passée de l'*agmen* à l'*acies.* Il est plus probable que la manœuvre avait déjà été effectuée auparavant, quand elle était moins risquée (cf. M. Ferreiro, *César,* 1986, p. 739, n. 666).

30. 9. *suum locum* : Comme à Pharsale (*B. C.* 3, 89, 1) et à Thapsus (*B. Afr.* 60, 1). Mais la dixième légion occupait l'aile gauche dans la bataille contre les Nerviens (*B. G.* 2, 21, 1 et 25, 1).

30. 10. *et cetera* [*auxilia equitatus*] : *Auxilia equitatus* transmis par les manuscrits semble n'être qu'une glose, expliquant *cetera,* bien qu'A. Schulten, *FHA,* 5, 1940, p. 137, ne partage pas cet avis.

31. 1. *sic ut prope nostri diffiderent uictoriae* : C'est l'unique concession de l'auteur à Cn. Pompée. Les autres sources sont plus explicites (Cf. Introduction, p. LVI-LVIII). Dion Cassius (43, 37, 1) est le seul à opposer, dans les deux armées, la fuite des auxiliaires à la fermeté des légionnaires ; il est permis d'y voir un effet rhétorique imité de Tite-Live (cf. A. Schulten, *FHA,* 5, 1940, p.147 ; M. Ferreiro, *César,* 1986, p. 741, n. 686). Toutes les autres sources font état de la panique qui s'empara des Césariens, y compris des vétérans, et qui obligea César à intervenir personnellement (Vell., 2, 55 ; cf. Front. 2, 8, 13 ; Plut., *Caes.* 56, 2-4 ; Flor, 2, 13, 81 ; App., *Ciu.* 2, 104 ; Polyen 8, 23, 16 ; Eutr., 6, 24 ; Oros., *Hist.* 6, 16, 7). On notera que, contrairement à Appien (*Ciu.* 2, 104), l'auteur n'indique pas le mot de passe des Césariens, *Venus,* ni celui des Pompéiens, *Pietas.* Cf. S. Weinstock, *Divus Julius,* 1971, p. 83 et 254 ; M.H. Crawford, *Roman Republican Coinage,* 2, 1974, p. 735, n. 6 et 739, n. 3.

31. 2. *cum parem uirtutem ad bellandum contulissent* : La phrase est en contradiction avec l'assertion de 1 : *etsi uirtute nostri antecedebant.* Cf. Dio Cassius 43, 38, 2 : « comme leurs âmes luttaient à chances égales, leurs corps aussi eurent des forces égales. Tous seraient morts, ou, à la nuit, se seraient séparés avec des succès balancés, si Bogud

(...) ne se fût jeté sur le camp de Pompée. » Cette résistance acharnée, qui contraste avec l'attitude des Pompéiens d'Espagne en 49, s'explique par la présence des déserteurs, qui n'avaient aucune indulgence à espérer, et aussi par celle des notables locaux souvent impliqués dans la conspiration contre Cassius Longinus (cf. J. Harmand, « César et l'Espagne durant le second *Bellum ciuile* », 1970, p. 199).

31. 3. *legio aduersariorum traduci coepta sit ad dextrum* : Pompée fait passer des troupes de son aile droite à son aile gauche menacée, située à droite par rapport au front de César (cf. A. Schulten, *FHA,* 5, 1940, p. 138). Peut-être ne s'agissait-il pas d'une légion, mais seulement de 5 cohortes comme l'indique Florus (2, 13, 83 ; cf. A. Schulten, *op. cit.,* p. 151), bien que celui-ci parle de secours envoyés au camp de Pompée, et non à son aile gauche (cf. note suivante).

31. 4. *equitatus Caesaris* : Dans le *B.H.*, c'est la manœuvre de l'infanterie pompéienne qui provoque l'attaque de la cavalerie ennemie. Les récits de Florus et Dion Casius diffèrent de celui de l'anonyme, soit que leur source commune, peut-être Tite-Live (cf. Introduction, p. LVII), ait présenté une autre version des faits, soit qu'ils relatent une phase ultérieure du combat. D'après Florus (2, 13, 83), « cinq cohortes ennemies, que Labienus avait envoyées au secours du camp menacé *(periclitantibus castris),* donnèrent l'impression de fuir » ; il ne mentionne pas le mouvement de la cavalerie de César, mais il se déduit de l'expression *periclitantibus castris.* Dion Cassius (43, 38, 2) est plus explicite encore : « Tous seraient morts ou, à la nuit, se seraient séparés avec des succès balancés, si Bogud, qui était en dehors des lignes, ne se fût jeté sur le camp de Pompée, et si Labienus, à cette vue, n'eût quitté son poste et ne se fût retourné contre lui. Les Pompéiens, croyant qu'il prenait la fuite, perdirent courage ». (Sur Labienus " général de cavalerie ", cf. M. Rambaud, « La cavalerie de César », *Hommages à Marcel Renard,* 2, coll. Latomus, 102, 1969, p. 663 = *Autour de César,* 1987, p. 443-444). Cette version est admise par de nombreux savants, entre autres, Stoffel (2, p. 189), Th. A. Dodge (*Caesar,* New York, 1963, 1892[1], p. 726), Drumann-Groebe (3, p. 575), J. Carcopino (*César,* 1968, 1935[1], p. 466), G. Pascucci (*Bellum Hispaniense,* 1965, p. 328). Mais d'autres ne croient pas que Bogud ait eu pour objectif d'attaquer le camp de Pompée, tels A. Klotz (« Die Schlacht von Munda » 1909, p. 563-564), soulignant, par exemple, l'incohérence de Florus 2, 13, 83 : comment les cohortes peuvent-elles se diriger vers le camp, si elles « traversent le champ de bataille (*per transuersam aciem actae)* ? » Soit ils adoptent la version du *B.H.*, comme A. Schulten (*FHA,* 5, 1940, p. 148), soit ils lui apportent quelques corrections : A. Klotz (*loc. cit.,* p. 572-573) pense que l'anonyme a mal compris l'intention de Bogud, qui était de créer le désordre dans les lignes de Pompée en les attaquant par le flanc gauche (sur le problème posé par l'expression *sinistrum cornum,* voir la note suivante) et par l'arrière ; telle est aussi l'opinion de M. Gelzer (*Caesar,* 1968, 1921[1], p. 296) et de T.R. Holmes (*The Roman Republic*, 3, 1923, p. 308 et 549-551), qui estime que Bogud n'a pas pu lancer cette attaque de sa propre initiative, mais seulement sur l'ordre de César, qui avait dû le donner avant que Labienus n'amorce son mouvement vers l'aile gauche. Enfin, M. Ferreiro (*César,* 1986, p. 344 et 744, n. 740) propose une version des faits assez séduisante, en distinguant deux phases successives de la manœuvre de Bogud : d'abord il attaque l'aile droite de Pompée, empêchant ainsi Labienus de secourir efficacement son aile gauche menacée par la légion X, qui peut ainsi faire reculer l'ennemi ; puis la cavalerie de Bogud menace de déborder sur la droite les troupes pompéiennes et de les prendre à revers – du côté où se trouvait sans doute le camp, ce qui expliquerait l'erreur de Florus et Dion Cassius –, obligeant l'ennemi à renforcer ce secteur par l'envoi de plusieurs cohortes, dont le transfert fut interprété comme une fuite par leurs compagnons.

31. 5. *sinistrum cornum* : Comme le copiste de *N,* qui remanie le texte *(ad dextrumque simul est motus equitatus Caesaris sinistrum)*, A. Klotz, T.R. Holmes et G. Pascucci (*op. cit.*, p. 328) considèrent qu'il s'agit de l'aile gauche de Pompée, ce qui crée une difficulté supplémentaire, puisque la cavalerie de César se trouve elle-même à l'aile gauche (*B.H.* 30, 7), donc à l'opposé du front (G. Pascucci, p. 327, va même jusqu'à envisager l'hypothèse d'une lacune ; cf. aussi A. Klotz, *Kommentar zum B.H.*, 1927, p. 98). Il est plus probable que, comme c'est le cas pour *ad dextrum,* une ligne auparavant, le narrateur continue à adopter le point de vue des Césariens et désigne par l'expresssion *sinistrum cornum* l'aile droite de Pompée, située sur la gauche par rapport à eux. Comme Stoffel, Th. A. Dodge, M. Gelzer, A. Schulten et M. Ferreiro (*loc. cit.* dans la note précédente), nous pensons donc que Bogud attaque l'aile droite de Pompée affaiblie par le transfert des renforts vers son aile gauche. (cf. aussi J. Castro Sánchez, *La guerra de Hispania,* 1992, p. 95, n. 107).

31. 6. *pes pede premitur, armis teruntur arma* : Comme en 23, 3, l'anonyme cite, toutefois de façon probablement inexacte, un vers d'Ennius, *Ann.* 572 V[2] : *<et iam> pes premitur. pede <et> armis arma teruntur.* Norden, *Ennius u. Vergil,* Leipzig, 1915, p. 158, en propose une autre restitution, en se fondant sur une imitation de Silius Italicus, 4, 352 (*teritur iunctis umbonibus umbo / pesque pedem premit)* : *<et> premitur pede pes <atque> armis arma teruntur.* On en trouve également l'écho chez Furius Bibaculus, *Carm. fr.* 10 *pressatur pede pes, mucro mucrone, uiro uir* (*ap.* Macr., *Sat.* 6, 3, 5), Virgile, *Aen.* 10, 361 *haeret pede pes densusque uiro uir* et Tite-Live, 23, 27, 7. Cf. O. Skutsch, *The Annals of Q. Ennius,* Oxford, 1986 [2], 1985 [1], p. 724-726, nº 584 ; F. Castiglioni, *« Decisa forficibus », RIL,* 84, 1951, p. 33, qui voit là une imitation de Polybe citant Homère.

31. 7. *ipsis Liberalibus* : Le 17 mars, le jour des jeux en l'honneur de Bacchus. Plutarque (*Caes.* 56, 5) relève, lui aussi, que César « remporta cette bataille au moment de la fête des Dionysies, le jour où, dit-on, le Grand Pompée, lui aussi, était parti pour la guerre » ; Plutarque confond apparemment le jour où Pompée quitta Rome (17 janvier 49) avec la date de son départ de Brindisi, effectivement le 17 mars 49. La date est confirmée par le calendrier (*Fast. Caer.*, *CIL* I², p. 212 : *Fer(iae) quod e(o) d(ie) C. Caes(ar) uic(it) in Hisp(ania) ult(eriore) ; Fast. Farnes.*, *CIL* I², p. 250 : *Caesar Hi(spania uicit))*. Quant à la nouvelle de la victoire, elle parvint à Rome le 20 avril (Dio Cass. 43, 42, 3 et 45, 6, 4 ; cf. J. Beaujeu, *Cicéron, Correspondance,* 8, 1983, p. 73 ; sur l'anniversaire de la victoire, Cic. *Att.* 14, 14, 1 ; 19, 3), la veille des Parilia qui célébraient la fondation de Rome (cf. L.R. Taylor, *The Divinity of the Roman Emperor,* 1931, p. 65 ; J. Carcopino, « La royauté de César », 1961, p. 145, n. 4). La plupart des savants pensent qu'elle fut délibérément retardée par le " cabinet " de César, pour favoriser un rapprochement entre César et Romulus (Drumann-Groebe, 3, p. 580, n. 3 ; J. Carcopino, *César,* 1968, p. 469, n. 2 ; P. Jal, « La propagande religieuse à Rome au cours des guerres civiles de la fin de la République », *AC,* 30, 1961, p. 398 ; S. Weinstock, *Divus Julius,* 1971, p. 175-176, et p. 184-186 sur les honneurs rendus à César lors de cette fête, p. 188-191 sur sa signification ; M. Ferreiro, *César,* 1986, p. 386). Sur les autres honneurs décernés à César après l'annonce de la victoire de Munda, cf. J. Carcopino, « La royauté de César », 1961, p. 145-148 ; idem, *op. cit.*, p. 556-560 ; S. Weinstock, *op. cit.*, p. 133-174.

31. 8. *praterea Labienus, Attius Varus* : La mort d'Attius Varus et de Labienus à Munda est mentionnée également par Velleius Paterculus (2, 55, 4) et Appien (*Ciu.* 2, 105), qui déclare qu'on apporta leurs têtes à César (cf. J.-L. Voisin, « Les Romains, chasseurs de têtes », 1984, p. 260). Sur le bouton d'argent portant l'inscription A. VARO, trouvé près du Cerro de la Camorra, cf. *supra,* 27. 15.

31. 9. *equites Romani partim ex urbe, partim ex prouincia ad milia III* : Contre E. Gabba (« Le Origini della guerre sociale », 1954, p. 301, n. 2 = *Esercito e società,* 1973, p. 294, n. 253 ; idem, « Aspetti... », 1970, p. 143 = *Esercito e Società,* 1973, p. 494), C. Nicolet refuse d'admettre « qu'il s'agit là dans l'armée pompéienne de véritables *equites Romani,* même en prenant ces mots dans le sens très large d'hommes de cens équestre ; car nous avons vu que chaque fois que l'expression *eques Romanus* désigne nommément quelqu'un, elle a, au contraire, la valeur d'un titre nobiliaire, et qu'elle s'applique couramment aux tribuns militaires ; d'autre part, dans le membre de phrase suivant, César compte ses propres pertes simplement en tant que *pedites* et *equites.* Pompée le Jeune avait perdu 30 000 hommes en tout à Munda ; les mots *equites Romani* désignent en fait, à notre sens, ses pertes de cavalerie. La précision maladroite de *Romani* s'explique par la composition de son armée : il ne disposait pas, comme César, de cavalerie auxiliaire, mais il avait recruté sur place ses légions *(uernaculaires),* et il avait rallié des émigrés d'Italie ; sa cavalerie était citoyenne, et non auxiliaire : voilà ce que veut dire l'auteur ; naturellement, dans ce cas, il avait dû choisir les plus riches ; mais, si nombreux que fussent les vrais *equites Romani* dans la province et dans l'émigration, on doute qu'ils aient pu atteindre ce chiffre. » (*L'Ordre équestre,* 1966, p. 208-209 et aussi p. 204 ; cf. idem, « Armée et société à Rome sous la République : à propos de l'ordre équestre », *Problèmes de la guerre à Rome,* sous la direction de J.P. Brisson, Paris-La Haye, 1969, p. 132, n. 42 : « on peut se demander si dans ce passage, par exception, *eques Romanus,* ne signifie pas " cavalier citoyen romain " »). Mais J.M. Roldán (« El elemento indígena... », 1970, p. 107, n. 135) lui oppose des arguments convaincants : si le chiffre des pertes de César est donné globalement, en revanche, la mort des trois mille *equites Romani* pompéiens, mentionnée après celles de Labienus et Varus, est présentée comme particulièrement notable et importante ; d'autre part, quand César et les auteurs du *corpus* parlent de la cavalerie, ils emploient les expressions *nostri equites, equites, equitatus,* ou *equites Iuliani* et jamais *equites Romani ;* enfin, il est impossible de soutenir que Pompée ne disposait pas de cavalerie auxiliaire, alors même que son armée avait été en grande partie recrutée en Espagne et que les cavaliers espagnols étaient réputés. Par ailleurs, T.P. Wiseman (« The Definition of *Eques Romanus* in the Late Republic and Early Empire », *Historia,* 19, 1970, p. 81 et 83, *addendum* 1) pense que, à la fin de la République et au début du Principat, l'expression *equites Romani* pouvait fort bien s'appliquer aux possesseurs du cens équestre et non pas seulement aux *equites equo publico* (d'après C. Nicolet, *op. cit.,* p. 115, l'ordre équestre proprement dit comptait, sous la République, environ 2400 membres). Comme M. Ferreiro (*César,* 1986, p. 747, n. 764), nous pensons donc que les *equites Romani* tombés à Munda sont bien des notables possédant le cens équestre. Certes, le chiffre de trois mille paraît exagéré, mais il ne semble pas nécessaire de supposer « des promotions équestres massives opérées par les fils de Pompée, qui se seraient ainsi arrogés l'un des droits essentiels de l'Etat sénatorial », comme le fait J. Harmand (« César et l'Espagne durant le second *Bellum ciuile »,* 1970, p. 199) ; l'anonyme a pu simplement gonfler le chiffre des pertes de l'ennemi (cf. note suivante ; C. González Román, « Guerra ciuil y conflictos sociales en la P.H.U. en el 48-44 a. C. », 1978, p. 138 ; M. Ferreiro, *loc. cit.).* Toutefois, on peut conclure du *B.H.,* qui mentionne seulement un chevalier, Q. Pompeius Niger (25, 4) dans les rangs de César, que les *equites Romani* étaient effectivement plus nombreux dans l'armée de Pompée (11, 2 ; 26, 2). Cf. aussi J.M. Blázquez, « Causas de la Romanización de Hispania », *Hispa-*

nia, 25, 1964, p. 329 ; A. Balil, « Riqueza y societad... », 1965, p. 348, n. 74.

31. 10. *Nostri desiderati ad hominum mille* (...) : Plutarque (*Caes.* 56, 3) donne les mêmes chiffres, sans toutefois mentionner les blessés. Dion Cassius (43, 38,4) reste imprécis : « la perte des Romains, des deux côtés, fut, à tout compter, telle que, ne sachant comment bloquer la ville pour empêcher que personne ne s'en échappât pendant la nuit, on amoncela des cadavres tout à l'entour » (cf. 32, 2). On peut rapprocher ces chiffres de ceux de Pharsale : d'après le *B.C.* (3, 99, 1 et 4), parmi les Césariens 200 soldats seulement et une trentaine de centurions seraient tombés, contre 15 000 Pompéiens, alors que Plutarque (*Caes.* 46,3 ; *Pomp.* 72, 3) et Appien (*Ciu.* 2, 82), suivant Asinius Pollion, témoin oculaire, ne comptent que 6 000 morts dans les rangs ennemis. La disproportion des pertes des deux armées, tant à Pharsale qu'à Munda, est trop grande pour qu'on puisse se fier aux textes. Cf. Drumann-Groebe, 3, p. 575 ; T.R. Holmes, *The Roman Republic,* 3, 1923, p. 308 ; M. Rambaud, *L'Art de la déformation...,* 1953, p. 180 ; P.A. Brunt, *Italian Manpower,* 1971, qui estime que parmi les données numériques transmises par les Anciens « casualty figures are perhaps the least reliable » (p. 694), et que les chiffres de Munda « are in the best Sullan tradition and are not worth a moment's consideration » (p. 697). Cf. aussi M. Ferreiro, *César,* 1986, p. 748, n. 771.

31. 11. *saucii ad D* : Parmi les blessés figurait peut-être Dolabella (Cic., *Phil.* 2, 75).

31. 12. *aquilae sunt ablatae XIII* : A Pharsale les Césariens prirent à l'ennemi neuf aigles et cent quatre-vingts enseignes (*B.C.* 3, 99, 4). Deux lacunes ont fait ici disparaître les autres chiffres.

31. 13. *hos habuit <hostium numero...>* : La restitution proposée par A. Klotz (*Kommentar zum B.H.*, 1927, p. 99) s'autorise du rapprochement avec plusieurs passages de César (*B.G.* 1, 28, 2 ; 6, 6, 3 ; *B.C.* 3, 82, 2) et de Tite-Live (25, 10, 9 ; 30, 42, 9).

32. 1. *Ex hostium armis <...> pro caespite* (...) *conuersa* : Les soldats de César recourent à ce macabre procédé à la fois parce qu'ils ont laissé bagages et outils dans le camp distant d'environ 7 km (cf. Stoffel, 2, p. 190 et 315) et parce qu'ils cherchent à terroriser l'ennemi. Cet épisode est mentionné par Valère Maxime (7, 6, 5), Florus (2, 13, 85), Appien (*Ciu.* 2, 105) qui, par erreur, le situe devant Cordoue, Dion Cassius (43, 38, 4). Nipperdey a tenté de combler la lacune qui suit *armis* en déplaçant le groupe *scuta et pila pro uallo : ex hostium armis scuta et pila pro uallo, pro caespite cadauera collocabantur, insuper...* ; mais cette solution ne paraît pas satisfaisante, dans la mesure où elle inverse l'ordre normal des opérations : d'abord la construction de l'*agger*, puis celle de la palissade. De même, la conjecture de Fleischer, suivi par Kübler, *scuta et pila pro caespite, pro uallo* *cadauera conlocabantur* n'est pas recevable, (cf. T.R. Holmes, *The Roman Republic*, 3, 1923, p. 552).

32. 2. † *Vniuersa* † *hostium timorem* <...>... *aduersarii* : Aucune des solutions avancées pour justifier *Vniuersa* ne paraît convaincante. Nipperdey le rattache à la phrase précédente et y voit une apposition à *capita*, ce qui semble ajouter une précision superflue sans dispenser de l'obligation d'attribuer un sujet à la phrase suivante. Pour sa part, A. Klotz (*Kommentar zum B.H.*, 1927, p. 100) trouve justement ce sujet dans *Vniuersa* ; or, non seulement l'emploi de *Vniuersa* à la place de *omnia* ne fait jamais partie de l'*usus scribendi* de l'auteur, mais il faudrait ajouter un démonstratif (*haec*) ou un relatif de liaison (*quae*). Fleischer (« *Observationes criticae de* Bello Hispaniensi », Progr. Meissen, 1876, p. 20) propose d'interpréter *Vniuersa* comme une erreur de lecture provoquée par la proximité de *conuersa* et, en conséquence, de le supprimer ; auquel cas la phrase devrait commencer avec *insuper* et il faudrait supposer que seul le rang de têtes coupées provoque la terreur de l'ennemi (*hostium timorem)*, alors que la fin de la phrase semble l'attribuer à l'ensemble de cette macabre construction. Quant à la lacune, rien ne permet de la combler avec certitude, mais G. Pascucci (*op. cit.*, p. 338) propose une conjecture qui restitue un sens vraisemblable : *hostium timorem <augebant, cum suos agnoscerent> uirtutisque*.... Ce comportement " barbare " des Césariens a souvent été attribué aux auxiliaires gaulois, ou du moins à leur influence, entre autres, par Stoffel (2, p. 190. Cf. M. Ferreiro, *César*, 1986, p. 347), M. Rambaud (*L'art de la déformation*, 1953, p. 329, n. 137 : « Soit que les légionnaires se fussent ensauvagés, soit que les Gaulois féroces eussent été incorporés, la coutume [d'exhiber des têtes comme trophées] passa dans l'armée romaine comme procédé de terreur. *B.H.* 32, 2 » ; idem, *César*, Paris, 1963, p. 98), P. Lambrechts (*L'exaltation de la tête dans la pensée et dans l'art des Celtes*, Bruges, 1954), dont l'opinion suscite les réserves de P. M. Duval dans son compte rendu de l'ouvrage (*REA*, 57, 1955, p. 229 : « il s'agit peut-être de soldats gaulois, mais ce n'est même pas certain »). Cf. aussi J. Harmand (*Une campagne césarienne Alesia*, Paris, 1967, p. 325-326). Au contraire, pour J.-L. Voisin, il s'agit là d'idées reçues : « par sa fréquence, par ses aspects sociaux, par ses intentions et par ses attaches avec le monde du sacré, la chasse aux têtes appartient toute entière à la civilisation romaine » (« Les Romains, chasseurs de têtes », 1984, p. 276) et l'épisode de Munda se rattache pleinement à cette tradition, représentée aussi par l'exhibition des têtes des Marianistes, en 82, devant Préneste (*ibid.*, p. 268, 275-276).

32. 3. *Ita* [*Galli*] *tragulis* : La *tragula* est une lance munie d'une courroie permettant de lui imprimer un mouvement de rotation (cf. A. Reinach, *D-S.*, 5, p. 401 ; M. Feugère, *Les armes des Romains*, 1993, p. 170). Tite-Live (21, 7, 10 et 24, 42, 2) mentionne son utilisation par les combattants ibères, mais c'est surtout une arme caractéristique des Gaulois (*B.G.* 1, 26, 3 ; 5, 35, 6 ; 48, 5). Cependant, il est peu vraisemblable que *Galli*, transmis par les manuscrits, soit le sujet de la phrase, les Gaulois ne pouvant représenter qu'une partie des troupes. Il s'agit donc plus probablement d'un mot appartenant à une glose (cf. A. Klotz, *Kommentar zum B.H.*, 1927, p. 101). Il est à noter que Valère Maxime et Florus (cf. *supra,* 32.1) font figurer la tragule parmi les armes qui forment la palissade improvisée : il se peut que le texte présente une autre lacune après *iaculisque*.

32. 4. *Valerius adulescens Cordubam (...) fugit* : Ce Pompéien n'est pas autrement connu. Comme l'indique F. Münzer (*RE,* VII, A, 2, col. 2297, n° 13), on ne peut guère l'identifier avec le L. Valerius Flaccus (*RE,* VIII, A, 1, col. 36, n° 180) que Cicéron (*Flac.* 89) désigne déjà en 59 comme *adulescens* et *adulescentulus*. Peut-être était-il parent du Valerius Flaccus (*RE* 169) qui périt à Dyrrachium (*B.C.* 3, 53, 2) ? Pour se rendre à Cordoue, située à 75 km, il fallait emprunter la voie passant par Astigi, l'actuel Camino de los Fruteros ou Camino del Villar (R. Corzo, « Munda y las vías de communicación en el *B.H.* », 1973, p. 248 ; P. Sillières, *Les voies de communication...*, 1990, p. 429 ; idem, « La *Via Augusta* de Cordoue à Cadix », 1976, p. 46-50), qui rejoignait vers Cordoue le tracé de la future Via Augusta (P. Sillières, *Les voies...*, p. 430 et 304-305). Sur la durée de ce trajet, voir la note suivante.

32. 5. *secunda uigilia ab oppido discessit* : Stoffel (2, p. 190 et 313), suivi par d'autres partisans de l'identification de Munda à Montilla, tels Th. A. Dodge (*Caesar,* 1963, 1892[1], p. 716), pense que cette indication n'a de sens que si Sextus a quitté Cordoue, dès qu'il fut informé par Valerius, la nuit même qui suivit la bataille et que, par conséquent, la distance de Munda à Cordoue pouvait être parcourue en quelques heures par des cavaliers, ce qui écarterait la localisation de Munda dans la région d'Osuna. Mais P. Sillières (*Les voies de communication,* 1990, p. 426 ; cf. idem, « Les sources littéraires et le réseau routier de l'Hispanie méridionale à l'époque républicaine », *Estudios sobre Urso,* 1989, p. 364) récuse l'argument : « on connaît, en effet, quelques records réalisés par des cavaliers portant d'importantes nouvelles et on ne peut nullement rejeter par ce seul argument des localisations [de Munda] à 60 ou même 80 kilomètres de Cordoue » (cf. P. Vigneron, *Le cheval dans l'Antiquité,* 2 vol., Nancy, 1968, p. 159-162). D'autre part, comme le fait remarquer T.R. Holmes (*The Roman Republic,* 3, 1923, p. 545), il n'est pas du tout certain que l'expression *secunda uigilia* renvoie au jour même de la bataille : il peut s'agir du lendemain (G. Pascucci, *Bellum Hispaniense,* 1965, p. 336 et 340) ; toutefois, la date du 19 mars proposée par M. Ferreiro (*César,* 1986, p. 348, 750, n. 800 et 751, n. 804 ; cf. aussi J. Castro Sánchez, *La guerra de Hispania,* 1992, p. 96, n. 119), qui prête aux cavaliers une allure de 55 km par jour, paraît trop tardive. La nouvelle de la fuite de

Sextus parvint à Rome au début de mai, comme l'atteste un billet de Cicéron, qui communique à Atticus les informations qu'il vient de recevoir d'Hirtius (*Att.* 12, 37 a : *Hirtius ad me scripsit Sex. Pompeium Corduba exisse et fugisse in Hispaniam citeriorem*). Sextus se réfugia en Citérieure, chez les Lacetani (Dio Cass. 45, 10, 1 ; cf. avant lui Flor. 2, 13, 87 *Celtiberia*) dans la région de Barcelone, ou chez les Iaccetani (Strab. 3, 4, 10), dans la zone de Jaca (cf. carte 1). Cf. A. Schulten, *FHA,* 5, 1940, p. 167 ; J.M. Roddaz, « Guerres civiles et romanisation dans la vallée de l'Ebre », *REA,* 88, 1986, p. 326 (en revanche, la Lusitanie envisagée par M. Ferreiro, *César,* 1986, p. 348 et 751, n. 809, paraît improbable). Il y mena une guérilla (App., *Ciu.* 4, 83), d'abord sans dévoiler son identité – c'est alors qu'il aurait émis des monnaies bilingues à Celsa, pour payer ses troupes (cf. L. Villaronga,« Las monedas de Celsa bilinguës, posiblemente acuñadas por los pompeyanos », *Caesaraugusta,* 29-30, 1967, p. 133-142 ; L. Amela Valverde, « La amonedación pompeyana en Hispania. Su utilización comó medio propagandístico y como reflejo de la clientela de la gens Pompeia », *Faventia,* 12-13, 1990-1991, p. 193-195). Puis, il revint en Bétique pour reprendre la lutte contre Carrinas, puis Asinius Pollion (cf. M. Hadas, *Sextus Pompey,* 1930, p. 51-55 ; A. Gabba, « Aspetti ... », 1970, p. 152-155 = *Esercito e società,* 1973, p. 515-520 ; M. Ferreiro, *César,* 1986, p. 394-395 ; F. Senatore, « Sesto Pompeo tra Antonio e Ottaviano nella tradizione storiografica antica », *Athenaeum,* 79, 1991, p. 103). Vaincu à Nauloque en 36, il fut assassiné en 35, à Milet, probablement sur l'ordre d'Antoine (cf. F. Senatore, *loc. cit.,* p. 134-138).

32. 6. *cum equitibus paucis* : Appien (*Ciu.* 2, 105) indique le chiffre de cent cinquante cavaliers.

32. 7. *ad nauale praesidium Carteiam contendit* : Les ruines de Carteia sont visibles au Cortijo del Rocadillo, à l'embouchure du Guadarranque, entre Gibraltar *(mons Calpe)* et Algésiras (Hübner, *RE,* III, col. 1619). Cf. cartes 1 et 2. La « ville de Calpe » située « au pied du mont, à 40 stades » dont parle Strabon (3, 1, 7) est certainement Carteia, qu'il y ait eu confusion – de l'auteur ou d'un copiste – avec le nom d'une autre cité (A. Schulten, *FHA,* 6, 1952, p. 144-145 ; A. Tovar, *Baetica,* 1976, p. 70-73 ; F.J. Presedo et alii, *Carteia I, Excavaciones arqueológicas en España,* 121, Madrid, 1982, p. 13) ou que la ville ait porté les deux noms (F. Lasserre, *Strabon, Géographie,* tome 2, Paris, *CUF* 1966, p. 187, n. 2 ; P. Sillières, *Les voies de communication...,* 1990, p. 358). Peut-être fondé par les Phéniciens (A. Schulten, *loc. cit.*), cet excellent port occupant un site stratégique fut en 171 la première colonie latine établie hors d'Italie, à la demande de 4 000 Ibéro-Romains nés de l'union de soldats romains et de femmes indigènes (Liv. 43, 3, 1-4) ; elle accueillit aussi des habitants de l'ancienne cité (cf. A. García y Bellido, « Las colonias... », 1959,

p. 450-451 ; Ch. Saumagne, « Une colonie latine d'affranchis, Carteia », *RHDFE*, 40, 1962, p. 131 ; idem, *Le droit latin et les cités romaines sous l'Empire. Essais critiques*, Paris, 1965, p. 64-65 ; H. Galsterer, *Untersuchungen...*, Berlin, 1971, p. 8 ; R.C. Knapp, *Aspects...*, 1977, p. 117-118 ; M. A. Marín Díaz, *Emigración, colonización y municipalización en la Hispania republicana*, Grenade, 1988, p. 126-128 ; eadem, « Problemas históricos en torno a las fundaciones romanas de la Hispania meridional durante el s. II a.C. », *La Bética en su problemática histórica*, éd. C. González Román, Grenade, 1991, p. 133-152 ; A. Del Castillo, « *Nouum genus hominum* en la fundación de Carteya », *Latomus*, 50, 1991, p. 602-607 ; J.S. Hernández Fernández, « Tito Livio XLIII, 3 y los *nomina* de los magistrados monetales de *Carteia* », *Faventia*, 16, 1994, p. 83-109 ; F. López Barja de Quiroga, « La fundación de Carteya y la *manumissio censu* », *Latomus*, 56, 1997, p. 83-93). En 46, malgré la défaite de Varus devant Didius (cf. Introduction, p. XXI ; *supra*, 27. 3), la cité resta fidèle à Pompée. Par ailleurs, on a découvert sur le site des tuiles estampillées au nom de *Petrucidius*, semblables à celles qui furent trouvées à Mesas de Asta (Hasta Regia) et à Italica (cf. Dessau, *Eph. Ep.*, 9, 1904, p. 506 s ; Münzer *RE*, XIX, 2, *s.u. Petrosidius (Petruc-)*, col. 1034-1035) : il pourrait s'agir d'un légat de Pompée chargé alors de renforcer les fortifications de la ville (M. Presedo et alii, *op. cit.*, p. 279-282). Sur l'enceinte de Carteia, cf. R. Thouvenot, *Essai ...*, 1940, p. 385-387. Sur le sort de Carteia après la guerre, cf. note suivante. Quand des nouvelles sur la fuite de Cneius parvinrent à Rome, ce dernier était déjà mort. Au début de mai Hirtius informa Cicéron (*Att.* 12, 37a ; cf. *supra*, 32. 5) : *Hirtius ad me scripsit (...) Gnaeum fugisse nescio quo ; neque enim curo*. Le 13 mai (*Att.* 12, 44, 3), des rumeurs contradictoires circulaient : les unes, accréditées par Oppius et Balbus, rapportant que Cneius était enfermé à Carteia, les autres les démentant (cf. J. Beaujeu, *Cicéron, Correspondance*, 8, 1983, p. 77).

32. 8. *abest ab Corduba milia pasuum CLXX* : On attendrait la distance de Carteia à Munda. Mais l'auteur prend comme point de repère la cité principale de la Bétique, devant laquelle lui-même devait participer aux opérations de siège. Cette distance de 250 km correspond aux 1 400 stades qu'indique Strabon 3, 2, 2, lorqu'il donne la distance séparant Carteia de Munda. Il faut corriger l'erreur : Strabon (ou sa source, peut-être Timagène) a, soit confondu Munda avec Cordoue (Th. Mommsen, « Zum *B.H.* », 1893, p. 613 = *Ges. Schrift.*, 7, p. 67 ; E. Hübner, *RE*, III, col. 1618, *s.u. Carteia*, et *RE*, IV, col 1123, *s.u. Corduba ;* A. Schulten, *FHA*, 5, 1940, p. 160, et *FHA*, 6, 1952, p. 157 ; M. Ferreiro, *César*, 1986, p. 756-757, n. 868), soit oublié de soustraire de la distance totale la longueur du tronçon Munda-Cordoue (G. Pascucci, *Bellum Hispaniense*, 1965, p. 341 ; P. Sillières, *Les voies de communication...*, 1990, p. 423, n. 208). Quoi qu'il en soit, le *B.H.*, ainsi que le témoignage de Strabon, prouvent l'existence d'une voie Carteia-Corduba, que les chercheurs, malgré quelques divergences sur son tracé, s'accordent à faire passer par Ilipa (Repla) et Urso (cf. J. Hernández, A. Sancho, F. Collantes, *Catálogo...*, 3, 1951, p. 64 et 99-101 ; R. Corzo, « Munda... », 1973, p. 250-251 ; P. Sillières, *op. cit.*, p. 422-430 et p. 410 sur le tronçon Ilipa-Urso). Si, en raison de la rareté des vestiges, il est difficile d'établir exactement son itinéraire (P. Sillières, *op. cit.*, p. 573), « son ancienneté et son importance ne font guère de doute puisqu'elle reliait les trois plus vieilles colonies de la province, Carteia, Munda et Corduba » (*ibid.*, p. 571 ; cf. aussi p. 576 et 773-774). Cette route semble avoir décliné après la chute de Munda, supplantée par la grande voie Cordoue-Cadix, voulue peut-être par César lui-même (*ibid.* p. 578-579). En partant par cette route avec un groupe de cavaliers et de fantassins, le 17 mars au soir, Cn. Pompée put arriver à Carteia le 25 ou le 26 (M. Ferreiro, *loc. cit.)*.

32. 9. *quo cum ad octauum miliarium uenisset* : A cet endroit se trouvait peut-être quelque auberge, car la distance de 8 milles est très fréquente entre deux relais sur les voies romaines. « Aussi est-il tout à fait vraisemblable que Pompée se soit arrêté à la dernière *mutatio* avant Carteia à la fois pour se reposer un peu et, sans doute, pour " se changer ", en attendant cette litière qu'il faisait venir de Carteia. Il fallait apparaître dans cette ville non comme un fuyard blessé, mais comme un général en chef regagnant sa flotte après un simple revers. Il devait donner bonne impression à ses partisans pour garder la maîtrise de Carteia, où étaient ancrés ses bateaux » (P. Sillières, *Les voies de communication...*, 1990, p. 571, n. 333) ; idem, « Les milliaires du sud de la Péninsule Ibérique », *Épigraphie Hispanique,* Paris, 1984, p. 275.

32. 10. *P. Caucilius qui castris antea Pompei praepositus esset* : Le personnage n'est pas autrement connu. L. Keppie (*The Making of the Roman Army,* 1984, p. 176 et 242, n. 5) rapproche sa fonction de celle du *praefectus castrorum,* mentionné pour la première fois en 11 (Obseq. 72). Cf. Broughton, *MRR,* 2, p. 312.

32. 11. *eum minus belle habere* : Il semble que Pompée ait été blessé à Munda (cf. 38, 2 et Florus. 2, 13, 86). L'auteur, qui n'a pas non plus évoqué la participation de César au combat (cf. Introduction, p. LVI-LVIII), use d'un euphémisme qui évite de reconnaître à Pompée quelque mérite.

32. 12. *eorum in fidem confugit :* Cf. 1, 1. La même expression marque le début et la fin de l'action de Cn. Pompée en Espagne. Loin de penser qu'il allait se mettre sous leur protection, renonçant ainsi à toute action, ses partisans croyaient qu'il venait les informer de la situation militaire, avant de reprendre les hostilités.

33. 1. *Caesar (...) Cordubam uenit* : Le récit des opérations autour de Munda s'interrompt pour s'attacher à nouveau à César. C'est seulement en 41, 1 qu'on apprend qu'il a chargé Fabius Maximus du siège de la place, sans doute en lui laissant 4 légions (cf. note suivante). En quittant Munda le 18 mars (Stoffel, 2, p. 191 ; M. Ferreiro, *César*, 1986, p. 749, n. 796), César pouvait arriver à Cordoue, avec ses troupes, le 21 (M. Ferreiro, *op. cit.*, p. 750, n. 801).

33. 2. *nos ex proelio paucos superesse* : Nous ignorons la composition du corps d'armée conduit par César et de celui qu'il laissa à Q. Fabius Maximus. S'il était réduit, comme il ressort de ce passage, il se composait, en tout cas, de plus d'une légion puisque le pluriel apparaît un peu plus loin (34, 4). Comme M. Ferreiro (*César*, 1986, p. 750, n. 797), on peut estimer que César ne se risqua pas à marcher sur Cordoue avec moins de 4 légions, que les Pompéiens, ignorant que la moitié des troupes etait occupée au siège de Munda, prirent pour les débris de son armée ; M. Ferreiro (*ibid.*, p. 751, n. 813) estime ces effectifs à environ 13 000 légionnaires, autant qu'on puisse le calculer, compte tenu du manque de fiabilité des chiffres des pertes (cf. *supra*, 31. 10). Sur les effectifs des Pompéiens à Cordoue, cf. *infra*, 34. 1. Parmi les légions de César figurait sans aucun doute celle de l'anonyme (probablement la X), comme le laisse supposer l'emploi de *nos* d'une part, et, d'autre part, sa parfaite connaissance des événements de Cordoue et d'Hispalis, contrastant avec la rareté des informations qu'il nous fournit sur les sièges de Munda et d'Urso.

33. 3. *Scapula totius seditionis caput* : T. Quinctius Scapula, *eques Romanus*, joua un rôle de premier plan dans la rébellion de la Bétique, en prenant, en 46, avec Q. Aponius, la tête des légions révoltées contre Cassius Longinus et Trebonius, comme en témoignent une lettre de Cicéron à Dolabella, datée de janvier ou février 45, (*Fam.* 9, 13, 1, *quod bellum commotum a Scapula (...) postea confirmatum est a Pompeio :* « la guerre déclenchée par Scapula [...] a été ensuite durcie par Pompée »), ainsi qu'Appien (*Ciu.* 2, 105) et Dion Cassius (43, 29, 4, Τίτον τε Κυίνκτιον Σκαπούλαν καὶ Κύιντον Ἀπώνιον ἄνδρας ἱππέας). « Il était certainement, pour que Dion précise ainsi son titre, tribun militaire ou préfet » (C. Nicolet, *L'Ordre équestre*, 1974, p. 998). Il possédait des jardins à Rome, si c'est bien à ses héritiers que Cicéron, en mai 45, envisage d'acheter un terrain pour la construction du tombeau de Tullia (*Att.* 12, 38, 4 : *Heredes Scapulae ;* 40, 4 : *horti Scapulani* ; cf. P. Grimal, *Les jardins romains*, 1969, p. 112-113 ; D.R. Shackleton Bailey, *Cicero's Letters to Atticus*, 5, 1966, p. 410-413 ; J. Beaujeu, *Cicéron, Correspondance*, 8, 1983, p. 283-299, particulièrement p. 289-291). Ce personnage est souvent identifié avec l'Annius Scapula du *B.Al.* 55, 2 *(maximae dignitatis et gratiae, prouincialem hominem)*, complice de la tentative d'assassinat perpétrée contre Cassius Longinus en 48, qu'on opte pour le gentilice *Quinctius* (A. Schulten, *FHA*, 5, 1940,p. 95, 101, 139 ; M. Ferreiro, *César*, 1986, p. 275, 349, et 653, n. 613) ou *Annius* (A.J.N. Wilson, *Emigration...*, 1966, p. 38, n. 4, qui soupçonne une confusion de Dion ou de ses copistes avec le prénom de *Quintus* Aponius ; C. Castillo, *Prosopographia Baetica,* 1965, p. 21-22, nº 44 ; R.C. Knapp, *Roman Córdoba,* 1983, p. 23, 25 et 105, n. 121 et 127 ; C. González Román, *Imperialismo y romanización en la PHU,* 1981, p. 200 ; idem et M.A. Marín Díaz, « El *B.H.* y la romanización del sur de la peninsula », 1981-1985, p. 31 ; idem, « La Onomástica... », 1986-1987, p. 68). En revanche, d'autres ne reconnaissent pas le chef pompéien dans le membre du complot de 48 : H. Gundel (*RE,* XXIV, col. 1103, nº 54, *s.u. Quinctius ;* Annius Scapula ne figure pas dans la *RE*) ; A. Klotz (*Kommentar zum B.H.,* 1927, p. 103) ; R. Thouvenot (*Essai...,* 1973, 1940 [1], p. 143 sur Annius, p. 44 sur Quinctius) ; Broughton (*MRR,* 3, p. 180) ; G. Pascucci (*Bellum Hispaniense,* 1965, p. 343 et 345) ; E. Gabba (« Aspetti... », 1970, p. 144 et 147 = *Esercito e società,* 1973, p. 498 et 503) ; C. Nicolet, après quelques hésitations, dans *L'Ordre équestre (*p. 205, 780, 998) distingue finalement les deux personnages (C. Nicolet et J.M. David, J.-M. Flambard, *in* J.M. David *et alii,* « Le *Commentariolum Petitionis* de Quintus Cicéron », *ANRW,* I, 3, 1973, p. 270 ; C. Nicolet, *« Amicissimi Catilinae* (à propos du *Commentariolum Petitionis) », REL,* 50, 1973, p. 184). R. Syme (« Spaniards at Tivoli », *Anc Soc,* 13-14, 1982-1983, p. 242 = *R.P.*, 4, 1988, p. 95) fait de même (cf. idem, « Senators, Tribes and Towns », *Historia,* 13, 1964, p. 112 = *R.P.*, 2, 1979, p. 590). Il paraît, en effet, préférable de les distinguer, car, comme le fait remarquer C. Nicolet (« *Amicissimi Catilinae... », loc. cit.*), « il est peu probable qu'un notable romain installé de longue date dans la province ait eu aussi des jardins à Rome. » Son père était peut-être le P. Quinctius Scapula mort à table, dont parle Pline (*Nat.* 7, 183), qui pourrait être identifié avec le Quinctius du *Pro Quinctio* 17, et avec le personnage du *Comm. Pet.* 10 (à condition de corriger en *Scapulas* la leçon des manuscrits *Sapulas*), présenté comme un ami de Catilina (C. Nicolet, *L'Ordre équestre,* p. 999, n. 2 ; « Le *Com. Pet... »* p. 268-271 ; « *Amicissimi Catilinae* », p. 182-186). J. Beaujeu (*op. cit.,* p. 289, n. 2), pour sa part, pense que le Scapula du *Pro Quinctio* et de Pline est le frère du personnage du *B.H.* et que c'est lui le propriétaire des *horti,* plutôt que le chevalier pompéien, dont le domaine aurait été confisqué. Quoi qu'il en soit, trois des *heredes Scapulani* – autant qu'on puisse établir leur identité – peut-être Q. Marcius Crispus, L. Roscius Othon, et très probablement C. Vergilius –, ont peu de chances d'appartenir à la famille du notable espagnol qu'est le Scapula du *B. Al.* (cf. D.R. Skackleton Bailey, *op. cit.*, p. 335 et 410 ; J. Beaujeu, *op. cit.*, p. 290). Sur le *cognomen Scapula,* attaché à cinq *gentes,* cf. W. Schulze, p. 370 ; I. Kajanto, *The Latin Cognomina,* p. 225.

33. 4. *cenam adferri quam optimam imperauit* : Le banquet épicurien précédant le suicide est un topos qu'on retrouve chez Tacite à propos de Valerius Asiaticus (*Ann.* 11, 3), de Scevinus et de Pétrone (*Ann.* 15, 54 et 16, 19).

33. 5. *pecuniam et argentum* (...) *familiae donauit* : Cf. Tacite, *Ann.* 15, 54 et 16, 19.

33. 6. *resinam* : La résine était considérée comme un parfum de qualité médiocre (cf. Mart. 12, 32, 21). Peut-être doit-elle aussi faciliter la crémation ?

33. 7. *eius concubinus* : Cette allusion malveillante est peut-être une réponse aux rumeurs qui circulaient sur les moeurs de César (cf. Catulle 29, 5 et 57, 2). Tout le récit du suicide de Scapula est empreint d'une volonté de dénigrement, contrairement à celui du suicide de Caton (*B. Afr.* 88).

33. 8. *alterum se iugulare, alterum pyram incendere* : Apparemment Scapula se fait trancher la tête (sur ce sens de *iugulare,* cf. J. L. Voisin, « Les Romains chasseurs de têtes », 1984, p. 246), ce que ne mentionne pas Appien (*Ciu.* 2, 105). On ne peut donc parler de suicide « par combustion vive », comme le fait Y. Grisé (*Le suicide dans la Rome antique,* Montréal-Paris, 1982, p. 120). Pour J. Bayet, le suicide de Scapula témoigne des craintes religieuses attachées à cet acte : comme tant d'autres Romains, il exige sa mort de la main d'autrui, déguisant ainsi son suicide en meurtre, « et même en meurtre irresponsable quand un esclave est contraint de rendre ce service à son maître » (J. Bayet, « Le suicide mutuel dans la mentalité des Romains », *L'Année sociologique,* 1957, p. 51 = *Croyances et rites dans la Rome antique,* Paris, 1971, p. 144). D'autre part, J. Bayet (*loc. cit.,* p. 49-50 = *Croyances...,* p. 142-143) rapproche cet épisode d'autres cas de suicides suivis de la crémation sur un bûcher funéraire : celui de Vibius Virrius et de vingt-sept autres " sénateurs " pro-puniques dans Capoue assiégée, en 211 (Liv. 26, 13, 17-19 ; 14, 3-5) ; celui de C. Iudacilius à Asculum, pendant la guerre Sociale (App., *Ciu.* 1, 48). La précaution de *iusta funera* serait censée éviter au suicidé une « pénalisation d'outre-tombe ». Y. Grisé (*op. cit.,* p. 121) émet des réserves sur ce point, considérant que « les croyances romaines de cette époque n'imposaient aucune véritable peine posthume à l'âme du suicidé dans l'au-delà ». J.-L. Voisin (« Le triomphe africain de 46 », *Ant Afr,* 19, 1983, p. 21-27) se montre encore plus critique à l'égard de la thèse de J. Bayet, qui fait du suicide à Rome une mort infamante, et de l'interprétation souvent donnée de la présence dans le cortège du triomphe africain d'images rappelant les suicides des chefs pompéiens, dont Caton (App., *Ciu.* 2, 101) : César n'aurait pas voulu les dénigrer (P. Jal, *La guerre civile à Rome,* 1963, p. 173 ; P. Hamblenne, « L'opinion romaine en 46-43 et les sentences " politiques " de Publilius Syrus », *ANRW,* I, 3, 1973, p. 641, n. 29 ; Y. Grisé, *op. cit.,* p. 164), mais faire preuve d'une " clémence rétroactive " (p. 27). Cf. idem, « Education de la mort volontaire à Rome », *Sociabilité, Pouvoirs et Société, Actes du colloque de Rouen, Novembre 1983,* Rouen, 1987, p. 91-97.

34. 1. *Erant hic legiones* : La garnison de Cordoue était donc constiuée d'au moins deux légions, qu'il faudrait ajouter aux treize légions alignées par Pompée à Munda. D'après T.R. Holmes, au contraire, onze légions pompéiennes combattaient à Munda et il faudrait, pour obtenir le total de treize, leur ajouter deux légions, la XIII et une autre, stationnées à Cordoue ; cf. Introduction, p. XXXIII.

34. 2. *quae ex perfugis conscriptae* : Il s'agit apparemment de transfuges ayant récemment deserté l'armée de César, et non pas des anciens déserteurs de l'armée de Trebonius (cf. *B.H.* 1, 7). Cf G. Pascucci, *Bellum Hispaniense,* 1965, p. 350.

34. 3. *partim oppidanorum serui, qui erant a Pompeio Sexto manumissi* : Sur la présence d'esclaves dans l'armée de Pompée, voir Introduction, p. XL-XLI. L'expression *oppidanorum serui* désigne probablement une ou plusieurs communautés asservies, comparables à celle de Turris Lascutana (Alcala de los Gazules ? ; cf. A. Tovar, *Baetica,* 1974, p. 55), libérée en 189 par Paul-Emile de sa servitude vis-à-vis d'Hasta Regia, sans doute pour services rendus (*CIL,* II, 5041, *Hastiensum seruei).* Cf. Ch. Saumagne, *Le droit Latin et les cités romaines sous l'Empire, Essais critiques,* Paris, 1965, p. 142-144 ; J. Mangas, « Servidumbre comunitaria en la Bética prerromana », *MHA,* 1, 1978, p. 151-162 ; L. A. García Moreno, qui, contrairement à J. Mangas, voit dans ce type d'esclavage communautaire un apport punique et non un trait de la civilisation turdétane, « Sobre el decreto de Paulo Emilio y la Turris Lascutana », *Epigrafia Hispanica de Epoca Romano-Republicana,* Saragosse, 1986, p. 195-217 ; F. Marco Simon, « La *manumissio* de Emilio Paulo en el marco de la politica internacional Romana del siglo II a. C. », *ibid.,* p. 219-225. Sur la similitude entre la *manumissio* de Paul-Emile et celle de Sextus Pompée à Cordoue, cf. F. Marco Simon, *loc. cit.,* p. 224.

34. 4. *descendere coeperunt* : Certains voient là une tentative de reddition, soit qu'ils entendent en ce sens *descendere,* soit qu'ils adoptent, comme A.G. Way (*Caesar, Alexandrian, African and Spanish Wars,* 1954, p. 37) la correction de Dübner *discedere* (cf. Stoffel, 2, p. 191 ; T.R. Holmes, *Roman Republic,* 3, 1923, p. 309 : « the two legions that garrisoned the city were mutually hostile » ; R.C. Knapp, *Roman Córdoba,* 1983, p. 26-27 ; M. Ferreiro, *César,* 1986, p. 349, qui attribue ce comportement aux seuls *serui manumissi ;* J. Castro Sánchez, *La Guerra de Hispania,* 1992, p. 65). Mais il est fort peu vraisemblable que les déserteurs de l'armée de César, qui ne pouvaient espérer sa clémence, ainsi que les esclaves affranchis, dont, au contraire, Dion Cassius (43, 39, 1) souligne la résistance acharnée, aient cherché à se rendre. *Descendere* signifie donc bien plutôt ici *descendere in aciem,* ou *in pugnam,* comme dans Tite-Live 30, 8, 4. Cf. A. Klotz, *Kommentar zum B.H.,* 1927, p. 104 ; G. Pascucci, *Bellum Hispaniense,* 1965, p. 351.

34. 5. *Legio XIII* : Sur l'opinion de T.R. Holmes, cf. *supra,* 34. 1. Pour leur part, A. Schulten (*FHA,* 5, 1940, p. 139) et G. Pascucci (*Bellum Hispaniense,* 1965, p. 351) pensent qu'il s'agit d'une légion nouvellement formée. Pourtant, rien ne s'oppose à ce que la *legio XIII* ait combattu à Munda et que ses survivants regroupés à Cordoue aient reformé cette légion (cf. M. Ferreiro, *César,* 1986, p. 752, n. 821).

34. 6. *Denuo* : Comme à l'arrivée de César en Espagne (cf. 2, 1).

34. 7. *homines fugitiui* : T.R. Holmes (*Roman Republic,* 3, 1923, p. 309, n. 1) commente ainsi cette expression : « Whether these men were identical with those who had escaped from Munda (*qui ex caede eo refugerant,* 33, 1) or with the fugitives *(perfugae)* of whom the garrison was partly composed (34, 2) or included both, is an unimportant question, which our authority does not answer. » Si Stoffel (2, p. 191) préfère la première hypothèse, la seconde paraît préférable : c'est parce qu'ils sont des déserteurs que beaucoup des soldats pompéiens se comportent en *desperados.* Cf. G. Pascucci, *Bellum Hispaniense,* 1965, p. 352 ; M. Ferreiro, *César,* 1986, p. 753, n. 832.

34. 8. *sunt interfecti hominum milia XXII* : Cf. Dion Cassius 43, 39, 2 : « Il [César] fit mettre à mort ceux qui avaient les armes à la main, et vendre les autres ». Le chiffre de 22 000 tués peut être exagéré (cf. A. Schulten, *FHA,* 5, 1940, p. 139 ; A. T. Fear, *Rome and Baetica,* 1996, p. 90), mais l'exaspération des soldats privés de butin peut expliquer ce massacre (cf. J. Carcopino, *César,* 1968, p. 467). C'est à la prise de Cordoue que fait allusion l'épigramme *de se ad patriam* attribuée à Sénèque (Riese, n° 409 = Baehrens, *Poet. Lat. min.*, p. 62) :

Corduba, solue comas et tristes indue uultus,
Inlacrimans cineri munera mitte meo.
Nunc longinqua tuum deplora, Corduba, uatem,
Corduba non alio tempore maesta magis :
Tempore non illo, quo uersis uiribus orbis
Incubuit belli tota ruina tibi,
Cum geminis oppressa malis utrimque peribas
Et tibi Pompeius, Caesar et hostis erat...

« Cordoue, dénoue ta chevelure et prends un visage de deuil,
envoie en pleurant des offrandes à ma cendre.
Maintenant, lointaine Cordoue, pleure ton poète,
ô toi, Cordoue, qui ne fus jamais plus affligée
ni dans le temps où au milieu du bouleversement des forces mondiales,
tout l'écroulement de la guerre s'abattit sur toi.
lorsqu'accablée de deux maux, tu allais périr de l'un et l'autre,
ayant pour ennemi Pompée et pour ennemi César... »

(traduction L. Herrmann)

Certains soutiennent l'authenticité de cette épigramme, comme L. Herrmann (*Douze poèmes d'exil de Sénèque et vingt-quatre poèmes de Pétrone* (collection Latomus, 22), Bruxelles, 1955, p. 21). D'autres la contestent ou émettent des réserves, comme H. Bardon (« Les épigrammes de l'*Anthologie* attribuées à Sénèque le philosophe », *REL,* 17, 1939, p. 78), C. Prato (*Gli Epigrammi attributi a L. Anneo Seneca,*

Rome, 1964, p. VIII), A. Blanco (« Seneca y la Córdoba de su tiempo », *Actas del Congreso de Filosofia,* 2, Cordoue, 1966, p. 18-19).

34. 9. *Ita Caesar oppido potitus* : Une épigramme de Martial (9, 61) célèbre un platane planté par César à Cordoue : « Au centre de la demeure, enveloppant de son ombre le séjour tout entier, se dresse, avec son épais feuillage, le platane de César, planté par la main, bénie du ciel, d'un hôte invincible, et qui, alors simple rejeton, a dû toute sa croissance à ce geste. On dirait que l'arbre a conscience de son créateur et maître : tant il est verdoyant et s'élance vers les hauteurs du ciel de toute la vigueur de ses rameaux ! (...) Arbre aimé des dieux, arbre du glorieux César, tu n'as pas à craindre le fer ni une flamme sacrilège. Tu es en droit d'espérer que les honneurs rendus à ton feuillage dureront éternellement : ce ne sont pas les mains de Pompée qui t'ont planté. » Compte tenu de l'expression *hospitis inuincti* et des allusions à Pompée, il est probable que ce fait date, non de la questure de César, en 69, ou de sa propréture, en 61, mais de 49 après Ilerda ou de 45 après Munda. Sur ce platane, cf. J.J. Van Nostrand, *An Economic Survey of Ancient Rom*, 3, éd. T. Frank, New Jersey, 1959, p. 170. D'après Plutarque (*Caes.* 17, 2), c'est aussi à Cordoue que César aurait eu sa première crise d'épilepsie, mais l'événement n'est pas datable.

34. 10. *quos circummunitos superius demonstrauimus* : Cf. 33, 1, *superius* comme en 28, 4.

35. 1. *Hispalim* : Mentionnée pour la première fois par César (*B.C.* 2, 18, 1), Hispalis (Séville) est le principal centre commercial de la Bétique, comme le soulignera encore Strabon (3, 2, 1), qui, toutefois, la place après Cordoue et Gadès et la tient pour moins illustre qu'une certaine Bétis. Malgré les réserves de L.A. Curchin (*Roman Spain,* 1991, p. 120-121), la plupart des savants admettent la version d'Isidore de Séville (*Etym.* 15, 1, 71), qui fait de César le fondateur de la colonie d'Hispalis. Si certains croient qu'il s'agissait d'une colonie civile (H.I. Henderson, « Julius Caesar and Latium in Spain », *JRS,* 32, 1942, p. 13, n. 2 ; P. A. Brunt, *Italian Manpower,* 1971, p. 590 ; F. Vittinghoff, *Römische Kolonisation,* 1951, p. 74 ; C.H.V. Sutherland, *The Roman in Spain 217 B.C.-A.D. 117,* New York, 1971, p. 172), la plupart pensent que César y installa des vétérans (J.M. Blázquez, « Estado... », 1962, p. 74 ; M. Gelzer, *Caesar,* 1968, p. 297 ; E.T. Salmon, *Roman Colonization under the Republic,* 1969, p. 136 ; E. Gabba, « Aspetti... », 1970, p. 150 = *Esercito e società,* 1973, p. 511 ; G. Dispersia, « La concessione... », 1972, p. 113 ; F.E Adcock,« Caesar Dictatorship », *CAH,* 1977, p. 708 ; J.M. Roldán, « La romanización », 1978, p. 208 ; R.C. Knapp, *Roman Córdoba,* 1983, p. 28). A. García y Bellido (« Las colonias... », *AHDE,* 29, 1959, p. 465), H. Galsterer (*Untersuchungen...,* 1971, p. 19, 26) et B. Galsterer Kröll (« Zu den spanischen Städtelisten des Plinius », *AEA,* 48, 1975, p. 125) ne se prononcent pas. Plus tard Auguste y aurait établi aussi des vétérans, sur l'autre rive du Guadalquivir (Strab. 3, 2, 1), sur le site d'une mystérieuse Bétis (le texte est peut-être corrompu et cette thèse est contestée par M. Galsterer, qui identifie *Baetis* avec *Osset* et par A. T. Fear, *Rome and Baetica*, 1996, p. 69, qui l'identifie avec *Italica*). Cette double fondation expliquerait le double nom de la colonie *Iulia Romula* et la coexistence des tribus Sergia et Galeria (Plin., *Nat.* 3, 11 ; Isid., *loc. cit.*). Cf. aussi A. Tovar, *Baetica*, 1974, p. 140-143 ; A. Blanco, *Historia de Sevilla, I, La Ciudad antigua*, Séville, 1979, p. 119 ; M. Ferreiro, *César*, 1986, p. 367, 786, n. 116 ; P. Le Roux, *L'armée romaine...*, 1982, p. 73-74 ; J. González Fernandez, « Urso ¿ tribu Sergia o Galeria ? », *Estudios sobre Urso*, 1989, p. 139.

35. 2. *Ita cum ad oppidum esset uentum* : Conformément aux accords conclus avec les envoyés de la cité *(ita)*, ayant quitté Cordoue le 23 mars, César se rendit à Hispalis, où il put arriver le 28 (M. Ferreiro, *César*, 1986, p. 350). Une route, dont le tracé correspond en partie à celui de l'actuelle Nationale IV, conduisait à Hispalis, en passant par Astigi et Carmo. Cf. P. Sillières, *Les voies de communication...*, 1990 p. 303-306 et 570 ; idem, « La *Via Augusta* de Cordoue à Cadix », p. 47-50 ; A. Blanco, *Historia de Sevilla*, I, *La Ciudad antigua*, Séville, 1979, p. 130-133.

35. 3. *Caninium ... legatum* : Né vers 84, C. Caninius Rebilus était peut-être le fils d'un préteur urbain (*ILLRP* 1^2, 479), issu d'une famille noble mais peu prestigieuse (cf. D.R. Shackleton Bailey, « The Roman Nobility in the Second Civil War », 1960, p. 263 ; E. S. Gruen, *The Last Generation of the R.R.*, 1974, p. 115 et 518). Légat de César en 52, on peut présumer qu'il fut sénateur et questeur ; en revanche, il n'est pas sûr qu'il ait été préteur (cf. G.V. Summer, « The Lex Annalis under Caesar », 1971, p. 251, approuvé par Broughton, *MRR*, 3, p. 49). Pendant la guerre des Gaules, à Alesia, avec Regilus, il tenait un des camps, attaqué par Vercassivellaun, et, devant Uxellodunum, il repoussa Lucter et Drappès (*B.G.* 7, 83, 3 ; 90, 6 ; 8, 26, 1 et 3 ; 27, 1 et 3 ; 30, 2 ; 32, 1 ; 33, 1 ; 34, 4 ; 35, 4 ; 36, 1 ; 37, 1 ; 39, 1 et 4 ; 44, 2 ; cf. J. Harmand, *Une campagne césarienne. Alesia*, Paris, 1967, p. 307-311). Au début de 49, César le charge avec Scribonius Libo de négociations auprès de Pompée (*B.C.* 1, 26, 3-5). La même année, il accompagne Curion en Afrique (*ibid.* 2, 24, 2 ; 34, 4). Après la défaite et la mort de ce dernier (*ibid.* 2, 42), il compte, avec Asinius Pollion, parmi les rares rescapés (App., *Ciu.* 2, 45). A nouveau en Afrique, en 46, il assiège Thapsus (*B. Afr.* 86, 3) et en reçoit la reddition (*ibid.* 93, 3 ; cf. Gsell, 8, p. 137 et 149). Ce passage du *B.H.* témoigne de sa participation à la guerre d'Espagne et nous savons par deux lettres de Cicéron de mai 45 (*Att.* 12, 37a et 44, 3) que le bruit courut qu'il avait fait naufrage. C'est lui que César nomma consul pour quelques heures, en remplacement de Q. Fabius Maximus, décédé dans la matinée du 31 décembre 45, ce qui suscita la fameuse plaisanterie de Cicéron (*Fam.* 7, 30,1) : *ita Caninio consule scito neminem prandisse*. Sur ce bref consulat, cf. aussi Plin., *Nat.* 7, 181 ; Tac., *Hist.* 3, 37, 5 ; Suét., *Caes.* 76, 4 ; Plut., *Caes.* 58, 1 ; Dio Cass. 43, 46, 2 ; Macr., *Sat.* 2, 2, 13 et 3, 6 ; 7, 3, 10). Il est peut-être le sénateur Rebilus, partisan d'Octave, capturé puis relâché par Sextus Pompée (App., *Ciu.*, 5,101 ; cf. Broughton, *MRR, loc. cit.*). Inscrit dans la tribu Terentina (Joseph., *A.J.*, 14, 220 ; cf. L. R. Taylor, *The Voting Districts of the R.R.*, 1960, p. 201 et 275 ; R. Syme, « Senators, Tribes and Towns », *Historia*, 13, 1964, p. 114 = *RP*, 2, 1979, p. 591), il possédait sans doute une propriété dans le Latium à Interamna Lirenas, ainsi que des jardins à Rome (Cic., *Att.* 12, 41, 3 ; cf. P. Grimal, *Les jardins romains*, 1969, p. 120 ; D.R. Shackleton Bailey, *Cicero's Letters to Atticus*, 5, 1966, p. 412 ; I. Schatzman, *Senatorial Wealth*, 1975, p. 317). Cf. P. Willems, *Le Sénat*, 1, p. 521, n° 326 ; Münzer, *RE*, III, 2, col. 1478-79, n° 9 ; Broughton, *MRR*, 2, p. 238, 244, 252, 267, 273, 297, 305, 311 ; 3, p. 49.

35. 4. *ad Lennium* : Cette localité de Lusitanie est inconnue. Cf. A. Schulten, *RE*, XII, col. 1942 ; idem, *FHA*, 5, 1940, p. 139 ; A. Tovar, *Lusitanien*, 1976, p. 271. Cf. *infra*, 35. 6.

35. 5. *Caecilium Nigrum hominem barbarum* : L'adjectif *barbarus* est plus particulièrement réservé aux Lusitaniens. Il n'est pas incompatible avec un nom à consonance romaine comme Caecilius Niger, dans la mesure où les indigènes romanisés adoptaient souvent les *tria nomina* (cf. E. Badian, *Foreign Clientelae*, 1958, p. 256 et 259 ; P.A. Brunt, *Italian Manpower*, 1971, p. 207-208 ; R.C. Knapp, « The Origins of Provincial Prosopography in the West », *AncSoc*, 9, 1979, p. 190-193). Il est en revanche peu probable, comme le pense E. Gabba (« Aspetti... », 1970, p. 149 = *Esercito e Società*, 1973, p. 509), que, en dépit de l'appellation *barbarus*, ce personnage ait eu le statut de citoyen romain (cf. S.L. Dyson, « The Distribution of Roman Republican Family Names in the Iberian Peninsula », 1980-1981, p. 298). R.G. Boehm propose ici la conjecture peu convaincante : *nihilominus barbarum* (« Zum *locus desperatus* des *Bellum Hispaniense* 35 », *Gerión*, 7, 1989, p. 88).

35. 6. *Rursus Hispalim* : Lennium étant probablement situé en Lusitanie ne pouvait se trouver à moins de 150 km d'Hispalis. Il fallait donc 4 ou 5 jours pour s'y rendre et en revenir. Si Philon est parti d'Hispalis le 28 mars (cf. *supra*, 35. 2), il a pu y rentrer avec sa troupe de Lusitaniens le 2 avril (M. Ferreiro, *César*, 1986, p. 758, n. 890).

35. 7. *per murum* : Hispalis était donc une cité fortifiée. Cependant, les vestiges mis à jour ne semblent pas dater de l'époque républicaine (A. Blanco, *Historia de Sevilla*, I, *La Ciudad antigua*, 1979, p. 116 ; idem et R. Corzo, « El Urbanismo Romano de la Bética », *Symposion de Ciudades Augusteas*, Saragosse, 1976, p. 142 ; A. Jiménez de Furundarena, « Precisiones sobre el vocabulario latino de la ciudad : el termino *oppidum* en Hispania », *HAnt*, 17, 1993, p. 221).

36. 1. *legati Carteienses renuntiauerunt quod Pompeium in potestatem haberent* : Les envoyés de Carteia durent partir le 27 mars, le lendemain de l'arrivée de Cn. Pompée, et se rendre à Cordoue, où ils croyaient trouver César, avant de le rejoindre à Hispalis vers le 2 avril (M. Ferreiro, *César,* 1986, p. 757, n. 868). Sur la construction *renuntiare quod,* premier emploi de la complétive dépendant d'un verbe déclaratif, voir Introduction, p. LXXII, n. 12.

36. 2. *consulto* : Cf. Dion Cassius 43, 39, 2. Frontin (*Strat.* 2, 6, 3) rapporte la même ruse à l'occasion d'une bataille contre les Germains.

36. 3. *oppido recuperato* : Dion Cassius (43, 39, 2) relate ainsi la prise d'Hispalis : « Il (César) traita de même (*i.e.* comme les habitants de Cordoue) ceux d'Hispalis, qui, dans le principe avaient paru volontairement accepter de lui une garnison, puis, après avoir massacré les soldats qui y étaient venus, avaient ouvert les hostilités. Il marcha donc contre eux, et, par un siège peu rigoureux, leur donna comme une espérance de pouvoir s'échapper. Dans cette vue, il les laissa sortir des murailles afin de les prendre dans des embuscades et de les y faire périr ; de cette façon il réduisit la ville en sa puissance, après l'avoir petit à petit dépeuplée. » La ville dut tomber vers le 3 avril (M. Ferreiro, *op. cit.*, p. 353).

36. 4. *Hastam iter facere coepit* : Hasta, dont César dut recevoir la reddition vers le 8 avril, est située à Mesas de Asta, 90 km au sud de Cordoue et 10 km au nord de Jerez de la Frontera. La route passait par le pont d'Alcantarillas et traversait les marismas du Guadalquivir : sur photographie aérienne, une ligne blanche traverse le *marisma* de Las Mesas de Asta et une bande pierreuse, appelée le *Muelle* (la jetée) par les gens des environs, correspond certainement à la *Via Augusta,* qui traversait cette zone sur un très haut *agger* et pouvait assumer une fonction de quai (cf. P. Sillières, *Les voies de communication...*, 1990, p. 306-310, 617, 635, 732 sur la voie, 729-735 sur les étiers ; idem, « La *Via Augusta* de Cordoue à Cadix », 1976, p. 56 ; idem, « Prospections aériennes et voies romaines », 1983, p. 87 ; L. Ménanteau, « Les anciens étiers de rive gauche des marismas du Guadalquivir », *MCV,* 14, 1978, p. 50-54). L'opinion de R. Corzo, (« Paleotopografía de la bahía gaditana », *Gades,* 5, 1980, p. 12-13), qui conteste qu'une route ait pu traverser cette zone ne semble pas fondée. Cf. cartes 1 et 2. D'après A. Schulten (*RE,* VII, 2, col. 2508, n°6 ; *FHA,* 6, 1952, p. 148), le nom de la cité (*Asta,* plutôt que *Hasta* ; cf. Strab. 3, 1, 9 ; Ptol. 2, 4, 10) serait d'origine ligure. Elle fut probablement élevée au rang de colonie (*colonia*, Plin. 3, 11 ; Mel. 3, 4) par César (F. Vittinghoff, *Römische Kolonisation,* 1952, p. 74 ; A. García y Bellido, « Las colonias... », 1959, p. 461 ; J.M. Blázquez, « Estado... », 1962, p. 74 ; E.T. Salmon, *Roman Colonization...*, 1969, p. 164 ; H. Galsterer, *Untersuchungen...* 1971, p. 66 ; B. Galsterer Kröll, « Zu der Spanischen Städtelisten des Plinius », *AEA,* 48, 1975, p. 125 ; M. Ferreiro,

César, 1986, p. 367 et 787-789, n. 118 ; J. González, « Urso ¿ tribu Sergia o Galeria ? », 1989,p. 144). Seul Pline mentionne son surnom de *Regia* : H. Galsterer (*loc. cit.*) et B. Galsterer Kröll (*loc. cit.*) y voient une appellation coloniale rappelant la famille des Marcii Reges, à laquelle appartenait la mère de César (cf. aussi J. González Fernández, « Italica, *municipium iuris Latini* », *MCV,* 20, 1984, p. 29 ; D. Estefania, « El conocimiento de *Hispania* en César », *La Cultura in Cesare,* 1, 1990, p. 45 ; M. Ferreiro, « La concesión de la latinitad por César a la Ulterior », (1988), 1993, p. 473, qui évoque aussi *Iuppiter Rex*). Cependant, d'autres pensent que l'épithète *Regia* témoigne de l'existence d'une monarchie indigène – comme on peut le déduire du bronze de Lascuta (cf. *supra* 34. 3) – tels A. García y Bellido (*loc. cit.*), E. Gabba (« Aspetti... », 1970, p. 151 = *Esercito e Società,* 1973, p. 513), A. Tovar (*op. cit.,* p. 150), M. Ferreiro (« Asta Regia según los geógrafos antiguos », *Gades,* 9, 1982, p. 168-169 ; idem, *César,* 1986, *loc. cit.*).

36. 5. *Mundenses, qui ex proelio in oppidum confugerant* : L'auteur poursuit le récit des événements de Munda, déjà repris en 34, 6.

36. 6. *in legionem distributi* : G. Pascucci (*op. cit.,* p. 360) adopte la correction *legiones,* au motif qu'un verbe distributif ne peut être suivi que du pluriel (cf. *B.C.* 3, 4, 2 *in legiones distribuerat ; B. Afr.* 46, 3 *tirones.... iubet inter legiones dispertiri*). Il paraît pourtant possible de conserver, comme Klotz (*Kommentar zum B.H.,* 1927, p. 107), la leçon de la tradition, en donnant à *legionem* une valeur de singulier collectif (cf. L.-H.-S., p. 13 et 436-439).

36. 7. *tessera data* : Il est peu vraisemblable que *tessera,* dont c'est ici l'unique emploi dans le *B. H.,* ait seulement le sens d' " ordre ", attesté par ailleurs (cf. Liv. 7, 35, 1 ; 36, 7 ; 9, 32, 4 ; 27, 46, 1 ; Suét., *Galba* 6, 2 ; Veget., *Mil.* 2, 7). Il s'agit plus probablement d'un de ces signes de reconnaissance dont P. Jal (*La guerre civile à Rome,* 1963, p. 323-326) souligne l'importance au cours des guerres civiles. Ils étaient destinés à remédier à une confusion que la transmission orale du terme de ralliement ne faisait souvent qu'entretenir. Cf. G. Lafaye, *D-S.,* 5, 1963, p. 135. Ainsi, à propos de la bataille de Nauloque, Appien (*Ciu.* 5, 120) écrit qu'« il n'était plus possible de distinguer un ami d'un ennemi ; ils utilisaient en général les mêmes armes, parlaient presque tous le latin et les mots d'ordre donnés par chaque camp étaient livrés à la connaissance de l'ennemi au milieu du corps à corps. Cela donna lieu à une foule de stratagèmes ; ni d'un côté, ni de l'autre, on n'accordait plus le moindre crédit aux mots de ralliement qui étaient donnés. » Tacite (*Hist.* 3, 22, 6 ; 73, 7) signale deux épisodes où semblable confusion se produisit lors des affrontements entre Flaviens et Vitelliens, en 69. On recourait donc à la distribution de tessères, comme à la bataille de Philippes (Dio Cass. 47, 43, 1). Par ailleurs, trois notes de Servius à l'*Enéide* indiquent que ce signe de reconnaissance (*tessera, signum* ou *symbolum*) prenait souvent la forme d'un jeton sur lequel était inscrit le mot d'ordre ; Virgile (*Aen.* 7, 637) écrit : *it bello tessera signum* (« la tessère emporte de rang en rang le signe de ralliement ») et Servius commente ainsi le mot *signum* : *symbolum bellicum quod ad pugnam exeuntibus datur, scilicet propter confusionem, ut fuit in bello Marii*... [suit un mot illisible], *in Sulla Apollo Delphicus, in Caesaris Venus Genitrix* (cf. aussi *Ad. Aen.* 2, 377 et 423). Cette interprétation de *tessera* invite à penser que les Pompéiens sont massacrés au cours d'un combat, et contredit l'opinion de Stoffel (*op. cit.*, p. 192) et de Klotz qui voient là une exécution sommaire, d'autant plus improbable qu'un interdit pesait sur les exécutions nocturnes (Sén., *De Ira* 3, 19, 2) ; du reste, dans ce cas, on attendrait, non pas *sunt concisi* mais *sunt interfecti* (cf. 12, 2 ; 16, 3 ; 22, 6). Cf. G. Pascucci, *Bellum Hispaniense,* 1965, p. 360-361.

37. 1. *in itinere* : Sur la route d'Hispalis à Gadès.

37. 2. *Pars erat quae legatos ad Caesarem miserat* : Cf. 36, 1.

37. 3. *saucius Pompeius* : Le texte n'est pas clair : on ne sait si Pompée fut à nouveau blessé ou se ressent encore de la blessure reçue probablement à Munda (cf. 32, 7). Dion Cassius (43, 40, 2) indique, sans préciser les circonstances, qu'il fut blessé en montant dans une barque. Appien, plus explicite, (*Ciu.* 2, 105) rapporte qu'un soldat maladroit le blessa au pied en coupant un cordage.

37. 4. *Didius* : Caius Didius, légat de César, assura le transport de l'armée de Sardaigne en Espagne (Dio Cass. 43, 14, 2) et, au début de la guerre, battit Attius Varus dans un combat naval près de Carteia (*ibid.* 31, 3 ; Florus, 2, 13, 75 ; cf. *supra,* 27. 3). Cf. Münzer, *RE,* V, 1, col. 406-407, n°2 ; Broughton, *MRR,* 2, p. 300 et 311. Q. Didius (*RE,* n° 4), qu'Antoine plaça à la tête de la Syrie, où Octave le maintint peut-être, pourrait être son parent (R. Szramkiewicz, *Les gouverneurs de province à l'époque augustéenne,* 1975-1976, 1, p. 298 ; 2, p. 80, 89, 398).

37. 5. *ad Gadis* : De nombreux liens attachaient César à Gadès. C'est dans le sanctuaire d'Hercule que, lors de sa questure, en 68, il aurait pleuré devant la statue d'Alexandre (Suét., *Caes.* 7, 1 ; Dio Cass. 37, 52, 2 ; Plut., *Caes.* 11, 5, qui situe, à tort, l'anecdote pendant sa préture), et que des prêtres auraient interprété un songe incestueux comme un présage de puissance universelle (Suét., *Caes.* 7, 2 ; Dio Cass., *ibid.* et 41, 24, 2 ; Plut. *Caes.* 32, 9, qui place ce rêve avant le passage du Rubicon, sans mentionner son interprétation à Gadès). Cf. J. Carcopino, *César,* 1968, p. 130, 133 ; idem, « La royauté de César », 1961, p. 134 ; M. Ferreiro, *César,* 1986, p. 222-224, 582-586, n. 144, qui adopte la version de Plutarque. C'est aussi dans cette période qu'il se lia avec L. Cornelius Balbus (Cic., *Balb.* 63). En 61-60, pendant sa propréture, il abolit des coutumes barbares (*ibid.*, 43), dont probablement celle de brûler vifs les condamnés à mort. En 49, la cité lui ayant manifesté sa fidélité (*B.C.* 2, 21, 1), il fit restituer au temple d'Hercule des trésors dont Varron s'était emparé (*ibid.* 3). Et surtout, il accorda à tous les Gaditains la *ciuitas* (Liv., *Per.* 110, 2 ; Dio Cass. 41, 24, 2, πολιτεία). Si certains chercheurs pensent qu'il s'agissait seulement de la concession du *ius Latii* (A.N. Sherwin-White, *The Roman Citizenship*, Oxford, 1939, p. 163 ; idem, « The Roman Citizenship. A Survey of its Development into a World Franchise », *ANRW*, I, 2, 1972, p. 42 ; M. I. Henderson, « Julius Caesar and Latium in Spain », *JRS*, 32, 1942, p. 10, et p. 7, 11, 13, n. 2 sur son statut de *municipium* qui serait dû à Auguste ; Ch. Saumagne, *Le droit latin et les cités romaines sous l'Empire*, 1965, p. 71-76), la plupart croient qu'il s'agissait bien de la *ciuitas pleno iure*, même si le rang de *municipium* fut accordé plutôt par Auguste (M. Grant, *From Imperium to Auctoritas*, 1946, p. 171 ; F. Vittinghoff, *Römische Kolonisation*, 1951, p. 76, 115 ; H. Galsterer, *Untersuchungen...*, 1971, p. 17-19 ; J. Gascou, « Municipia ciuium Romanorum », *Latomus*, 30, 1971, p. 133-141 ; G. Dispersia, « La concessione.... », 1972, p. 108-120, qui conteste la thèse de Ch. Saumagne ; B.D. Hoyos, « *Ciuitas* and *Latium* in Provincial Communities : Inclusion and Exclusion », *RIDA*, 22, 1975, p. 243, 246-247) que par César (M. Ferreiro, *César*, 1986, p. 221, 592, n. 179). Cf. aussi A. Tovar, *Baetica*, 1974, p. 45, et Z. Yavetz, *César et son image. Des limites du charisme en politique*, Paris, 1990, p. 81-84 A. T. Fear, *Rome and Baetica*, 1996, p. 67. Sur l'attitude de César envers les Gaditains en 45, cf. *infra* 39. 3.

37. 6. *praefuisset* <...> : A. Klotz (*Kommentar zum B.H.*, 1927, p. 108) propose, *exempli gratia*, de combler cette lacune ainsi : *naues paratas habebat.*

37. 7. *confestim sequi coepit* : Il est évident que Didius n'a pu rejoindre les navires de Pompée (37, 3) que parce qu'il aborda à Carteia peu après le départ de ce dernier : César informé par les envoyés de Carteia vers le 2 avril (cf. *supra*, 36. 1) put faire parvenir des ordres à Didius le 3 ; celui-ci, en quittant Gadès le 4, à une vitesse moyenne de 2 nœuds (3,7 km/h) put couvrir en 40 heures les 150 km qui le séparaient de Carteia et y arriver dans la nuit du 5 avril (cf. M. Ferreiro, *César*, 1986, p. 762, n. 935 et 936 ; L. Casson, *Ships and Seamenship in the Ancient World*, Princeton, 1973, p. 280). Apprenant que Cneius avait levé l'ancre quelques heures auparavant, il se lança aussitôt à sa poursuite, ordonnant au détachement d'infanterie de faire de même (cf. *infra*, 37. 9).

37. 8. *partim pedites* : G. Pascucci a bien relevé la leçon de *V*, *pedites*, qui, jusqu'alors avait été lue par erreur *pedes* (cf. apparat de Klotz), mais l'a apparemment oubliée dans son commentaire (*op. cit.*, p. 363), puisqu'il présente *pedites* comme une simple conjecture de Fleischer (« Zu Caesar und seinen Fortsetzern », *Jahrb. f. class. Phil.*, 1879, p. 90). P. Jal ayant attiré notre attention sur ce point, il nous a paru préférable de retenir la leçon de *V*, qui fournit par ailleurs quelques bonnes leçons (cf. Introduction, p. XCVIII), plutôt que de chercher à justifier *pedibus*, comme Klotz et Pascucci.

37. 9. *ad persequendum iter faciebant, item confestim consequentes* : Un chemin côtier, souvent escarpé, passant par Baesippo et Baelo, reliait Gadès à Carteia, séparés par environ 110 km. (cf. P. Sillières, *Les voies de communication...*, 1990, p. 348, 353-354, 358-360). Si les fantassins partirent de Gadès le 4 avril, après deux jours de marches forcées, ils pouvaient se trouver à environ 40 km de Carteia, et y recevoir l'ordre de Didius de ne plus se diriger vers Carteia, mais de se lancer comme lui *(item)* à la poursuite de Pompée dans la direction de Malaga (M. Ferreiro, *César,* 1986, p. 356 et 763, n. 938).

37. 10. *ad terram applicant* : Cneius dut aborder en face d'une sierra (Strab. 3, 2, 2 : « [à Carteia] il s'embarqua bientôt pour prendre pied plus loin sur un plateau montagneux dominant la mer et s'y faire tuer »), sans doute entre les embouchures du Fuengirola et du Guadalhorce, en un lieu suffisamment éloigné à la fois de Carteia et de Malaga (probablement tenue par les Césariens, puisque Cassius Longinus s'y était embarqué en 48). Il put s'approvisionner en eau à une source ou dans une localité côtière, comme Suel (A. Schulten, *FHA,* 6, 1952, p. 225 ; A. Tovar, *Baetica,* 1974, p. 75 ; M. Ferreiro, *César,* 1986, p. 764, n. 946 ; P. Sillières, *Les voies de communication...*, 1990, p. 353), plutôt que celle du Cerro del Villar, à l'embouchure du Guadalhorce, trop proche de Malaga, suggérée par M. Ferreiro (*loc. cit.* ; cf. P. Sillières, *op. cit.*, p. 352).

37. 11. *Dum aquantur, Didius classe accurrit* : L'endroit où débarqua Cneius se situant probablement à une centaine de km de Carteia, Didius put le rejoindre le 7 avril, quatre jours après avoir quitté Gadès : l'indication de la phrase précédente *quarto die nauigationis* semble donc se rapporter à Didius, peut-être par l'intermédiaire d'un journal de bord, et non à Cneius. Bien que l'anonyme ne le mentionne pas, il dut y avoir un combat au cours duquel certains navires de Didius furent endommagés (40, 1).

38. 1. *in ea ferebatur Lusitanis more militari* : La correction proposée par Mommsen (« Zum *B.H.* », 1893, p. 614), à la place de la leçon de la tradition *Lusitanus*, présente l'avantage de donner un sens satisfaisant à l'expression *more militari* ; en effet, la coutume militaire veut que les officiers blessés soient transportés dans une litière soulevée à mains d'hommes et non pas tirée par des animaux de trait (cf. Nep., *Hann.* 4, 3 ; Curt. 7, 6,7 ; Plut., *Eum.* 14, 3 ; *Arat.* 33, 6). L'emploi du datif d'agent est certes plus rare avec une forme passive simple, mais attestée cependant dans la langue classique (Cic., *Inv.* 1, 86 ;2, 50 ; *Verr.* 2, 3, 43 ; cf. Kühner-Stegmann 1, 324 sq. ; Ernout et Thomas, *Syntaxe latine,* p. 75). Quant aux solutions avancées par les éditeurs qui s'en tiennent à la leçon des manuscrits, elles soulèvent plusieurs objections ; Du Pontet se contente de placer un point après *ferebatur* ; Hoffmann, suivi par Way, propose, de plus, une addition : *Lusitanus more militari <ex eius praesidio speculator missus>, cum Caesaris* *praesidio fuisset conspectus* (...) *circumcluditur*. Dans les deux cas la précision *more militari* paraît bien superflue pour décrire des opérations aussi banales que l'encerclement d'un ennemi ou l'envoi d'un éclaireur ; d'autre part, il est peu vraisemblable que cette mission soit confiée à un seul homme et que sa capture nécessite un tel déploiement de forces (*equitatu cohortibusque).* Cf. G. Pascucci, *Bellum Hispaniense,* 1965, p. 366.

38. 2. *ad turrem* : Sur ces *turres,* fortins ou tours-vedettes, cf. *supra,* 8. 5. Il s'agit sans doute de l'*oppidum* de Lauro dont parle Florus (2, 13, 86). Il est impossible de le confondre avec Olaura (Lora de Estepa), située près d'Osuna (cf. A. Schulten, *RE,* XII, 1, col. 1028, n° 3, *s.u. Lauro ;* idem, *FHA,* 5, 1940, p. 151 ; A. Tovar, *Baetica,* 1974, p.126). Certains identifient Lauro avec un des deux Alhaurin situés un peu au sud de Cartima, Alhaurin de la Torre (F.J. Simonet, *Descripción del reino de Granada bejo la dominación de los naseritas, sacada de los autores árabes, y seguida del texto inédito de Mahammed Ebn Aljathib,* Madrid, 1860, p. 82, cité par M. Ferreiro, *César,* 1986, p. 766 n. 985), ou Alhaurin el Grande (J. et M. Oliver, *Munda pompeiana,* Madrid, 1861, p. 139). D'autres préfèrent Iluro (Alora), un peu au nord de Cartima et, comme elle, surveillant la route de la vallée du Guadalhorce (R. Thouvenot, *Essai...,* 1973, 1940[1]· *Index,* p. 721 ; A.. Tovar, *Baetica,* 1974, p. 132-133 ; cf. P. Sillières, *Les voies de communication...,* 1990, p. 421, 422, 560, 562 ; P. Jacob, « La ville dans la formation des peuples ibères », *MCV,* 21, 1985,p. 53, qui donne à l'*oppidum* le nom d'Olaura). Cf. carte 2.

38. 3. *Cum Caesaris praesidio fuisset conspectus* : Le détachement de fantassins et de cavaliers avait sans doute dépassé Carteia le 7 avril, quand les éclaireurs les informèrent de la position de Pompée, qu'ils purent atteindre, à marche forcée (38, 2 *diem et noctem iter faciunt*), le lendemain (M. Ferreiro, *César,* 1986, p. 357 et 765, n. 963 et 966). Sur le chemin côtier conduisant de Carteia à Malaga, cf. P. Sillières, *Les voies de communication...,* 1990, p. 352-353 et 357. Les troupes, de même que Cneius, purent aussi emprunter la route de la brèche ouverte par le Guadalhorce dans les sierras côtières, surtout si Lauro est bien Iluro (cf. P. Sillières, *op.cit.,* p. 420-422).

38. 4. *idcirco* [*propter suo praesidio fuisset conspectus celeriter ad*] *munitum locum* : La suppression de la répétition s'impose depuis Dinter. Toutefois, comme le suggère A. Klotz (*Kommentar zum B.H.,* 1927, p. 110), suivi par G. Pascucci (*Bellum Hispaniense,* 1965, p. 367), il est probable que le complément de *propter* a disparu par haplographie, et l'on pourrait proposer la reconstitution suivante : *propter <suorum paucitatem>* (cf. 14, 2) *suo praesidio admunitum locum... ceperat sibi Pompeius.* La reprise de *praesidio* aurait provoqué un changement de ligne et la répétition mécanique de *fuisset conspectus celeriter.* Mais G. Pascucci préfère *munitum* au trop rare *admunitum* de *ST* suggéré peut-être par l'association fréquente de *celeriter* et *ad*.

38. 5. *circummunitiones iugo dirigunt* : M. Rambaud (« A propos du vocabulaire de la géométrie dans les *Commentaires* », *Hommages à Robert Schilling,* Paris, 1983, = *Autour de César,* 1987, p. 298) fait remarquer que ce passage du *B.H.* « illustre le mauvais style de son auteur, qui emmêle les notions de droite et de courbe ».

39. 1. *ut supra demonstrauimus* : Cf. 38, 2.

39. 2. *in speluncam* : Les grottes sont nombreuses sur cette côte. En 87, le jeune Crassus, traqué par les Marianistes, s'était enfui en Espagne et avait trouvé refuge, pendant huit mois, dans l'une de ces cavernes, située sur les terres d'un ami de son père, Vibius Paciaecus (Plut., *Crass.* 4-6 ; cf. *supra* 3. 6). Cf. A. Schulten, *Geografía y Etnografía antiguas de la península ibérica,* I, Madrid, 1959, p. 280.

39. 3. *Ita ibi interficitur* : Cneius Pompée dut être tué le 9 avril 45 (M. Ferreiro, *César,* 1986, p. 357). Les autres sources, mis à part le résumé laconique de Velleius Paterculus (2, 55, 3 : « Cn. Pompée que l'on trouva grièvement blessé dans un endroit désert et à l'écart fut tué. »), soulignent l'ultime résistance de Cn. Pompée : « Cnaeus avait fui le combat, blessé à la jambe, cherchant à gagner des lieux déserts et inaccessibles ; rejoint par Césonius *(Caesonius)* près de la place de Lauro, c'est en combattant (tant il est vrai qu'il ne désespérait pas encore !) qu'il est tué par ce dernier » (Flor. 2, 13, 86). « Il (*i.e.* Cneius) regagna les côtes, et, à la tête de quelques partisans réunis en cet endroit, se dirigea vers l'intérieur des terres. Il fut défait dans une rencontre avec Césennius Lenton (Καισεννίῳ ou Κεσεννίῳ selon les manuscrits), et périt dans une forêt où il s'était réfugié » (Dio Cass. 43, 40, 2). Orose (*Hist.*, 16, 6, 9) confond les deux frères : « Sextus Pompée, ayant rapidement rassemblé une troupe assez importante de Lusitaniens, se rencontra avec Césonius *(cum Caesonio)* et, vaincu, fut tué pendant sa fuite. » Appien (*Ciu.* 2, 105), qui semble suivre Asinius Pollion, peut-être par l'intermédiaire de Timagène, plutôt que Tite-Live (cf. A. Klotz, *Kommentar zum B.H.,* 1927, p. 10-11 ; A. Schulten, *FHA,* 5, 1940, p. 155 et 157), ne nomme pas le meurtrier : « il (*i.e.* Cneius) prit la mer et aborda quelque part pour se faire soigner. Comme on le poursuivait là aussi, il s'enfuit par un chemin cahoteux et plein de ronces qui transperçaient sa blessure, jusqu'à ce que, épuisé, il s'assît sous un arbre ; et quand ses poursuivants l'assaillirent, il se défendit contre eux sans céder au désespoir, puis fut décapité. » Caesenius Lento, peut-être originaire de Tarquinii (R. Syme, « Senators, Tribes and Towns », *Historia*, 13, 1964, p. 113), après l'assassinat de César, fit partie de la commission des *Septemuiri agris diuidundis* nommée en juin 44 par Antoine et Dolabella pour régler la distribution des terres aux vétérans (Cic., *Phil.* 11, 13 ; 12, 20 et 23 : « Qui donc me garantit que Lento se contente d'une seule tête ? » ; 13, 2, 26 et 37 ; cf. Münzer, *RE,* III, 1, col. 1307, n° 6 ; Broughton, *MRR*, 2, p. 311 et 332-333 ; T.P. Wiseman, *New Men...*, 1971, p. 219, n° 82). La mort de Cneius est brièvement notée aussi par Eutrope (6, 24) et Julius Obsequens (66).

39. 4. *Cum Caesar Gadibus fuisset* : César put parcourir en trois jours les 60 km qui séparent Hasta de Gadès et y arriver le 10 avril. Rien n'indique que Gadès, sa base navale, ait trahi la cause de César (cf. *supra*, 37. 5) et, quoi qu'en pensent Stoffel (2, p. 191) et J. Carcopino (*César*, 1968, p. 467), qu'il ait dû la soumettre. Cf. J. F. Rodríguez Neila, *Los Balbos de Cádiz. Dos españoles en la Roma de César y Augusto*, Séville, 1973, p. 181 ; G. Pascucci, *op. cit.*, p. 372 ; M. Ferreiro, *César*, 1986, p. 354, 760, n. 918. Cependant, d'après Dion Cassius (43, 39, 4), César s'empara des offrandes du temple d'Hercule (cf. M. Gelzer, *Caesar* ..., 1969, p. 298, qui ne voit là aucun signe d'hostilité). D'après P. Sillières (*Les voies de communication* ..., 1990, p. 579), César aurait encore manifesté sa faveur à Gadès en décidant la construction d'une grande route Corduba-Gades qui aurait supplanté la voie Corduba-Carteia.

39. 5. *Hispalim prid. Id. april. caput allatum et populo datum est in conspectum* : D'après Plutarque (*Caes*. 56, 6), c'est Didius qui apporta la tête du fils aîné de Pompée, ce qui est impossible, puisqu'il dut être tué le même jour que ce dernier, ou le lendemain (cf. A. Schulten, *FHA*, 5, 1940, p. 158 ; M. Ferreiro *César*, 1986, p. 766, n. 987 ; *infra*, 40.5). Plutarque ne précise pas que la tête de Cneius est portée à César, mais on peut le déduire du contexte, comme le fait Zonaras (10, 10). Appien (*Ciu*., 2, 105) est plus explicite : « lorsque sa tête fut apportée à César, celui-ci lui fit donner une sépulture. » G. Pascucci (*Bellum Hispaniense*, 1965, p. 372) rejette la version d'Appien, au motif que la tête de Cn. Pompée portée à Hispalis, où l'on croyait que César se trouvait, ne fut pas présentée à ce dernier : l'ordre généreux de l'ensevelir proviendrait d'une confusion avec la tradition relative à la mort du Grand Pompée (Liv., *Per*. 112, 4 ; Plut., *Caes*. 48, 2 et *Pomp*. 80, 5 ; Dio Cass. 42, 8) ; M. Ferreiro (*op. cit.*, p. 355, 358, 761, n. 92 et p. 76, n. 987) pense lui aussi que la tête de Cn. Pompée fut portée d'abord à Hispalis, mais qu'elle fut présentée à César le lendemain, 13 avril, à Gadès. Il semble que, quand César reçut la tête de son ennemi, ajoute M. Ferreiro (p. 358), il ordonna de l'ensevelir : « Il ne permit pas cette fois que se passe à Gadès la même chose qu'à Hispalis, où elle avait été exposée à la vue de tous. » Mais il est plus probable, comme le soutient J. Soubiran (« D'Alexandrie à Gadès : sur un vers de Lucain (VII, 692)) », *Pallas*, n.s, 16, 1980, p. 62-64), qui souligne « la discrétion – gênée, dirait-on – du *B.H.* », comme dans le cas de Varus et Labienus (cf. *supra*, 31. 8), « que la tête fut d'abord portée au chef suprême avant d'être, sur son ordre, exposée à Hispalis, où César allait quelques jours plus tard (...) dicter ses conditions aux Espagnols préalablement impressionnés par la macabre exposition. » J.-L. Voisin

(« Les Romains chasseurs de tête », 1984, p. 270) partage cet avis : « Choix politique encore que la présentation de la tête de Cn. Pompeius au *populus* d'Hispalis, ville pompéienne » (cf. aussi, p. 261, 262, 283). C'est pourquoi J. Soubiran (*loc.cit.* p. 60, 64-68) propose de corriger un vers discuté de Lucain (7, 692) en lisant, à la place de *Et ceu Munda nocens Pharioque a gurgite clades* (« Non seulement la coupable Munda et le désastre voisin du gouffre de Pharos »...) : *Et ceu Munda nocens Pharioque a gurgite Gades* (« Non seulement la coupable Munda et Gadès loin du gouffre de Pharos... ») ; le vers ferait alors allusion à la présentation à César de la tête du fils à Gadès, après celle du père à Alexandrie, Lucain marquant ainsi « que la guerre civile offrit le caractère d'une vraie " guerre mondiale ", d'un continent à l'autre, d'un bout à l'autre de la Méditerranée ».

40. 1. *Didius, quem supra demonstrauimus, illa adfectus laetitia...* : Cette formule de rappel (cf. 37, 2 et 3) suppose que Didius n'a pas participé directement à la capture et à la mise à mort de Cn. Pompée. Dion Cassius (43, 40, 2) prétend même qu'il les ignorait, ce que dément le récit de l'anonyme, beaucoup plus crédible.

40. 2. *et quoduis essent <...> brachium ex utrisque partibus <ad mare ducere coepit>* : Il est impossible de combler la première lacune, mais on peut penser que le texte justifiait la précaution prise par Didius, au moyen d'une subordonnée concessive (cf. 38, 4 *quamuis magna multitudine* (...) *defendere possent).* Quant à la construction de ces deux tranchées, elle rappelle les mesures prises par César en Bretagne, pour protéger ses navires (*B.G.* 5, 11, 5-7).

40. 3. *Lusitani, qui ex pugna superfuerunt* : Cf. 39, 2.

40. 4. *tripertito signa distribuunt* : Les trois groupes ne comprennent pas les forces qui sont restées en embuscade et interviennent à la fin du combat (5).

40. 5. *Didius* (...) *interficitur* : Le bref récit de Dion Cassius (43, 40, 2) présente une version un peu différente : « Didius, qui ignorait ces événements (*i.e.* la mort de Cn. Pompée), et courait ça et là pour engager une action avec Pompée, trouva sur son chemin d'autres soldats et fut tué. » Didius dut être tué le 12 ou 13 avril et la nouvelle en parvenir à César, à Gadès, vers le 17 (cf. M. Ferreiro, *César,* 1986, p. 358 et 767, n. 990).

40. 6. *Caesar Gadibus rursus ad Hispalim recurrit* : Une lettre de Cicéron (*Att.* 13, 20, 1) atteste la présence de César à Hispalis *pridie Kal. Maias*, le 30 avril 45. *(A Caesare litteras accepi consolatorias datas prid ; Kal. Mai. Hispali).* César put quitter Gadès vers le 17 avril et arriver à Hispalis vers le 22 (cf. M. Ferreiro, *op. cit.*, p. 768, n. 1001).

41. 1. *facta caede bene magna <...> faciunt* : Comme le suggère A. Klotz (*Kommentar zum B.H.*, 1927, p. 113), le passage disparu rapportait sans doute une offre de reddition : *<qui superfuerant deditionem> faciunt.*

41. 2. *Nostri ad oppidum recuperandum occasionem non praetermittunt* : Cf. *B.C.* 3, 25, 1 ; *B. Afr.* 1, 3. On ne peut retenir l'indication d'Appien (*Ciu.* 2, 105), qui place la reddition de la ville le lendemain de la bataille, puisqu'il confond Munda et Cordoue (cf. *supra,* 32. 1). Dion Cassius (43, 38,3-4) parle, au contraire d'une résistance acharnée des Pompéiens : « ils défendirent longtemps la muraille, qui ne put être prise que lorsqu'ils eurent tous péri dans les sorties. » De même, Orose (16, 6, 9) : « La cité de Munda fut prise d'assaut avec difficulté par César au prix d'un immense massacre d'hommes. » C'est cette version que semble confirmer le *B.H.* (34, 6 ; 36, 4 *cum diutius circumsederentur ;* 41, 1). La cité dut donc être prise vers le 15 avril (M. Ferreiro, *César,* 1986, p. 775, n. 48) et non vers le 20 mars, comme le pensent A. Klotz (*Kommentar zum B.H.,* 1927, p. 119) et A. Schulten (*FHA,* 5, 1940, p. 140).

41. 3. *et reliquos uiuos capiunt XIV milia* : On ne sait ce qu'il advint de Munda après la prise de la cité. Pline (*Nat.* 3, 12), énumérant les *coloniae inmunes* du *conuentus* d'Astigi, écrit : *huius conuentus sunt reliquae coloniae inmunes Tucci quae Virtus Iulia, Vcubi quae Claritas Iulia, Vrso quae Genetiva Vrbanorum ; inter quae fuit Munda cum Pompeio filio rapta.* La plupart en déduisent que la cité fut détruite et abandonnée après la déroute des Pompéiens et qu'elle n'existait plus à l'époque de Pline (Th. Mommsen, « Zum *B.H.* », 1893, p. 614 = *Gesammelte Schriften,* 7, 1907, p. 68 ; E. Albertini, *Les divisions...,* 1923, p. 61, n. 1 ; A. Schulten, *RE,* XVI, 1, col. 558, *s.u. Munda* n° 1 ; H. Galsterer, *Untersuchungen...,* 1971, p. 14 ; R. Corzo, « Munda... », 1973, p. 252 ; idem, *Osuna de Pompeyo a César,* 1977, p. 59 ; idem, « Arqueología de Osuna », *Archivo Hispalense,* 189, 1980, p. 122 ; F. Didierjean, « Enceintes urbaines antiques dans la province de Séville », 1983, p. 79 ; M. Ferreiro, *César,* 1986, p. 776, n. 54). En revanche, A. Tovar (*Baetica,* 1974, p. 117) pense que Munda a seulement perdu son statut de colonie, de même que P. Sillières (*Les voies de communication...,* 1990, p. 776, n. 54 – bien que p. 578-579 la destruction de la ville soit évoquée –), qui ajoute que, sur le site où nous proposons de situer la ville, le Cerro de la Camorra, « l'occupation a duré jusqu'au Bas Empire » ; cf. aussi A. T. Fear, *Rome and Baetica,* 1996, p. 69-70.

41. 4. *Vrsaonem proficiscuntur* : Le Cerro de la Camorra, où nous situons Munda, est séparé d'Osuna par 17 km. Des vestiges de la voie antique sont encore visibles aujourd'hui sur le Camino de los Fruteros (cf. J. Hernández, A. Sancho et F. Collantes, *Catálogo Arqueológico,* 3, 1951, p. 64 et 100-101 ; R. Corzo, « Munda y las vías de communicación en el *B.H.* », 1973, p. 248 ; idem, « Arqueología de Osuna », 1980, p. 128 ; P. Sillières, *Les voies de communication...,* 1990, p. 430).

41. 5. *quod oppidum magna munitione continebatur* : Une partie des murailles d'Osuna a été dégagée en 1903 par E. Engel et P. Paris, dans une zone où furent découverts aussi plusieurs bas-reliefs, (« Une forteresse ibérique à Osuna (Fouilles de 1903)) », *NAMSc*, 13, 1906, p. 357-49). Cf. R. Thouvenot, *Essai* ..., 1940 [1], 1973 [2], p. 380-381. Les fouilles conduites plus tard, en 1973, par R. Corzo (*Osuna de Pompeyo a César*, 1977, p. 14, 17, 22-23, 58-59) semblent confirmer qu'il s'agit d'une construction romaine (l'appellation de " forteresse ibérique " est donc contestable) et de fortifications édifiées en hâte par les Pompéiens, sans doute pendant le printemps et l'automne 46, pour défendre le secteur oriental plus vulnérable, au prix de la destruction d'une nécropole préromaine, à laquelle appartenaient sans doute certains des bas-reliefs (avis contraire chez A. T. Fear, *Rome and Baetica*, 1996, p. 44). Cf. J.A. Pachon Romero, M. Pastor Muñoz, « La necropolis " ibérica " de Osuna : puntualizaciones cronológicas », *Flor. Illib.*, 1, 1990, p. 333-340. Les fouilles de 1973 mirent à jour une habitation rectangulaire et un silo manifestement destinés à un usage militaire, et liés au siège de la ville, puisque on ne trouve aucune trace d'occupation ultérieure dans cette zone. R. Corzo, *op. cit.*, p. 23-25 ; idem « Arqueología de Osuna », 1980, p. 120-121 et fig. 2 et 3 ; J.M. Campos Carrasco, « Analisis de la evolución espacial y urbana de Urso », *Estudios sobre Urso*, Séville, 1989, p. 102, 108 et fig. 1, 2, 3, 4. D'après R. Corzo (*Osuna...*, p. 14-18 et fig. 5 et 6), la muraille d'Osuna présente des caractéristiques techniques recommandées par Vitruve (1, 5) : les tours circulaires assez rapprochées, les murs transversaux et un large terre-plein postérieur pour y disposer les troupes de défense. F. Didierjean (« Enceintes ... », 1983, p. 77) y retrouve des caractères préconisés par Philon de Byzance (*Synth.* A 45-46 ; Y. Garlan, *Recherches de poliorcétique grecque*, BEFAR 223, Paris, 1974, p. 296) « comme le rétrécissement sommital et le dédoublement du mur. »

41. 6. *aqua praeterquam in ipso oppido una* : On a retrouvé à Osuna les vestiges de nombreux puits creusés dans la roche « pour chercher à une profondeur moyenne de 60 m l'eau potable si rare dans la région » (R. Corzo, *Osuna de Pompeyo a César*, 1977, p. 10).

41. 7. *aggerem* <...> : A. Klotz (*Kommentar zum B.H.*, 1927, p. 114) propose *aggerem <longius petere necesse esset>*. Cf. Caes., *B.G.*, 2, 20, 1 ; *B.C.*1, 42, 1. R. Corzo (*Osuna de Pompeyo a César*, 1977, p. 28) a constaté la présence de couches de sable qui ne paraissent pas provenir de l'érosion de la roche ou des remparts et qui pourraient correspondre à l'*agger*.

41. 8. *materies (...) propius milia passuum VI non reperiebatur* : A. Schulten (*Geografía y Etnografía antiguas en la Península Ibérica*, 2, Madrid, 1963, p. 351) déduit de cette indication que la déforestation était déjà très importante dans la Bétique. Pour P. Sillières (« La Péninsule Ibérique », 1993, p. 203), cela indique au contraire que la région était encore très boisée à cette époque au-delà du terroir cultivé entourant la ville sur un rayon de 9 km, « zone qui correspond en effet aux excellentes terres de la *Campiña* d'Osuna. » Cf. A. Ibañez Castro, *Córdoba Hispano-Romana,* Madrid, 1983, p. 186.

42. 1. *Dum haec ad Mundam geruntur et Vrsaonem* : Sur le sort de Munda, cf. *supra,* 41. 2 et 3. Quant à Urso, on ne sait comment se déroulèrent le siège et la prise de la ville. Les objets trouvés lors des fouilles, armes de fer, projectiles de pierres, *glandes* portant la marque de Cn. Pompée, attestent de la résistance de la cité (*CIL,* II, 6248 ; A. Engel et P. Paris, « Une forteresse ibérique à Osuna », 1906, p. 439 ; R. Corzo, *Osuna de Pompeyo a César,* 1977, p. 28, 51 et pl. XV et XVI). R. Corzo, (*op. cit.*, p. 26) a cru reconnaître aussi des traces d'incendie. Pourtant, le fait que la muraille ne semble pas avoir été détruite à cette époque et surtout que la cité fut élevée au rang de colonie, comme Hispalis et Ucubis, laisse penser qu'elle se rendit assez vite, le parti césarien l'ayant emporté (R. Corzo, *op. cit.*, p. 58-59 ; idem, « Arqueología de Osuna », 1980, p. 121-122. Toutefois, R. Corzo propose d'identifier Urso avec la Bursavo du *B.H.* 22, ramenée au parti pompéien par la force, ce qui nous paraît peu probable ; cf. *supra* 22. 1). Pour la date de la reddition, M. Ferreiro (*César,* 1986, p. 778, n. 69) propose le 22 ou 23 avril 45. A. García y Bellido (*La Dama de Elche y el conjunto de piezas arqueologicas reingresadas en España en 1941,* Madrid, 1943, p. 93-140 et pl. XVIII-XXXIV ; idem, « Arte ibérico », *Historia de España,* I, 3, *España prerromana,* dir. par R. Menéndez Pidal, Madrid, 1954, p. 554-557 ; idem, *Arte ibérico en España,* Madrid, 1980, p. 59) pense que ceux des bas-reliefs trouvés à Osuna qui trahissent une influence romaine, comme le *cornicen,* ou les soldats portant des jambières, appartenaient à un monument commémorant la victoire de César. D'autres croient qu'ils proviennent plutôt d'un ou plusieurs monuments funéraires détruits pendant la guerre civile, après la prise de la ville ou lors de la construction des remparts (J.M. Blázquez, *Historia del Arte Hispánico,* I, *La Antigüedad,* 1, Madrid, 1988, 1978[1], p. 304 ; M.P. León Alonso, « Plástica e iberromana », *La baja época de la cultura ibérica,* Madrid, 1981, p. 184-186). En vertu de la *lex Antonia* et conformément à la volonté de César, Urso devint, probablement en 44, la *colonia Iulia Genetiua* – en hommage au culte césarien de Venus Genitrix –. L'appellation *Vrbanorum* que lui donne Pline (*Nat.*, 3, 12) rappelle que la majorité des colons qui y occupèrent les terres confisquées aux Pompéiens étaient sans doute des civils venus de Rome, bien que des vétérans de la XXXe légion y aient probablement été aussi installés (*CIL,* II, 1404 = *ILS* 2233 ; cf. P. Le Roux, *L'armée romaine...,* 1982, p. 50-51 ; A. T. Fear, *Rome and Baetica,* 1996, p. 84, 87). Cf. aussi B.D. Hoyos (« *Ciuitas* and *Latium* in Provincial Communities », *RIDA,* 22, 1975, p. 254-255), qui pense que les *Vrsaonenses* – sauf peut-être les Césariens – furent massacrés ou réduits en esclavage. Depuis la découverte des fameux bronzes d'Osuna, sa loi fondatrice (*Lex Vrsonensis, ILS* 6087 ;

CIL, II, 5439) a fait l'objet de nombreuses études. Cf., entre autres, E. Kornemann, *RE,* IV, 1, col. 527, *s.u. colonia ;* M.I. Henderson, « Julius Caesar and Latium in Spain », *JRS,* 32, 1942, p. 32 ; F. Vittinghoff, *Römische Kolonisation,* 1951, p. 59, 74, 80 ; A. García y Bellido, « Las colonias... », 1959, p. 465-466 ; H. Galsterer, *Untersuchungen...,* 1971, p. 8 ; B. Galsterer Kröll, « Zu der Spanischen Städtelisten des Plinius », *AEA,* 48, 1975, p. 122-124 ; A. Tovar, *Baetica,* 1974, p. 128-129 ; Z. Yavetz, *César et son image,* Paris, 1990, 1979[1], p. 164-165 ; A.N. Sherwin-White, *The Roman Citizenship,* 1980, p. 176 ; P. Grimal, *Roman Cities,* éd. M. Woloch, 1983, p. 210-222 ; *Estudios sobre Urso, colonia Iulia Genitiva,* éd. J. González Fernández, Séville,1989 A. T. Fear, *op. cit.*, p. 83-98.

42. 2. *insequenti die contione aduocata* : Cette assemblée, qui dut se tenir dans la dernière semaine d'avril (cf. *supra,* 40. 6), réunissait certainement, outre les citoyens romains résidant à Hispalis, des représentants des cités et des notables de la province (cf. J.M. Roldán, « La guerra civil entre César y Pompeyo (49-31 a. C.) », 1978, p. 170). Signe de la romanisation de la Bétique, comme à Cordoue en 49 (*B.C.* 2, 21, 1), César n'eut pas besoin d'interprète (cf. J.M. Blázquez, « Causas de la romanización de España », 1964, p. 486 ; A. García y Bellido, « La latinización de Hispania », *AEA,* 40, 1967, p. 11 = *ANRW,* I, 1, 1972, p. 462 ; R. Thouvenot, *Essai...* 1973, p. 770 ; J.B. Tsirkin, « The South of Spain in the Civil War of 46-45 B.C. », *AEA,* 54, 1981, p. 94.

42. 3. *initio quaesturae suae* : Sur la questure de César, cf. Plut., *Caes.* 5, 6 ; Vell. 2, 43, 4 ; Suét., *Caes.* 7 ; Dio Cass. 37, 52, 2 ; 41, 24, 2. Elle dura de l'été 69 à l'été 68 (L.R. Taylor, « Caesar's Early Career », *CPh,* 1941, p. 124). Sur le style de ce discours, cf. Introduction, p. LXXX-LXXXI.

42. 4. *eam prouinciam ex omnibus prouinciis peculiarem sibi constituisse* : En fait, il ne s'agissait pas d'un choix, les provinces étant tirées au sort ; cf. Suét., *Caes.* 7,1 : *quaestori ulterior Hispania obuenit.* G. Walter (*César,* Paris, 1964, p. 33) et M. Ferreiro (*César,* 1986, p. 42) pensent que César était, en fait, peu satisfait de cette charge qui l'éloignait de Rome.

42. 5. *insequente praetura ampliato honore* : Le terme de *praetura* doit recouvrir à la fois la préture de César en 62 et sa propréture l'année suivante. Cf. Liv., *Per.* 103, 5 ; Plut., *Caes.* 8,11-12 ; Suét., *Caes.*18 ; App., *Ciu.*, 2, 8 ; Dio Cass. 37, 52-53 ; Introduction, p. XXXI. *Ampliare*, dans le sens d' "accroître ", appartient probablement à la langue vulgaire et n'apparaît pas dans la langue littéraire avant l'Empire (cf. Hor., *Sat.* 1, 4, 32 ; Lucain, 3, 276 ; Plin., *Nat.* 11, 117). Le sens technique de ce verbe, " ordonner un supplément d'enquête ", a dû évoluer sous l'influence d'*amplare* (Pacuv., *Trag.* 339, éd. O. Ribbeck, *Scaenicae Romanorum Poesis Fragmenta*, 1,

Leipzig, 1871², 1852¹) et d'*amplificare* (cf. *B.G.* 2, 14, 6 ; 6, 12, 6 *eorum gratia dignitateque amplificata*). Cf. G. Pascucci, *op. cit.*, p. 387 ; J. Hellegouarc'h, *Le vocabulaire latin des relations et des partis politiques*, 1963, p. 229-230.

42. 6. *uectigalia, quae Metellus imposuisset* : Q. Caecilius Metellus imposa vraisemblablement ce tribut après la victoire qu'il remporta, en 72, sur Sertorius, avec l'aide de Pompée. Aucune autre source n'en fait mention non plus que de son abolition par César (cf. G. Pascucci, *op. cit.*, p. 387).

42. 7. *a senatu petisse et eius pecuniae liberasse* : Cette phrase est un exemple de brachylogie et présente une construction, probablement archaïque, de *liberare* avec le génitif (cf. G. Pascucci, *op. cit.*, p. 388). Quant à la mesure prise par César, elle n'est mentionnée par aucune autre source. Cf. J.M. Blázquez, « Estructura económica de la Bética », 1967, p. 58 ; G. Pascucci, « Paralipomeni... », 1973, p. 617 ; D. Estefania, « El conocimiento de *Hispania* en César », *La Cultura in Cesare*, 1993, p. 37.

42. 8. *patrocinio suscepto* : On ne connaît pas les circonstances précises dans lesquelles César exerça ce patronage, mais on peut songer à ses bienfaits envers les Gaditains (cf. Cic., *Balb.* 19 ; cf. L. Harmand, *Le patronat sur les collectivités publiques des origines au Bas-Empire*, Paris, 1957, p. 103 et 128). Un passage de l'*Oratio pro Bithynis* (Gell. 5, 13, 6 ; H. Malcovati, *Orat. Rom. frag.*, 1955², p. 395, nº 44) témoigne de l'importance accordée par César à son rôle de patron : *neque clientes sine summa infamia deseri possunt.*

42. 9. *suo* (...) *consulatu* : César fut consul pour la première fois en 59. Cf. L.R. Taylor, « On the Chronology of Caesar's First Consulship », *AJPh*, 72, 1951, p. 254-268.

42. 10. *in se et in populum Romanum* : Cf. 3, 3 et un peu plus loin 42, 5 et 6. Cf. Introduction, p. LXIX.

42. 11. « *Vos...* » : Au discours indirect, qui expose avec réserve, en évitant l'indiscrétion de la première personne, les bienfaits de César, succède l'accusation véhémente, au discours direct.

42. 12. *magistratibus sacrosanctis* : D'après G. Pascucci (*op. cit.*, p. 390), bien que l'adjectif *sacrosanctus* soit habituellement réservé aux tribuns de la plèbe, l'inviolabilité serait le privilège de tous les magistrats hors de Rome. Kübler (*RE*, I A, 2, col. 1685 *s.u. sacrosanctus*) voit plutôt dans cette expression une généralisation, révélatrice de la vénération entourant la notion de *sacrosancta potestas*. Quant au pluriel, il semble relever de l'hyperbole rhétorique, car César ne peut faire allusion qu'aux deux tentatives d'assassinat *(semel et saepius)* perpétrées, en 54 et 48 (*B. Al.* 48, 1 ; 52, 2-4 ; cf. Introd., p. XIX, n. 6 et XX), contre Cassius Longinus, nommément désigné ensuite. Le passage peut rappeler le début de la guerre civile, lorsque César justifiait sa marche sur Rome en 49 en se posant en défenseur des droits des tribuns qui avaient défendu sa cause au Sénat, Antoine et, précisément, Cassius Longinus (*B.C.* 1, 7, 2-6 ; Dion Hal. 8, 87, 8 ; cf. J. Carcopino, *César,* 1968, p. 355-356 ; S. Weinstock, *Divus Julius,* 1971, p. 220-221).

42. 13. *beneficia pro maleficiis* : C'est là le contraire même du rapport d'échange qui veut que le *beneficium* soit payé en retour d'un *officium.* Cf. J. Hellegouarc'h, *op. cit.*, p. 163-169 ; M. Rambaud, « César et l'épicurisme d'après les *Commentaires* », 1969, p. 427 = *Autour de César,* 1987, p. 122.

42. 14. *neque in otio concordiam, neque in bello uirtutem ullo tempore retinere potuistis* : S. Weinstock (*Divus Julius,* 1971, p. 263) remarque que c'est là le seul emploi du terme *concordia* dans le *corpus* césarien, César préférant *consensus,* ou *dissensio,* à la place de *discordia.* Quant à P. Hamblenne (« L'opinion romaine en 46-43 et les sentences " politiques " de Publilius Syrus », *ANRW,* I, 3, 1973, p. 678), il considère que « inclus dans un ouvrage de propagande publié en 43, l'énoncé s'applique exactement à l'attitude contemporaine des « républicains » de Rome, partisans d'une guerre qu'ils sont incapables de mener ».

42. 15. *priuatus* : L'expression souligne l'importance de la notion de légitimité dans les guerres civiles et rappelle le *B.C.* 1, 6, 5 *(Prouinciae priuatis decernuntur)* et 7 *(lictoresque habent in urbe et Capitolio priuati).* Cf. P. Jal, *La guerre civile,* 1963, p. 85-88.

42. 16. *multis interfectis ciuibus* (...) *depopulauit* : Ce passage fait écho au premier chapitre : *multis interfectis ciuibus* : cf 1, 4 *cum aliquis* (...) *optime de Cn. Pompeio meritus ciuis esset* (...) *eo de medio sublato ; auxilia contra populum Romanum comparauit* : cf. 1, 2 *bene magna comparata manu ; agros prouinciamque* (...) *depopulauit* : cf. 1, 2 *prouinciam uastare.* Ces nombreux rappels du début du texte laissent supposer qu'on a bien affaire ici à la conclusion et que la partie manquante n'est pas très importante. Il est peu probable que l'auteur énumérait les mesures administratives de la colonisation césarienne (cf. G. Pascucci, *op. cit.,* p. 393 ; M. Ferreiro, *César,* 1986, p. 772, n. 22). Pour *auxilia* comme équivalent de *copiae* (cf. 29,1), le *T.L.L.* donne de nombreux exemples.

42. 17. *uestro impulsu* : A.J.L. Van Hooff (« The Caesar of the *B.H.* », *Mnemosyne,* 27, 1974, p. 133), qui pense « that embitterment is the clue for Caesar's behaviour in the period », commente ainsi ce passage : « Young Pompeius never would have acted like that had he not met these wicked men in Spain. One could almost put in this way : this revolt in Spain was not his action, he was only the spark they needed to set on fire. Caesar did not fight a civil war in Spain ; in fact it was a war against foreign enemies who used a Roman as their leader. In this train of thought Caesar was in his right to have his *triumphus.* » Le triomphe de 45 fut bien célébré *ex Hispania* (*CIL,* I ^{2}, 1, p. 179 ;

Liv., *Per.* 116, 1 ; Vell. 2, 56, 2 ; Plin., *Nat.*, 14, 97) ; Flor. 2, 13, 89, évoquant globalement les triomphes de César, écrit : *Pharsalia et Thapsos et Munda nusquam : et quanto maiora erant, de quibus non triumphabat !* Mais, comme Appien au sujet du triomphe de 46 (*Ciu.* 2, 101), Plutarque (56, 7-9), Suétone (*Caes.* 37, 1), et Dion Cassius (43, 42, 1) le présentent, sans équivoque, comme un triomphe remporté sur les fils de Pompée. Cf. V. Ehrenberg, « *Imperium maius* in the Roman Republic », *AJPh,* 74, 2, p. 131, qui voit là le signe que César assumait une *dictatura rei publicae constituendae* plutôt que *rei gerendae caussa*) ; P. Jal, *La guerre civile,* 1963, p. 441-442, qui insiste sur l'équivoque et l'hypocrisie ; P. Hamblenne, *loc. cit.,* 1973, p. 650-651, mettant plutôt l'accent sur le durcissement de la politique de César après l'échec de la réconciliation avec les Pompéiens ; Z. Yavetz, *César et son image,* Paris, 1990, 1979[1], p. 222 ; J.-L. Voisin, « Le triomphe africain de 46 », *AntAfr,* 19, 1983, p. 31.

42. 18. *decem habere legiones populum Romanum, quae...caelum diruere possent* : G. Pascucci (*op. cit.*, p. 392) souligne le caractère proverbial de l'expression *decem legiones* (cf. Sén., *Clem.* 1, 4, 1). J. Harmand pense qu'à travers cette image d'une « armée capable de faire crouler les nues », César exprime « son sentiment de l'œuvre accomplie » (« Les origines de l'armée impériale », *ANRW,* II, 1, 1974, p. 279, n. 72 ; idem, « César et l'Espagne durant le second *Bellum ciuile* », 1970, p. 200).

BIBLIOGRAPHIE

Les abréviations employées sont signalées entre parenthèses, après le libellé de l'ouvrage ou de l'article.

I. INSTRUMENTS BIBLIOGRAPHIQUES

R. ÉTIENNE, J. FONTAINE, P. ROUILLARD (sous la direction de), « Histoire et archéologie de la péninsule ibérique antique », Chronique I : 1968-1972, *REA*, 77, 1975, 152-221 ; Chronique II : 1973-1977, *REA*, 81, 1979, 105-205 ; Chronique III : 1978-1982, *REA*, 84, 1982, 183-300 ; Chronique IV : 1984-1987, *REA* 91, 1989, 151-307 ; Chroniques quinquennales réunies dans *Histoire et Archéologie de la Péninsule Ibérique Antique*, Paris, 1993.

J. FONTAINE, P. SILLIÈRES (sous la direction de), « Histoire et archéologie de la péninsule ibérique antique », Chronique V : 1988-1992, *REA*, 97, 1995, 253-443.

H. GESCHE, *Caesar* (Erträge der Forschung, 51) Darmstadt, 1976.

J. KROYMANN, « Caesar und das Corpus Caesarianum in der neueren Forschung : Gesamtbibliographie 1945-1970 », *ANRW*, I, 3, 1973, 457-487.

M. RAMBAUD, *L'art de la déformation historique dans les Commentaires de César*, édition revue, Paris, 1966, [p. 397-436 = *Autour de César*, Lyon, 1987, 11-47].

M. RAMBAUD, « Un bilan des études césariennes » dans *Présence de César, Hommage au doyen M. Rambaud*, éd. par R. Chevallier, Paris, 1985, 7-24 = *Autour de César*, Lyon, 1987, 49-65.

A. Tovar, J. M. Blázquez Martínez, « Forschungsbericht zur Geschichte des römischen Hispanien », *ANRW*, II, 3, 1975, 428-451.

G. Zecchini, « L'immagine di Cesare nella storiografia moderna », *Aeuum Antiquum*, 4, 1991, 227-254.

II. ENCYCLOPÉDIES, DICTIONNAIRES, GRAMMAIRES, LEXIQUES

Aufstieg und Niedergang der Römischen Welt, hrsg. von H. Temporini u. W. Haase, Berlin, New York, 1972 sq. *(ANRW)*.

C. Daremberg, E. Saglio, E. Pottier, *Dictionnaire des antiquités grecques et romaines*, 9 vol., Paris, 1877-1919 (réimpr. 1962-1963). (D.-S.).

Pauly, G. Wissowa, W. Kroll, *Realencyclopädie der klassischen Altertumswissenschaft*, Stuttgart, 1893-1978 *(RE)*.

*
* *

M. Leumann, J. B. Hofmann, A. Szantyr, *Lateinische-Grammatik*, Munich, 1962-1963 (L.-H.-S.).

*
* *

C. M. Birch, *Concordantia et Index Caesaris*, 2 vol., Hildesheim, Zurich, New York, 1989.

H. Merguet, *Lexicon zu den Schriften Cäsars und seiner Fortsetzer*, Hildesheim, 1963 (1886[1]).

H. Meusel, *Lexicon Caesarianum*, 3 vol., Berlin, 1958, 1887-1893[1].

III. ÉDITIONS

Les auteurs anciens ont été consultés principalement dans les éditions des *Belles Lettres* (Collection des Universités de France, publiée sous le patronage de l'Association Guillaume Budé, Paris), auxquelles sont empruntées les traductions (sauf pour Dion Cassius, *Histoire romaine,* Firmin Didot, 1845-1879, par Étienne Gros et V. Boissée). Les éditions Loeb (Londres), Teubner (Leipzig) et la Nuova Italia (Florence) ont également été consultées. Pour les éditions récentes du *Bellum Hispaniense,* voir p. CX.

IV. OUVRAGES

E. ALBERTINI, *Les divisions administratives de l'Espagne romaine,* Paris, 1923 (E. Albertini, *Les divisions...).*

E. BABELON, *Description historique et chronologique des monnaies de la République romaine,* 2 vol., Paris, 1885-1886 (Babelon).

E. BADIAN, *Foreign Clientelae (264-70 BC),* Oxford, 1958 (E. Badian, *Foreign Clientelae*).

R. G. BOEHM, *Vigiliae Hibericae. Emendationen zum Text des Bellum Hispaniense,* I, Fribourg, 1988.

T. R. S. BROUGHTON, *The Magistrates of the Roman Republic*, 2 vol. et un supplément, New York, 1951, 1952 et 1986 (Broughton, *M R R,* 1, 2, 3).

V. BROWN, *The Textual Transmission of Caesar's Civil War (*Mnemosyne, Supp. 23), Leyde, 1972.

P. A. BRUNT, *Italian Manpower, 225BC-AD14*, Oxford, 1971.

L. CANALI, *Personalità e stile di Cesare,* Rome, 1963.

J. CARCOPINO, *Jules César*, Paris, 1968[5]. (J. Carcopino, *César*).

C. CASTILLO GARCÍA, *Prosopographia Baetica,* Universitad de Navarra, Pampelune, 1965, dactyl.. (C. Castillo, *Prosopographia Baetica*).

R. COMBÈS, *Imperator. Recherches sur l'emploi et la signification du titre d'imperator dans la Rome républicaine*, Paris, 1966. (R. Combès, *Imperator*).

R. Corzo Sánchez, *Osuna de Pompeyo a César. Excavaciones en la muralla republicana,* Séville, 1977. (R. Corzo, *Osuna de Pompeyo a César*).

M. H. Crawford, *Roman Republican Coinage,* 2 vol., Cambridge, 1974.

La Cultura in Cesare, a cura di D. Poli, *Atti del Convegno Internazionale di Studi, Macerata-Matelica, 30 aprile - 4 maggio 1990,* 2 vol., Rome, 1993.

C. de Meo, *Lingue techniche del Latino*, Bologne, 1983.

W. Drumann, *Geschichte Roms in seinem Übergange von der republikanischen zur monarchischen Verfassung oder Pompeius, Caesar, Cicero und ihre Zeitgenossen nach Geschlechtern und mit genealogischen Tabellen,* 2e éd. par P. Groebe, 6 vol., Berlin, Leipzig, 1899-1929. (Drumann-Groebe).

Estudios sobre Urso. Colonia Iulia Genitiua, J. González Fernández éd., Séville, 1989.

A. T. Fear, *Rome and Baetica. Urbanization in Southern Spain 50 B.C. - A. D. 150*, Oxford, 1996. (A. T. Fear, *Rome and Baetica*).

M. Ferreiro López, *César en España,* thèse inédite, Université de Séville, 1986. (M. Ferreiro, *César*).

E. Gabba, *Esercito e società nella tarda Republica romana*, Florence, 1973. (E. Gabba, *Esercito e società*).

H. Galsterer, *Untersuchungen zum römischen Städtewesen auf der iberischen Halbinsel,* Berlin, 1971. (H. Galsterer, *Untersuchungen...*).

M. Gelzer, *Caesar, Politician and Statesman*, Oxford, 1968 (traduit de *Caesar, der Politiker und Staatsmann*, Wiesbaden, 1960[6] , édition remaniée et augmentée, Munich, 1941, Berlin, 1921[1]). (M. Gelzer, *Caesar*).

M. Grant, *From Imperium to Auctoritas. A Historical Study of Aes Coinage in the Roman Empire 49 B.C. - A.D. 14*, Cambridge, 1946. (M. Grant, *From Imperium to Auctoritas*).

P. Grimal, *Roman Cities*, translated and edited by G.M. Woloch, with a descriptive catalogue of Roman cities by G.M. Woloch, Madison-Londres, 1983 (traduit de *Les villes romaines*, Paris, 1954).

E. GROAG, A. STEIN, *Prosopographia Imperii Romani. Saec. I, II, III,* 5 vol., Berlin, Leipzig, 1933-1970 *(PIR* [2]*).*

E. S. GRUEN, *The Last Generation of the Roman Republic*, Berkeley, 1974. (E.S. Gruen, *The Last Generation...*).

S. GSELL, *Histoire ancienne de l'Afrique du Nord,* tome 8, Paris, 1928 (Gsell).

J. HARMAND, *L'armée et le soldat à Rome de 107 à 50 avant notre ère*, Paris, 1967. (J. Harmand, *L'armée et le soldat*).

J. HELLEGOUARC'H, *Le vocabulaire latin des relations et des partis politiques sous la République*, Paris, 1972[2], 1963[1]. (J. Hellegouarc'h, *Le vocabulaire latin des relations et des partis politiques*).

W. HERING, *Die Recensio der Caesarhandschriften*, Berlin, 1963

J. HERNÁNDEZ DURE, A. SANCHO CABACHA, F. COLLANTES DE TERÁN, *Catálogo arqueológico y artístico de la provincia de Sevilla,* 4 vol., Séville, 1939, 1943, 1951, 1954. (J. Hernández, A. Sancho, F. Collantes, *Catálogo...*).

T. R. HOLMES, *The Roman Republic and the Founder of the Empire,* 3, Oxford, 1923. (T.R. Holmes, *The Roman Republic*).

A. IBANEZ CASTRO, *Córdoba hispano-romana,* Cordoue, 1983.

P. JAL, *La guerre civile à Rome, étude littéraire et morale de Cicéron à Tacite*, Paris, 1963. (P. Jal, *La guerre civile*).

L. KEPPIE, *The Making of the Roman Army. From Republic to Empire,* Londres, 1984. (L. Keppie, *The Making of the Roman Army*).

A. KLOTZ, *Cäsarstudien*, Leipzig, 1910.

R. C. KNAPP, *Aspects of the Roman Experience in Iberia, 206-100 B.C. (*Anejos de *Hispania Antiqua*, 9), Valladolid, 1977. (R. C. Knapp, *Aspects...*) .

R. C. KNAPP, *Roman Córdoba,* Berkeley, 1983.

J. KROMAYER, G. VEITH, *Heerwesen und Kriegsführung der Griechen und Römer*, Munich, 1963, 1928[1].

J. KROMAYER, G. VEITH, *Schlachtenatlas z. antiken Kriegsgeschichte mit begleitendem Text. Römische Abteilung,* 23, 1-4, Leipzig, 1924.

A. D. LEEMAN, *Orationis ratio. The Stylistic Theories and Practices of the Roman Orators, Historians and Philosophers*, 2 vol., Amsterdam, 1963. (A. D. Leeman, *Orationis ratio*).

Legio VII Gemina. Coloquio internacional de Romanistas celebrado con ocasión del XIX centenario de los orígenes de la Ciudad de León, 16-21 IX, 1968, León, 1970. *(Legio VII Gemina).*

P. LE ROUX, *L'armée romaine et l'organisation des provinces ibériques d'Auguste à l'invasion de 409*, Paris, 1982 (P. Le Roux, *L'armée romaine...*).

P. LE ROUX, *Romains d'Espagne, Cités et politique dans les provinces IIe siècle av. J.-C. - IIIe siècle ap. J.-C.*, Paris, 1995 (P. Le Roux, *Romains d'Espagne*).

P. M. MARTIN, *L'idée de royauté à Rome,* 2 vol., Clermont-Ferrand, 1992-1994.

C. MEIER, *César*, Paris, 1989, Berlin, 1982 [1].

C. NICOLET, *L'Ordre équestre à l'époque républicaine (312 - 43 av. J.-C.)*, 2 vol., Paris, 1966 - 1974. (C. Nicolet, *L'Ordre équestre*).

J. VAN OOTEGHEM, *Pompée le Grand bâtisseur d'empire,* Bruxelles, 1954 (J. Van Ooteghem, *Pompée le Grand*).

M. M. D. PARKER, *The Roman Legions,* Cambridge, 1928.

G.-Ch. PICARD, *Les trophées romains. Contribution à l'histoire de la religion et de l'art triomphal de Rome,* BEFAR, 187, Paris, 1957. (G.-Ch. Picard, *Les trophées romains*).

M. RAMBAUD, *L'art de la déformation historique dans les Commentaires de César*, Paris, 1953, 1966[2]. (M. Rambaud, *L'art de la déformation*).

M. RAMBAUD, *Autour de César*, Lyon, 1987.

J. S. RICHARDSON, *Hispaniae. Spain and the Development*

of Roman Imperialism, 218 - 82 B.C., Cambridge, 1986. (J. S. Richardson, *Hispaniae*).

J. M. ROLDÁN HERVAS, *Hispania y el ejército romano. Contribución a la Historia social de la España antigua,* Salamanque, 1974. (J.M. Roldán, *Hispania y el ejército romano*).

E. T. SALMON, *Roman Colonization under the Republic*, Londres, 1969. (E. T. Salmon, *Roman Colonization*).

A. SCHULTEN, *Geografía y Etnografía antiguas de la Península Ibérica*, 1, Madrid, 1959. (Traduction de *Iberische Landeskunde, Geographie des antiken Spanien,* Strasbourg, 1955).

A. SCHULTEN, *Las guerras de 154-72 a. de J.-C., Fontes Hispaniae Antiquae,* 4, Barcelone, 1937. (A. Schulten, *FHA,* 4).

A. SCHULTEN, *Las Guerras de 72 - 19 a. de J.-C., Fontes Hispaniae Antiquae,* 5, Barcelone, 1940. (A. Schulten, *FHA,* 5).

A. SCHULTEN, [Estrabón] *Geografía de Ibérica, Fontes Hispaniae Antiquae,* 6, Barcelone, 1952. (A. Schulten, *FHA,* 6).

W. SCHULZE, *Zur Geschichte lateinischer Eigennamen,* Berlin, 1904. (W. Schulze).

I. SHATZMAN, *Senatorial Wealth and Roman Politics,* (Latomus, 142), Bruxelles, 1975. (I. Shatzman, *Senatorial Wealth*).

P. SILLIÈRES, *Les voies de communication de l'Hispanie méridionale,* Paris, 1990. (P. Sillières, *Les voies de communication*).

E. STOFFEL, *Histoire de Jules César, Guerre civile*, 2 vol. et un atlas, Paris, 1887 (Stoffel).

E. A. SYDENHAM, *The Coinage of the Roman Republic,* revised by G.C. Haines, Londres, 1952.

R. SYME, *La Révolution Romaine,* Paris, 1967, Oxford, 1952[2], 1939[1]. (R. Syme, *RR*).

R. SYME, *Roman Papers,* vol. I - V, Oxford, 1979-1988, vol. VI - VII, Oxford, 1991. (R. Syme, *RP*).

L. R. TAYLOR, *The Voting Districts of the Roman Republic : The Thirty-five Urban and Rural Tribes,* Rome, 1960. (L.R. Taylor, *The Voting Districts of the RR*).

R. THOUVENOT, *Essai sur la province romaine de Bétique* (BEFAR, 149), Paris, 1940, repr. av. sup. 1973. (R. Thouvenot, *Essai...*) .

A. TOVAR, *Iberische Landeskunde, Baetica,* Baden-Baden, 1974. (A. Tovar, *Baetica*).

A. TOVAR, *Iberische Landeskunde, Lusitanien,* Baden-Baden, 1976. (A. Tovar, *Lusitanien*).

V. VÄÄNÄNEN, *Introduction au latin vulgaire*, Paris, 1963. (Väänänen).

F. VITTINGHOFF, *Römische Kolonisation und Bürgerrechtpolitik unter Caesar und Augustus,* Wiesbaden, 1952. (F. Vittinghoff, *Römische Kolonisation*).

G. WALTER, *César,* Paris, 1964, 1947[1].

S. WEINSTOCK, *Divus Julius,* Oxford, 1971.

T. P. WISEMAN, *New Men in the Roman Senate 139 B.C.-A.D. 14,* Oxford, 1971. (T.P. Wiseman, *New Men...*).

P. WILLEMS, *Le Sénat de la République Romaine,* 2 vol., Louvain 1883-1885, Darmstadt, 1968, (P. Willems, *Le Sénat*).

A. J. N. WILSON, *Emigration from Italy in the Republican Age of Rome,* Manchester, 1966. (A.J.N. Wilson, *Emigration from Italy*).

F. WYCKE-LECOCQ, *La gens Fabia à l'époque républicaine : de la légende à l'histoire. Recherches sur la représentation d'une grande famille patricienne romaine,* Thèse Lettres Paris IV, 1986. (F. Wycke-Lecocq, *La gens Fabia).*

Z. YAVETZ, *César et son image. Des limites du charisme en politique,* Paris, 1990. (Traduit de *Caesar in der öffentlichen Meinung,* Düsseldorf, 1979).

H. ZEHNACKER, *Moneta. Recherches sur l'organisation et l'art des émissions monétaires de la République romaine (289 - 31 av. J.-C.*), (BEFAR, 222), Paris, Rome, 1973. (H. Zehnacker, *Moneta*).

V. ARTICLES

A. BALIL, « Riqueza y societad en la España romana (s. III-I a. d. J.-C.) », *Hispania*, 25, 1965, 325-366 (A. Balil, « Riqueza y societad... »).

A. BLANCO FREIJEIRO, « Séneca y la Córdoba de su tiempo », *Actas del congreso de Filosofía en commemoración de Séneca en el XIX centenario de su muerte*, 2, Cordoue, 1966, 17-38 (A. Blanco, « Séneca y la Córdoba de su tiempo »).

A. BLANCO FREIJEIRO, « Ategua », *Noticiario Arqueologico Hispanico*, 15, 1983, 95-135 (A. Blanco, « Ategua »).

J. M. BLÁZQUEZ MARTÍNEZ, « Estado de la romanización de Hispania bajo César y Augusto », *Emerita*, 30, 1962, 71-129. (J. M. Blázquez, « Estado... »).

J. M. BLÁZQUEZ MARTÍNEZ, « Causas de la romanización de Hispania », *Hispania*, 24, 1964, 5-26, 165-185, 325-347, 485-508.

J. M. BLÁZQUEZ MARTÍNEZ, « Estructura económica de la Bética al final de la República Romana y a comienzos del Imperio (años 72 a. C-100 d. J.-C.) », *Hispania*, 27, 1967, 7-62 (J.M. Blázquez, « Estructura económica... »).

J. M. BLÁZQUEZ MARTÍNEZ, « Economia de la Hispania Romana republicana (minas, agricultura, ganadería, caza, pesca y salazones) », *Hispania*, 33, 1973, 205-247. (J.M. Blázquez, « Economia... »).

R. G. BOEHM, « Zu den zahlreichen Korruptelen im *Bellum Hispaniense* 37 », *HAnt*, 13, 1986-1989, 21-32.

R. G. BOEHM, « Hier baut die Firma " Giulo Cesare e compagni, costruttori di ponti. " O Giulio, Schande ! (*Bellum Hispaniense 5, 1*) », *StCl*, 26, 1988, 103-109.

R. G. BOEHM, « *Oppidanorum serui ... a Pompeio (?) ... manumissi* : dümmer edieren ginge es kaum noch ! : Emendationen zum *Bellum Hispaniense 34* », *Veleia*, 5, 1988, 275-285.

R. G. BOEHM, « Ennius-Hexameter, vollständing, zudem richtig überliefert und richtig entziffert, wird seit über 500 Jahren falsch gelesen, falsch ediert und für fragmentarisch gehalten (Zahlreiche Emendationen zum *Bellum Hispaniense 23, 3*) », *Faventia*, 11,1, 1989, 137-147.

R. G. BOEHM, « Zur Enträtselung des locus desperatus *fune crure de ligno cum propius accessisset* und anderen Desperata im *Bellum Hispaniense 18* », *Faventia,* 11, 2, 1989, 121-156.

R. G. BOEHM, « Zum locus desperatus des *Bellum Hispaniense 35* », *Gerión,* 7, 1989, 83-93.

R. G. BOEHM, « Zu vier unüberlegten " Lesarten " und anderen Ungereimtheiten im *Bellum Hispaniense 11* », *Veleia,* 6, 1989, 271-279.

R. G. BOEHM, « Zu dem halben (oder ganzen ? oder doppelten ?) Millenium des stupiden Caesar-Wortes *se Caesarem esse* im *Bellum Hispaniense 19* », *Faventia,* 12-13, 1990-1991, 229-242.

R. G. BOEHM, « Zu der ewig übersehenen (oder ignorierten und verschwiegenen) Korruptel im *Bellum Hispaniense 36* unserer Editionen », *QUCC*, 66, n. s. 37, 1991, 107-125.

R. G. BOEHM, « Studien zum *Bellum Hispaniense* », *CCC,* 12, 1991, 29-82.

R. G. BOEHM, « Zu einigen Korruptelen im *Bellum Hispaniense* 38 », *HAnt,* 15, 1991, 91-110.

P. BOSCH GIMPERA et P. AGUADO BLEYE, « La conquista de España por Roma » dans *Historia de España* éd. R. Menéndez Pidal, 2, *España Romana,* Madrid, 1935, 1-283 (P. Bosch Gimpera et P. Aguado Bleye, « La conquista de España por Roma »).

A. CABALLOS RUFINO, « Colonia Claritas Iulia Vcubi », *Habis,* 9, 1978, 273-291.

A. CABALLOS RUFINO, « Los senadores de origen Hispano durante la República romana », *Estudios sobre Urso. Colonia Iulia Genitiua* (J. González éd.),

Séville, 1989, 239-279 (A. Caballos, « Los senadores de origen Hispano... »).

L. CANALI, « Osservazioni sul Corpus cesariano », *Maia,* 18, 1966, 115-137.

L. CANFORA, « Cesare continuato », *Belfagor,* 25, 1970, 419-429.

L. CANFORA, « La " lettera a Balbo " e la formazione della raccolta cesariana », *Annali della Scuola Normale superiore di Pisa,* serie 3, vol. 23, 1993, 79-103.

J. CARCOPINO, « La royauté de César et l'empire universel », *Les étapes de l'impérialisme romain,* Paris, 1961 (réédition augmentée de *Points de vue sur l'impérialisme romain,* Paris, 1934), 118-173. (J. Carcopino, « La royauté de César »).

A. CARUZ ARENAS, « La última campaña de César en la Bética : Munda », *Actas del I Congreso de historia de Andalucía, diciembre de 1976, Fuentes y metodología, Andalucía en la Antigüedad,* Cordoue, 1978, 143-157. (A. Caruz, « La última campaña... »).

C. CASTILLO GARCÍA, « Städte und Personen der Baetica », *ANRW,* II, 3, 1975, 601-654.

C. CASTILLO GARCÍA, « Los senadores Beticos, relaciones familiares y sociales », *Epigrafia e Ordine Senatorio, Tituli,* 5, Rome, 1982, 465-519. (C. Castillo, "Los senadores Beticos").

J. H. COLLINS, « Caesar as Political Propagandist », *ANRW,* I, 1, 1972, 922-966.

R. CORZO SÁNCHEZ, « Munda y las vías de comunicación en el *Bellum Hispaniense* », *Habis,* 4, 1973, 241-252. (R. Corzo, « Munda... »).

R. CORZO SÁNCHEZ et A. JIMÉNEZ, « Organización territorial de la Baetica », *AEA,* 53, 1980, 21-47. (R. Corzo et A. Jiménez, " Organización.. ").

F. DIDIERJEAN, « Enceintes urbaines antiques dans la province de Séville », dans *Prospections aériennes. Les paysages et leur histoire. Cinq campagnes de la Casa de Velázquez en Espagne (1978-1982),* Paris, 1983, 73-80. (F. Didierjean, « Enceintes... »).

G. DISPERSIA, « La concessione della cittadinanza a Gades nel 49 a. C. », *CISA,* 1, 1972, 108-120. (G. Dispersia, « La concessione... »).

H. DREXLER, « Parerga Caesariana », *Hermes,* 70, 1935, 208-236.

V. DURÁN RECIO, M. FERREIRO LÓPEZ, « Acerca del lugar donde se dio la batalla de Munda », *Habis,* 15, 1984, 113-135.

V. DURÁN RECIO, « Muerte de Attius Varus en Munda », dans *Estudios sobre Urso,* Séville, 1989, 367-374.

S. L. DYSON, « The Distribution of Roman Republican Family Names in the Iberian Peninsula », *Anc Soc,* 11-12, 1980-1981, 257-299.

A. ENGEL, P. PARIS, « Une forteresse ibérique à Osuna (fouilles de 1903) », *Nouvelles Archives des Missions scientifiques et littéraires,* 13, 1906, 357-491.

A. T. FEAR, « The Vernacular Legion of Hispania Ulterior », *Latomus,* 50, 1991, 809-821.

M. FERREIRO LÓPEZ, « Munda y el *campus Mundensis* », *Homenaje Blanco Freijeiro. Estudios de geografía e Historia,* 3, Madrid, 1989, 187-196.

M. FERREIRO LÓPEZ, « La concesión de la latinitad por César a la Ulterior », *Actas del I Coloquio de Historia antigua de Andalucía, Córdoba 1988,* 1, Cordoue, 1993, 469-475. (M. Ferreiro, « La concesión de la latinitad por César a la Ulterior »).

J. FORTEA et J. BERNIER LUQUE, *Recintos y fortificaciones ibéricos en la Bética*, Salamanque, 1970. (J. Fortea et J. Bernier, *Recintos ...*).

E. GABBA, « Aspetti della lotta in Spagna di Sesto Pompeo » dans *Legio VII Gemina*. León, 1970, 133-155 = *Esercito e società nella tarda Republica Romana,* 473-520. (E. Gabba, « Aspetti della lotta in Spagna di Sesto Pompeo »).

A. GARCÍA Y BELLIDO, « Arte ibérico », *Historia de España,* I, 3, *España prerromana,* dir. par R. Menéndez Pidal, Madrid, 1954, 371-598. (A. García y Bellido, « Arte ibérico »).

A. García y Bellido, « Las colonias romanas de Hispania », *AHDE,* 29, 1959, 447-509. (A. García y Bellido, « Las colonias ... »).

A. García y Bellido, « Los auxiliares hispanos en los ejércitos romanos de ocupación (200 al 30 antes de J.-C.) », *Emerita,* 31, 1963, 213-226.

A. García y Bellido, « La latinización de Hispania », *AEA,* 40, 1967, 3-29 = « Die Latinisierung Hispaniens » (réimpr. et trad. allem. par M. Koch), *ANRW,* I, 1, 1972, 462-500).

C. González Román, « Guerra civil y conflictos sociales en la P. H. U. en el 48-44 a. C. », *Actas del I Congreso de Historia de Andalucía, diciembre de 1976,* Cordoue, 1978, 131-141. (C. González Román, « Guerra civil... »).

C. González Román, « La Onomástica del *corpus* cesariano y la sociedad de la Hispania meridional », *SHHA,* 4-5, 1986-87, 65-77. (C. González Román, « La Onomástica... »).

C. González Román, M. A. Marín Díaz, « El *Bellum Hispaniense* y la romanización del sur de la Península », *HAnt,* 11-12, 1981-1985, 17-35. (C. González Román, M. A. Marín Díaz, « El *Bellum Hispaniense...* »).

P. Hamblenne, « L'opinion romaine en 46-43 et les sentences " politiques " de Publilius Syrus », *ANRW,* I, 3, 1973, 631-702.

J. Harmand, « César et l'Espagne durant le second *Bellum ciuile* » dans *Legio VII Gemina,* León, 1970, 183-203. (J. Harmand, « César et l'Espagne durant le second *Bellum ciuile* »).

M. I. Henderson, « Julius Caesar and Latium in Spain », *JRS,* 32, 1942, 1-13.

A. J. L. Van Hooff, « The Caesar of the *Bellum Hispaniense* », *Mnemosyne,* 27, 1974, 125-138.

B. D. HOYOS, « Pliny the Elder's Titled Baetican Towns : Obscurities, Errors and Origins », *Historia,* 28, 1979, 439-471. (B. D. Hoyos, « Pliny... ») .

A. KLOTZ, « Die Schlacht von Munda », *Neue Jahrbücher für das klassische Altertum,* 1909, 560-573. (A. Klotz, « Die Schlacht von Munda »).

A. LA PENNA, « Tendenze e arte del *Bellum ciuile* di Cesare », *Maia,* 5, 1952, 191-233.

L. LORETO, « Pensare la guerra in Cesare. Teoria e prassi » dans *La Cultura in Cesare*, 1993, 239-344. (L. Loreto, « Pensare la guerra in Cesare »).

A. MONTENEGRO DUQUE, « César en Hispania y la guerra civil con Pompeyo », *Historia de España,* 3, *España Romana,* Madrid, 1986, 120-142. (A. Montenegro, « César en Hispania »).

D. NONY, « La Péninsule Ibérique », *in* C. NICOLET, *Rome et la conquête du monde méditerranéen 264-27 avant J.-C.*, 2, *Genèse d'un empire,* Paris, 1978, 657-678. (D. Nony, " La Péninsule Ibérique ").

P. PALOP FUENTES, « Córdoba en la encrucijada de la batalla de Munda », *Actas del I Congreso de Historia de Andalucía,* diciembre de 1976, Cordoue, 1978, 159-163. (P. Palop, « Córdoba en la encrucijada de la batalla de Munda »).

G. PASCUCCI, « Stile e lingua dell'*Hispaniense* », *Studi Urbinati*, 24, 1950, 191-217. (G. Pascucci, « Stile... »).

G. PASCUCCI, « Interpretazione di due *excursus* dell' *Hispaniense* », *Maia,* 1963, 326 - 341.

G. PASCUCCI, « Interpretazione linguistica e stilistica del Cesare autentico », *ANRW,* I, 3, 1973, 488-522.

G. PASCUCCI, « Paralipomeni della esegesi e della critica al *Bellum Hispaniense* », *ANRW,* I, 3, 1973, 596-630. (G. Pascucci, « Paralipomeni... ») .

C. PEMÁN, « Nuevo ensayo de interpretación de la topografiá del *Bellum Hispaniense* » (1973), *Homenaje García Bellido,* vol. 5, *Gerión,* Anejos 1, 1988, 35-80. (C. Pemán, « Nuevo ensayo… »).

U. PIZZANI, « La cultura filosofica di Cesare » dans *La Cultura in Cesare*, Rome, 1993, 163-189. (U. Pizzani, « La cultura filosofica di Cesare »).

M. RAMBAUD, « L'Ordre de bataille de l'armée des Gaules d'après les *Commentaires* de César », *REA*, 60, 1958, 87-130 (= *Autour de César*, 189-221).

M. RAMBAUD, « Légion et armée romaines » (c.r. de J. Harmand, *L'armée et soldat à Rome, de 107 à 50 avant notre ère*, Paris, 1967), *REL*, 45, 1967, 112-146 (= *Autour de César*, 405-433).

M. RAMBAUD, « César à travers les *Commentaires* », *Latomus*, 92, 1968, 47-75 (= *Autour de César*, 89-109).

M. RAMBAUD, « La cavalerie de César », *Hommages à Marcel Renard*, II, *Latomus*, 102, 1969, 650-663 (= *Autour de César*, 435-445).

M. RAMBAUD, « César et l'épicurisme d'après les *Commentaires* », *Actes du 8e congrès de l'Association Guillaume Budé (Paris 5-10 avril 1968)*, Paris, 1969, 411-434 (= *Autour de César*, 111-127).

M. RAMBAUD, « A propos de l'*humanitas* de César », *Les Études classiques*, 40, 1972, 145-155 (= *Autour de César*, 79-87).

M. RAMBAUD, « L'espace dans le récit césarien », *Mélanges offerts à R. Dion, Caesarodunum* 9 bis, Paris, 1974, 111-129 (= *Autour de César*, 273-289).

M. RAMBAUD, « Les marches des Césariens vers l'Espagne au début de la guerre civile », *Mélanges offerts à Jacques Heurgon*, École française de Rome, 1976, 845-861 (= *Autour de César*, 315-328).

M. RAMBAUD, « César et la rhétorique. A propos de Cicéron (*Brutus*, 261-262) », *Colloque sur la rhétorique, Calliope I, Caesarodunum*, 14 bis, Paris, 1979, 19-39 (= *Autour de César*, 479-515).

M. RAMBAUD, « A propos du vocabulaire de la géométrie dans les *Commentaires », Hommages à Robert Schilling*, Paris, 1983, 515-524 (= *Autour de César*, 291-300).

M. RAMBAUD, « Le *Pro Marcello* et l'insinuation politique », *Présence de Cicéron, Caesarodunum* 19 bis, Paris, 1984, 43-56 (= *Autour de César*, 146-156).

J. F. RODRÍGUEZ NEILA, « Introducción a la *Corduba* Romana en época republicana », *Córdoba, apuntes para su historia,* Cordoue, 1981, 107-134 (J.F. Rodríguez Neila, « Introdución a la *Corduba* Romana »).

J. F. RODRÍGUEZ NEILA, « Corduba », *DArch,* 3s, Anno 10, 1992, 1-2, p. 177-194.

J. M. ROLDÁN HERVAS, « El elemento indígena en las guerras civiles en Hispania : Aspectos sociales », *HAnt,* 2, 1972, 77-123 (J. M. Roldán, « El elemento indígena »).

J. M. ROLDÁN HERVAS, « Legio Vernacula, ¿ Iusta Legio ? », *Zephyrus,* 25, 1974, 457-471. (J. M. Roldán, « Legio Vernacula »).

J. M. ROLDÁN HERVAS, « El ejército romano y la romanización de la Peninsula Ibérica », *HAnt,* 6, 1976, 125-145.

J. M. ROLDÁN HERVAS, « La guerra civil entre César y Pompeyo (49-31 a. C.) », *Historia de España Antigua,* II, *Hispania Romana,* Madrid, 1978, 155-173.

J. M. ROLDÁN HERVAS, « La romanización », *Historia de España Antigua,* II, *Hispania Romana,* Madrid, 1978, 175-228.

J. M. ROLDÁN HERVAS, « La crisis republicana en la Hispania Ulterior », *Actas del I Congreso de Historia de Andalucía, diciembre de 1976,* Cordoue, 1978, 109-130.

A. SCHULTEN, « Die Schlacht bei Munda », *RhM,* 1935, 391-400.

D. R. SHACKLETON BAILEY, « The Roman Nobility in the Second Civil War », *CQ,* n. s. 10, 1960, 253-267.

P. SILLIÈRES, « La *Via Augusta* de Cordoue à Cadix ; Documents du XVIIIe siècle et photographies aériennes pour une étude de topographie historique », *MCV,* 12, 1976, 27-65. (P. Sillières, « La *Via Augusta* de Cordoue à Cadix »).

P. SILLIÈRES, « Prospections aériennnes et voies romaines », *Prospections aériennes. Les paysages et leur histoire. Cinq campagnes de la Casa de Velázquez en Espagne (1978-1982),* Paris, 1983, 81-88. (P. Sillières, « Prospections aériennnes et voies romaines »).

P. SILLIÈRES, « La Péninsule Ibérique » *in* Ph. LEVEAU, P. SILLIÈRES, J. P. VALLAT, *Campagnes de la Méditerannée romaine,* Paris, 1993, 201-249. (P. Sillières, « La Péninsule Ibérique »).

G.V. SUMNER, « The Lex annalis under Caesar », *Phoenix,* 29, 1975, 246-271, 357-371. (G.V. Sumner, « The Lex annalis ... »).

J. B. TSIRKIN, « The South of Spain in the Civil War of 46-45 B. C. », *AEA,* 54, 1981, 91-100.

F. VALVERDE Y PERALES, « El emplaziamento de Munda », *Boletín de la Real Academia* de *Córdoba,* 87, 1985, 25-39 (F. Valverde, « El emplaziamento de Munda »).

G. VEITH, « Die Schlacht von Munda », *in* J. KROMAYER - G. VEITH, *Antike Schlachtfelder,* 4, 1931, 552-557.

J.-L. VOISIN, « Les Romains, chasseurs de tête » dans *Du châtiment dans la cité. Supplices corporels et peine de mort dans le monde antique* (Collection de l'Ecole Française de Rome, 79), Paris-Rome, 1984, 241-293. (J.-L. Voisin, « Les Romains, chasseurs de tête »).

T. P. WISEMAN, « The Definition of *Eques Romanus* in the Late Republic and Early Empire », *Historia,* 19, 1970, 67-83.

T. YOSHIMURA, « The Legio Vernacula of Pompey » (en japonais), *JCS,* 8, 1960, 74-80 = « Ueber die Legio Vernacula des Pompeius », *Annuario dell' Istituto Giapponese di Cultura,* I, Rome, 1963, 101-106.

G. ZECCHINI, « Asinio Pollione : dall'attività politica alla riflessione storiografica », *ANRW,* II, 30, 2, 1982, 1265-1296.

INDEX NOMINVM

(Les chiffres entre parenthèses renvoient aux notes du commentaire.)

ACHILLES :25, 4 (25. 6)
AFRANIANA legio : 7, 4 (7. 9)
AFRICA : 1, 1 ; 7, 4 ; 8, 3 (8. 6)
ANTISTIVS TVRPIO : 25, 3, 5 (25. 4)
ARGVETIVS : 10,1 (10. 1)
ASPAVIA : 24, 2 (24. 4)
ASPRENAS, voir NONIVS
ATEGVA : 6, 1, 3 (6. 5) ; 7, 1, 3 ; 8, 6 ; 22, 1, 3, 7
ATTIVS VARVS P. : 27, 2 (27. 3) ; 31, 9. (31. 8)
BAEBIVS A. : 26, 2 (26. 3)
BAETIS : 5, 1 (5. 2) ; 36, 3
BAETVRIA : 22, 7 (22. 8)
BVRSAVONENSES : 22, 1 (22. 1)
CAECILIVS METELLVS PIVS Q. : 42, 2 (42. 6)
CAECILIVS NIGER : 35, 3 (35. 5)
CAESAR, voir IVLIVS
CAESARIANI : 34, 1
CANINIVS REBILVS C. : 35, 1 (35. 3)
CARRVCA : 27, 4 (27. 10)
CARTEIA : 32, 6, 8 (32. 7) ; 37, 3
CARTEIENSES : 36, 1 ; 37, 1
CASSIVS LONGINVS Q : 42, 4 (42. 12)
CASSIANA turma : 26, 1 (26. 1)
CASTRA POSTVMIANA : 8, 6 (8. 9)
CATO LVSITANVS : 17, 1 (17. 3) ; 18, 1
CAVCILIVS P. : 32, 7 (32. 10)
CLODIVS ARQVITIVS : 23, 8 (23. 9)
CORDVBA : 2, 1 (2. 5) ; 4, 1, 3, 4 ; 6, 2 ; 10, 2 ; 11,1 ; 12, 3 ; 32, 4, 6 ; 33, 1, 3
CORDVBENSES : 2, 1 ; 4, 2
DIDIVS C. : 37, 2, 3 (37. 4) ; 40, 1, 2, 5, 6
ENNIVS : 23, 3 (23. 4) ; 31, 7 (31. 6)
FABIVS MAXIMVS Q. : 2, 2 (2. 10) ; 12, 2 ; 41, 1
FLAVIVS C. : 26, 2 (26. 3)
FVNDANIVS : 11, 3 (11. 4)
GADES : 37, 2 (37. 5) ; 39, 3 (39. 3) ; 40, 7 ; 42, 1
HASTA : 36, 4 (36. 4)
HASTENSES : 26, 2
HISPALIS : 35, 1, 4 (35. 1) ; 36, 1 ; 39, 3 ; 40, 7 ; 42, 1
HISPANIA : 1, 1 (1. 4) ; 2, 1 ; 8, 2, 5 ; 36, 1 ; 39, 3
INDO : 10, 3.(10. 5)
ITALIA : 1, 1, 5 ; 10, 1, 2
ITALICENSIS : 25, 4 (25. 8)
IVLIVS CAESAR C. : 1, 1 ; 2, 1 *(bis)* ; 2 ; 3, 2 *(bis)* ; 3 ; 4, 1 ; 3 ;

5, 1 ; 3 ; 7 ; 6, 3 ; 4 ; 7, 2 ; 8, 6 ; 9, 1 *(bis)* ; 3 ; 10, 2 ; 13, 5 ; 17, 1 ; 3 ; 18, 2 ; 4 *(ter)* ; 7 ; 19, 3 ; 4 ; 5 ; 6 ; 20, 1 ; 4 ; 21, 3 *(bis)* ; 22, 3 ; 5 ; 23, 1 ; 26, 1 ; 2 ; 27, 3 ; 28, 1 ; 2 ; 29, 3 ; 30, 3 ; 5 ; 31, 5 ; 32, 5 ; 33, 1 ; 2 ; 34, 1 ; 2 ; 4 ; 6 ; 35, 1 ; 36, 1 ; 2 ; 37, 1 *(bis)* ; 38, 3 ; 39, 3 ; 40, 7 ; 42, 1.

IVNIVS : 16, 4 (16. 4)

LABIENVS T. : 18, 9 (18. 13) ; 31, 9 (31. 8)

LENNIVM : 35, 3 (35. 4)

LIBERALIA : 31, 8 (31. 7)

LVSITANI : 18, 6 ; 35, 3 ; 36, 1, 2 ; 38, 3 ; 40, 2, 5, 7

LVSITANIA : 35, 2, 3

MARCIVS Q. : 11, 2 (11. 1)

MEMNON : 25, 4 (25. 6)

METELLVS, voir CAECILIVS

MVNATIVS FLACCVS L. : 19, 4 (19. 3)

MVNDA : (27. 15) 32, 1 ; 33, 1 ; 41, 1, 6 (41. 2 et 3) ; 42, 1

MVNDENSIS (campus) : 27, 6 (27. 15)

NONIVS ASPRENAS L. : 10, 2 (10. 3)

PACIAECVS, voir VIBIVS

PEDIVS Q. : 2, 2 (2. 9) ; 12, 2

PHARNACES : 1, 1 (1. 1)

PHILO : 35, 2.

POMPEIANA (legio II) : 13, 3 (13. 2)

POMPEIANI : 14, 3 ; 16, 1 ; 34, 1

POMPEIVS MAGNVS Cn. : 1, 4

POMPEIVS Cn. : 1, 1 *(bis)* (1. 3) ; 5 ; 2, 1 *(bis)* ; 3, 1 ; 2 ; 5 ; 4, 1 ; 4 ; 5, 2 ; 3 ; 6, 2 ; 3 *(bis)* ; 7, 1 ; 3 ; 8, 1 ; 6 ; 9, 1 ; 10, 2 ; 11, 1 ; 2 ; 12, 3 ; 13, 1 ; 2 ; 5 ; 14, 1 ; 16, 2 *(bis)* ; 17, 1 ; 2 ; 18, 3 ; 4 ; 6 ; 9 ; 19, 4 ; 20, 1 ; 2 ; 21, 3 ; 22, 1 ; 24, 2 ; ; 26, 2 ; 3 ; 27, 3 ; 4 ; 5 ; 6 *(bis)* ; 28, 1 ; 29, 1 ; 32, 6 ; 7 ; 8 *(bis)* ; 36, 1 ; 37, 1 ; 2 ; 38, 1 ; 2 ; 4 ; 39, 1 (39. 2) ; 2 ; 40, 1 ; 41, 5 ; 42, 6

POMPEIVS Sextus : 3, 1 (3. 1) ; 4, 3 ; 32, 4 (32. 5) ; 34, 2

POMPEIVS NIGER Q. : 25, 4 (25. 7)

QVINCTIVS SCAPVLA T. : 33, 3 (33. 3)

REBILIVS, voir CANINIVS

ROMANI ciues : 17, 2 ; 42, 4

ROMANVS (-NI) eques (equites) : 11. 3 ; 22, 2 ; 25, 4 (25. 7) ; 26, 2 (26. 3) ; 31, 9 (31. 9)

ROMANVS populus : 3, 3 (3. 4) ; 42, 3

SAGVNTINI : 10, 1 (10. 2)

SALSVM : 7, 1, 3 (7. 2) ; 9, 1 ; 13, 1 ; 14, 1 ; 16, 2 ; 23,1.

SCAPVLA, voir QVINCTIVS

SORICARIA : 24, 1 (24. 3) ; 27, 2

SPALIS : 27, 3 (27. 6)

TREBELLIVS A. : 26, 2 (26. 3)

TREBONIVS C. : 7, 4 (7. 10) ; 12, 2

TVLLIVS Tib. : 17, 1 (17. 1) ; 18, 1, 2

TVRPIO, voir ANTISTIVS

VALERIVS : 32, 4 (32. 4)

VALGIVS Q. : 13, 2 (13. 1)

VARVS, voir ATTIVS

VCVBENSES : 20, 2

VCVBIS : 7, 1 ; 8, 6 ; 20, 1 ; 24, 2 ; 27, 4 (27. 8)

VENTIPO : 27, 5 (27. 9)

VERNACVLA legio : 7, 4 (7. 9) ; 12, 1 ; 20, 2, 4

VIBIVS PACIAECVS L. : 3, 4 (3. 6)

VLIA : 3, 1 (3. 3) ; 4, 1, 4 ; 6, 1

VRSAO : 26, 3 ; 41, 3 (41. 5) ; 42, 1 (42. 1)

VRSAOENSES : 28, 2

INDEX RERVM

(Les chiffres entre parenthèses renvoient aux notes du commentaire.)

aduersarii : 2, 1 ; 3, 6 ; 8 ; 5, 7 ; 6, 1 ; 10, 3 ; 11, 3 ; 12, 6 ; 13, 7 ; 14, 2 ; 15, 4 ; 18, 6 ; 20, 2 ; 4 ; 21, 1 ; 23, 23, 2 ; 5 *(bis)* ; 24, 4 ; 6 ; 25, 3 ; 8 ; 26, 3 ; 29, 3 ; 6 ; 8 ; 30, 5 ; 31, 1 ; 4 *(bis)* ; 7 ; 11 ; 32, 2 ; 38, 5 ; 6 (1. 12)
agger : 7, 2 (7. 4) ; 41, 5
amplio : 42, 2 (42. 5)
aquatio : 8, 2 (8. 2)
aquila : 7, 4 (7. 8) ; 31, 10 (31. 12)
aquor : 37, 3 (37. 11)
armatura (leuis) : 7, 5 (7. 11) ; 14, 2 ; 15, 2 ; 20, 4 ; 21, 1 ; 22, 7 ; 23, 6 ; 24, 6 ; 26, 1 ; 30, 1
balista : 13, 7 (13. 8 et 10)
barbarus : 8, 3 (8. 3) ; 14, 6 ; 35, 3 (35. 5)
beneficium : 42, 5 (42. 13)
brachium : 5, 3 (5. 8) ; 6, 3 ; 13, 1 ; 23, 1 ; 24, 1 ; 40, 1
caespes : 32, 2 (32. 1)
caput : 39, 2 (39. 4)
castellum : 6, 4 (6. 9)
castra : 6, 3 (6. 11)
circummunitio : 38, 6 (38. 5)
cohors : 3, 3 (3. 5) ; 30, 1 (30. 3)
compar : 23, 3 (23. 6)
concordia : 42, 5 (42. 14)
concubinus : 33, 4 (33. 7)
contio : 42, 1 (42. 2)
corbis : 5, 1 (5. 3)
cornu : 31, 5 (31. 5)
culcita : 16, 2 (16. 1)
deditio : 17, 3 (17. 9)
defino : 30, 3 (30. 6)
descendo : 34, 2 (34. 4)
dictator : 2, 1 (2. 2)
dii immortales : 17, 1 ; 29, 4 (29. 5)
equestre : 15, 3 (15. 2)
excubitus : 6, 3 (6. 10)
excursio : 8, 3 (8. 3)
fautor : 20, 2 (20. 4) ; 25, 6 (25. 12) ; 32, 8 ; 37, 1
felicitas : 26, 3 (26. 6)
ferocitas : 25, 5 (25. 9)
festinatio : 2, 1 (2. 4) ; 38, 6
fides : 1, 1 (1. 6) ; 19, 6 (19. 6) ; 32, 8 (32. 12)
fugitiuus : 34, 4 (34. 7)
gens : 17, 3 (17. 8) ; 42, 4
glans : 13, 3 ; (13. 3) ; 18, 4
grumus : 8, 6 (8. 8) ; 24, 3 (24. 6)
hospes : 15, 6 (15. 7)
hostis : 1, 4 (1. 12) ; 17, 2 ; 30, 2 ; 31, 4 ; 32, 2 et 3
ignis : 6, 1 (6. 4)
imperator : 19, 6 (19. 7)
iugulatio : 16, 4 (15. 6)
iugulo : 15, 6 (15. 6) ; 18, 4 et 6 ; 19, 3 ; 20, 3 ; 22, 3 et 4 ; 27, 6 ; 33, 4 (33. 8) ; 35, 4

iugum : 9, 1 (9. 1); 38, 6 (38. 5)
lanista : 6, 2 (6. 6)
largitio : 1, 4 (1. 9)
latro : 1, 4 (1. 10); 40, 5
loricatus : 4, 2; 13, 5; 20, 2 et 4 (20. 8)
maleficium : 42, 5 (42. 13)
manumitto : 34, 2 (34. 3)
munus : 1, 1 (1. 5)
nebula : 6, 3 (6. 13)
oliuetum : 27, 1 et 3 (27. 2)
opinio : 9, 1 (9. 2); 28, 3 (28. 5)
paluster : 29, 2 (29. 3)
patrocinium : 42, 2 (42. 8)
patrocinor : 29, 8 (29. 7)
partes : 13, 5; 20, 2 (20. 4); 25, 6; 32, 8; 37, 1
pedestre : 15, 3 (15. 2)
perfuga : 34, 2 (34. 2)
pons : 5, 1, 3 (5. 4 et 10)
praeda : 16, 2 (16. 2)
praetura : 42, 2 (42. 5)
priuatus : 42, 6 (42. 15)
prouincia : 3, 1 (3. 2); 42, 1 (42. 4)
pugio : 18, 2 (18. 3)
pyra : 33, 4 (33. 8)
quaestura : 42, 1 (42. 3)
riuus : 29, 2 (29. 1)
rudus : 8, 3 (8. 7)
sacrosanctus : 42, 4 (42. 12)
scutum : 13, 3 (13. 4)
senator : 22, 2 (22. 3)
serenitas : 29, 4 (29. 5)
signum : 7, 4 (7. 8); = *manipulus* 18, 3 (18. 5)
speculator : 13, 3 (13. 2); 20, 5
spelunca : 39, 2 (39. 2)
spolium : 24, 6 (24. 7)
statio : 6, 3 (6. 10)
tabellarius : 2, 1 (2. 7)
tegula : 8, 3 (8. 6)
tessera : 36, 5 (36. 7)
torquis : 26, 1 (26. 2)
tragula : 32, 3 (32. 3)
transfuga : 18, 6 (18. 10)
tripertito : 5, 1, 2 (5. 5)
tumulus : 5, 6 (5. 11); 24, 3 (24. 6); 28, 4
turris : 8, 3 (8. 5); 13, 7 (13. 9); 38, 3 (38. 2); 41, 5
uectigal : 42, 2 (42. 6)
uoraginosus : 29, 2 (29. 3)

TABLEAU CHRONOLOGIQUE

Les chiffres en gras indiquent les dates certaines.

Début décembre 46	César arrive à Obulco (2, 1) et envoie des renforts à Ulia (3, 3-9).
8 janvier 45	César marche d'Obulco vers Cordoue (4, 1).
11 —	César arrive à Cordoue, campe sur la rive droite du Bétis (5, 1-2).
12 —	Cn. Pompée lève le siège d'Ulia et campe devant Cordoue (5, 2).
13 au 20 janvier	Combats pour la possession du pont de Cordoue (5, 3-7).
20 —	César décampe dans la nuit et se porte vers Ategua (6, 1).
21 —	César commence le siège d'Ategua (6, 3).
27 —	Cn. Pompée installe son camp entre Ategua et Ucubis (7, 1).
4 février 45	Cn. Pompée attaque Castra Postumiana; il est mis en déroute (9).
5 —	César reçoit des renforts de cavalerie (10, 1). Cn. Pompée se rapproche de Cordoue.
15 —	Munatius Flaccus fait massacrer des partisans de César à Ategua (15, 6).
16 —	César repousse l'offre de reddition de Tullius (17 et 18, 1-2).
17 —	Munatius Flaccus et des députés d'Ategua offrent leur reddition (19, 4-5).
19 février 45	Reddition d'Ategua. César est salué du titre d'*imperator* (19, 6).
20 —	César et Pompée déplacent leurs camps vers Ucubis (20, 1).
23 —	Pompée fait exécuter soixante-quatorze partisans de César devant Ucubis(21, 3).
25 —	Des émissaires de César sont massacrés à Bursavo (22, 1-4).
2 mars	César rapproche son camp de celui de Pompée (23, 1).
4 —	Combat héroïque de deux centurions de César (23, 2-8).
5 mars 45	Combat près de Soricaria (24).
6 —	Combat singulier entre Antistius Turpion et Pompeius Niger (25).
10 —	Pompée, après avoir fait incendier Ucubis, établit son camp devant Spalis. César le suit (27, 3-4).
12 —	Pompée arrive devant Ventipo
13 —	Pompée décampe et se rapproche de Carruca (27, 6). César s'empare de Ventipo et suit Pompée (27, 5).
14 —	Pompée incendie Carruca (27, 6). César quitte Ventipo.
16 —	Pompée campe devant Munda. César s'installe en face de lui (27, 6).
17 mars 45	Bataille de Munda (28-31). Sextus Pompée quitte Cordoue (32, 4-5). Cneius Pompée se dirige vers Carteia (32, 6).

	Fuite et mort de Cneius Pompée	Opérations conduites par César
21 mars 45	------------------------------	César campe devant Cordoue (33, 1). Suicide de Scapula (33, 3-4).
22 —	------------------------------	César prend Cordoue (34, 1-6).
23 —	------------------------------	César se dirige vers Hispalis (35, 1).
25/26 —	Arrivée de Cneius à Carteia (32, 8).	
28 —	------------------------------	César campe devant Hispalis (35, 1).
2 avril 45	------------ Des ambassadeurs de Carteia	arrivent à Hispalis (36, 1). Le Pompéien Philon fait entrer des renforts dans Hispalis (35, 4).
3 —	------------------------------	César prend Hispalis (36, 2-4).
5 —	Cneius quitte Carteia avec vingt navires. Didius y arrive et se lance à sa poursuite (37, 2).	
6 —	------------------------------	César marche sur Hasta (36, 4).
7 —	Didius rejoint Cneius (37, 3).	
8 —	Les cavaliers de Didius rejoignent Cneius (38).	Reddition d'Hasta (36, 4).
9 —	Mort de Cneius Pompée (39, 2).	
10 —	------------------------------	César arrive à Gadès (39, 2).
12 avril 45	------------ La tête de Cneius Pompée est	exposée à Hispalis (39, 2).
12/13 —	Mort de Didius (40, 6).	
15 —		
17 —	------------------------------	César part pour Hispalis.
20 —		
22 —	------------------------------	César arrive à Hispalis (40, 7; 42, 1).
22/23 —		
fin avril	------------------------------	Assemblée d'Hispalis (42).
30 —	------------------------------	César écrit d'Hispalis à Cicéron (Cic., *Att.* 13, 20, 1).
début mai 45		
13 mai		

Opérations conduites par Fabius Maximus	Arrivée des nouvelles à Rome	
		21 mars 45
		22 —
		23 —
		25/26 —
		28 —
Siège de Munda (32, 1-3; 36, 4-5; 41, 1)		2 avril 45
		3 —
		5 —
		6 —
		7 —
		8 —
		9 —
		10 —
		12 avril 45
		12/13 —
Prise de Munda (41, 2). ---------- Fabius marche sur Urso (41, 3).	----------	15 —
		17 —
Siège d'Urso (41, 3-6).	La veille des *Parilia*, nouvelle de la victoire de Munda (Cic., *Att.* 14, 14, 1; 19, 3; Dio Cass. 43, 42,3 et 45, 6,4).	**20 —**
		22 —
Prise d'Urso. ----------	----------	22/23 —
		fin avril
		30 —
	Nouvelles concernant la fuite de Sextus et de Cneius (Cic., *Att.* 12, 37a).	début mai 45
	Rumeurs sur la présence de Cneius à Carteia (Cic., *Att.* 12, 44, 3).	**13 mai**

CARTES

CANTABRI
ASTVRES
BERONES
VACCAE
Durius
LVSITANIA
Tagus
Anas
ORETANI
Salacia
HISPANIA VLTERIOR
Corduba
BAETVRIA
BAETICA
Ategua
Astigi
Vlia
Vcubis
Italica
Baetis
Munda
Hispalis
Vrso
Singilis
TVRDETANI
Malaca
Hasta
Gades
Carteia
0
200 km

Carte 1 — L'Espagne au 1er siècle av. J.-C.

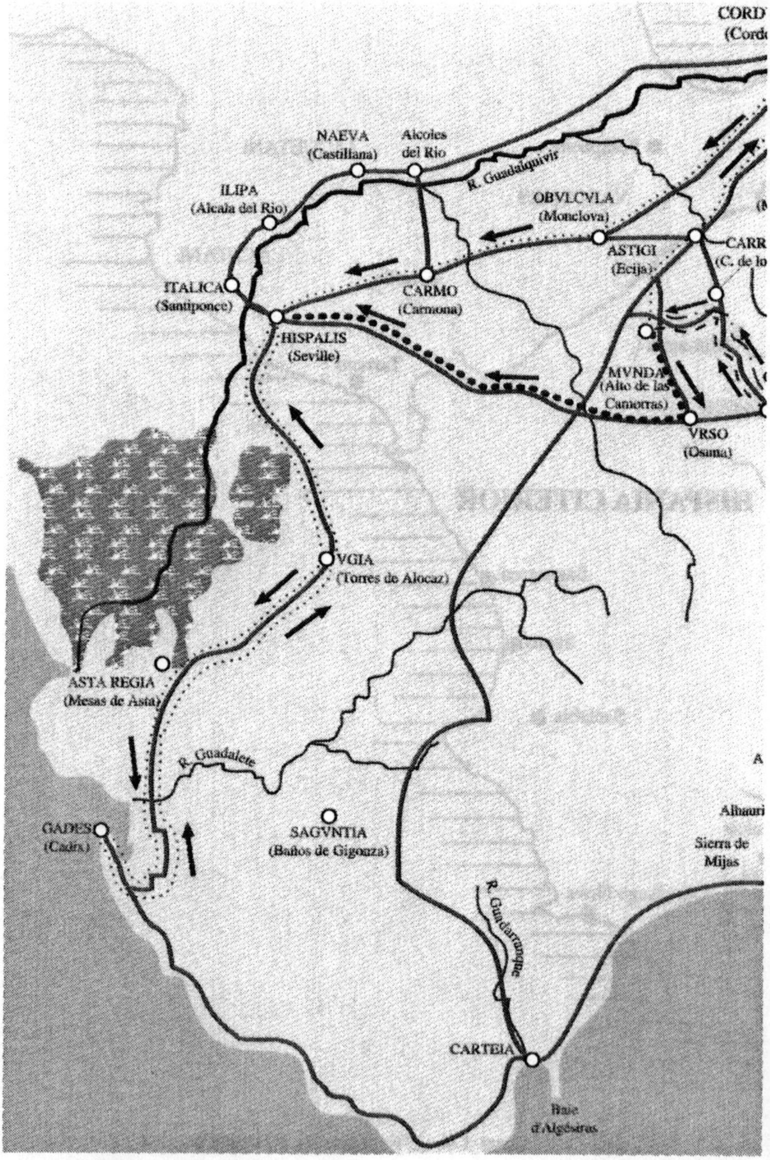
NAEVA
(Castillana)
Alcoles
del Rio
R. Guadalquivir
ILIPA
(Alcala del Rio)
OBVLCVLA
(Monclova)
ASTIGI
(Ecija)
ITALICA
(Santiponce)
CARMO
(Carmona)
HISPALIS
(Seville)
MVNDA
(Alto de las
Camorras)
VRSO
(Osuna)
VGIA
(Torres de Alocaz)
ASTA REGIA
(Mesas de Asta)
R. Guadalete
GADES
(Cadix)
SAGVNTIA
(Baños de Gigonza)
Sierra de
Mijas
R. Guadarranque
CARTEIA
Baie
d'Algésiras

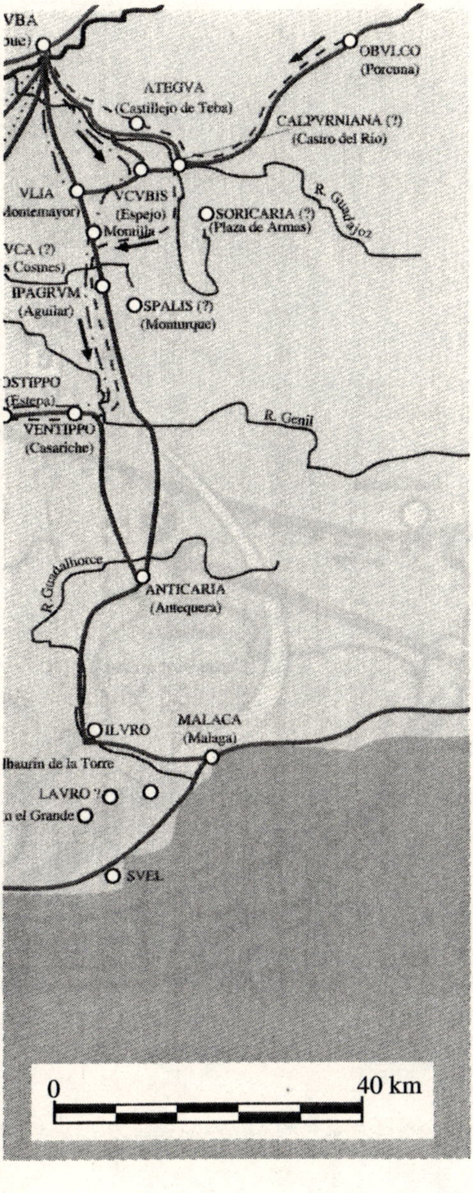

AVANCE DE L'ARMÉE DE CÉSAR

AVANCE DU CORPS D'ARMÉE COMMANDÉ PAR CÉSAR

AVANCE DE L'ARMÉE DE CNEIUS POMPÉE

AVANCE DU CORPS D'ARMÉE DE FABIUS MAXIMUS

Marais

Carte 2 — Avance des Armées de César et de Cneius Pompée (d'après M. Ferreiro).

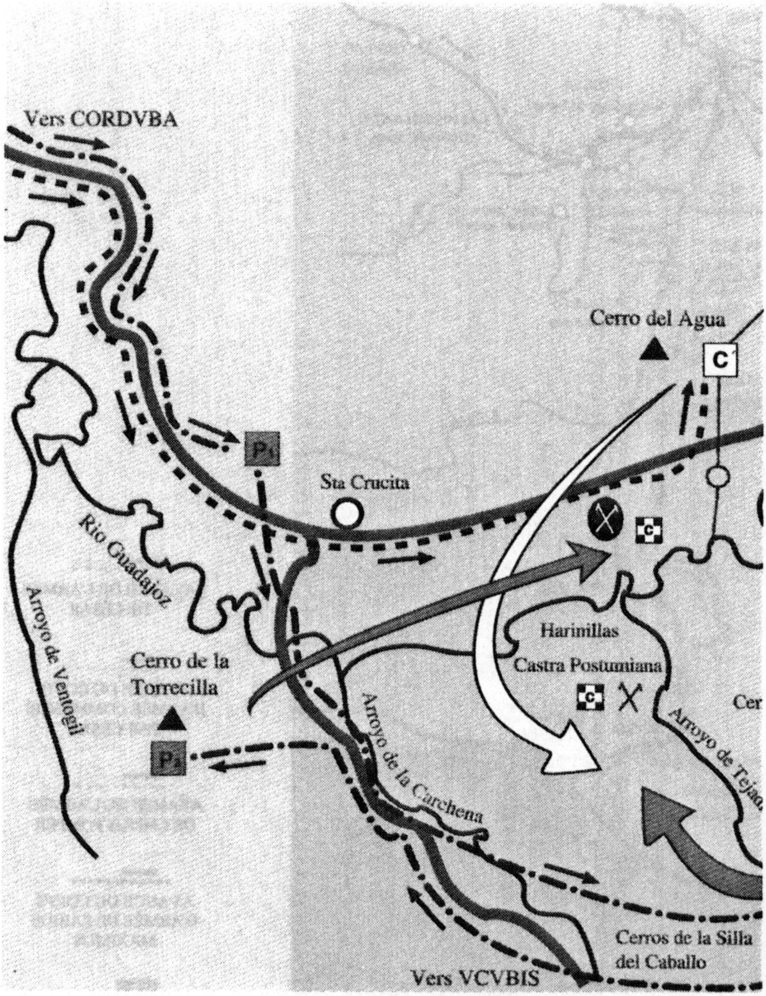
Vers CORDVBA
Cerro del Agua
C
P1
Sta Crucita
Río Guadajoz
Arroyo de Ventogil
Harinillas
Castra Postumiana
Cerro de la Torrecilla
P2
Arroyo de la Carchena
Arroyo de Tejon
Cerros de la Silla del Caballo
Vers VCVBIS

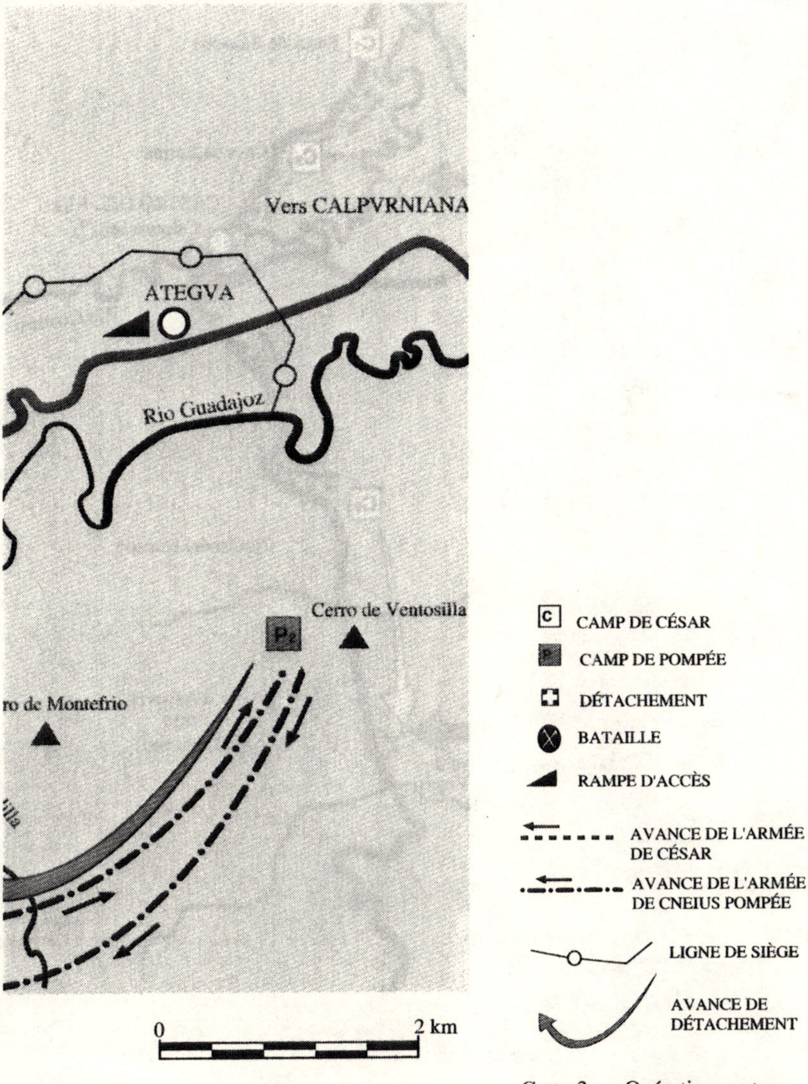

Carte 3 — Opérations autour d'Ategua (d'après M. Ferreiro).

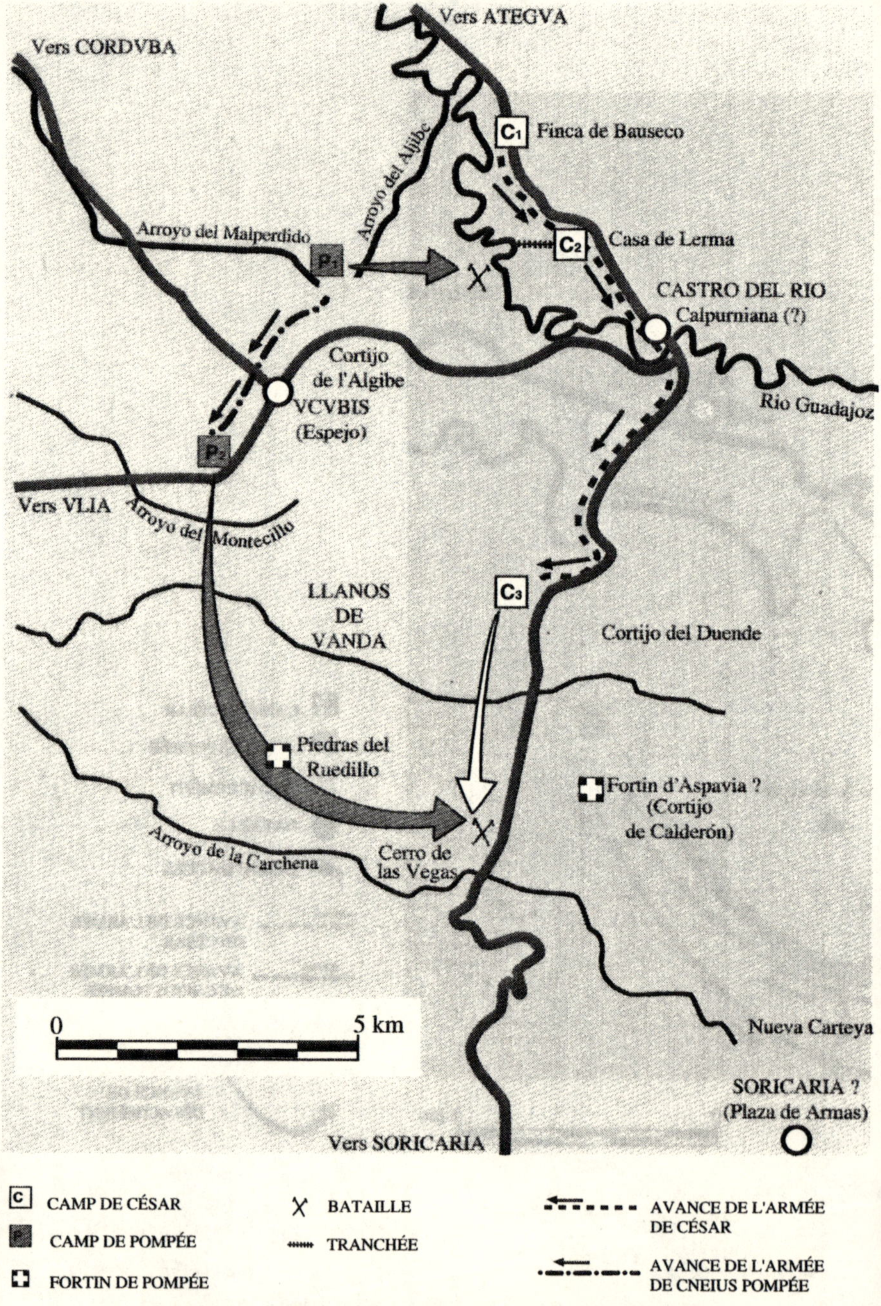

Carte 4 — Opérations autour d'Ucubis (d'après M. Ferreiro).

CORRIGENDA

P. 5 (4, 4) : corriger « propre » en « prope ».

P. 9 (8, 4) : corriger « constitua » en « constituta »

P. 22 (25, 1) : corriger « eumdem » en « eundem ».

P. 31 (32, 7) : corriger « lectitam » en « lecticam ».

P. 35 (38, 3) : corriger « accesssus » en « accessus ».

TABLE DES MATIÈRES

INTRODUCTION VII

I. Le Corpus Césarien et l'auteur VII

La lettre à Balbus VIII
Le témoignage de Suétone XI
Les rubriques des manuscrits XIII
Les informations fournies par le *Bellum Hispaniense* XV

II. La guerre d'Espagne XVIII

Les origines de la guerre XVIII
Les liens de clientèles de Pompée et César en Espagne XXVII
Les effectifs XXXIII
Les opérations XLV

III. Aspect historique LV

IV. La langue et le style LXX

La morphologie LXX
La syntaxe LXXI
Le lexique LXXIV
Le style LXXVII

V. LES MANUSCRITS LXXXIV

L'archétype LXXXVII
Les copies XC
Les *Codices recentiores* CIV

LISTE DES AUTEURS DE CONJECTURES . CVII

ÉDITIONS ET RÉÉDITIONS RÉCENTES DU *BELLVM HISPANIENSE* CX

CONSPECTVS SIGLORVM CXI

TEXTE ET TRADUCTION 1

NOTES 41

BIBLIOGRAPHIE 159

INDEX NOMINVM 177

INDEX RERVM 179

TABLEAU CHRONOLOGIQUE 181

CARTES 187

Carte 1 – L'Espagne au premier siècle av. J.C. 188
Carte 2 – Avance des armées de César et de Cneius Pompée. 190
Carte 3 – Opérations autour d'Ategua 192
Carte 4 – Opérations autour d'Ucubis 194

Ce volume,
de la Collection des Universités de France,
publié aux Éditions Les Belles Lettres,
a été achevé d'imprimer
en novembre 2002
sur presse rotative numérique
de Jouve
11, bd de Sébastopol, 75001 Paris

352e volume de la série latine

N° d'édition : 4337
Dépôt légal : novembre et décembre 2002

Imprimé en France